教材設計原理

教材设计原理

Principles of Teaching Material Design

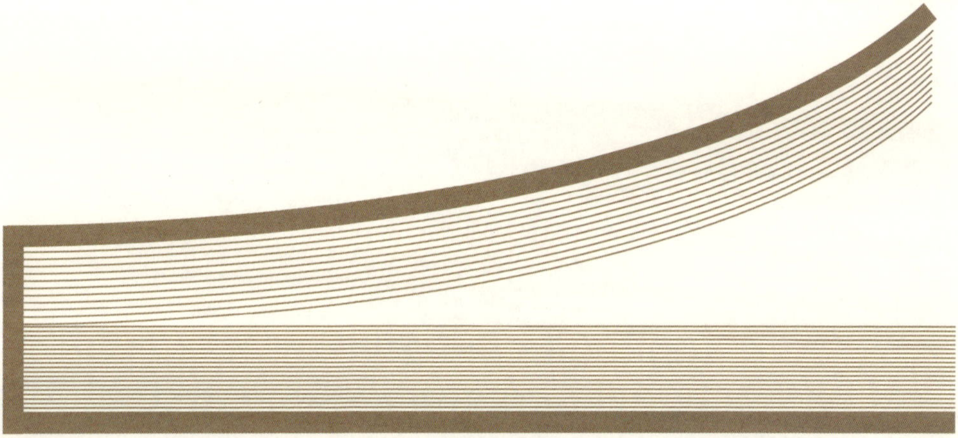

从内容到形式

From Content to Form

王海燕——著

江苏大学出版社
JIANGSU UNIVERSITY PRESS
镇 江

图书在版编目(CIP)数据

教材设计原理：从内容到形式／王海燕著. — 镇江：江苏大学出版社，2022. 6
ISBN 978-7-5684-1342-8

Ⅰ.①教… Ⅱ.①王… Ⅲ.①师资培训-教训-研究
Ⅳ.①G451.2②G423.3

中国版本图书馆 CIP 数据核字(2021)第 249110 号

教材设计原理：从内容到形式
Jiaocai Sheji Yuanli：cong Neirong dao Xingshi

著　　者/王海燕
责任编辑/任建波
出版发行/江苏大学出版社
地　　址/江苏省镇江市梦溪园巷 30 号(邮编：212003)
电　　话/0511-84446464(传真)
网　　址/http://press.ujs.edu.cn
排　　版/镇江文苑制版印刷有限责任公司
印　　刷/南京互腾纸制品有限公司
开　　本/718 mm×1 000 mm　1/16
印　　张/24.25
字　　数/432 千字
版　　次/2022 年 6 月第 1 版
印　　次/2022 年 6 月第 1 次印刷
书　　号/ISBN 978-7-5684-1342-8
定　　价/120.00 元

如有印装质量问题请与本社营销部联系(电话:0511-84440882)

序1 —值得共同关注的《教材设计原理：从内容到形式》

成尚荣

中国进入高质量发展时代，高质量发展需要高质量的教育体系。不言而喻，高质量的教育体系包括高质量的教材体系。正是在这样的背景下，王海燕教授的著作《教材设计原理：从内容到形式》（以下简称《原理》）出版了。无疑，这本专著为教材体系的构建提供了理论支撑，为繁荣教材学术研究做出了十分可贵的贡献。

教材建设是国家事权，必须准确体现国家意志，落实国家育人的基本要求，因此，教材建设一定要有正确的政治方向和鲜明的价值导向。同时，教材建设又具有很强的专业性，需要有厚实的学养积淀和很高的研究水平。此外，教材是为教师的教学实践服务的，通过教师的教学帮助学生学会学习，促进学生学科核心素养的提高。编好一本教材非常不容易，而撰写关于教材设计原理的著作更不容易。面对诸多的要求和深刻的挑战，王海燕老师耐住寂寞，潜心研究，悉心写作，花心血、下功夫，将教材设计的方向性、学术性与实践性统一起来，融通起来，既落实课程改革的核心理念、基本要求，又将理论指向丰富的实践，引导教材的编写和教师的教学，牵引教学改革，闪烁着时代的光影，实属不易，难能可贵。

《原理》研究了教材编写，尤其是教材设计的基本原理，建构了教材设计的完整框架，从整体性、规范性与科学性上引导大家提高认识水平，培植教材意识，开发创造性使用教材的能力。

首先，《原理》清晰地阐释了教材设计的主要遵循和价值立意。从本质上看，教材的宗旨是育人，更高水平的教材体系是更高水平的育人体系。为此，王海燕老师将教材服从教育目的，以培养目标为主要遵循，将其作为教材设计的根本性原理。她说，"讨论教材的目标系统必须回到教育目的的问题上去"。她将教育目的的主题聚焦于学生的全面发展，并提出"要对'全面发展'的价值和内涵进行客观、理性、准确的把握"。她还从学理上做出"发展素质教育将在未来仍旧成为教育改革的必然主题"的重要判断。《原理》指出，教材设计一定要以素养为导向，将立德树人的根本任务真正落实在教材的设计和今后的使用中，让教材充分发挥培养有理想、有本领、有担当的时代新人的价值与功能。这一根本性原理如此鲜明、坚定，作为主线贯穿整个教材的设计，这也必将照耀教师今后的教学实践。

其次，教材设计的原理要基于理解。理解是教材设计的前提，设计的过程是个不断加深理解的过程。“理解就是将我们的知识联系和结合起来”，“如果没有理解，我们可能只会看到含糊的、孤立的或无用的事实”，当然，“理解这个词也意味着行动”（格兰特·威金斯、杰伊·麦克泰格著，《追求理解的教学设计》，华东师范大学出版社，2016）。海燕老师帮助我们厘清了一系列问题，加深了我们对教材设计的理解。

比如，关于“学科价值”的问题。她认为，“从学科价值的角度挑选课程目标，就是从该知识在学科知识体系中所处的地位考虑知识的价值，或者说，从对人们探索和发现新问题、新知识的价值角度比较知识价值”。显然，“学科价值”体现在鼓励并引导学生探索发现问题和创造新知识上，实现学科育人的目的。海燕老师不断地强调一个根本性的设计原理：教材育人。同时，她还提供了学科价值视域下知识的新形态：可靠的知识、“种子”知识、“星火知识”，等等，帮助我们确立新的知识观和新的知识体系。

再比如，《原理》中关于教材材料潜在价值和文化意识的论述。海燕老师重申教材的文化意识：“当代中国社会发展背景下最重要的是处理文化认同与多元文化的关系。”文化的多元性，是文化的特性，是良好文化生态的重要标志，但教材的使命，是在坚持文化多样化的同时，引导并加强文化认同，把教材扎根在中华优秀的文化土壤里，通过文化认同，深植爱国情怀，增强文化自信。《原理》强调文化意识，旨在促进文化关怀和文化进步，通过文化设计，建设具有中国特色的教材体系。在《原理》中，还有不少的新理论、新观点，闪烁着思想的火花，引导教材设计走在学术的前沿。

第三，《原理》明晰了教材设计的另一个重要原理：坚持以学习者为中心。对于这一原理的论述，海燕老师选择了一个独特的视角切入：教材材料的选择。这是很有学术视野的，因为以学习者为中心，在教材中的落实，主要通过材料的选择，否则无所依托，会是一句空话。她着力论述三个问题：一是，教材的“可接受性”。“这里的可接受性和课程目标的设计一样，不等于完全顺从学生的现有发展水平，而是要遵从‘最近发展区’的原理，寻找学生在得到帮助的条件下最有可能提升的空间。”这种可接受性，不仅要符合认知的可接受性，还要符合情感的可接受性，强调情感对认知的推动作用。二是，她梳理了杜威关于“教材心理化”的观点，将学科逻辑、生活逻辑、学习逻辑结合起来，“为学习者提供接近生活的材料，可以让学习者通过‘基于生活情境’的学习”，让“学习成为一种有意义、有价值的学习”，而且“有利于学习者通过‘情境认知’提高学习效率”。这样，教材对学习者而言是一种“可能”。三是，她通过社会化的角度，引导学习者在学习中实现“人性的社会化”，包括道德社会化、政治社会化，以及性别角色的社会化，以增加“符合社会期待的属性”和特点，让学习者融入大社会，“小我”融入“大我”。教材设计中，心里有学生，教材才可能成为“教师的教材”，进而转化为“学生的教材”。当教材成为“学生的教材”的时候，教师才可能真正成为“学科专家”。教材设计的“原理”是相当深刻的。

第四，《原理》强调的教材活动设计的基本原理。海燕老师认为，“教材目标系统和材料系统的设计完成以后，还需要进行活动系统的设计，这是因为教材的生命力在于为教学服务”。她进一步指出，“一本设计成功的教材应该成为教师教学的必要拐杖……作为教材的设计者应该明了自己的责任，通过专业的、高水平的活动设计为教师提供可操作的行动指南”。活动系统设计，让教材成为教学的“拐杖”和“活动手册”，真切地为教师的教学服务，为学生的学习服务，让学生在活动中，有深度的体验，有想象力的自由飞扬，有生命潜在创造力的持续开发；让知识在活动中站起来，让思维在活动中活起来，让能力在活动中强起来，让核心素养得到培育和发展。不仅如此，《原理》还对活动的内涵、活动的结构做了分析，尤其是区分了“教材设计的活动”与“教学设计的活动”的关系，论述了由活动带来的教学模式及新的学习活动样式，并提供了样例，既具有操作性，又满溢着学术性。海燕老师告诉我们，设计教材的活动，其目的是为教学活动设计奠定基础，活动设计的本质就是学习设计，而最佳的活动的设计应当具有吸引力，由吸引力唤起学习的动机，这样的活动设计是具有有效性的。与此同时，活动设计还应在活动的细节上下功夫，细节彰显理念，细节放大吸引力。由此，我感受到，海燕老师的著述有女性学者的特点：周到、周密、细致、细腻，读起来，一股清馨沁入内心。

第五，《原理》是写给谁看的？这是一本学术专著，是写给学者们看的；这是一本大学教材，是写给学生们看的；这是一本课改、教改指导用书，也是写给老师们看的。可见，《原理》的专门性之深和可读普遍性之广。相信这本专著定会引起大家的共同关注。

真诚祝贺海燕老师。祝愿海燕老师在学术与实践相融通的大海上飞翔。

序2 — 教材设计：反思与重构——读《教材设计原理：从内容到形式》

裴娣娜

课程、教学、教材是学校教育改革与发展的三个最基本要素，其中教材是育人的重要载体，是课程知识的集中体现。教材建设是国家事权，是贯彻落实党的教育方针、培养德智体美劳全面发展的社会主义建设者和接班人的核心，关系国计民生。因此，教材建设成为一个具有战略性意义的研究议题，成为被世界各国共同关注的重点领域。海燕教授以她的学术勇气，长期从事教材设计的教学和研究工作，对教材设计情有独钟，十年磨一剑，苦心钻研，终于为读者奉上了《教材设计原理：从内容到形式》这部有思想、有创新、有价值的学术专著，令人敬佩。

《教材设计原理：从内容到形式》一书主旨在于探讨教材设计的一般性原理。本书的独特定位和突出特点是：

1. 新中国成立以来有关教材理论与实践研究的一部奠基之作

全书由9章组成，共40余万字。作者立足于我国学校课程、教学、教材的实际，提出了从内容到形式全新的教材结构分析框架，探索了教材理论的建构和创新。

作者的思考涵盖了教材设计的核心概念、理论基础、教材基本结构，其中集中讨论了教材目标系统、材料系统、活动系统、评价系统、表达系统、物质媒介系统及出版发行信息系统的设计，对教材设计的关键问题进行了全面、详尽而有创见的论述，提出了诸多有创意的见解。

如何体现教材的思想性、科学性、民族性、时代性和系统性？教材体系的建设如何与时俱进与国家课程改革的推进相匹配？教材建设如何落实学科核心素养并体现良好的指导力和解释力？在解决“教什么、怎么教，学什么、怎么学”这几个教育核心问题时，如何确保教材的内容质量、编校质量、设计质量、印制质量？如何构建以学生发展为中心的具有高水平、权威性、中国特色、世界一流水平的教材体系？本书提出的教材结构分析框架及其设计原理，正是在尝试回答这些问题。该书的问世，将为我国包括教材设计理论在内的教材理论体系的建构，为深化我国教材建设研究，为有条件的学校研发高质量校本教材，为教师更好地选择、利用、开发教材提供重要的参考，同时也为国家形成高质量的教材管理体系提供咨询。

2. 教材设计的思想充分体现了现代教育观

当前学校的课程建设、教学改革和教材建设，均应坚守现代教育观，该问题涉及对我国课程论与教学论研究新进展的深刻解读与运用。

与我国基础教育学校课程正在发生的结构性变化相适应，教材建设如何体现学校基础类课程的基础性和拓展类课程的选择性，这是进一步深化教材建设的重要研究议题。目前，大家关注学校校本课程的开发，部分学校教师和管理者在自主开发配套的教材及学材方面进行了实践探索。面对新的挑战，在教材建设领域，如何从观念、行为层面树立和贯彻“以人的发展为本，体现基础性和选择性”的课程价值取向？在本书中，作者力求在观念层面上取得共识。

一是系统的观点。教材建设是一个具有战略性且难度极大的系统工程，正如作者指出的，要将教材设计视为一个系统工程，从社会大系统出发把握教材设计、教材建设的结构和过程，寻求系统内各因素、活动各阶段的最佳联系，以达到优化教材设计、教材建设的目的。

二是结构的观点。如何构建多元开放、可选择的学校课程结构，重构学校课程管理制度，激发教育的内在活力，形成学校办学特色，促进学生个性发展，是目前关注的重点问题。结构和功能彼此依存，为此，要在结构和功能的关系中分析和实现学校课程结构、学科知识结构、学生学习与发展的要素结构、教学进程结构之间的对应，从而实现学校教育功能。作者从讨论课程开始，强调教材和课程之间的紧密联系，强调教材的结构应该和教与学的结构紧密联系。这些教材设计的要求有助于课程、教学、教材三者之间形成结构上的衔接。此外，在本书中，作者从学校教育促进人的全面发展的功能出发，对教材的结构进行解构和分析，强调以“目标导向，系统设计”作为教材设计的基本原则，紧紧围绕学校教育促进全面发展的功能对教材各个组成部分的设计进行了论述，充分体现了结构和功能密不可分的要求。

三是发展性和选择性。学生是认识和发展的主体，要通过丰富的活动设计，激发学习者的自主性、创造性，同时通过丰富的主体间交往实现社会性的发展。作者强调，教材设计要从全面发展的时代主题出发，围绕教育目的对全面发展的追求展开设计，要根据课程目标、教学目标的要求设计贴合学习者生活世界的丰富多样的活动，提高教材活动设计的“可用性”

和吸引力。作者还强调，教材活动设计要有利于引导高质量的学习过程，促进学习者在学习的过程中真正地得到高效的发展。此外，作者提出，在为学生打好发展基础的同时，为了引导学生在选择中学习和成长，教材各个组成部分的设计要体现弹性、可选择性，提供有差异的内容和可选择的学习空间、学习方式。这些教材设计的思想充分体现了教育的发展性和选择性。

四是关注社会性、人文性和文化性。社会性、人文性和文化性是密切相关的。当前教材建设的问题和困境，还表现为考试文化制约下教材的人文价值失落，教材中对优秀传统文化重视得不够，多元价值影响下，有些教材失去核心价值的引领。作者指出，在材料的选择上要高度关注潜在教育价值，从“人的社会化”角度对教材的材料系统进行反复斟酌。作者还指出，教材设计应具备自觉的文化意识。作者论述了“文化”的内涵及特征，强调在关注多元文化的同时突出中华优秀传统文化和文化认同，从而为学习者的自我认同、国家认同提供条件。从社会化、文化意识的角度思考教材设计，有助于把人的发展、人的社会性置于更具体的社会关系中、文化关系中考察。

3. 为学校教育教学改革提供有力的服务

教材是学校教育极为重要的依托，为提高学校教育质量服务是教材建设的核心任务，是教材的生命线。基于教学是由认识主体（学生）与认识客体（课程和教材），以及起主导作用的中介因素——教师组成的独特的“三体结构”的认识，作者指出，好的教材应将构建“师生教学共同体”作为设计的重要理念，通过将教材的目标、材料、活动、评价过程清晰明了地呈现出来，帮助师生遵循共同的目标和路线图各司其职、互相配合。作者还指出，教材要服务于教学，尽可能贴近和呈现真实的教学过程发生的样子，不仅可以用来“看”，还可以用来“教”、用来“学”。这些教材设计的思想都将为学生、教师、课程与教材三者之间建立更加紧密的联系提供基础，从而更好地实现学生的主体性，更好地为学校教育教学改革提供服务。

4. 立足现实面向未来的研究方法

作者从历史、现实和未来三个维度，对教材建设进行梳理，加深对教材建设服务于教育事业发展改革的规律的认识，明确新时代教材建设的基本方向，探索未来教材建设的基本路径。

从历史维度，作者全面分析了国内教材理论研究基础薄弱的各种原因，指出改革开放 40 多年的实践探索，教材研究呈现的几个特点，以及仍存在的问题。

从现实维度，作者揭示了教材建设面临的挑战和主要问题，指出教材建设进入一个新时代。在这个新时代，核心素养背景下的教材理论研究显得重要且迫切，乡土教材、少数民族教材、综合教材、实验教材等特殊类型教材的研究需进一步深化，要通过这些深入的研究、反思，积累本土经验，构建有中国特色的教材体系。

从未来维度，作者提出了如何从人的发展的新内涵和人才培育的新条件出发研究和建设教材这一富有鲜明时代色彩的课题。围绕这一课题，作者提出了指向未来的若干教材研究的重点任务，如应关注教材设计的一般性原理的研究，要关注服务于新时期育人要求的教材研究，要加强信息化和教材的融合创新研究。这些对未来教材研究的思考具有前瞻性，也为教材建设指明了努力的方向。

本书展示了跨学科的学术视野，体现出鲜明的时代性。作者从教育学、心理学、哲学、社会学、美学、传播学、装帧设计等学科领域对教材进行立体透视，为我们提供了多元的思维角度。作者还跳出书斋之外，从当代中国社会发展的种种变化中思考教材设计问题。如作者结合当代中国社会的发展趋势思考教材理论和实践的发展趋势，从中国社会转型的角度客观、理性地分析性别文化在教材中应有的呈现方式，从社会生活的变化揭示全面发展作为教育主题的必然性和新的时代内涵，等等。

本书还有很多值得关注的思想、观点，比如要加强教师的教材素养以确保课程实施的实效性等建议和想法，这些都将为读者、为教材改革提供有益的启发。

中国的教育问题，只能靠中国的教育工作者来解决。只有认真总结我国教育工作者的探索，在实践的基础上反思和超越，才能实现自身理论和实践的真正创新。愿更多的研究者驻足这个领域，推动我国教材建设事业更上一层楼，也为学校教育提供更充足的发展动力。诚盼作者通过不懈的理论研究和实践探索，在教材研究领域不断取得新的认识成果，为推进我国学校教育的发展做出更大贡献。

前言

教学和科研相互促进是大学老师共同的成长之路。本书的写作缘由主要有两个：一是有感于教师教育课程设置的不足；二是有感于教材研究的不足。从教师专业发展来看，承担教学任务是教师的主要职责，教材是教学的核心媒介，但是在教师教育的课程设置中，教材理论知识的学习却很缺乏，因而教材理论知识的补充将有利于教师更好地选择、利用、开发教材。从理论研究来看，课堂教学是学校教育活动的中心，和课堂教学关系最为紧密的理论是课程理论、教学理论、教材理论，因而这三者若能并驾齐驱、共同繁荣，将有利于课堂教学研究的系统性和完整性。

为了实现教学和科研的相互促进，笔者于 2012 年起为本科生、研究生分别开设“教材设计”和“教材论”课程。可以说，本书是笔者多年教学日积月累的结果。虽则最初欲弥补教师教育课程的不足而开设了新的课程，但是开课之初以及后来相当长的一段时间里，课程的教学因缺乏合适的参考资料而举步维艰。这主要是两个原因导致的：一方面，国内专门开设教材设计或教材一般性原理的课程似乎未见（可能是笔者的臆测，愿读者斧正），所以难有参考借鉴的对象；另一方面，国内教材理论的研究尚未成熟，寻觅不到成熟、完整的教材理论知识体系作拿来主义的照搬或参考。虽然也为学生推荐了若干参考书作为参考，但是这些有限的参考书实际上对学生的课程学习助益不大，而我对现有的参考资料也不甚满意。为此，上课时只好一边思考，一边讲解，因为没有现成的资料可用，上课基本上以“口传心授”的方式进行。

上课的窘境迫使我想尽快地解决一个问题，这就是：如何构建起一种相对完整、简洁的教材理论知识体系，尤其是对教师有用的教材设计知识体系？

作为长期思考的结果，本书集中讨论了两个问题：第一，教材的基本结构是什么？本书从内容和形式两个方面对教材的基本结构进行了“解剖”，这一“二分法”相对比较容易理解，也比较容易分析。第二，教材的各个基本组成部分如何设计？本书分别就内容和形式的各个组成部分的设计逐一分析。这些分析不是完美的，但有助于为读者提供某些有益的启发。

围绕上述两个问题，本书呈现了五个部分的内容：

一、教材设计的基本要求。本部分主要就教材各个组成部分的设计要求逐个进行分析，初步构建起一个相对完整、简洁明了的教材设计——主要是教材本体的设计——理论知识体系。该部分涵盖了教材本体设计的若干关键问题，将有助于后来者作进一步的理论体系建构。

二、教材设计的常见问题和解决策略。本部分就教材各个组成部分的设计中常见的问题和解决策略进行了整理。这一部分的内容主要来源于两个方面。第一个来源是笔者日常教学过程中学生递交的作业。由于本课程的教学过程循着理论学习和动手实践并行的路线进行，学生边学习理论知识，边进行教材的自主设计实践，因此笔者有机会对学生设计的教材进行了解和评估，从中发现了一些常见的问题。另一个来源是现有学校实际使用的教材中出现的一些问题。这部分内容有助于设计者在设计之前能够预估并尽量避免可能出现的问题。

三、阅读材料。本书附有丰富的“阅读材料”供读者分享。这些阅读材料来自学术专著、期刊论文、新闻报纸、学位论文等不同的媒介，将有助于读者更好地理解本书的观点和阐述，也有助于本书看起来不是那么乏味。

四、讨论与争鸣。讨论与争鸣是学术繁荣和成熟的基本条件，而教材研究领域仍然有很多“似是而非”或“似非而是”的命题、判断需要百家争鸣。故此本书部分章节提供了若干讨论与争鸣的材料供读者思考和讨论。

五、练习和检查。该部分的“练习”是针对教材设计的操作训练。本部分的主要来源是笔者在教学过程中为学生布置的日常作业。这一部分有两个功能。一方面，这部分可作为教材评价的参考。教材评价是教材建设的重要环节，其关键问题是如何为“好的教材”提供标准，本部分可为致力于教材评价研究的读者提供部分参考。另一方面，该部分还可用作读者的自我检查，读者可参考这些表格对设计的教材进行自我检查。

以上这五个部分的内容使本书具备下述几种可能的用途：

一、可作教材研究的参考文献。

二、可作教师教育的参考书。

三、可作教材管理者的参考资料。

四、可作教材设计者、出版者的借鉴。

教材设计是一项艰巨复杂的工作，对教材设计的研究也是一项特别艰苦复杂的工作。愿笔者微薄的努力，有益于读者，有益于祖国的教材建设事业，恳请读者不吝赐教。

目录

第三章　教材目标系统及其设计

第四章　教材材料系统及其设计

第五章　教材活动系统及其设计

第六章　教材评价系统及其设计

第七章　教材出版发行信息系统及其设计

第八章　教材表达系统及其设计

第九章　教材物质媒介系统及其设计

绪论

近年来，国内对教材的研究进入一个活跃期，研究文献大量增加。庆祝中华人民共和国成立70周年之际，人民教育出版社于2019年4月在北京主办“首届中小学教材论坛”，该论坛的举办可以被看作一个标志性事件，标志着当前教材研究正迈向新的高地。近年来，教材研究之所以进入活跃期，大概出于以下几个方面的原因：

其一，国家层面的推动。2017年7月，国务院成立国家教材委员会，其主要职责是指导和统筹全国教材工作，贯彻党和国家关于教材工作的重大方针政策，研究审议教材建设规划和年度工作计划，研究解决教材建设中的重大问题，指导、组织、协调各地区各部门有关教材工作，审查国家课程设置和课程标准制定，审查意识形态属性较强的国家规划教材。国家教材委员会办公室设在教育部，由教育部教材局承担办公室工作。① 教育部教材局的主要工作是：“承担国家教材委员会办公室工作，拟订全国教材建设规划和年度工作计划，负责组织专家研制课程设置方案和课程标准，制定完善教材建设基本制度规范，指导管理教材建设，加强教材管理信息化建设。”② 2017年12月，教育部发文，为了“搭建国家级高水平课程教材专业研究平台，做好课程教材建设专业支撑”，成立课程教材研究所。该所的主要职责是：“组织开展课程教材建设重大理论和实践问题研究，为国家课程教材建设决策提供咨询服务，参与拟定国家课程设置方案和课程标准（教学基本要求），参与组织国家统编教材的编写和审查工作，参与国家课程实施和教材使用的培训、监测和评估，为地方和学校课程教材建设提供咨询和服务，开展课程教材研究的国际交流与项目合作，承担国家教材委

① 国务院办公厅．关于成立国家教材委员会的通知：国办发〔2017〕61号[A/OL].(2017-07-03)[2019-08-20].http://www.gov.cn/zhengce/content/2017-07/06/content_5208390.htm.

② 中华人民共和国教育部教材局. 教材局介绍[Z/OL].[2019-08-20].http://www.moe.gov.cn/s78/A26/moe_2581/201703/t20170329_301469.html.

员会下设各专家委员会秘书处工作，开展教育部和有关部门委托的其他工作。”①

2019 年 2 月中共中央、国务院印发的《中国教育现代化 2035》明确指出：“加强课程教材体系建设，科学规划大中小学课程，分类制定课程标准，充分利用现代信息技术，丰富并创新课程形式。健全国家教材制度，统筹为主、统分结合、分类指导，增强教材的思想性、科学性、民族性、时代性、系统性，完善教材编写、修订、审查、选用、退出机制。”② 2019 年 12 月，“为贯彻党中央、国务院关于加强和改进新形势下大中小学教材建设的意见，建立健全大中小学教材管理制度，切实提高教材建设水平”，教育部发布了《中小学教材管理办法》《职业院校教材管理办法》和《普通高等学校教材管理办法》③，对建立健全各级各类教材编写、审查、使用及引进等各环节的制度进行了明确而详细的规定。至此，大中小学教材建设整体发展的方向越来越明晰，教材建设是“国家事权”的理念逐渐落实为具体的制度规范，教材事业发展的顶层设计逐渐完善，可以预见，国家意志在教材事业的发展中将体现越来越重要的作用，而在此背景下，对教材事业方方面面的学理研究也必然会越来越繁荣。

其二，教材管理制度的变化吸引更多人关注教材。21 世纪初的基础教育新课程改革承继了 20 世纪 80 年代以来教材多元化的改革趋势，进一步打破了传统“一纲一本”的制度约束。虽则 2017 年以来和意识形态关系较为紧密的部分教材（政治、语文、历史）恢复统编，部分结束了“一纲多本”的管理局面，但是总体上看，教材的管理、开发、编写主体的多样化仍然存在，这就使更多的人参与到和教材有关的工作中来。与此同时，教材的使用者也有了更多挑选教材的机会，这也促使更多的人关注不同版本教材的质量。加上学校课程结构明确将校本课程作为组成部分之一，也需要更多的学校教师、管理者自主开发配套的教材，对教材编写等相关知识的关注度也随之提高。

---

① 中华人民共和国教育部. 关于设立课程教材研究所的通知：教人函〔2017〕12 号[A/OL].(2017-12-27)[2019-08-21].http://www.moe.gov.cn/srcsite/A04/s7051/201801/t20180123_325313.html.

② 中华人民共和国教育部. 中共中央、国务院印发《中国教育现代化 2035》[Z/OL].(2019-02-23)[2019-06-12].http://www.moe.gov.cn/jyb_xwfb/s6052/moe_838/201902/t20190223_370857.html.

③ 中华人民共和国教育部. 关于印发《中小学教材管理办法》《职业院校教材管理办法》和《普通高等学校教材管理办法》的通知：教材〔2019〕3 号[A/OL].(2019-12-19)[2019-12-30].http://www.moe.gov.cn/srcsite/A26/moe_714/202001/t20200107_414578.html.

其三，学术史的缺陷需要弥补。中华人民共和国成立以来，在教育学学术发展史上，教材研究和其他领域的研究相比，其地位没有得到足够的重视，教材理论知识的积累进步缓慢。为此，当前教材研究的活跃并不能代表教材研究领域已经成熟，而是弥补教材研究学术发展史先天不足的“欠账”。因此，教材研究不是已经令人满意，而是任重道远。

其四，教材问题频出引起广泛的社会关注。近年来，教材问题频出，如教材注释出现明显的错误，权威出版社出版的语文教材内容的真实性受到少儿的质疑，香港教材管理松散对年轻人意识形态导向产生巨大负面影响。这些问题借着新媒体传播的快捷，很快引起全社会的广泛关注。这些都反映了教材繁荣的背后潜藏着诸多亟待解决的问题，进而引发人们更多的思考。

其五，基础教育新课程改革的深入推进有待教材研究的跟进。2016 年 9 月，《中国学生发展核心素养》公布，2017 年新的普通高中课程方案和各科国家课程标准颁布，新一轮的教材也陆续跟进。新课程标准和旧课程标准之间虽然有所联系，但无论是内容上还是形式上都有所不同，比如，新课程标准采用了和旧课程标准不同的目标分类系统，这也使新教材研制等课题受到的关注日益增多。

随着教材研究进入活跃期，教材研究的广度和深度都有了很大的提升，研究从古代到当代，从宏观到微观都积累了丰富的成果。从总体上看，当前的教材研究呈现如下几个特点：第一，新的学科视野不断增加。传播学、信息技术、设计理论、学习科学、文化学等新的视角不断涌现，为发现和解决教材问题提供了新工具。第二，研究的对象不断拓展。教材研究的对象从宏观到微观，从基础理论问题逐渐深入具体的教材设计细节等问题，以往没有被关注或被深入的冷门课题不断被挖掘，呈现出不断丰富的研究图景。第三，比较研究日益增多。随着我国知识领域和世界知识领域的接轨，比较研究的方法在教材理论研究中得到越来越多的重视，并且这种比较研究从最初的宏观介绍不断深化为微观问题的借鉴。

现有研究无论在研究的广度还是深度方面都取得了丰硕的成果，但是仍有诸多探索的空间：其一，体系化的研究亟待深入和提升。专题研究占主体，而系统化的研究不多，尤其是成熟而完整的教材理论体系尚未构建起来。其二，服务于新时代、反映我国当代社会发展特色的研究还有待发展。现有研究在反映新时代中国特色，特别是反映社会发展的变化、体现社会对学校教育育人的新要求方面做得还不够。其三，对实践的亲和力有待进一步提升，这些成果指导教材实践的作用尚未充分发挥。

为了更好地适应社会发展和教育发展的新条件、新要求，从总体上提升教材研究的水平，更好地服务于新形势下的教材建设，下述几个方面的研究值得关注：

（一）加快构建成熟而完整的教材基础理论知识体系

从学术发展的规律看，学科研究的成熟往往以形成相对稳定的核心知识结构为标志，而为了达到这个水平，在这之前必须要以研究内容和研究方法的丰富性为基础。从现有研究看，教材研究涉及的课题已经很丰富，与此同时，我国教材领域的实践探索也已积累了很多经验和教训。可以说，在现有研究的基础上对这些经验和教训进行全面的整理和提炼，从而呈现一种和我国教材领域的实践行动相对应的完整而又简洁明了的教材理论知识体系，已经成为一种现实的迫切需要，也成为一种现实的可能。该体系应具备以下特点：

第一，完整的系统性。一方面，这一教材基础理论知识体系应涵盖教材发展的基本原理研究、教材本体研究、教材使用研究、教材外部条件研究等完整的知识领域，因而具有完整性；另一方面，这一知识体系研究的各个问题之间具有内在的逻辑联系，因而具有系统性。在此基础上，构建具有内在严谨逻辑结构的理论知识体系。

第二，明确的可操作性。现有研究虽然已取得丰富的成果，但是对教材领域的实践仍然缺乏足够的指导力。明确的可操作性应包括三个方面：一是教材基础理论知识体系不宜烦琐，而要尽可能地简洁明了。二是表达形式宜亲切易懂。思想包括内容和形式，内容是对教育问题的思考，形式是赋予思考的外在表达方式。教育研究作品的思想内容自然很重要，但是如果没有合适的表达形式，再高明的思想也只能止步于发表的文字，成为研究者自娱自乐的案头清供。为此，有必要倡导平实的文风，研究者要放下高高在上的姿态，以服务于实践为教育写作的旨归，以使用能够被读者理解的语言作为表达合格的标准。要避免故作高深、晦涩难懂甚至以“标题党”的形式博取眼球的误区，尤其要反对用各种新奇的概念和理论包装教育的常识、常理，使教育研究变成缺乏价值的文字游戏。真理应该是朴素的，真理的阐述也应该是朴素的，只有这样才能使研究的成果被更多教育工作者和关心教育的人所理解和吸收，从而及时转化为改造实践的行动力量。[①] 三是思考

---

① 王海燕．教育研究：追求“行动力”还是“发表力”？［J］．江苏教育研究，2019（12B）：6．

的问题要结合我国社会发展和教育发展的实际。只有这样，才能使教材理论知识具有浓厚的“亲民性”，让最广大的普通教育者尤其是广大的普通教师都能够读懂并用好。

第三，鲜明的社会发展性。教育和社会的互动是教育发展的第一规律。改革开放以来，社会转型成为我国社会发展的总体特征。从传统农业转向现代工业，从农村走向城镇，从世界“制造”迈向世界“智造”，从文化封闭走向文化开放……经济生活的巨大转变正推动百姓个体生活和社会生活的巨大转变。这些转变对育人提出了新要求，教材是育人的核心媒介，这些新要求对教育提出的新问题要及时地反映到教材理论中去。

（二）加强教材设计研究

教材设计可以着重关注以下四个方面的问题：

首先，要关注教材设计的一般性原理。目前国内教材设计的研究主要集中在各级各类课程的教材设计和专题部分，而对于教材设计一般性问题（基本原理）的讨论则不多。教材设计一般性原理的研究具有重要的理论和实践意义。其一，通过形成具有一般性指导意义的设计基础理论，可以为各级各类课程配套教材的设计研究提供指导；其二，有利于使各级各类课程的教材设计都能遵循基本的、共同的规范，避免因为教材设计水平的不同和互不通气影响学校课程结构整体功能的发挥；其三，有利于为现有教材质量评价标准的研究提供更可靠的依据。可以说，我们对教材评价的研究从目前来看还不够完善，其中一个非常重要的原因就是我们还没有很好地解决“好的教材应该是怎样的”这个问题，即我们对于“好的教材设计”的一般性原理还没有进行完整、系统的思考并达成共识。因此，要在教材设计的源头把好关，提高教材质量评价研究的水平，进而真正地从两头把好教材质量的关。

其次，要关注服务于新时期育人要求的教材设计研究。学校教学的本质是为学习者创造最优化的学习条件，这是学校里的学习相比于其他情境下的学习所应有的特点，而教材是教学的核心工具和媒介，因此教材必须服务于教学过程，通过师生的有效使用实现应有的教育价值。从现有教材的实际使用情况来看，教材在服务于师生、方便和促进教师的“教”与学生的“学”方面做得还不够，尤其是在服务于学习者学习这一方面，仍有完善的空间。作为我国第一个以教育现代化为主题的中长期战略规划，《中国教育现代化 2035》指出，要“创新人才培养方式，推行启发式、探究式、参与式、合作式等教学方式以及走班制、选课制等教学组织模式，培养学生创新精神与实践能力”。同时指出，要“构建服务全民的终身学习体系”。① 社会发展对人的全面发展和人才培养方式提出了新要求，但是“教材体现人才培养模式变革的新理念、新要求不足，内容价值导向与知识教育融合不够……中国特色社会主义进入新时代，从教育大国走向教育强国，教育理念、育人模式深刻变革，对教材建设提出新的更高要求。同时，世界处在大发展大变革大调整时期，网络新媒体迅速普及，不同价值观念不同文化相互碰撞，给教材建设带来更多严峻挑战”。② 为此，研究如何从人的全面发展的新内涵和人才培育的新条件出发设计教材是一个具有鲜明时代色彩的课题。

再其次，要加强信息化和教材的融合创新研究。自《教育信息化十年发展规划（2011—2020）》公布以来，教育信息化获得了很多成果。2016年6月，教育部发布的《教育信息化“十三五”规划》指出，“教育信息化对教育改革发展的支撑引领作用日益凸显”，但是与发达国家深度应用、融合创新的水平相比，仍存在差距，信息化与教育教学“两张皮”现象仍然存在，推进教育信息化的积极性有待提高，力度有待加大。③《加快推进教育现代化实施方案（2018—2022年）》指出，推进教育现代化的十个重点任务之一是“大力推进教育信息化。着力构建基于信息技术的新型教育教学模式、教育服务供给方式以及教育治理新模式。促进信息技术与教育教学深度融合，支持学校充分利用信息技术开展人才培养模式和教学方法改革，逐步实现信息化教与学应用师生全覆盖”。④ 2018年4月，教育部印发的《教育信息化2.0行动计划》指出，没有信息化就没有现代化，教育信息化是教育现代化的基本内涵和显著特征，是“教育现代化2035”的重点内容和重要标志。计划指出，要“因应信息技术特别是智能技术的发展，积极推进‘互联网+教育’，坚持信息技术与教育教学深度融合的核心理

① 中共中央、国务院印发《中国教育现代化2035》[Z/OL].(2019-02-23)[2019-06-13].http://www.gov.cn/xinwen/2019-02/23/content_5367987.htm.

② 中华人民共和国教育部. 全面落实教材建设国家事权 系统描绘大中小学教材建设蓝图——国家教材委员会办公室负责人就《全国大中小学教材建设规划（2019—2022年）》答记者问[Z/OL].(2020-01-07)[2020-01-28].http://www.moe.gov.cn/jyb_xwfb/s271/202001/t20200107_414566.html.

③ 中华人民共和国教育部. 关于印发《教育信息化“十三五”规划》的通知：教技〔2016〕2号[A/OL].(2016-06-07)[2019-04-20].http://www.moe.gov.cn/srcsite/A16/s3342/201606/t20160622_269367.html.

④《加快推进教育现代化实施方案（2018—2022年）》[Z/OL].(2019-02-27)[2019-06-02].http://djw.swsm.edu.cn/info/1041/1341.htm.

念”，要“发挥技术优势，变革传统模式，推进新技术与教育教学的深度融合，真正实现从融合应用阶段迈入创新发展阶段，不仅实现常态化应用，更要达成全方位创新”，要“持续推动信息技术与教育深度融合，促进两个方面水平提高。促进教育信息化从融合应用向创新发展的高阶演进，信息技术和智能技术深度融入教育全过程，推动改进教学、优化管理、提升绩效”。[①] 可见，当前教育信息化的重要任务之一是实现信息化和教育教学全过程融合创新。教材是教育教学的核心媒介，可以说，没有教材的信息化就没有教育的信息化和教育教学的深度融合，更谈不上创新。为此，要着重关注两个方面的研究，一是教育信息化和传统教材的融合创新，二是教材数字化的问题。一方面，要着力于现代信息技术和传统教材的系统化整合研究。着力探索如何为以纸质教材为主体的传统教材提供无缝连接的教学资源，使传统教材和多种信息化手段构成一个完整的系统，而不是碎片化的拼接和简单的连接。另一方面，加强以数字教材为核心的教学系统设计研究。以系统设计为理念，开发独立的数字教材，围绕数字教材构建包括课程管理、教学管理、课程实施全过程的教学系统。

最后，继续加强基于基础教育新课程标准的教材设计研究。2017 年我国颁布的基础教育新国家课程标准和旧课程标准之间既有联系又有变化，特别是课程目标分类体系发生了很大的变化，即从原有的三维结构分类改为核心素养结构分类，由此导致了课程实施、学业质量评价和教学评价等环节的不同。为此，有必要继续加强基于新课程标准的教材设计研究，为教材出版和编写提供新的理论参考，确保新的课程标准能够在教材中得到充分贯彻。

（三）加强教材管理研究

目前，我国教材管理的主要内容涉及了规划、编写、出版发行、选用、监督等各个环节。可以说，教材管理一直是我国教材建设的重要方面，与此同时，教材管理也一直面对着新问题、新挑战。以下几个方面的问题需要关注：

第一，加强基础教育三级课程精细化管理的研究。这里主要提两个问题。一是要加强对课程“校本化实施”过程中的教材管理。三级课程管理制度的实施，体现了集中和分散相结合的中国特色，但是在实施的过程中

---

① 中华人民共和国教育部. 关于印发《教育信息化 2.0 行动计划》的通知：教技〔2018〕6 号[A/OL].(2018-04-18)[2019-11-21].http://www.moe.gov.cn/srcsite/A16/s3342/201804/t20180425_334188.html.

出现了一些问题。如，2009 年，教育部针对基础教育新课程改革以来一些地区和中小学使用未经审定的国家课程教科书的现象专门发文整理整顿，全面清理中小学违规教材。[①] 2018 年 9 月，教育部教材局下发关于开展义务教育国家课程教材检查工作的通知。通知指出，一些编写出版单位擅自更改个别版本教材内容，个别学校存在以校本课程教材替代国家课程教材等现象，为维护教材的权威性和严肃性，决定对义务教育国家课程教材开展一次全面检查。[②] 这说明，如果没有精细化的管理，国家课程、地方课程和校本课程可能难以各司其职，甚至职能越界。我国幅员辽阔，自然和社会条件差异很大，课程设置与实施的地方化、校本化是现实的需要。三级课程管理的改革旨在尊重和利用地方、学校的教育资源的独特性，激发地方和学校的活力，使课程因地制宜，提高适应性。但是，即便是国家课程也存在"校本化实施"的需要。因而，要研究如何在不以地方课程教材、校本课程教材替代国家课程教材的情况下实现三级课程的"校本化实施"，既保持国家课程的权威性，又能够提高国家课程的适应性。二是要加强对校本教材的管理。虽然校本课程的实施未必一定需要校本教材的开发，但从实际情况看，校本教材仍然是校本课程实施的有效媒介。但是，由于应试的压力、教师教材素养的欠缺等主客观原因，校本教材的质量、实施和评价都不尽如人意。[③] 因此，加强校本教材的全方位管理也是一个亟待解决的问题。

第二，加强数字教材管理的研究。数字教材和传统教材不同，"传统纸质教材其内容资源主要是静态的文字和插图且相对封闭，在编写印刷出版之后，教材编写出版机构的任务就基本结束，而数字教材中内容资源的呈现形式更加富媒体化，并具有开放性、动态性和生成性等特征"。[④] 数字教材相对于传统纸质教材的不同特点决定了数字教材管理的特殊性，也给教材管理提出了新问题。近些年来，我国已经研制并发布了相关的规定对数字教材的编写、审定、出版发行、选用等各个环节进行约束，但是仍需加强研究，特别是要加强全球化、多元化时代数字教材内容质量管理的研究。

---

① 中华人民共和国教育部．加强中小学教材管理 全面清理违规教材［J］．新课程研究，2009（12）：25.

② 中华人民共和国教育部．教育部教材局关于开展义务教育国家课程教材检查工作的通知：教材局函〔2018〕51号[A/OL].(2018-9-14)[2020-01-02].http://www.moe.gov.cn/s78/A26/A26_gggs/A26_sjhj/201809/t20180918_349171.html.

③ 濮丽丽．苏州市小学校本教材开发的调查研究［D］．苏州：苏州大学，2014.

④ 饶菲菲，杨彦军．数字时代我国中小学教材管理制度现状与挑战［J］．中国教育信息化，2019（16）：1-6.

第三，加强教材国际化的管理研究。教材不仅关乎教育质量，还关乎国家文化安全，因此，不仅要从“国家事权”的高度关注教材，还要从文化战略的高度重视教材的管理，进一步加强对教育国际化过程中“引进来”和“走出去”的教材管理研究。为此，要注意两个方面的问题。一方面要加强引进教材的管理研究。随着教育国际化的推进，大量的国外课程涌入国内，为此，《中小学教材管理办法》对教育国际化过程中的教材问题给予了高度关注，要求“义务教育学校不得使用境外教材。普通高中选用境外教材，按照国家有关政策执行”。① 引进教材可能包含着不适合本土学生的内容，为此要加强国际课程配套教材本土化管理研究，既发挥引进教材的优势，又避免可能的不良后果。② 另一方面，要加强对“走出去”的教材管理研究。我国社会的开放程度越来越高，特别是“一带一路”倡议的提出，使我国的改革开放站到了新的高度。2017 年 6 月 23 日，“十三五”阶段“一带一路”汉学国际传播课题在京启动。该课题分为研究、教学、商业三大体系，主要项目包括建立海外汉学研究中心、进行国际汉语教材研发、举行“中华文化万里行”全球大型文化传播等活动。该课题由中国留学人才发展基金会、中国社会科学院等单位共同参与，将建立以汉学为概念的中华文化传播创新体系。国际汉语教材研发是该课题的亮点之一，旨在为不同国家研发具有本国文化特色的汉语教材。第一批海外汉语教材包括英语、俄语、西班牙语、阿拉伯语等 10 种版本。③ 推进共建“一带一路”教育行动是提升我国教育国际影响力的重要举措，教材将成为推动我国文化传播及提升教育国际影响力的重要媒介。④ 因此要加强对这些教材的管理，通过教材输出良好的国际形象，将优秀的传统文化和新时期新的世界发展观推向世界，提高国家软实力，更好地服务于国家发展战略。

---

① 中华人民共和国教育部. 教育部关于印发《中小学教材管理办法》《职业院校教材管理办法》和《普通高等学校教材管理办法》的通知：教材〔2019〕3 号[A/OL].(2019-12-19)[2019-12-30].http://www.moe.gov.cn/srcsite/A26/moe_714/202001/t20200107_414578.html.

② 张峰. 普通高中国际课程校本化研究——以苏州某外国语学校“BC 高中课程”为例［D］. 苏州：苏州大学，2019.

③ 国家广播电视总局. 研发国际汉语教材助力汉学国际传播[Z/OL].(2017-06-28)[2020-01-13].http://www.nrta.gov.cn/art/2017/6/28/art_114_34239.html.

④ 中华人民共和国中央人民政府. 绘制新时代加快推进教育现代化建设教育强国的宏伟蓝图——教育部负责人就《中国教育现代化 2035》和《加快推进教育现代化实施方案（2018—2022 年）》答记者问[Z/OL].(2019-02-23)[2019-11-04].http://www.gov.cn/zhengce/2019-02/23/content_5367993.htm.

第四，要加强特殊地区的教材管理研究。教材是国家事权，事关国家统一和民族团结，稍有疏忽便会带来深远的不良影响。如，近期出现的香港问题、新疆问题表明青少年在文化认同、国家认同方面出现了问题，这些问题和教材监管的疏松有很大的关系。因此，如何针对某些敏感地区、特殊地区制定合理、合法、有效的监管措施是需要关注的课题。

（四）加强教材改革研究

教材的开发是一个耗时耗力的复杂系统工程，教材一旦被使用又会对受教育者产生难以改变的深远影响。因此，教材的改革不能不谨慎，不能不以高度负责的态度严肃对待。关于教材改革的研究，以下两个方面值得关注：

一是加强教材改革的决策研究。近年来，教材改革和课程改革一样受到社会的广泛关注，新教材引起的质疑不在少数。要研究在实施影响广泛而深刻的重大教材修订活动等决策过程中如何广泛征求专家、教师和社会人士的意见，多论证、多讨论，倾听不同意见，尽量避免可能带来的不良后果，降低改革风险。特别是要加强新教材试用的规范化和科学化研究。新教材的试用可以被看作教育实验的重要内容，新教材试用的科学化和规范化有助于真正发挥试用对教材改革的诊断作用。

二是加强教材改革推行过程中的动态纠错机制研究。在这方面我们已经做了很多工作，但是仍需要探索如何提高教材使用反馈机制的实际效用，研究如何在教材改革推行过程中建立面向大众的开放、多元、便捷的教材使用反馈机制。特别值得一提的是，要加强对学生使用新教材的研究。从目前来看，对“教师使用教材”情况的研究较多，但是针对“学生使用教材”的研究较少。学生是教材价值和学校教育价值的最终受益者，因此，应高度重视学生对教材的使用意见，将它作为教材改革反馈的重要方面，一方面研究学生使用新教材的情况，另一方面研究如何建设更加便捷和有效的平台和渠道，方便学生及时、有效地将自己的想法反馈给有关部门和教材出版发行者。

（五）加强教材教育研究

教师具备良好的“教材素养”是必要的。教材是教师的重要教育工具，教师对教材的选择、理解和使用都会直接影响教材教育价值实现的程度，因此，提高教师的教材素养是从根本上提高课堂教学效果的必要保证。与此同时，自基础教育新课程改革以来，校本课程成为学校课程结构的必要成分，教师开发课程和教材的能力被提上了教师专业发展的日程。但是从目前来看，教师的教材素养并不能令人满意，教师开发校本教材能力的不足成为发挥学校三级课程管理优势的一个障碍。①

一方面，在职教师的培训内容以现有具体科目的教材使用为主，对教材基本理论的培训很缺乏；另一方面，职前教师教育（主要是师范生教育）虽然有教材理论方面的学习，但在理解、使用和开发教材方面仍显不足。这就导致两方面的问题：一是教师对现有教材的理解和使用受到影响，特别是对国家课程配套教材的理解和使用不能使教材物尽其用，从而影响国家课程的实施效果；二是教师开发教材的能力不足，特别是教材设计的能力明显缺乏，导致国家课程校本化实施过程中的教材二度开发和校本教材开发的质量不能令人满意。

自 2012 年以来，笔者探索为苏州大学本科师范生和硕士研究生（包括学术型硕士、专业型硕士、同等学力硕士）分别开设“教材设计”“教材论”的课程，为学生讲授教材设计的基本原理和相关理论知识，并指导学生进行实际的教材设计操作训练。经过几年的探索证实，通过理论讲授和实践训练结合，可以帮助学生获得教材设计的基本知识及独立设计教材的基本能力，同时，这些学习和训练的价值受到了学生的肯定。因此，是否有必要将教材素养特别是教材设计能力列入教师专业标准，是一个值得探讨的问题。

为了提升教师的教材素养，一方面要研究如何加强在职教师教育中的教材素养培训，使他们不仅能够更好地使用现有教材，还具有开发和设计新教材的能力；另一方面要研究如何为师范生和研究生提供适合学习的教材理论知识体系，开发相应的理论教材供教师教育者使用，使师范生和研究生无论是从事教育管理还是日常教学都能够更加自觉、理性地选择好、理解好、使用好、管理好教材。

综上所述，教材是实现素质教育的核心工具，《全国大中小学教材建设规划（2019—2022 年）》提出，到 2022 年，教材建设全面加强，教材管理体制基本健全、体系基本完备、质量显著提升，更加适应中国特色社会主义发展要求，更具中国特色和国际视野，育人功能显著增强，开创教材建设新局面。② 可以说，在党和政府的高度重视下，在全社会的期盼下，教材研究将迎来春天，而关心教材建设的研究者则任重而道远。

---

① 濮丽丽. 苏州市小学校本教材开发的调查研究［D］. 苏州：苏州大学，2014.

② 中华人民共和国教育部. 国家教材委员会、教育部印发全国教材建设规划和四个教材管理办法 部署推进大中小学教材建设[Z/OL].(2020-01-07)[2020-01-21].http://www.moe.gov.cn/jyb_xwfb/gzdt_gzdt/s5987/202001/t20200107_414564.html.

第一章　教材设计概述

本章就“教材”“设计”“教材设计”“教学设计”等若干重要概念进行辨析。概念是对思考对象的抽象和概括。思考的对象是不断发生变化的，而人们对思考对象的认识方式又不断地发生着变化。因此，本书中的概念定义及其定义方式都不能被看作概念的终结者，而更应该被看作“集结的号角”，它们的目的不是给出一个最终的答案，而是引发更多的关注和解答。

第一节　若干概念的梳理

一、“教材”概念辨析

关于教材的定义众说纷纭。

《中国大百科全书》认为，教材一般有两种解释：（1）根据一定学科的任务，编选和组织具有一定范围和深度的知识和技能的体系。它一般以教科书的形式来具体反映。（2）教师指导学生学习的一切教学材料。它包括教科书、讲义、讲授提纲、参考书刊、辅导材料以及教学辅助材料（如图表、教学影片、唱片、录音、录像磁带等）。教科书、讲义、讲授提纲是教材整体中的主体部分。①

2001年教育部发布的《中小学教材编写审定管理暂行办法》第二条规定：“本办法所称中小学教材（以下简称教材）是指中小学用于课堂教学的教科书（含电子音像教材、图册），以及必要的教学辅助资料。”②《中小学教材管理办法》规定：“本办法所称中小学教材是指根据国家课程方案编写

① 中国大百科全书总编辑委员会《教育》编辑委员会，中国大百科全书出版社编辑部. 中国大百科全书：教育[M]. 北京：中国大百科全书出版社，1985：144.

② 中华人民共和国教育部. 中小学教材编写审定管理暂行办法[Z/OL].(2001-06-07)[2020-12-29].http://www.moe.gov.cn/srcsite/A02/s5911/moe_621/200106/t20010607_180472.html.依据《教育部关于废止部分规章的决定》(中华人民共和国教育部令第48号)的规定，该《管理办法》已废止。

的、供义务教育学校和普通高中学校使用的教学用书，以及作为教材内容组成部分的教学材料（主要包括教材配套的音视频、图册和活动手册等）。”① 《职业院校教材管理办法》第二条规定：“本办法所称职业院校教材是指供中等职业学校和高等职业学校课堂和实习实训使用的教学用书，以及作为教材内容组成部分的教学材料（如教材的配套音视频资源、图册等）。”《普通高等学校教材管理办法》第二条规定：“本办法所称高校教材是指供普通高等学校使用的教学用书，以及作为教材内容组成部分的教学材料（如教材的配套音视频资源、图册等）。”②

事实上，对“教材”的理解是多种多样的，那么我们究竟该如何对“教材”进行定义?

思维对象的变化决定了概念内涵、外延的变化。作为思维的对象，“教材现象”是不断变化的，因而“教材概念”的内涵和外延是动态变化的。在印刷术没有产生之前，教材这一现象也是存在的，它们可能是一张羊皮，可能是几十枚竹简。在现代意义上，我们日常所说的“教材”主要是指“教科书”，既包括纸质的书，也包括电子的书。那些单独供教师使用的教学参考书和单独供学生使用的练习册等通常不被称为教材，而被称为教学辅助材料。

从具体的定义方式来看，我们可以用不同的方式对认识对象进行定义。如，分析教育哲学家索尔蒂斯提出了三种定义的方式。③ 第一种是规定性定义。规定性定义“就是作者所下的定义，要求这个被界说的术语在后面的讨论中始终表示这种规定的意义”，即“不管其他人所用的‘教育’一词是什么意思，我所用的‘教育’一词就是这个意思”，它是为了讨论方便而给出的一种约定。第二种是描述性定义。描述性定义描述被界说的对象或使用该术语的方法，如“词典就是试图罗列描述性定义”。它给我们提供在不同语境中某个词的不同用法。某个词的描述性定义不止有一种，这些定义

---

① 中华人民共和国教育部. 关于印发《中小学教材管理办法》《职业院校教材管理办法》和《普通高等学校教材管理办法》的通知：教材〔2019〕3 号[A/OL].(2019-12-19)[2019-12-30].http://www.moe.gov.cn/srcsite/A26/moe_714/202001/t20200107_414578.html.

② 中华人民共和国教育部. 关于印发《中小学教材管理办法》《职业院校教材管理办法》和《普通高等学校教材管理办法》的通知：教材〔2019〕3 号[A/OL].(2019-12-19)[2019-12-30].http://www.moe.gov.cn/srcsite/A26/moe_714/202001/t20200107_414578.html.

③ [美] 索尔蒂斯. 教育的定义 [M] //瞿葆奎. 教育学文集：教育与教育学. 北京：人民教育出版社，1993：31-37.

表示该词在不同语境中的特定用法。比如，日常使用的“饭”，在不同的语境下就可以赋予不同的定义：一是指煮熟的谷类食品；二是特指大米饭；三是每天定时吃的食物，如一天三顿饭；四是指吃饭，如饭前饭后。[①] 此外，“饭”还可以指“谋生”，如“我为了讨口饭吃，不得不努力工作”。第三种是纲领性定义。明确地或隐含地告知事物应当（should）怎样，是一种价值选择。除了上述三种定义方式之外，还可以根据认识对象事实上的样子进行概括，这种定义方式获得的结果可以称为事实性定义。我们对认识对象的概括，有时候可以兼具上述定义方式的多种色彩，如，一个规定性定义可能同时是一个事实性定义或纲领性定义。

概念反映的是人们对一类认识对象的属性特征，将一类认识对象和其他认识对象进行比较，找出它们的异同，并对它们进行抽象和概括，就形成了概念的内涵。这里，我们尽可能地采用事实性定义的方式，将日常教育生活中所使用的“教材”和其他被称为“材料”的认识对象进行对比，找出它们的异同，并在此基础上概括出本书讨论的“教材”定义。

首先，我们从不同的角度把教材和其他材料进行对比，并将这些对比后的异同归纳如下：

第一，从使用情境来看，教材是用于学校教学情境的材料。各种形式的材料被用于各种不同的情境，如用于一个公司的办公室作为文案的材料，用于一个电视节目公开演讲的材料，等等。这里的教材，我们是指用于学校教学活动的材料。

第二，从教材的使用者来看，它是供学校教师和学生共同使用的。这里的教师和学生，仅限于讨论学校里的教育者、受教育者，如幼儿园、中小学、高等院校、老年大学等承担教育任务的机构。至于其他不具备学校特征的教育机构中的教学材料，这里暂时不讨论。

第三，从材料的功能来看，教材的使用目的是使受教育者的身心发生积极的变化。教材的设计者在设计教材时，总是自觉或不自觉地对受教育者身心发展的理想状态预先有一个设定，并且希望通过教材的使用使某些积极的变化得以发生。至于何为“积极的变化”，则是由设计者根据自身的价值判断来决定的。

第四，从材料的使用过程来看，这里要讨论的教材，不是单独供教师使用的，也不是单独供学生使用的。教师使用教材时，需要学生的配合，

---

① 中国社会科学院语言研究所词典编辑室. 现代汉语词典［M］. 6版. 北京：商务印书馆，2012：363.

学生使用教材时则需要教师的帮助，总之，其功能的最终实现需要师生的互动与合作。

第五，从材料的形成过程来看，教材作为教育的核心媒介，它是依据包括教育学、心理学等各个学科知识在内的和教育活动有关的规律性知识进行编写的。教材的形成通常被看作一项需要专门人士根据专门知识工作才能完成的任务。

第六，从材料承载的信息来看，它是有助于受教育者的身心发生积极变化的内容。为了实现教材“使受教育者的身心发生积极变化”的功能，教材的内容需要符合“有助于身心发展”的要求。

第七，从材料的物质形态来看，它是丰富多样的，可以是石头、竹片、金属、纸质、电子等不同的形态。教材的物质形态随着政治、经济、科学技术等外在因素的变化而不断变化，到目前为止，它以纸质为主要载体，同时电子屏幕等多媒体形态越来越多。

在心理学中，有研究者根据事物的关键属性把概念分为合言概念、选言概念和关系概念。“凡是概念中的关键属性同时具备具有相加性质者，可称合言概念。”“凡是概念中的关键特征的组合中可以选取其一而构成者，可称选言概念。”“凡是概念中的各特征具有特殊关系者，可称关系概念。”① 这一分类对我们厘清“教材”这一概念是有益的。

上述第一至第六的属性是教材的关键属性，第七个属性则是非关键属性。这里我们把教材看作一个合言概念，当某些材料同时符合上述第一至第六的要求时才能被称为“教材”，至于其物质形态是石头还是竹片，都不影响某些材料被称为“教材”。据此，本书讨论的“教材”是指：为了实现一定的教学目的，依据规律性知识设计的供学校师生共同使用的教学材料。其外延则包括教科书及与之配套的挂图、光盘、网络资源等。那些单独供教师使用或者单独供学生使用的教学辅助材料不在本书的讨论范围之内。

二、“设计”概念辨析

（一）设计的定义

尽管“设计”活动、“设计”行为作为一种社会现象早就存在，但是对这些活动和行为进行思维上的抽象和概括并给出一个清晰的界定似乎是一件困难的事。关于设计的定义太多，这里不一一赘述。从“设计”涵盖的

① 韩进之. 教育心理学纲要［M］. 北京：人民教育出版社，1989：156.

范围来看，有时候“设计”被视作活动的某一个环节，有时候则被视作全体的活动本身。

如，有人认为：“从过程看，系统活动包括设计行为、实施行为和反馈行为，三者之间存在着互动关系，设计行为可以存在于事先、事中和事后。由此，设计可以视为一种系统、持续的思考、研究和探索的活动，设计的这种特性突出体现在艺术活动和其他复杂的人类活动之中。比如，人类为了防范金融危机，事先有预案，事中有调整，事后有反思，调整和反思的结果可以形成新的预案。”① 又如，《现代设计辞典》认为，从广义上说，设计是指为了达到某一特定的目的，从构思到建立一个切实可行的实施方案，并用明确的手段表示出来的系列行为。这一目的既可以是精神性的也可以是物质性的。② 这里的“设计”既包含了活动初始阶段的“思考”，还包括将这些思考用某些手段表达出来的过程。设计的对象和类型是多样的。但一般都把设计说成是对各类造物活动的规划。从原始的设计活动一开始，人类就是把实用与审美两种需求融于一体。但在漫长的历史进程中逐渐分化，甚至出现了两种极端形式的设计活动：一是单纯为了满足审美需求而出现的艺术设计（一定意义上还包括纯艺术的创作）；一是单纯为了满足功能需求而出现的纯工程设计。它们分别培育了艺术家与工程师。对于这些需求，艺术家与工程师们各持不同观点、立场。自觉或不自觉地不是强调就是忽视这些需求的某些方面，从而出现了不同的态度与方法，对设计也做出各自不同的解释。由于这些立场、观点与方法的不断对立、对抗、组合或统一，设计的概念不断变革，不断涌现出各种思潮、流派与风格。设计活动有非常广阔的领域，不同的领域有其不同的特点，可以从不同的角度对设计领域进行区分，但最根本的是按生产方式区分。大凡以现代化大工业为前提的皆归入广义工业设计；凡视手工单件制作为重要因素与价值之所在者皆归入工艺美术设计。此外也有其他的区分方式，如从消费者对象是个人或集团来区分，从设计对象是汽车或家具等来区分，从材料或加工工艺如木工、陶瓷等来区分。工业设计以现代化大生产为前提，最大限度地满足现代人生活中的最主要的需求，最充分地体现了现代性。工业设计的含义又被分为三个层次：广义的工业设计包括一切使用现代化生产方式生产的对象，有产品设计、传播设计与环境设计；一般意义上的工业设

---

① 夏家发，彭近兰. 教学活动设计［M］. 武汉：华中师范大学出版社，2010：9.

② 张宪荣. 现代设计辞典［M］. 北京：北京理工大学出版社，1998：1.

计则不包括环境设计；狭义的工业设计则仅指产品设计。产品设计是针对维持与发展自身、征服自然所必需的工具、机械等各类产品的设计。传播设计是针对个人与社会间信息传播的设计，商业设计、印刷设计等是其重要领域。环境设计是针对人类社会所必需的物质性环境装备的设计。①

人们对于概念的定义随着认识和实践的变化而不断变化，“设计”这一概念也是如此。本书所谓的教材设计中的“设计”一词，其概念涵盖的范围包括了教材形成过程的前期设想直至制作成为可感的具体存在物的全过程。

（二）现代设计的基本要求与特点

设计活动自古就有，但是设计活动的目的和要求在不断变化，从而逐渐从传统设计走向现代设计。“那么，什么是现代设计，那就是为了满足现代人生活的各种具体需求，以用现代化大工业手段所生产的产品为对象，综合了功能、技术、材料、经济、安全、社会、审美等因素所作的规划与设计，以使产品与使用者之间取得最佳匹配的创造性活动。它与继承了传统设计思想的工艺美术是人类文明的双璧。”② “从上述本质观点上说，现代设计就是广义上的工业设计。”③

设计概念的历史变迁和现实认识因人类发展的观念形态、经济基础和生活方式的不同而不同，工业设计的历史可以划分为四个阶段。第一个阶段是设计的原初萌芽时期。此时主要是运用最简单的技术来制造工具和用具，出现了建筑、服装、工具、器皿的原初形式。由于生产力和交通通信工具的局限，各文明形态的社会群体处于封闭和孤立状态，因此各自发展出了自己生存必需的初级生存技术（钻孔、取火等），满足所有人的生存需要的实用性是这一时期的主导倾向。第二个阶段是设计的古典发展时期。这个时期发展的主要动力是以冶金技术、制陶技术、基于圆周运动和直线运动的相互转化关系的“轮”技术（齿轮、车轮、辘轳等）为代表的成熟手工业技术。世界各文明形态出现了民族化和地域化的倾向，设计行为和设计产品对文明的形成及高度发展起到了关键的作用。这个时期的设计品出现了两极分化——民间用具（小凳儿、水车、锄头等）和工艺美术品。前者为民间百姓使用，后者为统治阶级服务。在工艺美术品上十分突出地

① 张宪荣. 现代设计辞典［M］. 北京：北京理工大学出版社，1998：1-2.

② 张宪荣. 现代设计辞典［M］. 北京：北京理工大学出版社，1998：5.

③ 张宪荣. 现代设计辞典［M］. 北京：北京理工大学出版社，1998：5.

体现了设计中艺术性的魅力，即满足了大多数人的基本需要和少数权贵的物质及审美需要。第三个阶段是设计的现代转型时期。这是基于现代大工业技术的一场划时代的革新，它以英国工艺美术运动（艺术与手工艺运动）为预兆，以德国包豪斯设计教育体系的确立为标志。工业技术的长足发展及社会财富的急剧增长促使人们普遍接受技术至上的观念，并由此建构了设计的现代化、职业化和科学化的物质基础。功能主义一扫古典装饰美之颓势，国际风格也取代了民族化和地域化。此时的设计以满足大多数人的物质需要为特点。第四个阶段是设计的后现代多元化时期。现代主义的诸多弊病使人们在后现代时期的社会发展思想有了根本性的转变，即从关注技术到关注人本身，从单调的国际性到多元的全球性。设计思想也逐步转变为在功能和审美的基础上，更注重物质文化、精神文化和自然环境的协调发展，以此满足所有人的各种物质和精神需要。① “纵观设计概念的历史变迁，我们不难发现设计有变的成分，也有不变的成分。变化的是表现形式（从造物到装饰再到设计）、技术性质（从手工业到高新技术）；不变的是与人的关系（设计作为一个创造的造物文化过程，不断适应和满足人的物质和精神需要这点是相同的，尽管满足什么人的什么需要每个阶段都不同）。它的涵义如此广泛，几乎涵盖了我们一切生产和生活领域。”②

“简而言之，设计的目的就是使得人们用得更顺手（使用），看得更明白（传达），住得更舒服（居住）。这正是设计‘以人为本’的道理所在。在这个构思和实践过程中，创意思维实质上是设计的灵魂和方式，而造物文化是躯体和内容。即设计的构思是创意思维，然而设计的过程和结果是造物文化。”因此，从这个意义上说，设计的本质就是创意文化性。设计由创意思维始，至造物文化终。③ 随着历史条件的变化，现代设计和传统设计相比出现了一些变化。“所谓现代设计并不与传统设计相对立，而是在现代化大生产的轨道下，继承并发展了传统设计的用、美兼具的设计理念，为现代人生活中的各个具体需求所作出的响应。它与传统设计的根本不同在于技术，现代设计所创造的是现代工业文明而非手工文明。”④ 在现代技术美学思想指导下的工业设计将有以下基本主张：（1）设计应满足现代生活

---

① 熊微．创意文化性——设计的概念和本质再探［J］．中国陶瓷，2006（11）：70.

② 熊微．创意文化性——设计的概念和本质再探［J］．中国陶瓷，2006（11）：70.

③ 熊微．创意文化性——设计的概念和本质再探［J］．中国陶瓷，2006（11）：72.

④ 张宪荣．现代设计辞典［M］．北京：北京理工大学出版社，1998：4.

的具体需要，充分体现现代精神；（2）设计不容重蹈忽视人的覆辙，必须在全过程自始至终贯穿由人主宰物的人本位设计思想；（3）应使设计尽可能地为最广大的大众服务，应认真仔细地对待每个大众化的普遍要求，但同时也不能忽视对豪华型要求的挑战；（4）应尽量地利用现代科技，有时还有艺术的每一个进步，促使它们尽快地转化为对生活的实惠；（5）应尽力发掘新材料与新工艺来不断地改造、充实以至替代现有的材料与工艺；（6）应充分显现并发挥使用材料的固有美与固有特点，而不应故意地将所使用的材料装扮成其他材料；（7）要充分发挥机械化生产本身的优越性，不应故意地将机械化生产方式的产品装扮成手工产品或任何其他实际上不曾使用过的技术的产品；（8）设计的表现手法应简洁明了，保证设计目的与功能的鲜明性，应明晰地表现设计的目标意图，避免故意的做作与过分的装饰；（9）既要使产品的功能、形式及所使用的材料与工艺技术一目了然，又应使它们各自的属性有机地融合在一起；（10）设计所表现的形式，不应作为独立于功能、材料与技术之上的一个目的来实现，应服从于功能并提示功能，或更确切地说应在技术美学的统率下，在功能、材料与技术的总和基础上，作为合乎逻辑的自然结果，最终显现出形态、色彩、材质与肌理的充分美感来。①

总的来看，现代设计有几个特点：

第一，它的服务对象日渐宽广。随着基本物质需求的日益满足，越来越多的人希望在温饱的基础上拥有更美好的生活，因此，对高质量设计的需求也在增加。这就要求设计者时常“换位思考”，了解最广大的设计服务对象的需求。

第二，它的视野越来越开阔。设计活动作为一种文化活动，受到其他自然和文化因素的综合影响。随着经济、技术、伦理等因素的变化，人们对设计的要求也在不断变化。比如，除了满足人们实用和审美的需要之外，健康、环保、个性化、人性化等设计理念逐渐深入人心，这就要求设计者重新思考设计活动中人与世界的关系。

第三，它对创新的要求越来越高。在信息时代，知识的生产和传播比以往任何一个时代都要来得快。一种设计产品一经进入公共传播的空间，相应的类似产品或更好的产品很快就会取而代之。因此，“创意”成为设计竞争力的核心标志（参见“阅读材料：你的书好听吗？”）。

---

① 张宪荣. 现代设计辞典［M］. 北京：北京理工大学出版社，1998：10.

在现当代语境下，教材设计可以被看作教育活动中的现代设计。一方面，它有着和其他现代设计领域相互叠加的地方，如，传播设计的一般性原理和教材设计中的传播原理有着近亲关系；另一方面，它又必须体现教育活动和工业活动、商业活动等其他活动不同的规律和要求，如，教育活动情境下的传播和其他情境下的传播必然有所不同。我们之所以在这里讨论现代时空背景下的设计，旨在思考如何将教材置于现代设计理念和现代教育理念的双重框架下更好地发挥其教育功能。

❖ 阅读材料：你的书好听吗？[①]
——书籍设计中的五感体验

书籍五感学说对当代的书籍设计产生了极大的影响，也将继续影响书籍设计的未来发展方向。书籍五感学说把书籍看作一个有生命的物体，通过视、听、尝、摸、闻达到书籍与人的沟通和交流。

视觉体验，是读者所能看到的东西，是书籍的形象。人类各种感官中最敏捷的便是视觉了，人们通过视觉了解书籍的色彩、材质、形态等，这些是书籍给读者留下的第一印象，也是最重要的感受，或自然、或淳朴、或华丽，视觉的感受会伴随着阅读的整个过程。这种体验能够在最短的时间内给读者一种对书籍最初的认识，也可以在读者仔细阅读书籍内容时，对其他感官体验起到辅助作用。人们常说第一印象很重要，书籍设计中的视觉部分是十分关键的，因此在对书籍进行视觉上的设计时，首先要能恰如其分地表达出书籍的思想内涵，给书籍以准确的定位，在此基础上才是更进一步地凸显书籍的艺术色彩。

听觉与视觉的感受是截然不同的感官体验，但听觉的价值绝不比视觉小。声音可能是说话声，可能是风吹动树叶的沙沙声或音乐声，无论是哪种声音，都能使在人们接收信息的同时感受到某种情感的暗示。书籍设计中的听觉体验，可能来自对不同材质的翻阅，或是来自书籍中的发声装置，抑或是工艺差别所带来的听觉感受。

触觉体验主要通过人的双手来感受，当然也可以用除了手以外的任何一寸肌肤来感受。读者对书籍的触觉体验来自不同材质、不同肌理的纸张。读者在整个阅读过程中都能感受到通过手触对心理产生的影响。材质是影

---

① 吴门，张可. 书籍设计创新研究［M］. 长春：吉林美术出版社，2018：96-97. 标题系本书作者所加.

响触觉感受的最重要因素，所以，在设计书籍的同时要注重材质的选择，要充分地考虑到读者在触碰到书籍时的感受，以此来营造特别的触觉体验。而要注意的是，虽然书籍设计中提倡丰富的触觉感受，但并不意味着可以盲目地随意选用纸张，一味追求形式，纸张的选择也要符合书籍的整体精神。

嗅觉给人带来的感觉是能够在记忆中保存时间最长的，它给我们的体验是独特的。不同的嗅觉体验也会造成心理上的变化，如淡雅的花香就会令人心情愉悦。中国古代就有着"书香"一说，这是古人为了防止书籍被虫啮咬而在书籍中放置的一种特殊植物的味道，阅读书籍时便有一阵清香扑面而来，所以称之为"书香"。虽然原本是为了防蛀，但是清香的气味也给读者带来了愉快的嗅觉体验。现代的书籍中没有了特殊植物的香味，不过有着油墨香和纸张的气味，或是有的书籍在印刷的油墨中添加的其他香味，当然这样也都会给读者带来不一样的嗅觉感受。

五感中的味觉是唯一一种不用舌头与书籍直接接触的感官，也是融入书籍设计中最有难度的一种感官体验。味觉是在视、听、嗅、触四者共同作用的基础上给读者带来的"味觉"体验。此"味觉"并不需要真正去吃掉书籍，而是更突出书籍的"品味"。味觉可通过联觉或色彩引发，联觉指的是各感官之间的相互作用，利用其他的感官体验来唤起我们记忆中的味觉感受；由色彩引发可以理解为"观其色而知其味"，通过颜色来引发书味觉。当然，在外国也有人尝试过将书籍做成可以食用的，这样更直接地使读者感受到书籍味觉的存在。

书籍设计是包含五种感官体验的全方位设计，"五感"是书籍设计的生命之所在，也是书籍设计追求的境界。

三、"教材设计"概念辨析

教材设计是指为了实现一定的教育目的从教材构思到教材制作完毕的全部过程。教材设计既包含精神的一面，也包含物质的一面。精神的一面是指其蕴含的知识等信息，物质的一面是指它的可见的物质形态。

从一般意义上看，"设计过程大体上分为三个阶段：构思设计、基本设计与量产设计。构思设计阶段是整个创作过程的预备阶段，也是最集中地体现设计师的技术美学思想与创造天才的阶段。在该阶段首先根据所委托的事项，针对该产品本身情况、该产品的消费者情况及该产品的销售情况等，进行与设计活动紧密关联的各项数据收集与调查分析，以确定设计的各项条件与要求，进行构思构形。基本设计阶段是在确定了各项条件与基本构形思想的基础上，使对象逐步具体化的阶段，是最能体现设计师的基本功的阶段。在这一阶段应完成向委托人递交设计的结果，即可交付互换式生产方式生产的工程图纸与供各方参考的预想图及立体模型等。这阶段常与实现产品内在功能的设计平行进行。设计的最后阶段是量产设计。在该阶段往往要与工艺部门等协作完成批量生产时所需的有关材料、加工工具与技术等全部资料，并协助生产部门投产。作为设计的流程至此理应告一段落，但不论是设计事务所或企业的设计部门都还有必要取得产品流通部门的社会合作，对已销售的产品进行有关设计的跟踪调查，以获取对产品评价的第一手资料，作为对产品进行改良或改型的依据，实现产品的系列化与不断更新，以在竞争中立于不败之地”。①

教材设计的过程大致和一般性设计过程相同。教材设计的主要环节包括教材设计前期调查、教材编写、教材试用、教材出版发行。教材设计前期调查主要是针对教材设计的必要性和可行性进行调查。教材设计的必要性调查主要论证教材设计的价值，即确认教材设计后是否有一定数量的读者。教材设计的可行性调查主要论证教材设计的构想是否能够切实转化为现实的行动。教材编写则是把教材设计的构想转化为可用的教材产品。教材产品完成到一定的阶段，就需要对它的质量进行实际的检验，在实际的试用中检验，发现教材产品的问题，并在此基础上进行修订。教材产品被多次检验合格之后，就可以进行整体的制作，并在时机成熟的时候进行公开发行。在必要的时候，已经发行的教材需要根据使用的情况不断修订。因此，一个完整的教材设计活动，有时候需要经历从前期调查到公开发行的多次循环。

和“教材设计”相关联的用语有“教材编写”“教材编制”“教材开发”等，以往我们比较常用的是“教材编写”“教材编制”“教材开发”，“教材设计”用得不多。今天我们提“教材设计”，是要体现某些观念上的变化。采用“教材设计”的概念是为了吸收现代设计领域的理念，开拓教材研究的新视野。正如上文所说，随着社会的发展变化，人们对设计的理解和要求也在不断发生变化，这些新变化将为教材设计提供新的视角。采用“教材设计”的概念，有助于更好地体现新时代背景下对教材提出的更复杂的要求。

① 张宪荣. 现代设计辞典［M］. 北京：北京理工大学出版社，1998：10-11.

四、"教学设计"概念辨析

教材是为教学服务的，因此，教材设计和教学设计有着必然的密切关系。

（一）什么是"教"？

教学是教师和学生互动的过程，教是教师的行为，学是学生的行为。教与学两者的关系可以从不同的视角考察。从哲学的认识论来看，教师和学生之间存在主、客体的关系。主体是认识与实践活动的有目的的承担者，客体是指实践活动和认识活动所指向的对象。在教与学的过程中，主动实施认识和改造行为的那一方就是主体，被认识和改造的那一方就是客体。[①]在教学过程中，教师和学生相互认识、相互改造，为"教学相长"创造了条件。分别对教师的"教"和学生的"学"这两种行为进行分析，有助于教材设计者对教学过程有更充分的理解，从而更好地服务于教学。

如果从心理学的认知加工理论来看教学，"教"是"经过设计的、外在于学习者的一套支持内部学习过程的事件"。[②] 所谓教，就是教师通过教学事件的安排，激活并帮助学习者完成学习任务的过程。在没有教师的特别安排的情况下，学生的学习过程也会发生，但是在教师的影响下，学生的学习过程可能会更加顺利和有效，"学习者中心"的教，实则就是"学习中心"的教。教师的"教"包括呈示信息（如运用口头语言、文字、符号、直观教具将教学的内容告知学生），包括利用量化或质化的工具评价学生的学习结果等行为。教的行为要围绕学的行为进行，要理解教的活动就要理解学的活动，而教材是为教学服务的，因此，教材设计的初始，不仅要理解"什么是教"，还要理解"什么是学"。

（二）什么是"学"？

要理解"学"的行为，就要分析"学"的过程。

人的学习是如何发生的？学习的基本过程如何？有哪些因素会影响学习过程？对这些问题，人们有不同的看法。加涅以信息加工理论为基础，对学习过程进行分析，并在此基础上分析了教学的过程。信息加工理论把

---

① 中国大百科全书总编辑委员会《哲学》编辑委员会，中国大百科全书出版社编辑部. 中国大百科全书：哲学Ⅱ［M］. 北京：中国大百科全书出版社，1987：1240-1241.

② ［美］R. M. 加涅，W. W. 韦杰，K. C. 戈勒斯，等. 教学设计原理［M］. 5 版. 王小明，等译. 上海：华东师范大学出版社，2007：172.

学的行为看作信息加工的过程，学习的过程就成为学习者对学习的信息进行加工的过程，这个过程包括 7 个阶段：①

1. 感觉登记：作用于学习者感受器的刺激所产生的神经活动模式被感觉登记器简要地“登记”。

2. 短时记忆：信息被转换成另一种形式并记录在短时记忆中，在这里储存的是原始刺激的突出特征。从可以在心里保存的项目的数目来说，短时记忆的容量是有限的。但被保存的项目可得到内部的复述而继续保存。

3. 长时记忆：信息进入长时记忆储存时，发生了一种叫作语义编码的重要转换。在这种转换中，信息根据其意义储存。

4. 短时记忆：当要求学习者做出行为表现时，所储存的信息或技能必须被搜索并被提取出来。

5. 反应：通过反应生成器，信息可能会被直接转换成行动。

6. 重新编码：所提取的信息被送到工作记忆（短时记忆的另一名称）中，在这里，所提取的信息与其他输入的信息整合在一起从而能对新习得的性能进行编码。

7. 反馈与强化：学习者的行为表现本身引发了一种依赖于外部反馈的过程（包括熟悉的强化过程）。

8. 元认知：除学习顺序本身外，学习与记忆的认知理论还提出了元认知控制过程的存在。这是选择并启动与学习和记忆相关的认知策略的过程。控制过程可以对注意、输入信息的编码和所储存信息的提取施加控制。

以上步骤揭示了学习过程的主要环节，构成了从学生的角度来看的学习者的学习行为的主要内容。一个完整的教学过程包含教和学两方面的行为，这两方面的行为如果能够相互呼应，彼此协调，教学过程就能较好地实现教学目标。为此，加涅揭示了教和学的双方需要相互呼应的主要行为，教师可以参照这些主要行为安排教学的事件（参见“表 1-1　教与学的对应”）。②

---

① ［美］R. M. 加涅，W. W. 韦杰，K. C. 戈勒斯，等. 教学设计原理［M］. 5 版. 王小明，等译. 上海：华东师范大学出版社，2007：170-172.

② ［美］R. M. 加涅，W. W. 韦杰，K. C. 戈勒斯，等. 教学设计原理［M］. 5 版. 王小明，等译. 上海：华东师范大学出版社，2007：172.

表 1-1　教与学的对应

与学习过程的关系：学生的行为	教学事件：教师的行为
接受神经冲动模式	引起注意
激活执行控制过程	告知学习者目标
把先前的学习提取到工作记忆中	激起对习得的先决性能的回忆
突出特征以利于选择性知觉	呈现刺激材料
语义编码；提取线索	提供学习指导
激活反应组织	引出行为表现
建立强化	提供行为表现正确性的反馈
激活提取；使强化成为可能	测量行为表现
为提取提供线索和策略	促进保持和迁移

（三）什么是“教学设计”？

“从某种特定的意义上说，教学的功能产生于对所需要的学习条件的描述。教学的意思是指对那些外在于学习者的学习条件所作的整理。”① 由此可见，所谓教学设计，就是通过事先的设计使得“教”的环节可以更好地激起、维持和促进“学”的活动，其主要任务是为学习的过程安排有助于学习的条件。如，在引起注意的环节，为了更好地引起注意，教师可以举出自然或社会中的例子激起学生对新知识的好奇，使学生的注意力高度集中在教师讲授的内容上；再如，在呈现刺激材料的环节，为了帮助学生提高选择性知觉的质量，教师可以采用在板书中用鲜明的颜色凸显重点内容的策略。

❖ 阅读材料：什么是学习？什么是教学？

什么是学习？

学习活动的要素有哪些？1. 首先要有学习者。2. 我们把刺激学习者感觉的那些事件统称为刺激情境。当一个单一的事件被辨认出来时，我们通常就把这个单一的事件称为刺激。3. 对于学习的另一重要的“输入”是从学习者的记忆中重新恢复的内容。当然，这种内容有一种已经组织好的形

① ［美］R. M. 加涅. 学习的条件［M］. 傅统先，陆有铨，译. 北京：人民教育出版社，1985：25-26.

式，而这是以前学习活动的结果。4. 从这些输入及其以后的转变所产生的动作就称为反应。反应可以在一定程度之下明确地加以描述，例如，人们可以描述某一特殊肌肉的运动或整个身体在行走中的动作等。由于这个理由和其他的一些理由，我们通常用它们的效果而不是用它们的外表来描述反应。当我们这样分类时，这种反应被称为动作（performance）。例如，有一个反应也许是“用手指有节奏地在头皮的一小块地方移动”。人们往往把这个反应更为实用地说成是“搔头”动作。当刺激情境及记忆内容影响学习者，以致他的动作从他进入这种情境之前到他进入这种情境之后发生变化时，便产生了学习活动。这种动作的变化就导致学习的发生。外在于学习者的是刺激情境，这种刺激情境可能会发动和影响学习。从学习者的记忆中恢复的组织化的内容将在内部影响学习。内部的加工将引起这些输入的各种变化，而且，它们本身最终将在学习者的动作中表现出来。①

什么是教学？

“从某种特定的意义上说，教学的功能产生于对所需要的学习条件的描述。教学的意思是指对那些外在于学习者的学习条件所作的整理。”② “这种条件需要一个阶段接一个阶段地组成，每个阶段都要适当地说明学习者过去刚刚学会的才能，记忆这些才能的要求以及下一学习阶段所需要的特别的刺激情境。”③ “从最一般的意义来说，教学的目的在于提高学习。这就是需要安排外部情境，以推动、支助和维持组成每一学习活动的内部加工。在某一点上，教学所提供的外部刺激可以激活一种内部的策略，以把一堆事实‘编成号码’。在再有的另一点上，教学的功能或许基本上是提供线索，使新学会的技能可以记住或者可以应用于学生所遇到的新问题。无论教学是教师所给予的，还是以某种方式为学生所提供的，它都有几种重要的功能，影响着学习的进程。”④ “单个学习活动中的各种过程在很大程度上是内部激活的。也就是说，任何一个结构的输出（或任何一种加工的结果）都会成为下一个结构的输入……但这些过程同样会受到外部事件的影响，这一点使教学成为可能。例如，通过对外部刺激的特定安排，可以明显地影响选择性知觉。又如，通过突出、下划线、黑体字或其他的视觉促进措

① ［美］R. M. 加涅. 学习的条件［M］. 傅统先，陆有铨，译. 北京：人民教育出版社，1985：4-5.

② ［美］R. M. 加涅. 学习的条件［M］. 傅统先，陆有铨，译. 北京：人民教育出版社，1985：25-26.

③ ［美］R. M. 加涅. 学习的条件［M］. 傅统先，陆有铨，译. 北京：人民教育出版社，1985：26.

④ ［美］R. M. 加涅. 学习的条件［M］. 傅统先，陆有铨，译. 北京：人民教育出版社，1985：26.

施，可以将注意指向图片或文本的特征。”“这导致我们对教学的定义：经过设计的、外在于学习者的一套支持内部学习过程的事件。设计教学事件是用来激活信息加工过程，或者至少和信息加工过程同时发生并支持加工过程的。”①

五、“教材设计”和“教学设计”的关系

教材是在教学过程中使用的，因此教材设计必然和教学设计有着千丝万缕的联系。

一方面，教材设计要服务于教学设计。教材的服务对象是教学，因此，教材设计活动要围绕着“服务于教学”进行才能使教材的教育价值从潜在的可能转变为学生的现实发展，从而实现教材的育人价值。

另一方面，教材设计不等于教学设计。虽然教材要服务于教学，但是教材是静态的，教学是动态的。教材一旦设计结束，就难以及时跟随使用情境的变化而变化。而教学却不是如此，教学随着教学情境的变化随时可能变化。因此，教材设计既要为多变、灵活的教学设计提供基本的参照蓝图，又要为教学设计提供变化的空间。

鉴于教材设计和教学设计之间千丝万缕的联系，正确地理解“教”与“学”的性质及其过程才能使教材真正地贴近其服务对象——教与学，进而实现真正意义上的“以学习为中心”的教材设计。

第二节　教材设计的理论基础

教材设计是一项系统工程。教材设计看似简单，其实受到很多因素的影响。一方面，教材设计受到教学活动内部因素的影响。教材作为教学活动的核心媒介，学生、课程、教学、教学资源等教学活动的内部因素是影响教材设计的直接因素。另一方面，教学活动还会受到外部因素的影响，这些外部因素来自社会环境和自然环境。社会环境包括政治、经济、科技、宗教等因素，这些因素都会对学校教育提出自己的要求，进而对教材设计加以约束。自然环境虽然不能像社会环境那样充分自主地对教育活动提出要求，但在客观上却要求人们在从事教育活动时能够自觉接受自然的约束，

---

① ［美］R. M. 加涅，W. W. 韦杰，K. C. 戈勒斯，等. 教学设计原理［M］. 5 版. 王小明，等译. 上海：华东师范大学出版社，2007：172.

同时自觉利用自然的馈赠。因此，从总体上看，教材设计要求我们在方法论上采取更为系统的思路思考教材设计的问题，不应把教材设计看作一个孤立的“事件”而应看作在广阔的内外环境中进行的一个系统工程。同时，在教材设计的工作中，保持视野上的灵活和开放，吸取来自不同知识领域的营养，特别是当代艺术与科学的新进展。由于教材设计是一个涉及多方面的系统工程，因此，教材设计要从诸多学科知识领域广为采撷。这里举出几个例子，说明教材设计理论基础之广阔。

一、教育学的相关学科

在教育学的相关学科知识中，和教材设计关系最为紧密的是课程、教学、学习方面的知识。

（一）课程理论

教材是课程实施最重要的媒介，教材设计要遵从课程设置的要求，比如要遵照课程标准的要求进行教材的设计。为此，课程理论是教材设计最为直接的理论基础。

（二）教学理论

课程的实施需要教学，而教材是服务于教学的。俗话说，“巧妇难为无米之炊”。在必须借助教材的教学活动中，如果没有高质量的教材，再高明的老师也难以发挥教育才华。在实际的教学过程中，教师通常会对教材进行增、删、改、整合等工作，通过这些教材的“二次开发”，使教材更贴近自己的实际教学情况。尽管如此，如果教材能够贴近教师的实际教学需要，教师就能够从烦琐的教材“二次开发”中解放出来，把更多的时间用于发挥教育的智慧。因此教材设计必须借助于教学理论从教师的“教”出发，设计有助于高效教学活动的教材。

（三）学习理论与学习科学

无论是传统意义上的学习理论还是现代意义上的学习科学，都将理解和促进学习作为其研究的目的。“学习科学所关注的焦点是：在一个学习环境中正在发生什么，以及学习环境是如何提高学生的绩效的。学习环境包括人（教师、学习者和他人），计算机及其扮演的角色，建筑、教室的布局和环境中的自然物体，以及社会和文化环境。关键的问题有：学习是如何发生的？不同的学习环境是怎样对学习产生影响的？我们应当怎样改进学习环境来促进学习？有些研究者研究学习环境中的具体成分——软件设计、教师应当担任的角色或每个学生参加的具体活动。其他研究者则把学习环境当作一个系统来考察：教师、计算机软件或其他学生应当如何支持某个学生的学习？我怎样创造出一种文化氛围，让学生有置身于‘学习共同体’的感觉？我们如何设计学习材料和活动，使学习能保持兴趣并持续关注他们从事的活动？”① 现代学习科学和传统学习理论有共同之处，但也显示出某些不同的地方，其显著差异之一在于其强调在真实的学习情境中进行“自然实验”的研究思路。“……过去，科学家们在大学的实验室里研究学习，然后从象牙塔里把他们的见解发表出来，期望教师们毫无质疑地接受这些见解，这样的研究方式是没有前途的。”② 汲取学习科学的相关思考，可以让教材设计更加贴近“真实的学习”，提高其服务于学习的针对性。

二、心理学

心理学是教育活动的理论基石之一。从受教育者的学习过程来看，学习是一个学习者个体和外在世界互动的过程，外在的教育力量要通过内在的心理活动才能产生作用。研究教材设计的心理学基础，使教材实现“心理化”，有助于教材的使用过程遵循心理活动的规律，提高服务于学习的针对性。

三、社会学

从个体来看，教育是改造个体人性的过程，这个过程需要在社会背景中观察和思考。人性即人的属性。人性是丰富的，可以从不同的角度对人性进行解剖。人性有善、恶之分，有感性、理性之分，有物质性、精神性之分，有自然性、社会性之分，诸如此类，皆说明人性的组成不是单一的。教育是个体存续、发展的重要手段。教育的过程是教育者对受教育者的人性按照自己的喜好加以改造的过程，这个过程更多地体现为促使个体不断社会化，而这个过程发生于教育者和受教育者之间的社会关系，以及受教育者和受教育者之间的社会关系之中，因此，我们必须在社会关系中理解个体的发展。不仅如此，从整个教育活动来看，教育活动的诸个要素如教育目标、教育内容、教育评价等还受到社会政治、经济、文化等诸因素的影响。因此，教材作为教育活动的媒介，它的设计就不能不考虑种种社会因素和社会规律。由此可见，从社会学的角度考虑教材设计问题是必然的。

---

① ［美］R. 基思·索耶. 剑桥学习科学手册［M］. 徐晓东，等译. 北京：教育科学出版社，2010：11.

② ［美］R. 基思·索耶. 剑桥学习科学手册［M］. 徐晓东，等译. 北京：教育科学出版社，2010：16.

四、传播学

传播是人类活动中普遍存在的现象。教育的一个基本而又极重要的功能是通过课程、教学等途径向受教育者传播文化信息。从传播学的角度看，教育者是传播者，受教育者是传播的受众。传播学对传播者、传播内容、传播过程、传播效果、传播管理等问题的研究，可以为教育活动带来很多新的视角。教材要更好地服务于教学，就需要从信息传播的角度对教材的传播者、传播内容、传播过程、传播效果、传播管理等问题进行思考。

五、美学

人类对美的追求从未停止过，在努力维持生存的基本需求之外，人们以各种形式创造生活的情调。新的《中国共产党章程》指出：我国正处于并将长期处于社会主义初级阶段。这是在原本经济文化落后的中国建设社会主义现代化不可逾越的历史阶段，需要上百年的时间。我国的社会主义建设，必须从我国的国情出发，走中国特色社会主义道路。在现阶段，我国社会的主要矛盾是人民日益增长的美好生活需要和不平衡不充分的发展之间的矛盾。[①] 随着生存的基本需求日益得到满足，百姓对美的需求日益增长。人们不仅追求正规的艺术教育，也追求日常生活的艺术化。以广场舞的发展历程为例。从星星之火到全国普及，从大妈的“专属品”到少儿、中老年人的共同喜好，从自发无组织的普通娱乐到自觉有组织的专业水平，广场舞已然成为百姓生活艺术化的象征符号。各类综艺节目中，农民、保安、清洁工、快递小哥等普通百姓争相走上舞台展示自己的艺术才华。这些都表明，艺术正在成为平民生活的一部分。在这个背景下，美育的价值日渐凸显。故而现代社会背景下的教材设计不能不对新时代审美需求的变化给予回应。

六、设计学

教材设计需要吸收设计学，特别是现代设计的理念，使教材设计具备现代性和未来性。现代设计强调要在人和物之间取得最佳匹配。“所谓取得最佳匹配，就是要使工业产品与其使用者之间取得全面的综合的，也就是

① 中华人民共和国中央人民政府. 中国共产党章程[Z/OL].(2017-10-28)[2019-03-23].http://www.gov.cn/zhuanti/2017-10/28/content_5235102.htm.

不仅与人的解剖，还要与人的生理、心理等各方面取得恰到好处的匹配，实现人本位的设计思想。为了取得这种匹配，就要求产品的外在形式服从内在的功能以至进一步提示其功能。因为产品的功能往往就是为了人体功能的延伸或弥补人体功能之不足。工业设计还必须是一种创造性活动。这种创造……是设计师的创造。提倡在平凡之中创造出通向明天的新形式。”①设计学的现代发展对教材设计提出了更高的要求，也必然会为教材设计提供更丰富的营养。

当然，除了上述知识领域之外，哲学的认识论和知识论、语言学的符号论及其他学科的知识也需要教材设计者予以关注。此外，由于教材设计是一个从构思到物化的过程，印刷工艺、出版发行等相关知识也是教材设计的重要基础，而在不远的将来，现代信息技术、人工智能等知识、发明又将为教材设计带来更多新的视角和可能。

本书尽可能地吸取来自不同领域的知识思考教材设计问题，但由于笔者时间、精力、能力所限，很多思考暂且浅尝辄止，尚不成熟，只能在此抛砖引玉。

第三节　教材的类型

教材是教育系统的一个部分，任何对教材产生影响的因素都可以成为一个区分教材类别的标准。比如，根据教材传递信息依赖的感觉通道可分为视觉教材、听觉教材、触觉教材、视听教材等类型；根据教材的教学方法可分为讲授为主、自学为主、讲授与自学相结合的教材；根据组织形式的不同可分为个别学习、合作学习、个别和合作学习相结合的教材；根据教学目标的不同可分为系统型（学科）、灵活型（活动）的教材；根据教材媒体的不同可分为石质、竹质、丝质、纸质、电子的教材。在教材设计进行前期调查的阶段，从总体上明确教材的所属类别有助于更好地认识教材的特点，从而为接下来的教材设计工作提供一个明确的方向，使教材设计具有更强的针对性。这里我们只列出若干种影响教材的因素，分析其对教材类别及其设计的可能影响。这几种因素相对来说对教材设计的影响较为直接而明显。

---

① 张宪荣. 现代设计辞典［M］. 北京：北京理工大学出版社，1998：9.

一、不同的使用者对教材类型的影响

从不同的视角可以看到使用者之间的不同差异，这些差异会对教材的设计产生影响，明确这些影响有助于分析不同类别的教材应有的“特色”。

- 年龄：根据使用者的年龄可以把教材分为幼儿、青少年、成人、老年教材。不同的年龄有不同的身心发展状态和需求，因此要根据不同年龄阶段的使用者的特点进行教材设计。如，知识的表达形式要根据学习者认知发展的阶段特点设计。
- 受教育阶段：基础教育的各个阶段（学前教育、中小学教育）、高等教育、高等教育后阶段，都有着不同的教育任务，这些任务会对教材设计提出不同的要求。如，学前教育和基础教育的任务重点在为终身发展奠定基础，因此教材要突出发展的基础性和共性。高等教育阶段的任务是培养高级专门人才，教材要突出发展的专业性和精深性。
- 现有受教育水平：受教育者的现有受教育水平决定了他们的可接受性，从而对教材设计提出相应的课题。如，对于受教育者水平较低的学习者，要强调学习动机的激发，多考虑生动易懂的设计，为使用者顺利学习提供帮助。
- 所受教育的性质：根据学习者所受教育的性质可以把教材分为普通教育教材和专门教育教材。普通教育的教育目标侧重于综合素养的培育，要突出知识的广度，而专门教育则侧重于培养专门领域的素质，要突出深度。教材要据此突出不同的侧重点。
- 民族：根据不同的民族，可以把教材分为不同民族的教材。比如，少数民族双语教材和多民族通用教材。不同民族有其不同的文化历史和自然环境，这些民族文化、自然条件有可能构成特别的教育资源和客观的需求，从而影响教材设计。如，对于少数民族的双语教材需要关注少数民族的文化特点，充分利用少数民族特有的文化实现教育目标。对于多民族通用教材，需要在兼顾不同民族的文化基础上，突出文化的共性。
- 国籍：不同的国家往往有其独特的历史文化，这些历史文化构成了教材设计的外部背景，对教材提出不同的价值期待和具体的设计要求。研究不同国籍背景的学习者的文化特点和需求，有助于教材设计者提升跨文化意识。
- 职业状况：根据使用者所接受的教育性质可以分为职前教育教材、在职教育教材、职后教育教材。职前教育和在职教育构成了终身教育的不同阶段。职前教育是在进入职业岗位之前的教育，从总体上看，要强调理论和实践结合，尤其要重视系统的理论知识体系，使学生形成良好的系统知识结构，因此，教材要突出系统性。在职教育是在进入岗位之后的教育，也强调理论和实践结合，尤其要重视理论为实践服务，解决实际的现实问题，重点在提升学习者解决现实问题的能力，因此教材要突出“做中学”的特点。职后教育主要为满足生活的丰富性及解决生活中的现实问题服务，教材要突出学习的便利性和生动性。

二、不同的课程对教材类型的影响

教材不是课程实施的全部媒介，但的确是课程实施的核心媒介。我们可以从不同的角度把课程分为不同的类型，进而讨论其对教材类型可能产生的影响。

（一）德育、智育等课程教材

根据教育目标的侧重点不同，可以把课程分为德育、智育、体育、美育、劳动教育等课程。这些课程通常不是由单一的某一门课程组成的，而是由一些教育目标相近的单个课程组成的。如，德育课程，从不同的理念出发，德育可以分为“小德育”和“大德育”。“小德育”理念强调将德育的责任集中在某些课程上，如我国基础教育学校中的生活和品德课、思想政治课等。“大德育”理念强调将德育的责任置于整个学校教育的活动中，因此，在不同的课程里都需要分担部分的德育任务。这里我们主要从小德育的角度讨论。不同的课程承担的主要任务不同，因而对课程学习的过程、要求不同。如，德育课程需要重视思辨和体验，智育重在思维的训练，体育重在技能的训练，美育重在感性、情感的训练，劳动教育重在态度和技能的训练。根据这些课程任务的特点，教材在目标、活动设计等环节需要突出不同课程在促进人的发展方面的独特功能和要求。

（二）分科课程和综合课程教材

根据课程内部知识的特点，可以把课程分为两大类。分科课程的显著特点是课程内容涉及的知识领域相对来说较为单一，综合课程的显著特点是课程内容会涉及一个以上的学科知识。这两类课程各有自己的优缺点。分科课程最大的优点是知识体系较为单一，容易帮助学习者形成较为完整、清晰、系统的知识结构，最大的缺点是容易使学习者的思维受到限制，形成狭窄、不灵活的思维方式。综合课程最大的优点是易于形成多学科、多视角、灵活的思维方式，缺点是不利于形成完整、清晰、系统的知识结构。这两类课程的特点使它们能够优势互补，实现不同的育人功能。教材设计要从这两类课程的不同教育功能出发。

（三）学科课程和活动课程教材

根据主导的学习方式，可以将课程分为学科课程和活动课程。学科课程的特点是强调教师系统地教和学生系统地学，活动课程强调的是教师指导学生自主解决问题。因此，前者的教材设计要突出学习对象的系统性，后者的教材设计要突出学生的自主活动。

（四）必修课程和选修课程教材

根据课程的管理方式，可以把课程分为必修、选修等课程。如，2017年，我国对高中课程结构进行了调整，高中的课程被分为必修课程、选择性必修课程、选修课程。此次调整，“进一步优化了课程结构。一是保留原有学习科目，调整外语规划语种，在英语、日语、俄语基础上，增加德语、法语和西班牙语。二是将课程类别调整为必修课程、选择性必修课程和选修课程，在保证共同基础的前提下，为不同发展方向的学生提供有选择的课程。三是进一步明确各类课程的功能定位，与高考综合改革相衔接：必修课程根据学生全面发展需要设置，全修全考；选择性必修课程根据学生个性发展和升学考试需要设置，选修选考；选修课程由学校根据实际情况统筹规划开设，学生自主选择修习，学而不考或学而备考，为学生就业和高校招生录取提供参考。四是合理确定各类课程学分比例，在毕业总学分不变的情况下，对原必修课程学分进行重构，由必修课程学分、选择性必修课程学分组成，适当增加选修课程学分，既保证基础性，又兼顾选择性”。① 由于不同类型的课程管理方式和学习要求不同，不同课程的教材设计需要区别对待。如：必修课程对教学的管理和学习要求相对严格，因此教材的设计需要体现稳定性和共性；选修课程对教学的管理和学习的要求相对灵活，因此在教材的设计上也可以多体现一些灵活性和个性。

（五）国家课程、地方课程和校本课程教材

根据课程管理主体不同，可以把课程分为不同的类型。在我国，自20世纪末启动新的课程改革以来，基础教育学校的课程结构由国家课程、地方课程和校本课程组成。国家课程的管理主体是中央政府教育管理部门，地方课程的管理主体是省（自治区）、市、县等地方教育管理部门，校本课程的管理主体是各个学校的管理部门。国家课程是国家教育管理部门针对全体国民开发的，面向全体受教育者，要突出共同的培养要求，因此教材

---

① 中华人民共和国教育部. 普通高中课程方案（2017年版）[M]. 北京：人民教育出版社，2018：3-4.

的设计要突出普遍性、广泛的适用性。地方课程是地方教育管理部门针对本地区的受教育者开发的，面向本地区的受教育者，要突出地方性，因此，教材的设计要突出地方教育资源和地方的培养需求。校本课程的管理主体是学校自身，校本课程主要用于弥补国家课程和地方课程的不足，要体现本校拥有的各类教育资源和本校受教育者的需求，因此，教材的设计要充分体现学校在教育需求和教育条件方面的独特性。

以上是就课程类型对教材类型的影响举出一些例子。总之，教材是课程实施的核心媒介，教材设计者在设计之初需要了解教材设计是为何种课程服务的，了解不同课程类型的特点，从而将这些特点充分地融入教材设计的全过程中去，发挥每一类课程应有的独特教育功能。

三、不同的教学活动要素对教材类型的影响

（一）基于不同教学模式的教材类型

教学模式和教学方式、教学方法不同。通常，教学模式具有相对稳定的教学观念、教学理论作为其行动的基础，在教学目标、教学过程、教学评价、教学管理等各个环节都有较为稳定的特定要求，比如，具有特定的基本教学流程或步骤。教学方式、教学方法则相对较为灵活，在不同的情境下可以灵活处理、灵活组合。

在王策三的《教学论稿》中，教学模式被概括为三种[①]：第一种是师生系统的传授和学习书本知识，如苏联教学论中提出的教学结构：诱导学习动机—领会新教材（感知、理解）—运用知识—检查；第二种是教师辅导学生从活动中自己学习，如“设计教学法”的一般教学过程：设置问题或者课题—拟定解决课题方案—执行计划—总结与评价；第三种是折中于两者之间的教学模式，如布鲁纳提倡的教材结构化和发现学习。其一般进程是：明确结构，掌握课题，提供资料—建立假说，推测答案—验证—得出结论。再如西德提出的“范例教学”，其一般进程是：解释作为范例的个别事物—解释范例的“类”或“属”—掌握规律范畴—获得对自我或人类的理解。教材设计者在设计的前期准备中应对教材使用过程中可能采取的教学模式进行预设，以便教材的全体或者部分根据这个教学模式的步骤、环节和教学理念进行设计，比如教材的单元结构和教学模式的基本结构相符合，便于使用者在实际的教学过程中使用这一教学模式开展教学。

---

① 王策三. 教学论稿［M］. 北京：人民教育出版社，1985：135-139.

1. “师生系统地传授和学习知识”的教学模式与教材设计

在“师生系统地传授和学习知识”的教学模式中有两个关键词：第一个关键词是“知识”，第二个是“系统”。一方面，在这个教学模式中，知识的传授和获取是主要的教学目的，师生互动的对象主要围绕着知识，因而此类教材的设计要紧紧围绕着“知识”进行。另一方面，这个模式中的“知识”以“系统性”为特征。因此，教材设计还要围绕如何服务于师生传授和获得“知识的系统性”。

2. “教师辅导学生从活动中自己学习”的教学模式与教材设计

在“教师辅导学生从活动中自己学习”的教学模式中，有两个关键部分：第一个关键部分是“活动”，“活动”这个词在这里主要指“解决问题”；第二个关键部分是“教师辅导，学生自己学习”，这里突出了该模式的展开需要将活动的主体地位让位于学生，使学生成为“活动”中的认识与改造世界的主要责任承担者，其目的是要学生在自我承担探索责任的过程中不仅获得某些知识，还要获得解决问题的能力。针对此类教学模式的教材，必须突出“活动”的设计和学生的自主学习能力。

3. “折中教学模式”与教材设计

在“折中教学模式”中，既要强调知识的系统性，又要发挥学生的自主性，使之获得更多的能力，针对此类教学模式的教材设计必然要兼顾知识的系统性和能力的训练。

不同的教学模式要求设计不同的教学过程，为此就需要在教材中将这些不同教学过程的特点表现出来。上述三种教学模式只是各种教学模式类型的一种分类，在此列出这三种教学模式只是说明不同的教学模式对教材设计可能产生的影响，进而形成不同的教材类型。总之，了解不同的教学模式的特点，有助于教材设计更好地为实际的教学特点服务。

（二）基于不同教学手段的教材类型

教学手段是师生教学互相传递信息的工具、媒体或设备。① 从历史发展的角度，可以把教学手段依次分为如下几个类别：② 教学原始的口耳相传（局限于人本身的甚至不能离开个体的东西，包括形体、动作、表情、个性等）；文字和书籍（主要标志是文字，但还局限于手写，包括竹简、木简、刻刀）；印刷术的发明（包括纸的发明），特别设计的各种教具（包括专为

---

① 王策三. 教学论稿［M］. 北京：人民教育出版社，1985：258.

② 王策三. 教学论稿［M］. 北京：人民教育出版社，1985：262-263.

教学设计而非一般自然物的粉笔、黑板、算盘、图片、模型、标本以至于教杆等）；一般的电化教具（包括突破了机械学局限利用电力制作的不包括电子计算机的教具，如幻灯、唱片、录音带、电影、电视、录像、教学机器、语言实验室等）；电子计算机（它既不同于电化教学手段之前的普通教具，也不同于一般的电化教学手段）。

教学手段的不同，会直接影响教学过程中的信息传递方式，从而影响教学过程。如，相比于纸质教材，电子教材可以采用更丰富的内容表达方式和更灵活的学习活动设计。因此，教材设计要关注不同的教学手段对教学过程的影响，最大限度地发挥不同教学手段在信息传播方面的优势。

“教材的类别”是一个开放性范畴，也就是说，教材的“类别家族”会不断变化。这是因为影响教材的因素很多，同时，这些影响因素本身又是不断变化的。一方面，影响教材的因素是众多的。当一种影响因素足以对教材产生整体的或者重大的影响从而使教材呈现出整体而明显的特色时，就可以从这个影响因素出发，将这些教材归为一个独特的类别。另一方面，影响教材的因素本身是不断发展变化的。首先，从教育的发展历史看，课程、教学模式、教学方法、教学手段、教学组织形式等和教学紧密相关的因素都会不断地变化。其次，教材使用者的范围和特点本身也在不断地变化，从教育的发展历史看，教育从服务于少数特权人群逐渐拓展到服务于越来越多的普通百姓，教材的使用者也随之越来越多。再次，随着社会发展对知识的要求越来越高，接受教育日渐成为从摇篮到坟墓的终身事业，从而使教材使用者的差异也越来越明显。这些动态的变化要求我们为越来越多有着特殊要求的使用者提供有针对性的设计。因此，教材类别的内容会不断地变化。

本章小结

教材设计是一个“系统工程”，教材设计者需要从不同的知识领域吸取有益的营养；教材设计还是一个“时代工程”，教材设计者需要聆听社会发展的需求。

教材设计要考虑教材的类别，而教材的类别又是不断丰富和变化着的，因而教材设计的对象是丰富多样的。不同类别的教材彼此之间既有共同之处，也有区别之处，这就必然使教材设计的研究面临两个理论方面的挑战：一是要找到设计不同类别的教材时面对的共同问题，二是要讨论不同类别的教材设计面临的独特问题。从这两个方面的问题出发，完整的教材设计研究应该兼顾共性问题和特殊性问题。由于时间和精力有限，本书暂且先讨论第一个方面的问题，即主要讨论不同类别的教材面临的共性问题，故此，本书题名定为“教材设计原理”。所谓“原理”，即是要讨论不同类别的教材设计工作中可能涉及的共同的基本问题及其解决思路。又由于教材设计实为一项复杂的工程，为了以有限的时间、精力较好地解决问题，本书将焦点集中于教材的本体设计即教材的基本结构及其设计，主要讨论不同类别的教材所共有的组成部分及其设计原理。

第二章　教材的基本结构

如前所述，教材的种类很多，不同种类的教材会呈现出不同的面貌。此外，即便是同种类型的教材，不同的设计者也会呈现出不同的面目。面对这些面目不一的教材，我们能否抽象、概括出一些共同的要素并且发现这些要素之间的内在联系，即抽象、概括出一种共同的内在结构，使教材的编写者、使用者能够更方便地把握其基本结构，从而使教材的设计、使用、管理更加便捷、科学和规范？本章将就这一相同或类似的内在结构进行讨论。

一、教材基本结构的分析框架

这里所谓的“教材基本结构”是指教材内部的结构，包括教材的组成部分和各个组成部分之间的关系。教材的结构既可以是内在的，也可以是外在的。这里所谓的“内在结构”是指从功能的角度看教材由哪些基本的组成部分构成，同时这些组成部分各自承担何种功能，又如何相互联系，进而实现教材的教育功能。所谓的外在结构，则是指依据这些组成部分的功能和联系具体呈现出来的个性风貌，即不同的教材设计者呈现出来的个性化设计结果。如，依据不同的标准进行单元的划分；采用不同的顺序安排教材的组成部分（练习在单元中的具体位置等）；采用不同的图像、不同的版式表达教材的内容；采用不同的组织方式，将教材的内容集中于一本教科书或者以教科书为主，将相应的内容分别用练习册、挂图、音像资料等呈现。本书讨论的“教材基本结构”集中于教材内在结构的问题。

那么，如何从功能的角度分析或解剖教材的内在结构呢？内容和形式是艺术作品等文化产品的基本组成部分。例如，在美术理论中，作品的基本结构被区分为内容和形式两个部分。内容和形式“在美术中指构成作品的两个要素，内容是构成艺术形象的客观因素和主观因素的总和，形式是作品的存在方式。任何作品，没有无形式的内容，也没有无内容的形式，二者相互依存，密不可分”。[①] 不同的文化作品有不同的功用和设计过程，但是关于内容和形式的区分不失为一种分析教材基本结构的有趣而简洁明了的思路。为此，我们尝试将教材的内在结构分为内容与形式两个部分，从而使教材的基本结构变得简洁明了。教材的每一种组成部分都不是单个存在的，比如，教材的目标分散在各个单元之中，这些分散的目标又是相互联系作为一个整体而发挥作用的，因而每一种组成部分都具有“系统”的性质。不仅如此，不同的组成部分之间也是相互联系的，比如教材的目标设计和教材的活动设计就是互相呼应的，正因为这种呼应，不同的组成部分才能够各司其职、共同合作，实现教材的整体教育功能。故此，我们将教材的“内容”和“形式”分别称为“内容系统”和“形式系统”，之后，我们又将把“内容系统”和“形式系统”加以进一步解剖，依次分解为更多的“子系统”。据此，在笔者看来，“教材”至少应包括如下几个部分：

1. 内容系统

内容系统包括教学信息系统和出版发行信息系统。内容系统的第一个部分是教学信息系统。教材是供师生在教学过程中使用的材料，一种和教学过程基本环节相呼应的教材有助于使用者更好地完成教学任务，故而教学信息系统是必要的。内容系统的第二个部分是出版发行信息系统。教材设计完毕，有时候需要公开出版并发行，即使不公开出版发行也需要流通，因此作者、价格等出版发行信息也是需要的。

2. 形式系统

形式系统包括表达系统、物质媒介系统和审美系统。教材的内容系统是以知识为核心的信息，需要通过图像、文字等表达形式成为可以被使用者理解和接受的对象，为此，表达系统是必要的。表达系统又要被使用者的感官感知并得以保存、复制、分享，因此就需要纸张等物质媒介，这些物质媒介构成了教材的物质媒介系统。表达系统和物质媒介系统不仅具有使教材内容系统可知、可感、可分享的作用，还具有审美的作用，那些通过表达系统和物质媒介系统显示出来的审美要素就构成了审美系统。表达系统、物质媒介系统和审美系统一起构成教材内容系统的外在存在方式。当然，由于审美系统主要蕴含于或者说依附于表达系统和物质媒介系统，

① 中国大百科全书总编辑委员会《美术》编辑委员会，中国大百科全书出版社编辑部．中国大百科全书：美术Ⅰ［M］．北京：中国大百科全书出版社，1990：588.

因此，它的存在是和表达系统、物质媒介系统融为一体的。

综上所述，教材的基本结构呈现为一个由内容系统和形式系统及其各自的子系统组成的大系统（参见“图 2-1　教材的基本结构”）。“教材的基本结构示意图”展示了“教材”这一思维对象应该具备的必要组成部件，它们构成了教材的“基本骨架”，在这个必要的“骨架”基础上，设计者可以根据实际情况加以调整。以下着重就这些部件的功能分别做简要的分析。

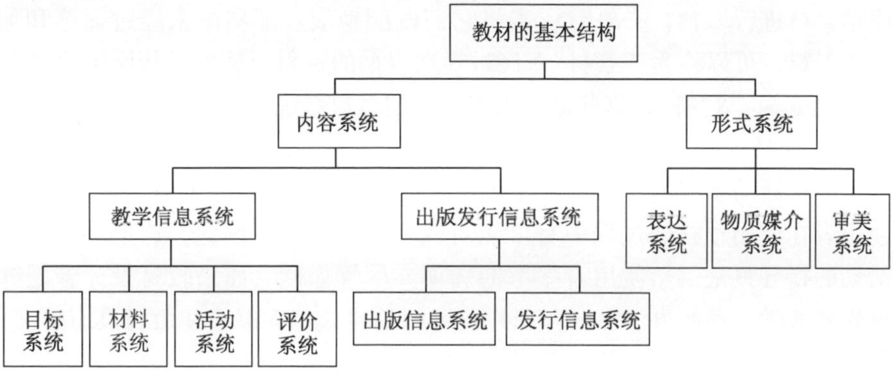

图 2-1　教材的基本结构

二、教材的内容系统及其功能

教材的内容系统包括教学信息系统和出版发行信息系统。

（一）教学信息系统

教学信息系统应包括目标系统、材料系统、活动系统和评价系统。

1. 教材目标系统及其功能

教材目标系统的功能在于规定教材之于人的发展的价值，这一部分主要有两方面的作用：一方面，有助于教材的设计者对教材的使用价值有自觉而清晰的预设，从而提高设计的针对性；另一方面，有助于使用者更好地选择和利用教材。它使教材的使用者对教材要达到的教育目标有清晰的认知，从而更好地判断该教材是否符合自己的需要并正确地取舍。此外，还有助于使用者在使用的过程中以此为行动的指针，充分实现教材预设的促进人的发展的作用。教材的目标是学校“教育目的”系统中的一个部分，受到国家教育总目标、学校教育目标、专业目标、课程目标、教学目标的制约，教材目标系统的任务是要把各级目标在教材中具体化。

2. 教材材料系统及其功能

教材材料系统的功能是为使用者实现教材目标提供合适的材料。如果我们要实现一个教材的目标，就必须从浩繁的自然世界和人类世界中寻找适当的资料。如，为了帮助学生理解某个概念，就要选择和这个概念的“定义”有关的资料；阐述一个原理时，就要选择能够反映这个原理的具体现象。教材的材料必须经过筛选，必要时还需经过加工，使之更适合教学的需要。这就好比画家要表现一个主题，必须对看到的各种自然和社会的原始素材进行取舍，必要时还需将它们改颜换貌。那些尚未经过筛选和加工的资料，可以称为“素材”。经过筛选得来的资料，就可以从原始的“素材”转变为“材料”，这些材料组成教材的材料系统。

3. 教材活动系统及其功能

教材活动系统的功能是对教材的使用者安排教学活动的方法提出建议。使用者在使用教材的过程中有可能对教材进行改造，因此，这里关于教学活动的指导只是供给使用者参考的选项。尽管如此，如果教材设计者能够事先就教学活动的方法提出合理并且可行的建议，无疑会使教材具有可教、可学、可操作的优点。

4. 教材评价系统及其功能

教材评价系统的功能在于帮助使用者对是否达到预设目标做出判断。尽管教材的设计者设计的评价只是一种供使用者参考的建议，但是，教材如果能够立足于可能的使用情境，谨慎、细致地设计可行的评价，同样有助于提高教材的实用性。教材评价系统包括课后练习题、表现性任务等内容。

（二）出版发行信息系统

出版发行信息系统的功能是帮助使用者了解教材的设计、使用、出版发行的信息，使他们更好地理解、获取和利用教材。出版发行信息系统包括出版信息系统和发行信息系统两个部分，出版信息包括编写说明、使用说明、书名、作者、出版社、出版时间、版次等信息。发行信息包括价格、读者服务等信息。在这些信息中，最重要的是教材的编写说明和使用说明，它们为使用者更好地理解和使用教材提供指南。

三、教材的形式系统及其功能

教材的形式系统包括表达系统、物质媒介系统和审美系统。

（一）教材的表达系统

教材表达系统的功能主要是选择各种合适的形式把教材的内容系统表

达出来，使之成为可以被使用者理解的对象。如，通过生动直观的图像表达内容，或通过抽象的语言文字表达内容。表达系统的主要组成部分是语言文字符号、科学符号。

（二）教材的物质媒介系统

物质媒介系统的功能在于使内容系统、表达系统借助于可感的媒介物得以感知、保存和传递。物质媒介系统包括不同的物质媒介及其要素，如，一种教材可以只使用纸质的物质媒介系统，这个纸质媒介系统包括纸张、印刷、开本和装订形态等要素。自教育活动发生以来，教材的物质媒介从原始的金、石、竹、帛等材料发展为纸张、电子屏幕等新媒介。当前，纸张仍然是教材的主要物质媒介。

（三）教材的审美系统

教材是师生互动以实现学生发展的工具，因而具有“实用性”。与此同时，教材还可以是师生的审美对象，因而还可以具有“审美性”。一种优秀的教材，应同时具备良好的实用性和审美性，从而更好地发挥促进全面发展的作用。具体来说，教材审美系统的功能主要体现在两个方面：一是分担审美教育的任务。审美教育不仅是艺术教育的任务，也是所有课程的任务，各类课程的教材作为课程实施活动的核心，应体现其审美教育的功能。二是提高认知效果。认知和情感是教学过程中不可分割的两个方面。情感是认知的动力，强烈的美感可以让使用者在使用的过程中充满愉悦感，促使使用者热爱教材，从而提升认知的效果。

教材的审美系统不能独立存在，而是附着于教材的表达系统和物质媒介系统，这些不同的表达形式和物质媒介要素呈现出来的美感及其手段，构成了教材审美系统的内涵。如，文字的字体、字号、字距、行距等表现出来的美感，纸张的大小、轻重、厚薄等物理特性给人的美感。

本章小结

以上是就“教材”的内在基本结构进行初步并且粗略的解剖，发现其最基本的“组织器官”及其联系，并说明每一“组织器官”对于教材履行其“教学之中介”职能的独特功能。教材是为教学服务的，因而它的基本结构和教学的基本结构应紧密结合。在上述结构中，教学信息系统是最为重要的教材内容。教学信息系统的目标、材料、活动、评价子系统，正是呼应了教学基本结构涉及的目标、过程、评价的诸个环节。而出版发行、表达、物质媒介、审美诸系统则是进一步推动教学信息系统顺利运行、发挥作用的重要“伙伴”，只有教材的“内容”和“形式”共同努力，教材才能实现整体的教育功能。也正因为如此，教材设计者只有始终以“整体设计”“系统设计”的理念设计教材，才能使教材的各个子系统都能够得到高质量的呈现，进而确保整个教材的高质量。

在接下来的诸章节中，将对上述“教材基本结构”中的各个系统及其设计分别论述。其中，由于审美系统依附于表达系统和物质媒介系统，因而不专门另列章节，对该系统的论述，将随表达系统、物质媒介系统的论述一同进行。

第三章　教材目标系统及其设计

教育活动是有目的的，尤其是学校教育，其教育活动要自觉地服务于教育的目的。作为教育活动的媒介，教材同样必须服从于一定的教育目的。因此，讨论教材的目标系统必须回到教育目的的问题上去。本章对教材目标系统设计的相关概念、问题进行分析。

第一节　“教育目的”概述

一、“教育目的”概念辨析

所谓“教育目的”，是“把受教育者培养成为一定社会需要的人的总要求。教育目的是根据一定社会的政治、经济、生产、文化科学技术发展的要求和受教育者身心发展的状况确定的。它反映了一定社会对受教育者的要求，是教育工作的出发点和最终目标，也是确定教育内容、选择教育方法、检查和评价教育效果的根据”。从广义上看，教育目的是指对受教育者的发展方向做宏观的描述。从狭义上看，“教育目的”是指“学校的教育目的”，是国家对培养何种人才的总要求。① 可以说，对“教育目的”的思考主要围绕两个问题：第一，为谁培养人；第二，培养什么样的人。

教育目的是社会对受教育者的总体要求，它所规定的是人的“规格”。在工业生产中，人们总是先要对自己生产的产品进行规格的设计，这个规格主要包含两个方面的内容。第一个内容是这个产品的功能，即这个产品能满足使用者哪些方面的需求。第二个内容是为了实现这个功能，这个产品必须有什么样的结构。比如，如果要生产一部手机，首先要了解这个手机要满足使用者的何种需求，如果要满足通信的需要，这个手机的结构中就必须包含能够实现这个功能的硬件和软件。

---

① 中国大百科全书总编辑委员会《教育》编辑委员会，中国大百科全书出版社编辑部．中国大百科全书：教育[M]．北京：中国大百科全书出版社，1985：172.

教育的过程可以被看作一个不断塑造人性的过程，即不断把人性中的自然性塑造成社会想要的社会性，这个过程就像工厂把原始的生产资料加工成符合预定规格的产品的过程。作为教育过程的“产品”，教育目的就是要对“人的产品规格”进行预设。我们把这种“人的产品”的规格简称为“人格”。这个“人格”的内容主要包含两个方面：

一方面，教育目的要对受教育者应扮演的社会角色做出规定。所谓“社会角色”，是指“与人的社会地位、身份相一致的一整套权利、义务和行为模式。它是对于处在特定地位上人们行为的期待，也是社会群体或组织的基础”。① 通常，教育的目的应包含个体和社会两个方面的要求。但是个体对自我发展的蓝图设想缤纷多彩，这里暂且不讨论，只讨论社会的要求。我们知道，每一个社会的正常运转都需要不同的文化活动部门，比如负责经济活动的企业和相应的管理部门，负责政治活动的政府部门，负责法律制定和执行、监督的法院、检察院，负责国民身体健康的医院，等等。每一个部门都会对本部门的岗位职责进行规定，这些岗位职责就构成了社会角色的具体内容。因此，社会角色代表了社会的期待，它的价值在于服务社会的正常运行。

另一方面，教育目的要对受教育者应具备的素养做出规定。为了扮演好社会角色，就必须有一定的本领。这个本领就是素养。一个社会认可的合格的母亲，需要相应的知识、能力、思想和行为方式；一个社会认可的合格的老师或医生，也需要相应的知识、能力、思想和行为方式……诸如此类，每一种社会角色都需要相应的素养。

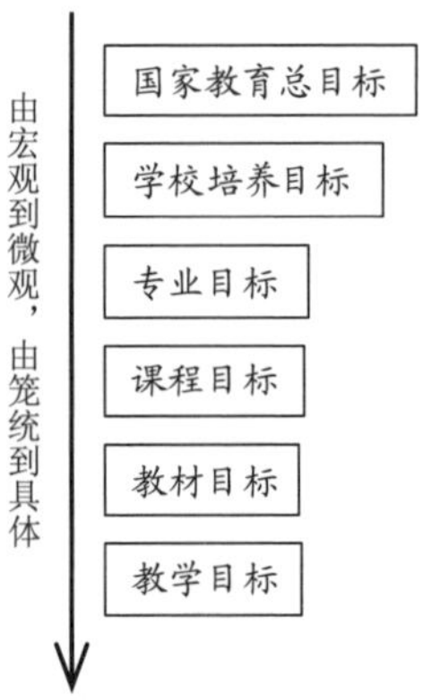

图 3-1　我国学校的教育目的系统

由此，我们可以用这个公式来描述“教育目的”的内涵：教育目的（人的规格）= 人的素养+社会角色。

从学校教育的角度来看，“教育目的”有多种表现形式，包括国家教育总目标、学校培养目标、专业目标、课程目标、教材目标、教学目标（参见“图 3-1　我国学校的教育目的系统”），它们从宏观的展望到微观的规定，密切联系，构成一个庞大的

① 中国大百科全书总编辑委员会《社会学》编辑委员会，中国大百科全书出版社编辑部. 中国大百科全书：社会学［M］. 北京：中国大百科全书出版社，1991：311.

“学校教育目的系统”，引导国家、学校教育的方向。从这一系统图中可以看到，教材目标实则是教育目的系统中的一个组成部分，居于整个系统的下游部位，和课程目标、教学目标靠得最近，但是仍然要接受看起来似乎和它关系有些远的专业目标、学校培养目标、国家教育总目标的约束。

二、“教育目的”的主题

“教育目的”的具体内容是由其产生的自然条件、社会文化背景决定的，尤其是在不同的社会文化背景下，“教育目的”的内容是不同的。在今天的时代背景下，“教育目的”的主题是“全面发展”。

（一）全面发展的价值

“全面发展”是相对于“片面发展”来说的，全面发展的具体内容在不同的时代背景和文化背景下有不同的规定。我们为什么需要全面发展？大概来说，全面发展的价值有为自己的一面，也有为他人的一面。一方面，每一个个体都希望自己的存在价值能被证明，并因此获得幸福。全面发展有助于个体的潜能变成现实的能力，并通过这一转变满足自己的需要；另一方面，社会需要为不同的岗位培养合格的劳动者，因此，个体的全面发展也是维系一个社会正常运转的条件。

（二）全面发展的内涵

我们可以从两个方面来分析全面发展的内涵。

“全面发展”的第一个方面是发展所涉及的领域，即在哪些方面全面发展。对于这个问题，可以采用不同的分析框架从不同的角度进行分析。

比如，《中华人民共和国教育法》规定：“教育必须为社会主义现代化建设服务、为人民服务，必须与生产劳动和社会实践相结合，培养德智体美劳全面发展的社会主义建设者和接班人。”① 这里把全面发展的领域分为“德”“智”“体”“美”等领域，也就是说，一个全面发展的人必须在这些领域都得到应有的发展，缺了哪一个方面都会导致“片面发展”。这里划分全面发展领域的角度，可以被认为是从一个生命个体在其生活中可能涉及的活动领域来区分的。作为一个普通人，在现实生活中要过一个正常人的生活，我们首先要身体健康。其次，需要有认知世界的本领，处理各种问题。再次，需要学会与人交往，以便满足个体所需要的物质和精神的需求，

① 中华人民共和国中央人民政府. 中华人民共和国教育法[Z/OL].(2021-04-29)[2019-02-12].http://www.moe.gov.cn/jyb-xxgk/xxgk-jyfl/flfg-jyfl/202107/t20210730-547843.html.

这就需要一定的道德修养。最后，还需要一定的审美情趣，使生活变得有乐趣。诸如此类，从人的生活需要出发来推断全面发展的内涵。

再比如，从霍华德·加德纳等人的多元智能理论来看，人拥有多种不同的、相对独立的潜能。这些智能领域涉及语言、数学逻辑、空间、音乐、身体运动、人际关系、自我认识等多个领域。① 他强调："这只是智能的大略分类。每一种智能还可以再细分，彼此之间的顺序也可以重新排列，关键是提供智能多元化的论据。我们相信每个人与生俱来的智能的种类肯定不同。我认为智能是原始的生物潜能，从技能的角度看，这种潜能只有在那些奇特的个体上，才以单一的形式表现出来。除此而外，几乎在所有的人身上，都是数种智能组合在一起解决问题或生产各式各样的、专业的和业余文化产品。"②

基于每个人的智能都是多元的，全面发展就应该包括人的多元智能的全部实现，而又由于个体和个体之间存在智能结构的不同，每个人的"全面发展"在强调潜能的"全部实现"之外，还应该体现其差异性，即每一个人在多种智能发展的前提下有所偏重。"按照我的观点，学校教育的宗旨应该是开发多种智能并帮助学生发现适合其智能特点的职业和业余爱好。我相信得到这种帮助的人在事业上将会更投入、更具有竞争力，因此将会以一种更具建设性的方式服务于社会。"③ "这种智能多元化的观点，加上我在本书开始时对智能一元化的批评，产生了以个人为中心的学校的雏形。这种学校对每个学生的认知特点都能给予充分的理解并使之得到最好的发展。可见此种学校与前面提到的统一规划的学校相比，有本质上的不同。"④ 这种对全面发展领域的区分，是从人自身所具有的特点出发的。作为一个宇宙中的生物品种，通过对人已经表现出来的能力的观察，我们发现人"应该"具有的多种潜在能力，从而认定，人的全面发展应该从此出发，把多种可能性挖掘出来使之成为现实的能力。

此外，我们也可以把全面发展的领域简单地区分为身体、心灵两个方面，又可以把全面发展区分为自然属性和社会属性两个方面。

对于一个人的发展领域究竟应该涉及哪些方面，教材设计者可以有自

---

① ［美］霍华德·加德纳. 多元智能［M］. 沈致隆，译. 北京：新华出版社，1999：9-10.

② ［美］霍华德·加德纳. 多元智能［M］. 沈致隆，译. 北京：新华出版社，1999：10.

③ ［美］霍华德·加德纳. 多元智能［M］. 沈致隆，译. 北京：新华出版社，1999：10.

④ ［美］霍华德·加德纳. 多元智能［M］. 沈致隆，译. 北京：新华出版社，1999：10.

己的看法，以上只是提供若干分析思路作为参考。

“全面发展”的第二个方面是每一个发展领域自身的全面发展。如，“知行合一”才算是全面发展，德育、智育、体育、美育、劳动教育的每一个领域都应当知行合一。教育不能只是知识的教育，而是应该用知识改变生活的教育。因此，只有当知识具备改变生活的力量的时候，我们才能说，一个人的确全面发展了。比如，陶行知先生提出的“生活教育”理论强调从生活出发思考教育，教育必须给予学生改造生活的工具。“真正的生活教育以生活工具为出发点。没有工具则精神不能发挥，生活无由表现。观察一个国家或一个学校的教育是否合乎实际生活，只须看他有无生活工具；倘使有了，再进一步看他是否充分运用所有的生活工具。教育有无创造力，也只须看他能否发明人生新工具或新人生工具。中国教育已到绝境，千万不要空谈教育，千万不要空谈生活；只有发明工具，制造工具，运用工具才是真教育，才是真生活。”[①]“没有生活做中心的教育是死教育。没有生活做中心的学校是死学校。没有生活做中心的书本是死书本。在死教育、死学校、死书本里鬼混的人是死人——先生是先死，学生是学死！先死与学死所造成的国是死国，所造成的世界是死世界。”[②]我们的教育不能只是知识的教育，而是应该用知识改变生活、改变世界的教育。因此，只有当知识具备改变生活、改变世界的力量的时候，我们才能说，一个人的确全面发展了。

（三）全面发展的历史性

对全面发展的具体内涵与价值的认知是一定历史条件的产物，因而思考全面发展的问题要在历史文化的具体条件下进行。

1. 关于“全面发展”和“片面发展”的思考

所谓“片面发展”，从字面意义看，是指只重视某些方面而忽略或者轻视其他方面的发展。人的全面发展是有条件的。抽象地讲，个体如果能够全面发展，那是最为理想的，但是实际上，由于教育资源、历史文化条件及个体生命的有限性，全面发展常常只能屈服于现实的约束。因此，学校教育在现有主、客观条件的约束下，只能对发展的内容进行价值的排序。

---

① 陶行知. 生活工具主义之教育［M］//江苏省陶行知教育思想研究会，南京晓庄师范陶行知研究室．陶行知文集. 南京：江苏人民出版社，1981：173.

② 陶行知. 生活工具主义之教育［M］//江苏省陶行知教育思想研究会，南京晓庄师范陶行知研究室．陶行知文集. 南京：江苏人民出版社，1981：250.

通常，和生存关系有着密切关系的内容会排在前面，而那些和生存关系不是太密切的内容则被排在后面。当然，什么内容应排在前面，什么内容应排在后面，取决于人们对生活内容价值的思考。这种思考，既会参照彼时社会总体发展的需求，也会参照自身的需要进行排序。

一个社会的生存发展条件和追求总有其时代背景的规定。理性的社会管理者，总是会把有限的资源用在最迫切、最重要的发展任务上。在争取民族独立的战争年代，对一个社会的人民来说，生死存亡是最紧要的事情，因此，彼时的学校教育最重要的任务就是教给学生如何保全家国、保全自己的本领。因此，爱国教育、军事教育是学校教育的首要任务。在和平而经济匮乏的年代，解决温饱问题是最迫切的需求，发展经济、促进生产是最重要的社会事业，因此，学校教育的首要任务是为经济活动、生产活动培养合格的劳动者。而在今天，中国社会处在和平年代，暂时没有生死存亡之忧，同时，也基本解决了温饱的问题，人民的需求也逐渐从对物质的渴望转移、拓展到更加丰富的精神需求。所以，艺术教育、体育等更加丰富的发展内容日益受到关注。

当前，尽管我们的社会发展已经为学校教育提供了越来越好的条件，但是仍然无法提供足以让每一个人都能通过学校教育实现全面发展所需要的条件。因此，虽然我们以实现人的全面发展为目标，但是，基于现实的约束，片面发展几乎是不可避免的。

既然片面发展是不可避免的，那么，我们就不得不基于当前社会发展的条件和需求对学校教育的目标进行价值等级的排序。从教育的发展历史看，这种价值等级的排序是人类的一种生存策略，因此具有一定的历史合理性。尽管如此，对人的全面发展的渴望和追求从来没有停止过。在现实条件的约束下，全面发展曾经是少数拥有特殊政治、经济地位的人的特权。随着社会的进步，全面发展成为越来越多的受教育者的追求，同时也具备了越来越多的可能性。

2. 关于“共性化发展”和“个性化发展”的思考

“共性化发展”又可以称为“整齐划一式发展”，是指对某一阶段的受教育者依据相同的教育目标进行教育。“个性化发展”又称“差异化发展”，是指依据个体先天身心特点和未来发展方向等特殊性进行有所偏重的发展。无论是共性化发展还是个性化发展，都包含着发展目标和发展过程两个方面。

个性化发展在学校教育中的不受重视或不能充分实现常常被人们用来

指责学校教育的失败。关于这个问题，我们要理性地看待。

学校教育的目标究竟应该以共性化发展为主要任务还是以个性化发展为主要任务，笔者认为应该是前者。

譬如手机，首先要满足基本的通信功能的要求，然后才能谈得上其他的特殊需求的设计。绝大多数购买手机的消费者，首先是为了满足通信的需要，你连最基本的通信功能都无法满足，怎么称得上是一部手机呢？即使生产商自称所生产的是手机，又有多少消费者会买你的账呢？这也就是各行各业为什么要编写行业标准的缘故。自然的，在满足了共同的基本的通信功能的基础上，你可以进行个别化的设计和生产，从而形成不同的手机品牌，每个手机品牌又可以根据目标消费者的不同设计不同的型号，以满足不同消费者的特殊需求。

每个个体都是独特的存在，但是在基本相同的自然、历史文化背景下，每个个体要生存和发展，都会面临一些共同的问题和挑战，因而需要获得一些共同的本领，这些共同的本领就构成了某个群体中的个体都要学习的内容。因此，在学校教育情境下的个性化发展，必须是寓于共性化发展之中的。只有首先满足了共同的发展需求，才能谈得上个性化发展。比如，在完成共同课程的基础上，开设选修课程，以满足部分身心特殊的学生的独特需求。

我们不能在共性化发展的任务还无法满足的时候，就急于追求个性化发展。如果我们这么做了，不仅有悖于理论的逻辑，更会给学生的未来带来麻烦，因为连一个人应该具有的基本素养都没有，人如何能够在私生活和社会生活中自如地处理问题呢？

因此，学校教育中的个性化发展，应该是在满足共性化发展的前提下的发展。由于学校教育资源的有限性，学校应当承担的主要任务只能是促进学生共性的发展，而个性化发展的主要任务则需要留待家庭、社会、自我的教育来完成。

（四）新时期我国对全面发展的探索

全面发展是当代教育的主题。但是，每个社会都会在不同的自然、历史文化语境下对其做出具体解释或规定。改革开放以来，我国对全面发展的认识和追求也是逐步清晰和深化的。回顾改革开放以来的教育发展，我们对全面发展的思考可以依次概括为如下轨迹：起始于对应试教育的反对—追求全民素质的提升—正式提出素质教育的概念及要求—提出立德树人的根本任务—研制新时期中国学生的核心素养—修改基础教育课程标准，贯彻全面发展的时代新内涵。当前，我国对全面发展的思考有以下几个鲜明的特点：

1. 对全面发展的价值从过度关注其社会价值转为兼顾个人的价值

比如，《中华人民共和国教育法（2015）》第五条规定："教育必须为社会主义现代化建设服务、为人民服务，必须与生产劳动和社会实践相结合，培养德、智、体、美等方面全面发展的社会主义建设者和接班人。"和之前的版本（1995）比较，在回答"教育为谁服务"这个问题上，增加了"为人民服务"的内容。可以说，这么简简单单的几个字的变动，反映了我国社会深刻变革之下教育的呼应。怎样处理集体和个体之间的矛盾，从来就是一个难题。以往我们过分重视了集体的重要性，过分强调了全面发展的社会性价值，而忽视了全面发展之于个体生活的价值。个体价值的被重视，首先缘于社会生产力的提高。由于社会生产不再主要依靠体力而是脑力，个人的生活和集体的关联逐渐松懈。而现代信息社会、网络社会的到来，使个体和集体、地域之间的关系变得更加相对松散，因此，个体价值的被关注是我国社会发展步入新时代的必然反映。

2. 对应试教育的反思贯穿其中

对全面发展的表述，在不同的语境下有不同的理解和表达方式。虽然关于什么是"素质教育"，人们至今有不同的理解，但是如果我们不是从抽象的逻辑思辨去思考这个问题，而是从这个词诞生的具体语境来看它，就不难理解它的内涵和价值。从它被提出的具体语境来看，它可以被看作对以往教育过分功利而忽视全面发展的反对，它不是一种具体的教育方案，而是一种理念的设计。自改革开放以来，尽管教育的功利主义一直很明显，但是全社会对于全面发展的追求一直没有间断过。可以说，改革开放以来的教育改革史，从宏观角度看，就是一部基于功利主义的片面发展和基于以人为本的全面发展相互纠结的历史。前者被简称为"应试教育"，后者被简称为"素质教育"。

3. 素质教育将在未来仍旧成为教育改革的必然主题

自从素质教育被提出并逐渐成为流行话语之后，关于素质教育的概念，曾经引发了很多的认同，也引发过很多的质疑。但是，这并不影响中国教育改革向着素质教育前进。事实上，随着时间的推移，"素质教育"从抽象的政策理念逐渐向着可操作的行动指南演进，它的具体内容越来越明晰，其标志就是《中国学生发展核心素养》的提出与贯彻。

素质教育的理念之所以越来越得到重视，主要基于两个原因：其中一个是自上而下的教育管理体制起到了关键作用。借助于民主集中制的教育管理体制，一种理念一经转化为政策，就会被迅速转化为全社会的思想和行动。另外一个是我国社会发展的新变化、新趋势，这是根本的原因。教育是维持社会秩序并实现社会进步的重要文化部门，素质教育的提出，是教育服务于新时代社会发展与进步的一个体现。

《国民经济和社会发展第十三个五年规划纲要（2016—2020）》指出："'十三五'时期是全面建成小康社会决胜阶段。必须认真贯彻党中央战略决策和部署，准确把握国内外发展环境和条件的深刻变化，积极适应把握引领经济发展新常态，全面推进创新发展、协调发展、绿色发展、开放发展、共享发展，确保全面建成小康社会。"①"十三五"规划纲要认为，我们今天的时代是全新的时代，因为我们已经摆脱了贫困，步入了为小康社会奋斗的新时期。《中国共产党章程》（中国共产党第十九次全国代表大会部分修改，2017 年 10 月 24 日通过）指出："我国正处于并将长期处于社会主义初级阶段。这是在原本经济文化落后的中国建设社会主义现代化不可逾越的历史阶段，需要上百年的时间。我国的社会主义建设，必须从我国的国情出发，走中国特色社会主义道路。在现阶段，我国社会的主要矛盾是人民日益增长的美好生活需要和不平衡不充分的发展之间的矛盾。由于国内的因素和国际的影响，阶级斗争还在一定范围内长期存在，在某种条件下还有可能激化，但已经不是主要矛盾。我国社会主义建设的根本任务，是进一步解放生产力，发展生产力，逐步实现社会主义现代化，并且为此而改革生产关系和上层建筑中不适应生产力发展的方面和环节。"② 在这个新时代，我们要着力解决的矛盾是"人民日益增长的美好生活需要和不平衡不充分的发展之间的矛盾"。美好生活的需要，包括对高质量教育的需求。改革开放以来，我国的教育事业取得了巨大的进步，教育的数量问题明显得到了缓解，而质量问题则尚待解决。为此，党中央把进一步发展教育、解决教育质量"不平衡不充分"的问题作为新时代的新任务。

习近平在联合国"教育第一"全球倡议行动一周年纪念活动上发表的视频贺词（2013 年 9 月 25 日）中指出："中国将坚定实施科教兴国战略，

① 中华人民共和国中央人民政府. 中华人民共和国国民经济和社会发展第十三个五年规划纲要[Z/OL].(2016-03-17)[2019-03-13].http://www.gov.cn/xinwen/2016-03/17/content_5054992.htm.

② 中华人民共和国中央人民政府. 中国共产党章程[Z/OL].(2017-10-28)[2019-03-23].http://www.gov.cn/zhuanti/2017-10/28/content_5235102.htm.

始终把教育摆在优先发展的战略位置，不断扩大投入，努力发展全民教育、终身教育，建设学习型社会，努力让每个孩子享有受教育的机会，努力让十三亿人民享有更好更公平的教育，获得发展自身、奉献社会、造福人民的能力。”① 在《做党和人民满意的好老师》中，习近平强调：“教育是提高人民综合素质、促进人的全面发展的重要途径，是民族振兴、社会进步的重要基石，是对中华民族伟大复兴具有决定性意义的事业。”② 习近平在全国高校思想政治工作会议上指出，教育强则国家强。高等教育发展水平是一个国家发展水平和发展潜力的重要标志。实现中华民族伟大复兴，教育的地位和作用不可忽视。我们对高等教育的需要比以往任何时候都更加迫切，对科学知识和卓越人才的渴求比以往任何时候都更加强烈。党中央作出加快建设世界一流大学和一流学科的战略决策，就是要提高我国高等教育发展水平，增强国家核心竞争力。③《国民经济和社会发展第十三个五年规划纲要（2016—2020）》指出：“把提升人的发展能力放在突出重要位置，全面提高教育、医疗卫生水平，着力增强人民科学文化和健康素质，加快建设人力资本强国。”④ 纲要还指出：“全面贯彻党的教育方针，坚持教育优先发展，加快完善现代教育体系，全面提高教育质量，促进教育公平，培养德智体美全面发展的社会主义建设者和接班人。”⑤ 2019 年 3 月 5 日，国务院总理李克强在第十三届全国人民代表大会第二次会议上作政府工作报告，提出，作为保障和改善民生的重要任务，要发展更加公平更有质量的教育，努力办好人民满意的教育，托起明天的希望。⑥

这一系列文件中，教育事业对推进社会进步的地位被一再强调，教育

---

① 习近平主席在联合国“教育第一”全球倡议行动一周年纪念活动上发表的视频贺词［N/OL］. 人民日报，2013-09-27［2019-03-23］.http://cpc.people.com.cn/n/2013/0927/c64094-23052930.html.

② 做党和人民满意的好老师［Z/OL］.（2014-09-10）［2019-03-23］.http://cpc.people.com.cn/n/2014/0910/c64094-25629946.html.

③ 习近平在全国高校思想政治工作会议上强调：把思想政治工作贯穿教育教学全过程　开创我国高等教育事业发展新局面［Z/OL］.（2016-12-09）［2020-03-23］.http://dangjian.people.com.cn/n1/2016/1209/c117092-28936962.html.

④ 中华人民共和国中央人民政府. 中华人民共和国国民经济和社会发展第十三个五年规划纲要［Z/OL］.（2016-03-17）［2019-03-13］.http://www.gov.cn/xinwen/2016-03/17/content_5054992.htm.

⑤ 中华人民共和国中央人民政府. 中华人民共和国国民经济和社会发展第十三个五年规划纲要［Z/OL］.（2016-03-17）［2019-03-13］.http://www.gov.cn/xinwen/2016-03/17/content_5054992.htm.

⑥ 李克强. 政府工作报告（文字实录）［EB/OL］.（2019-03-05）［2020-03-23］.http://www.gov.cn/premier/2019-03/05/content_5370734.htm.

是提高人民综合素质、促进人的全面发展的重要途径，是民族振兴、社会进步的重要基石，是对中华民族伟大复兴具有决定性意义的事业。为此，"全面提高教育质量，促进教育公平"，"发展更加公平更有质量的教育"，成为新时代教育事业发展的方向。由此可见，进一步推进素质教育，发挥教育提高人民综合素质、促进人的全面发展的价值，是今天以及未来我们教育事业的长久之计。

4. 全面发展的具体内容将越来越清晰

2016年9月13日，《中国学生发展核心素养》在北京发布。"核心素养以培养'全面发展的人'为核心，分为文化基础、自主发展、社会参与3个方面，综合表现为人文底蕴、科学精神、学会学习、健康生活、责任担当、实践创新六大素养，具体细化为国家认同等18个基本要点。"① "学生发展核心素养指学生应具备的，能够适应终身发展和社会发展需要的必备品格和关键能力，是关于学生知识、技能、情感、态度、价值观等多方面要求的综合表现。"② "'中国学生发展核心素养'课题组负责人、北京师范大学教授林崇德此前指出，中国学生发展核心素养是深入回答'立什么德、树什么人'的'教育DNA'，有效整合了个人、社会和国家3个层面对学生发展的要求，是对素质教育内涵的丰富与深化。"③ "……核心素养是一个伴随终身可持续发展、与时俱进的动态优化过程，是个体能够适应未来社会、促进终身学习、实现全面发展的基本保障。核心素养不仅能够促进个体发展，同时也有助于形成运行良好的社会。"④ "在目标上，核心素养的概念指向的是对'教育应培养什么样的人'这一问题的回答。由于它的范畴超越了行为主义层面的能力，涵盖态度、知识与能力等方面，因此体现了全人教育的理念，契合我国传统文化'教人成人'或'成人之学'的特色育人观，与《国家中长期教育改革和发展规范纲要（2010—2020年）》提出的'促进人的全面发展、适应社会需要'的教育质量根本标准一致，有利于在实际教育教学工作中培养德智体美全面发展的社会主义建设者和接班人，

① 《中国学生发展核心素养》发布[Z/OL].(2016-09-14)[2019-03-23].http://edu.people.com.cn/n1/2016/0914/c1053-28714231.html.

② 《中国学生发展核心素养》发布[Z/OL].(2016-09-14)[2019-03-23].http://edu.people.com.cn/n1/2016/0914/c1053-28714231.html.

③ "2016中国教育明德论坛：核心素养，如何培养"[Z/OL].(2016-11-15)[2020-03-23].http://www.jyb.cn/index/dsj/201611/t20161115_682922.html.

④ 林崇德. 21世纪学生发展核心素养研究［M］. 北京：北京师范大学出版社，2016：29-30.

完成党的十八大报告所提出的‘立德树人’的教育工作根本任务。”① “核心素养”是新时期对“全面发展”内涵的具体解释，其分析思路和具体内容有待进一步讨论和争鸣，但是它表明了一种努力方向，即面对新时期的机遇和挑战，教育需要对“全面发展”的价值和内涵进行新的客观、理性、准确的把握。

第二节 国家教育总目标、学校培养目标、专业培养目标

一、国家教育总目标

每个国家、社会都会对自己的国民提出一定的发展要求，之所以如此，一方面是为了给不同的岗位提供合格的人才，以维持社会生活正常运转，另一方面则是为了国民个体维持自身的生活质量。在现代国家，从法律的角度对国民的人格特性进行规定，有助于最大限度地发挥各种资源的力量，塑造出符合社会期待的国民。2016 年，我国发布《依法治教实施纲要（2016—2020）》，其中指出：“党的十八届四中全会提出建设中国特色社会主义法治体系，建设社会主义法治国家的总目标。教育领域是全面依法治国系统工程的重要组成部分。”② 依法治国是教育沿着正确方向前进的重要保障，从法律层面对国家教育目的做出规定则有助于将国家的教育目的贯彻到各级各类教育活动中去。

《中华人民共和国宪法（2018）》第四十六条规定：“中华人民共和国公民有受教育的权利和义务。国家培养青年、少年、儿童在品德、智力、体质等方面全面发展。”③ “2020 年 3 月，中共中央、国务院发布了《关于全面加强新时代大中小学劳动教育的意见》（以下简称《意见》），把劳动教育纳入人才培养全过程，贯通大中小学各学段，贯穿家庭、学校、社会各方面，与德育、智育、体育、美育相融合。”④ 党的十八届三中全会以来，

---

① 林崇德. 21 世纪学生发展核心素养研究［M］. 北京：北京师范大学出版社，2016：30.

② 中华人民共和国教育部. 教育部关于印发《依法治教实施纲要（2016—2020 年）》的通知：教政法〔2016〕1 号[A/OL].(2016-01-11)[2020-11-18].http://www.moe.gov.cn/srcsite/A02/s5913/s5933/201605/t20160510_242813.html.

③ 中华人民共和国中央人民政府. 中华人民共和国宪法[Z/OL].(2018-03-22)[2019-03-23].http://www.gov.cn/xinwen/2018-03/22/content_5276319.htm.

④ 中华人民共和国教育部. 对十三届全国人大三次会议第 8916 号建议的答复[Z/OL].(2020-10-28)[2020-11-18].http://www.moe.gov.cn/jyb_xxgk/xxgk_jyta/jyta_zfs/202010/t20201028_496978.html.

完善德、智、体、美、劳全面发展的教育体系成为教育领域综合改革的重要任务。《意见》指出："培养德智体美劳全面发展的社会主义建设者和接班人，是教育领域综合改革的重要任务。近年来，我国德智体美劳全面培养的教育体系不断完善：大力推进大中小学思政课一体化建设，构建社会主义核心价值观教育长效机制；深化体教融合，实施全国青少年校园足球八大体系建设行动计划，完善综合防控儿童青少年近视工作体制机制和评议考核办法；广泛开展高雅艺术进校园，建设中华优秀传统文化传承学校1500多所和传承基地106个；出台全面加强新时代大中小学劳动教育的意见，组织实施形式多样的劳动实践，教育引导学生热爱劳动、尊重劳动、崇尚劳动。"① 2021年修订的《中华人民共和国教育法》规定："教育必须为社会主义建设服务，为人民服务，必须与生产劳动和社会实践相结合，培养德智体美劳全面发展的社会主义建设者和接班人。"②

由此可见，现阶段我国的国家教育总目标是培养德、智、体、美、劳全面发展并能够为社会主义事业做出贡献的公民。因此，个体的"全面发展"是国家教育总目标的核心，也是学校培养目标、课程目标、教材目标、教学目标的核心。

二、学校培养目标

"人的全面发展"的实现有多种途径。家庭教育、自我教育、社会教育、学校教育都是促进人的全面发展的力量。基于学校教育对教育目标、教育内容、教育过程的"科学性"与"价值性"的双重把关，目前来看，对绝大多数人来说，学校教育仍是人的发展过程中最重要的力量。因此，学校培养目标必须体现人的全面发展的总体要求，才能实现国家"培养全面发展的人"的总目标。

不同阶段、不同类型的学校在全面发展的总体要求之下，依据自身的教育资源和教育哲学对全面发展的内涵进行更为详细的规定。从我国的办学情况看，学校教育的层次和类型是多样的。如，从受教育者的年龄和受教育的水平看，可以分为学前教育、义务教育、高中教育、高等

---

① 中华人民共和国教育部. 党的十八届三中全会以来教育领域综合改革综述[Z/OL].(2020-11-10)[2020-11-18].http://www.moe.gov.cn/jyb_xwfb/moe_2082/zl_2020n/2020_zl60/202011/t20201116_500244.html.

② 中华人民共和国教育部. 中华人民共和国教育法[Z/OL].(2021-04-29)[2021-07-27].http://www.moe.gov.cn/jyb_xxgk/xxgk_jyfl/flfg_jyfl/202107/t20210730_547843.html.

教育、高等后教育的学校；从培养目标侧重于综合素养还是专门素养的角度，可以分为普通教育和职业教育的学校；从受教育者的身心状态来看，可以分为普通教育和特殊教育的学校。这里以我国学前教育、义务教育、普通高中教育、高等教育的学校培养目标为例说明学校培养目标的不同内涵。

（一）学前教育阶段学校培养目标

随着社会的发展，对学前教育的关注和需求逐渐引起政府和百姓的重视。《3~6 岁儿童学习与发展指南》指出："为深入贯彻《国家中长期教育改革和发展规划纲要（2010—2020 年）》和《国务院关于当前发展学前教育的若干意见》（国发〔2010〕41 号），指导幼儿园和家庭实施科学的保育和教育，促进幼儿身心全面和谐发展，制定《3~6 岁儿童学习与发展指南》（以下简称《指南》）。《指南》以为幼儿后继学习和终身发展奠定良好素质基础为目标，以促进幼儿体、智、德、美各方面的协调发展为核心，通过提出 3~6 岁各年龄段儿童学习与发展目标和相应的教育建议，帮助幼儿园教师和家长了解 3~6 岁幼儿学习与发展的基本规律和特点，建立对幼儿发展的合理期望，实施科学的保育和教育，让幼儿度过快乐而有意义的童年。《指南》从健康、语言、社会、科学、艺术五个领域描述幼儿的学习与发展。每个领域按照幼儿学习与发展最基本、最重要的内容划分为若干方面。每个方面由学习与发展目标和教育建议两部分组成。目标部分分别对 3~4 岁、4~5 岁、5~6 岁三个年龄段末期幼儿应该知道什么、能做什么，大致可以达到什么发展水平提出了合理期望，指明了幼儿学习与发展的具体方向；教育建议部分列举了一些能够有效帮助和促进幼儿学习与发展的教育途径与方法。"① 该《指南》为当前我国学前教育的举办机构规定了学校教育的目标。

（二）义务教育阶段学校培养目标

《中华人民共和国义务教育法》规定："义务教育必须贯彻国家的教育方针，实施素质教育，提高教育质量，使适龄儿童、少年在品德、智力、体质等方面全面发展，为培养有理想、有道德、有文化、有纪律的社会主

---

① 中华人民共和国教育部. 关于印发《3~6 岁儿童学习与发展指南》的通知：教基二〔2012〕4 号［A/OL］.（2012-10-09）［2020-06-05］.http://www.moe.gov.cn/srcsite/A06/s3327/201210/t20121009_143254.html.

义建设者和接班人奠定基础。”①

为培养全面发展的人“奠定基础”正是义务教育的使命。何谓“基础”，它包含两个方面的含义：一是基础性，即对于终身的发展来说，它是根基，如果没有这些根基，未来的发展和生活就会受到影响；二是共同性，即对于所有人来说，无论未来选择怎样的发展方向和生活道路，都需要掌握某些共同的东西，否则同样会对未来的发展和生活产生不良影响。因此，在基础教育阶段必须严格筛选学习的目标、内容，只有符合基础性要求的学习目标和学习内容才能体现基础教育的阶段性特点，完成基础教育的特定使命。

我国基础教育的课程设置主要由义务教育课程方案规定。义务教育课程方案进一步阐述了义务教育阶段要达到的教育目标。

如，《义务教育课程设置实验方案（2001）》规定，根据《国务院关于基础教育改革与发展的决定》和《基础教育课程改革纲要（试行）》构建符合素质教育要求的新的基础教育课程体系，设置义务教育阶段的课程。课程设置应体现义务教育的基本性质，遵循学生身心发展规律，适应社会进步、经济发展和科学技术发展的要求，为学生的持续、全面发展奠定基础。② 当前义务教育阶段的培养目标是：“全面贯彻党的教育方针，体现时代要求，使学生具有爱国主义、集体主义精神，热爱社会主义，继承和发扬中华民族的优秀传统和革命传统；具有社会主义民主法制意识，遵守国家法律和社会公德；逐步形成正确的世界观、人生观、价值观；具有社会责任感，努力为人民服务；具有初步的创新精神、实践能力、科学和人文素养以及环境意识；具有适应终身学习的基础知识、基本技能和方法；具有健壮的体魄和良好的心理素质，养成健康的审美情趣和生活方式，成为有理想、有道德、有文化、有纪律的一代新人。”③

（三）高中教育阶段学校培养目标

高中教育是义务教育的延续，其基本使命是继续为“培养全面发展的

---

① 中华人民共和国教育部. 中华人民共和国义务教育法[Z/OL].(2018-12-29)[2020-12-31].http://www.moe.gov.cn/jyb_sjzl/sjzl_zcfg/zcfg_jyfl/202110/t20211029_575949.html.

② 中华人民共和国教育部. 关于印发《义务教育课程设置实验方案》的通知：教基〔2001〕28 号[A/OL].(2001-11-19)[2013-03-19].http://www.moe.gov.cn/srcsite/A26/s7054/200111/t20011119_88602.html.

③ 中华人民共和国教育部. 关于印发《义务教育课程设置实验方案》的通知：教基〔2001〕28 号[A/OL].(2001-11-19)[2013-03-19].http://www.moe.gov.cn/srcsite/A26/s7054/200111/t20011119_88602.html.

人”打基础。2003 年，教育部印发了《普通高中课程方案》[①] 和《课程标准实验稿》，指导普通高中课程改革的实践。为适应新的社会变化，2013 年，教育部启动普通高中课程修订工作，进一步明确了普通高中教育的定位。“我国普通高中是在义务教育基础上进一步提高国民素质、面向大众的基础教育，任务是促进学生全面而有个性的发展，为学生适应社会生活、高等教育和职业发展作准备，为学生的终身发展奠定基础。普通高中课程建设坚持全面贯彻党的教育方针，落实立德树人根本任务，发展素质教育，推进教育公平，努力构建具有中国特色、体现国际发展趋势、充满活力的课程体系，培养德智体美全面发展的社会主义建设者和接班人。”[②]《普通高中课程方案（2017 年版）》对高中培养目标的规定如下：（1）具有理想信念和社会责任感：初步形成正确的世界观、人生观、价值观。热爱祖国，拥护中国共产党。弘扬中华优秀传统文化，继承革命文化，发展社会主义先进文化，培育和践行社会主义核心价值观，增强文化自信，树立为中国特色社会主义、人民幸福、民族振兴和社会进步作贡献的远大志向。遵纪守法，履行公民义务，行使公民权利，维护社会公平正义，具有法治意识、道德观念。热心公益、志愿服务，具有奉献精神。尊重自然，保护环境，具有生态文明意识。维护民族团结，树立总体国家安全观，捍卫国家主权、尊严和利益。（2）具有科学文化素养和终身学习能力：掌握适应时代发展需要的基础知识和基本技能，丰富人文积淀，发展理性思维，不断提升人文素养和科学素养。敢于批判质疑，探索解决问题，勤于动手，善于反思，具有一定的创新精神和实践能力；具有强烈的好奇心、积极的学习态度和

---

① 《普通高中课程方案（实验）》（2003）对高中培养目标的规定如下：“普通高中教育是在九年义务教育基础上进一步提高国民素质、面向大众的基础教育。普通高中教育为学生的终身发展奠定基础。普通高中教育应全面落实《国务院关于基础教育改革与发展的决定》所确定的基础教育培养目标，并特别强调使学生：初步形成正确的世界观、人生观、价值观；热爱社会主义祖国，热爱中国共产党，自觉维护国家尊严和利益，继承中华民族的优秀传统，弘扬民族精神，有为民族振兴和社会进步作贡献的志向与愿望；具有民主与法制意识，遵守国家法律和社会公德，维护社会正义，自觉行使公民的权利，履行公民的义务，对自己的行为负责，具有社会责任感；具有终身学习的愿望和能力，掌握适应时代发展需要的基础知识和基本技能，学会收集、判断和处理信息，具有初步的科学与人文素养、环境意识、创新精神与实践能力；具有强健的体魄、顽强的意志，形成积极健康的生活方式和审美情趣，初步具有独立生活的能力、职业意识、创业精神和人生规划能力；正确认识自己，尊重他人，学会交流与合作，具有团队精神，理解文化的多样性，初步具有面向世界的开放意识。”（中华人民共和国教育部. 普通高中课程方案（实验）[M]. 北京：人民教育出版社，2003：1-2.）

② 中华人民共和国教育部. 普通高中课程方案（2017 年版）[M]. 北京：人民教育出版社，2018：1.

浓厚的学习兴趣。能够自主学习，独立思考，形成良好的学习习惯和适合自身的学习方法。学会获取、判断和处理信息，具备信息化时代的学习与发展能力。（3）具有自主发展能力和沟通合作能力：坚持锻炼身体，养成积极健康的行为习惯与生活方式，珍爱生命，强健体魄。自尊自信自爱，坚韧乐观，奋发向上，具有积极的心理品质。具有发现、鉴赏和创造美的能力，具有健康的审美情趣。学会独立生活，热爱劳动，具备社会适应能力。正确认识自我，具有一定的生涯规划能力；文明礼貌，诚信友善，尊重他人，与人和谐相处。学会交流与合作，具有团队精神和一定的组织活动能力。正确认识自我，具有一定的生涯规划能力；文明礼貌，诚信友善，尊重他人，与人和谐相处。学会交流与合作，具有团队精神和一定的组织活动能力，具备全球化时代所需要的交往能力。尊重和理解文化的多样性，具有开放意识和国际视野。①

21 世纪以来，我国基础教育是教育改革的重镇，因此对基础教育培养目标的思考也是不断变化的。

（四）高等教育阶段学校培养目标

《中华人民共和国高等教育法（2015）》规定："高等教育必须贯彻国家的教育方针，为社会主义现代化建设服务、为人民服务，与生产劳动和社会实践相结合，使受教育者成为德、智、体、美等方面全面发展的社会主义建设者和接班人。""高等教育的任务是培养具有社会责任感、创新精神和实践能力的高级专门人才，发展科学技术文化，促进社会主义现代化建设。"② 对学生进行高级的、专门的教育是高等教育阶段学校的任务。何谓"专门"？何谓"高级"？所谓"专门"，是对人才素养发展方向的规定，即这些人才是为专门的职业、岗位做准备的；所谓"高级"，是对人才素养质量的规定，即相对于基础教育阶段的人才培养规格，经过高等教育的过程，这些人才应该具备更高深的素养。

在法律规定的基础上，各级各类学校又会对全面发展的内容做出自己的阐释，这种阐释集中表现在学校的"校训"上。如，北京师范大学的校

---

① 中华人民共和国教育部. 关于印发《普通高中课程方案和语文等学科课程标准（2017 年版）》的通知：教材〔2017〕7 号[A/OL].(2018-01-05)[2019-03-26].http://www.moe.gov.cn/srcsite/A26/s8001/201801/t20180115_324647.html.

② 全国人大常委会办公厅. 中华人民共和国高等教育法[Z/OL].(2015-12-28)[2018-01-01].http://www.moe.gov.cn/s78/A02/zfs__left/s5911/moe_619/201512/t20151228_226196.html.

训是“学为人师，行为世范”，中南大学的校训是“经世致用”，暨南大学的校训是“忠信笃敬”，苏州大学的校训是“养天地之正气，法古今之完人”。这些校训在全面发展的前提之下，依据学校对人才特殊性的思考，对全面发展的重点内容有所偏重。

三、专业培养目标

专业培养目标是专业教育活动中对人才规格的规定。

“专业”和“职业”是有区别的。职业有两种含义：一是指个人在社会中所从事的作为主要生活来源的工作；二是指专业的、非业余的，比如，专业运动员。① 专业有三种含义：作为名词有两种意思，第一种是指高等学校的一个系里或中等专业学校里，根据科学分工或生产部门的分工把学业分成的门类。第二种是指产业部门中根据产品生产的不同过程而分成的各业务部分。作为属性词有一种，指专门从事某种工作或者职业的。如：专业文艺工作者。② 这里讨论的“专业”是指高等学校中根据科学分工或生产的分工形成的学业门类，不同的专业有不同的培养目标。

以苏州大学法学专业为例。“法学专业的培养目标是，以法治国家要求的法律职业人才规格为基准，以法学教育规律为指导，确立以知识、素质、能力为主导的教学模块，为中国的法治建设培养品德高尚、知识结构合理、法学基础扎实、能够熟练掌握分析法律问题方法的多层次的应用人才和理论人才。”为此法学专业基本培养规格如下：政治思想与德育方面，要热爱社会主义祖国，忠于人民的法律事业，拥护中国共产党的领导，掌握马列主义、毛泽东思想和邓小平理论的基本原理，坚持“三个代表”和“习近平新时代中国特色社会主义”思想的政治方向；愿为社会主义现代化建设服务，为人民服务，有为国家富强、民族昌盛而努力奋斗的志向和责任感；具有敬业爱岗、艰苦奋斗、热爱劳动、遵纪守法、团结合作的优良品质；具有良好的思想品德、社会公德和职业道德。体育方面，要具有一定的体育和军事基本知识，掌握科学锻炼身体的基本技能；养成良好的体育锻炼和卫生习惯，受到必要的军事训练，达到国家规定的大学生体育和军事训练合格标准，具有健全的心理和健康的体魄，能够履行建设祖国和保卫祖国的神圣义务；智育方面，要具备对法学基础知识的全面理解和运用能力，

---

① 中国社会科学院语言研究所词典编辑室．现代汉语词典［M］．6版．北京：商务印书馆，2012：1672.

② 中国社会科学院语言研究所词典编辑室．现代汉语词典［M］．6版．北京：商务印书馆，2012：1708.

尤其是具备与法学专业相关的其他学科知识。能够深刻地理解法学专业的学科特点和培养目标，能够熟练地运用法学的基本原理解决法学专业的特殊问题，同时也能够结合法学专业的新发展对传统法学理论进行创造性的突破。法学专业培养要求如下：职业素质要求树立正确的世界观、人生观和价值观，热爱法学的相关工作，具有正义感和良好的人际交往能力；专业知识要求掌握法学的基本理论和法学方法论知识，熟悉相关法律法规，掌握司法诉讼程序和司法文书写作方法，了解法学发展的新动态；专业技能要求掌握法学相关实际工作的基本技能，具有运用法学方法论正确分析问题和解决问题的能力，具有法律逻辑思维能力、语言表达能力。掌握法学研究、文献检索、资料查询的基本方法，具有获取信息的能力和一定的科研能力，具备现代办公所需计算机应用技能及信息处理能力。①

专业培养目标是国家宏观教育目标在专业层面的具体表现，对于规定专业人才的培养规格具有约束和指导作用，也是课程设置、实施与评价的指南针。

第三节　课程目标及其设计

课程目标是国家教育总目标在课程层面的反映。学校层面（含专业层面）的教育目标要通过课程、教材、教学等途径得到贯彻。课程目标是连接学校教育目标（含专业目标）和教材目标、教学目标之间的桥梁，因而课程目标会对教材设计、教学设计产生直接而深刻的影响。本节着重以我国基础教育学校的课程目标为例说明课程目标的相关问题。

一、若干概念的梳理

（一）“课”“课程”“学科”“科目”

1. 什么是“课”

在《现代汉语词典》里，作为一个名词的“课”有五种含义：有计划的分段教学，如上课，下课；教学的科目，如语文课；教学的时间单位，如一节课；教材的段落，如这本教科书共有二十五课；旧时某些机关、学

---

① 苏州大学. 王健法学院 2017 级本科人才培养方案[Z/OL].(2017-10-10)[2020-11-19].http://law.suda.edu.cn/d4/e3/c4954a54499/page.htm.

校、工厂等按工作性质分设的行政单位，如秘书课、会计课。①

2. 什么是“课程”

《现代汉语词典》认为，课程是指学校教学的科目和进程，如课程表，安排课程。②

《中国大百科全书·教育》认为，课程是“课业及其进程。中国宋代朱熹曾说‘宽著期限，紧著课程’。其中‘课程’一词就含有学习的范围和进程的意思。在西方，英语‘curriculum’一词，来源于拉丁语，现在用来指学校的课程，即教学的内容和计划。近代学校兴起以来，课程有广义、狭义两种。广义指所有学科（教学科目）的总和。或指学生在教师指导下各种活动的总和。狭义指一门学科”。③“学校给学生传授的知识和技能，灌输的思想和观点，培养的习惯和行为等的总和，也叫课程。”④

不同的人从不同的角度对课程进行定义。如：在学校建立一系列具有潜力的经验，目的是训练儿童和青少年以群体方式思考和行动；学习者在学校的指导下所学得的全部经验；学校传授给学生的、意在使他们取得毕业、毕业证书或进入职业领域的资格的教育内容和具体教材的总计划；课程是一种对教师、学生、学科和环境等教材组成部分的范围的方法论的探究；课程是学校的生活和计划……一种指导生活的事业，是构成一代又一代人生活的生气勃勃的活动流；课程是一种学习计划；通过有组织地重建知识和经验而得到系统阐述的有计划、有指导的学习经验和预期的学习结果，在学校的帮助下，推动学习者个人的社会能力不断地、有目的地向前发展；课程被看作是有关人类经验——而不是结论的可能思维模式的不断扩大的范畴。⑤

关于课程的理解很多，以上只是举出若干例子。人们从课程的功能、内容和实施的过程、条件、结果等不同的角度对“课程”概念给予解读和界定。在实际的使用上，人们对“课程”这一词语的使用在不同的语境下有不同的内涵、外延。从总体上看，比较常见的使用方式有广义、狭义两

---

① 中国社会科学院语言研究所词典编辑室．现代汉语词典［M］．6版．北京：商务印书馆，2012：737.

② 中国社会科学院语言研究所词典编辑室．现代汉语词典［M］．6版．北京：商务印书馆，2012：738.

③ 中国大百科全书总编辑委员会《教育》编辑委员会，中国大百科全书出版社编辑部．中国大百科全书：教育［M］．北京：中国大百科全书出版社，1985：207.

④ 中国大百科全书总编辑委员会《教育》编辑委员会，中国大百科全书出版社编辑部．中国大百科全书：教育［M］．北京：中国大百科全书出版社，1985：155.

⑤ 江山野．简明国际教育百科全书：课程［M］．北京：教育科学出版社，1991：65.

种。有时候课程被简称为“课”，如“你教什么课?”这里“课”的含义意指“科目”的名称，这是将课程等同于“科目”名称，是狭义的理解；有时候课程被拓展为“科目”加上“科目的内容及实施”，如“课程标准”，意指课程的名称、内容和实施，这是对课程的广义的理解。

3. 什么是“学科”

《现代汉语词典》把“学科”的含义分为三种：第一，按照学问的性质而划分的门类（如自然科学中的物理学、化学）；第二，指学校教学的科目（如语文、数学）；第三，指军事训练或体育训练中的各种知识性的科目（区别于“术科”）。[①]《中国大百科全书·教育》认为：“教学科目，也称科目。依据一定的教学理论组织起来的科学基础知识的体系。为了教学的需要把某一门科学的浩繁的内容加以适当的选择、合理的组织和排列，使它适合学生身心发展的水平和某一级学校教育应该达到的程度。这就形成了同这门科学相对应的学科。”[②]“学科同它相应的科学既有联系又有区别。学科应当把公认的科学概念、基本原理、规律和基本事实教给学生，并能反映这门科学研究的最新成果。它的内容应该是科学上有定论的、比较稳定的、重要的基础知识。学科的体系既要反映科学的体系，又要合于教学的要求。”[③]

4. 什么是“科目”

《现代汉语词典》认为，“科目”有两种含义，一是按事物的性质划分的类别（多指关于学术或账目的），二是科举考试分科取士的名目。[④]《教育辞典》把科目定义为：第一，中国封建时期科举取士的考试科目。科举即设科考试以举士，按科目逐级考试选拔人才。唐代取士的科目有“常科”与“特科”。对生徒与乡贡通常举行的考试科目，称“常科”，有秀才、明经、进士、明法、明书、明算共六科。六科中以明经科与进士科为最盛。武周时，进士科成为入仕的主要途径。六科之外尚有俊士、一史、三史、三传、开元礼、道举、童子科等不常举行的科目。“特科”是由于临时需要而特设的某一考试科目，或由于国家一时需要而特设的某一考试科目，或

---

① 中国社会科学院语言研究所词典编辑室. 现代汉语词典［M］. 6版. 北京：商务印书馆，2012：1479.

② 中国大百科全书总编辑委员会《教育》编辑委员会，中国大百科全书出版社编辑部. 中国大百科全书：教育［M］. 北京：中国大百科全书出版社，1985：434.

③ 中国大百科全书总编辑委员会《教育》编辑委员会，中国大百科全书出版社编辑部. 中国大百科全书：教育［M］. 北京：中国大百科全书出版社，1985：434.

④ 中国社会科学院语言研究所词典编辑室. 现代汉语词典［M］. 6版. 北京：商务印书馆，2012：731.

由于皇帝个人爱好而设科另行考选士子，所以又称“制科”或“制举”，不定期举行，也无定制与定额。唐代科举科目繁多，各科考试内容不同，取士标准也不同，后世较重视明经与进士二科。至明代则仅设进士一科。第二，现代学校中设置的课程称“科目”；入学考试的门类，称“考试科目”。[①]

概念包括形式和内容两个部分，语词是它的形式，它指代的对象内容则是我们思考的世界。随着世界的变化，语词指代的内容必然发生变化。概念是思想的工具，我们不必纠结于概念变化的历史轨迹，重要的是明了它在具体语境中的含义。在当前国内语境下，作为一个教育活动领域的概念，课、课程、学科、科目常常被混用。

比如，2017 年版的《普通高中课程方案》在谈到本次课程方案修订的主要内容和变化时指出：“进一步优化了课程结构。一是保留原有学习科目，调整外语规划语种，在英语、日语、俄语基础上，增加德语、法语和西班牙语。二是将课程类别调整为必修课程、选择性必修课程和选修课程，在保证共同基础的前提下，为不同发展方向的学生提供有选择的课程。”[②] 在谈到课程标准的变化时，更是“学科”“课程”不分。该方案提到：“（二）关于学科课程标准 1. 凝练了学科核心素养。中国学生发展核心素养是党的教育方针的具体化、细化。为建立核心素养与课程教学的内在联系，充分挖掘各学科课程教学对全面贯彻党的教育方针、落实立德树人根本任务、发展素质教育的独特育人价值，各学科基于学科本质凝练了本学科的核心素养，明确了学生学习该学科后应达成的正确价值观念、必备品格和关键能力，对知识与技能、过程与方法、情感态度价值观三维目标进行了整合。课程标准还围绕核心素养的落实，精选、重组课程内容，明确内容要求，指导教学设计，提出考试评价和教材编写建议。”[③] 在这份文件中，课程、学科、科目未作区分，对“课程”“学科”“教学”三个概念也未作区分。如该方案在谈到课程标准的修订时说：“2. 更新了教学内容。进一步精选了学科内容，重视以学科大概念为核心，使课程内容结构化，以主题为引领，使课程内容情景化，促进学科核心素养的落实。结合学生年龄特点和学科特征，课程内容落实习近平新时代中国特色社会主义

① 张焕庭. 教育辞典［M］. 南京：江苏教育出版社，1989：612.

② 中华人民共和国教育部. 普通高中课程方案（2017 年版）［M］. 北京：人民教育出版社，2018：3.

③ 中华人民共和国教育部. 普通高中课程方案（2017 年版）［M］. 北京：人民教育出版社，2018：4.

思想……"①

概念是思维的基本工具，概念的混乱必然带来思想的混乱，并引发行动的混乱。虽在实际的使用习惯中，经常将"学科"等同于"科目"或"课程"，甚至将"课程"等同于"教学"，但是如果能对"学科""科目""课程""教学"等概念进行明确区分则更有利于思考和实践的清晰化。

（二）"课程标准""教学计划""教学大纲"

1. 什么是"课程标准"

《中国大百科全书·教育》认为，课程标准是"规定中小学的培养目标和教学内容的文件。中国清朝末年兴办近代教育之初，在各级学堂章程中有《功课教法》章，列有课程门目表和课程分年表。这是课程标准的雏形。1912 年 1 月，"中华民国"教育部公布了《普通教育暂行课程标准》。此后，课程标准一词沿用了约 40 年。课程标准的结构，一般包括总纲和分科课程标准两部分。总纲规定学校教育的总目标、学科的设置、各年级各学科每周教学时数表和教学通则等。分科课程标准规定各科教学目标和教材纲要、教学要点和教学时间的分配、应有最低限度的教学设备，以及教学方法和其他应注意的事项。课程标准的总纲部分，相当于中国现行的学校教育计划；它的分科课程标准，相当于中国现行的分科教学大纲"。②

1999 年 6 月，中共中央、国务院关于深化教育改革全面推进素质教育的决定提出，要"调整和改革课程体系、结构、内容，建立新的基础教育课程体系"③。2001 年 6 月，《国务院关于基础教育改革与发展的决定》进一步明确了"加快构建符合素质教育要求的基础教育课程体系"的任务。我国新一轮基础教育课程改革由此在世纪之交启动。教育部据此研制了《基础教育课程改革纲要（试行）》，确定了各门课程的课程标准或指导纲要。《基础教育课程改革纲要（试行）》强调："国家课程标准是教材编写、教学、评估和考试命题的依据，是国家管理和评价课程的基础。应体现国家对不同阶段的学生在知识与技能、过程与方法、情感态度与价值观等方

---

① 中华人民共和国教育部. 普通高中课程方案（2017 年版）[M]. 北京：人民教育出版社，2018：4.

② 中国大百科全书总编辑委员会《教育》编辑委员会，中国大百科全书出版社编辑部. 中国大百科全书：教育[M]. 北京：中国大百科全书出版社，1985：208-209.

③ 关于深化教育改革全面推进素质教育的决定[Z/OL].(1999-06-17)[2017-06-26].http://www.gmw.cn/olgmrb/1999-06/17/GB/18090%5EGMI-1706.HTM.

面的基本要求，规定各门课程的性质、目标、内容框架，提出教学和评价建议。”① 新课程标准于 2001 年 9 月在全国 38 个国家级实验区进行实验。2011 年对义务教育各科课程标准进行了修订。② 2017 年我国颁布了新的普通高中课程方案并发布了各科课程标准。

2020 年，为贯彻党的十九大精神、全国教育大会精神，全面落实立德树人根本任务，进一步深化中等职业学校课程改革，提升教育质量，教育部颁布了一系列中等职业学校课程标准。2020 年 1 月，教育部发布中等职业学校数学、信息技术、体育健康、化学、物理五门课程标准。③ 2020 年 2 月，教育部发布中等职业学校思想政治、语文、历史三科课程标准，其中增设了历史课程，完善了课程设置。“中职三科课程标准坚持社会主义办学方向，充分反映习近平新时代中国特色社会主义思想，全面融入社会主义核心价值观。强化育人功能，基于学科本质凝练了体现课程特色育人目标的学科核心素养，明确学生学习该课程后应形成的正确价值观念、必备品格和关键能力。彰显职业教育特色，既与普通高中课标基本保持一致，与义务教育有机衔接，又充分体现职教特色，注重教学内容与社会生活、职业生活的联系，利用或创设职场情境，突出实践取向，注重职业道德、劳动精神、劳模精神和工匠精神教育，培育学生职业素养，注重与专业课程相互配合，形成协同育人合力。”④ 2020 年 3 月，教育部又发布了中等职业学校艺术、英语课程标准。⑤

从我国教育的发展趋势看，加强学校教育课程管理、完善各级各类学校课程标准成为教育改革的一个重要任务。从今天来看，在各级各类学校课程标准中，国家课程标准具有十分重要的地位，通常它是教材编写、教学、评估和考试命题的依据，是国家管理和评价课程的基础。以中小学国

---

① 中华人民共和国教育部. 关于印发《基础教育课程改革纲要（试行）》的通知：教基〔2001〕17 号[A/OL].(2001-06-08)[2017-08-01].http://www.moe.gov.cn/srcsite/A26/jcj_kcjcgh/200106/t20010608_167343.html.

② 朱慕菊. 走进新课程[M]. 北京：北京师范大学出版社，2002：序 1.

③ 中华人民共和国教育部. 关于发布《中等职业学校数学课程标准》等 5 门课程标准的公告[EB/OL].(2020-01-20)[2020-06-06].http://www.moe.gov.cn/jyb_xxgk/s5743/s5744/A07/202001/t20200120_416131.html.

④ 中华人民共和国教育部. 关于印发《中等职业学校思想政治、语文、历史课程标准》的通知[Z/OL].(2020-02-27)[2020-11-18].http://www.moe.gov.cn/jyb_xwfb/gzdt_gzdt/s5987/202002/t20200226_424378.html.

⑤ 中华人民共和国教育部. 关于发布《中等职业学校艺术、英语等 2 门课程标准》的公告[EB/OL].(2020-03-09)[2020-11-18].http://www.moe.gov.cn/jyb_xxgk/s5743/s5744/A07/202003/t20200309_429184.html.

家课程标准为例。我国现有中小学国家课程标准包括以下内涵:[①] 首先，它是按门类制定的，这些门类是依照《普通高中课程方案》《义务教育课程设置实验方案》中的课程设置分类编制的；其次，它规定本门课程的性质、目标、内容框架；再次，它提出了指导性的教学原则和评价建议，但是不包括教学重点、难点、时间分配等具体内容；最后，它规定了不同阶段学生在知识和技能、过程与方法、情感态度与价值观等方面所应达到的基本要求。国家课程标准的功能主要包括两个方面：一是规定课程的教育目的，即说明每一门课程在实现全面发展的总体教育目的中有何独特贡献和共同贡献；二是规定课程实施过程的基本要求，即对每一门课程的教材编写、教学原则、教学评价等实施环节提出要求。因此，课程标准对课程具有全面的约束和指导作用。对中小学来说，它既体现了国家对国民在某方面的基本素质要求，也是教材、教学和评价的出发点与归宿，因而可以说是基础教育课程的“灵魂”。国家课程标准规定的是国家对其国民共同的、基本的发展要求。这里有两点需要特别指出：第一，其规定的是所有具有中华人民共和国国籍的适龄青少年的基本发展要求。不同地区可以根据自身的社会发展条件在此基础上制定适合自身的课程标准，但是不应低于这个标准的要求。第二，它适用于所有适龄青少年的发展，规定了不同阶段青少年发展的共同的要求。因此，基础性和共同性是中小学国家课程标准着力突出的特点。新的国家课程标准的制定，一方面确保了国家教育发展的统一性，另一方面也为不同地区因地制宜地发展提供了空间。2014 年《教育部关于全面深化课程改革 落实立德树人根本任务的意见》提出，要“统筹课标、教材、教学、评价、考试等环节。全面发挥课程标准的统领作用，协同推进教材编写、教学实施、评价方式、考试命题等各环节的改革，使其有效配合，相互促进”。[②] 因此，当前的国家课程标准具有引领和统一课程设置及其实施、评价的作用。

2. 什么是“教学计划”

教学计划是“根据一定的教育目的和培养目标制定的教学和教育工作的指导文件。它决定着教学内容总的方向和总的结构，并对有关学校的教学、教育活动，生产劳动和课外活动、校外活动等各方面作出全面安排，

---

① 朱慕菊. 走进新课程［M］. 北京：北京师范大学出版社，2002：49.

② 中华人民共和国教育部. 关于全面深化课程改革 落实立德树人根本任务的意见［Z/OL］.（2014-04-08）［2020-11-25］.http://www.moe.gov.cn/srcsite/A26/jcj_kcjcgh/201404/t20140408_167226.html.

具体规定一定学校的学科设置、各门学科的教学顺序、教学时数以及各种活动等。教学计划、教学大纲和教科书互相联系，共同反映教学内容”。[①]

3. 什么是“教学大纲”

教学大纲是“根据教学计划中规定的各门学科知识、技能的范围、深度及其体系、结构，同时规定教学的一般进度和对教学法的基本要求”。[②]“各级各类各门学科的教学大纲，一般分‘说明’和‘大纲本文’两部分。前者说明本学科的教学目的要求，本学科教材的编选原则、教材的排列、教学中应注意的问题等。后者依据知识的逻辑体系和学生认识过程的规律，系统地安排学科教材的编、章、节、目的标题，内容要点或课题，上课时数，实际作业（实验、练习、实习）的内容和时数，以及其他教学活动的时数。有的教学大纲，还包括参考书目、教学仪器、直观教具等方面的提示。”[③]“教学大纲是编写教科书和教师进行教学的主要依据，也是检查和评定学生学业成绩和衡量教师教学质量的重要标准。”[④]

二、课程目标的内涵及结构

（一）课程目标的内涵

课程目标是指课程的学习结束之后学生将发生的变化，即课程学习的结果。在实际的课程设计中，很容易将课程的内容、评价、方法等误认为是课程目标（参见“阅读材料：什么不是目标？”）。因此，这里特别要强调的是，“目标”描述的是课程的学习为学生带来的变化。

在我国，现有基础教育学校中的课程依据管理主体划分为三类课程，即国家课程、地方课程、校本课程。国家课程的管理主体是中央教育管理部门，地方课程的管理主体是地方教育管理部门，而校本课程的管理主体是各个学校的管理部门。这三种不同类型的课程都可以制定相应的课程标准。这里我们以国内现行国家课程的课程标准为例讨论课程目标。

---

① 中国大百科全书总编辑委员会《教育》编辑委员会，中国大百科全书出版社编辑部. 中国大百科全书：教育[M]. 北京：中国大百科全书出版社，1985：153-154.

② 中国大百科全书总编辑委员会《教育》编辑委员会，中国大百科全书出版社编辑部. 中国大百科全书：教育[M]. 北京：中国大百科全书出版社，1985：150.

③ 中国大百科全书总编辑委员会《教育》编辑委员会，中国大百科全书出版社编辑部. 中国大百科全书：教育[M]. 北京：中国大百科全书出版社，1985：150.

④ 中国大百科全书总编辑委员会《教育》编辑委员会，中国大百科全书出版社编辑部. 中国大百科全书：教育[M]. 北京：中国大百科全书出版社，1985：150.

❖ 阅读材料：什么不是目标？

什么是目标？目标可以有不同的说法，但是其指向的对象都是学生的学习结果，即学生学到了什么。但是我们很容易把某些不是目标的内容看作是目标。

第一，把学习活动等同于目标。“一些教育者有将方法与目的混淆的倾向。目标描述目的——预期的结果、预期的成果以及预期的变化；教学活动如阅读课文、听教师讲课、进行实验和野外考察等都是达到目标的方法……为了强调方法和目的（即教学活动与目标）之间的区别，我们在陈述目标时包括或隐含了‘能够’或‘学会’两个措词。例如‘学生将学会运用书写连贯段落的准则’就是一个目标，其中书写段落的行为只是一项活动，它并不一定导致目标的实现。类似地，在‘学生将学会求解两个未知数的联立方程的算法’这一目标中，求解联立方程的行为是一项活动，通过进行该活动，学生也许能够、也许不能够学会解答联立方程。”①

第二，把学习内容等同于目标。“‘五年级到八年级的数学课程应该包括代数概念与过程的探索。’这条‘标准’描述的是课程应该包括什么（即内容），而不是学生从课程中学到什么（即目标）。”②

第三，把测评作为目标。“当没有具体的教学目标时，教师经常求助于测评工具以明确总体目标和教育目标的含义及其教学重点。在这种情况下，测评任务实际上变成了教育目标或教学目标。虽然这一做法历史悠久，但它通常会导致人们对‘为考而教’的担忧。”③ 例如，“学生应能够通过州级高中水平测试”就不是一个教育目标。为了确定考试涉及的教育目标，我们必须查明学生考试及格所必须学会或掌握的知识及认知过程。④

第四，把课程或教学的材料等同于目标。“学生将能够评价新闻报纸和

① ［美］洛林·W. 安德森，等. 布卢姆教育目标分类学修订版（完整版）［M］. 蒋小平，等译. 北京：外语教学与研究出版社，2009：14.

② ［美］洛林·W. 安德森，等. 布卢姆教育目标分类学修订版（完整版）［M］. 蒋小平，等译. 北京：外语教学与研究出版社，2009：15.

③ ［美］洛林·W. 安德森，等. 布卢姆教育目标分类学修订版（完整版）［M］. 蒋小平，等译. 北京：外语教学与研究出版社，2009：16.

④ ［美］洛林·W. 安德森，等. 布卢姆教育目标分类学修订版（完整版）［M］. 蒋小平，等译. 北京：外语教学与研究出版社，2009：14.

杂志上的社论。”该目标的动词是“评价”，名词短语是“新闻报纸和杂志上的社论”。社论不是知识而是课程或教学的材料。在本例中，知识是内隐的，即知识是学生评价社论所使用的准则（即有无倾向性、观点的清晰度、论据的逻辑性等）。因此，该目标应被归入评价和概念性知识。①

（二）课程目标的基本结构

课程目标描述的是学习者在课程学习结束之后的积极变化，即课程学习引起的发展，这一发展主要包括在哪些方面发展及发展到何种程度，因此课程目标的基本结构包括发展领域和发展水平两个部分。发展领域是对发展发生的领域进行说明，发展水平是指通过课程的学习学生在某领域应当达到的水平。发展水平可以用行为动词表达，行为动词把学习者在某一领域应当达到的发展水平描述出来。

三、课程目标分类的理论基础：教育目标分类学

我国现有课程目标是对学习结果的描述，其基本内容可以被看作学习结果的分类。学习结果反映的是学生完成课程的学习之后身心发生的变化，这个变化被预设为积极的变化，这种积极的变化即“发展”。这一变化包括两个方面：一是变化发生的领域，即发展领域；一是变化的程度，即发展的水平。在我国现行的课程标准中，课程目标就主要由发展领域和发展水平两个部分组成。因此，课程目标的分类实际包括发展领域的分类和发展水平的分类两个部分。

教育目标分类学是教育活动的重要理论基础，它对纷繁复杂的教育目标进行分类，使得教育者可以根据不同类型的目标分别创设教育条件，提高教育活动的针对性和有效性。因此，课程目标的分类也要借助于教育目标的分类理论。对于教育目标分类的理论基础和分析思路有很多看法，其中以布卢姆为代表的教育目标分类理论受到的关注较多，并且在实际的教育活动中也被较多地使用。这里重点介绍布卢姆、安德森、马扎诺的教育目标分类理论。

（一）布卢姆等人的教育目标分类

布卢姆（B. S. Bloom）等人研制编写的教育目标分类学（Taxonomy of

---

① ［美］洛林·W. 安德森，等. 布卢姆教育目标分类学修订版（完整版）［M］. 蒋小平，等译. 北京：外语教学与研究出版社，2009：26.

Education Objectives）包括认知、情感、动作技能三个领域。其研究成果集中体现在《教育目标分类学》三个分册中："第一分册认知领域"①，"第二分册情感领域"②，"第三分册动作技能领域"③。

布卢姆等人将目标的发展领域区分为认知、情感、动作技能三大类。④

第一类，认知。注重记忆或再现某些可能已经学得的内容的目标，以及含有解决某些理智任务的目标。这种理智任务要求个体必须先确定实质性的问题，然后对特定的材料加以重新排列，或把它与以往习得的观念、方法或程序结合起来。认知目标是各不相同的，从简单回忆已经学过的材料，到组合与综合新观念和新材料这类具有高度首创性和创造性的方式。在教育目标中，占比最大的是认知领域的目标。

第二类，情感。注重情调、情绪或接受与拒绝程度的目标。情感目标也是各不相同的：从简单的对所选择的现象的注意，到复杂而又内在一致的性格和良心。在许多文献中，这类目标有许多是用兴趣、态度、欣赏、价值观和情绪意向或倾向这类术语来表示的。

第三类，动作技能。注重某些肌肉的或运动的技能、对材料和客体的某种操作的目标，或某些要求神经协调运动的目标。

布卢姆等人对认知、情感、动作技能领域的教育目标进行了详细的分类，例如将认知领域的目标依次分为"知识、领会、运用、分析、综合、评价"，并对这些不同层次的目标进行了细致的分类（参见"表 3-1　知识的分类"和"表 3-2　理智能力、技能的分类"）。其中，"这里所讲的知识，是指学生显然能够通过回忆或再认，回想起他们在教育过程中已体验过的某些观念或现象。为了便于分类，我们所讲的知识是指：学生几乎是用一种非常接近于当初遇到的观念或现象的形式，回想起这种观念或现象"。⑤ 因此，知识

---

① ［美］B. S. 布卢姆，等. 教育目标分类学：第一分册认知领域［M］. 罗黎辉，等译. 上海：华东师范大学出版社，1986.

② ［美］D. R. 克拉斯沃尔，B. S. 布卢姆，等. 教育目标分类学：第二分册情感领域［M］. 施良方，张云高，译. 上海：华东师范大学出版社，1989.

③ ［美］A. J. 哈罗，E. J. 辛普森. 教育目标分类学：第三分册动作技能领域［M］. 施良方，唐晓杰，译. 上海：华东师范大学出版社，1989.

④ ［美］D. R. 克拉斯沃尔，B. S. 布卢姆，等. 教育目标分类学：第二分册情感领域［M］. 施良方，张云高，译. 上海：华东师范大学出版社，1989：5.

⑤ ［美］B. S. 布卢姆，等. 教育目标分类学：第一分册认知领域［M］. 罗黎辉，等译. 上海：华东师范大学出版社，1986：28.

这个类别实际上是将认知加工的对象“知识”和对知识的认知过程“记忆或回忆”合为一体了。此外，这些类别之间是否存在绝对的难度递增也是一个值得商榷的问题，这些都是之后的研究者试图加以纠正和修订的内容。

表 3-1　知识的分类①

1. 具体的知识：对具体的、独立的信息的回忆。重点在于具体指称物的符号。这种材料处于非常低级的抽象水平上，可被看作较复杂、较抽象的知识形态的构成要素	（1）术语的知识：具体符号（言语的和非言语的）的指称物的知识。这类知识包括最为普遍接受的符号指称物的知识，也包括可用于单一指称物的各种符号的知识，或包括最适用于某种符号特定用法的指称物的知识。如熟悉大量词汇的一般意义
	（2）具体事实的知识：日期、事件、人物、地点等方面的知识。如，对特定文化中的主要事实的回忆，掌握在实验室里对生物体进行研究的最起码的知识
2. 处理具体事物的方式方法的知识：有关组织、研究、判断和批评的方式方法的知识。这种知识包括在某一领域内的探究方法、时间序列和判断标准，也包括用来确定各个领域中的各个方面并把它们内在地组织起来的组织结构。这种知识介于具体的知识与普遍原理的知识之间的中等抽象水平上。这种知识不在于要求学生主动地运用材料，而在于被动地认识它们的性质	（1）惯例的知识：有关对待、表达各种现象和观念的独特方式的知识。为了便于交流并取得一致的看法，每一领域的工作者往往使用最符合他们意图和（或）看来最符合他们借以处理各种现象的那些习惯用法、风格、常规和形式。应该认识到，尽管这些形式和惯例的形式很可能是建立在随意的、偶然的或权威的基础上的，但它们之所以沿用下来，原因在于得到了那些与该学科、现象或问题有关的人士的一致同意。如，熟悉诗歌、剧本、科学论文等主要作品类型的形式和写作惯例
	（2）趋势和顺序的知识：涉及时间的各种现象所发生的过程、方向和运动的知识。如，了解公共资助计划发展的基本趋势的知识
	（3）分类和类别的知识：有关类别、组别、部类及排列的知识，它们被看作某一特定的学科领域、目的、论题或问题的基础。如，识别囊括各种问题或材料的某一领域
	（4）准则的知识：有关检验或判断各种事实、原理、观点和行为所依据的准则的知识。如，对娱乐活动进行评价的准则的知识
	（5）方法论的知识：有关在某一特定学科领域里使用的以及在调查特定问题和现象时所用的探究的方法、技巧和步骤的知识。这里的重点不在于个人使用方法的能力，而在于拥有关于方法的知识。如，解决各种社会科学问题的方法

① ［美］D. R. 克拉斯沃尔，B. S. 布卢姆，等. 教育目标分类学：第二分册情感领域［M］. 施良方，张云高，译. 上海：华东师范大学出版社，1989：209-213.

续表

3. 学科领域中的普遍原理和抽象概念的知识：有关把各种现象和观念组织起来的主要体系和模式的知识。这些体系和模式是支配某一学科领域，或在研究各种现象或解决问题中使用的非常普遍的那些主要结构、理论和概念。这些知识处在高度抽象和异常复杂的水平上	（1）原理和概括的知识：有关对各种现象的观察结果进行概括的特定抽象概念方面的知识。这些抽象概念在解释、阐述、预见或确定采取最适宜、最恰当的行动或行动方向方面是具有极大价值的。如，用以概括生物现象的重要原理的知识
	（2）理论和结构的知识：有关为某种复杂的现象、问题或领域及其相互关系提供清晰、完整、系统的观点的重要原理和概括性知识。它们是最为抽象的表达形式，可用来表明大量具体事物的相互关系和组织结构

表 3-2　理智能力、理智技能的分类①

1. 领会：最低层次的理解，指这样一种理解或领悟：个人不必把某种材料与其他材料联系起来，也不必弄清它的最充分的含义，便知道正在交流的是什么，并能够运用正在交流的这种材料或观念	（1）转化：领会是以一种语言或一种交流形式被译述或转化成另一种语言或另一种交流形式时的严谨性和准确性为依据的。判断转化是以忠实性与准确性为依据的，这就是说，尽管交流的形式变了，但原来交流中的内容在一定程度上仍然保留着。如，把数学语言材料转化为符号表达式。再如，理解非逐字逐句的表述（如隐喻、象征手法、反语、夸张）的能力
	（2）解释：对交流内容的说明或总结。转化是对交流的一种客观的、一部分一部分的解释，而解释则是对材料的重新整理、重新排列，或提出新的观点。如，在理想的概括性水平上，从整体上把握某一作品思路的能力。再如解释各种社会资料的能力
	（3）推断：根据最初交流中所描述的条件，在超出用以确定各种内涵、后果、必然结果和效果等既定资料之外的情况下推论出各种趋向或趋势。如，根据明确的论述进行直接推理来探讨某一作品的结论的能力，再如预测趋势发展的能力

① ［美］D. R. 克拉斯沃尔，B. S. 布卢姆，等. 教育目标分类学：第二分册情感领域［M］. 施良方，张云高，译. 上海：华东师范大学出版社，1989：213-218.

续表

2. 运用：在某些特定的和具体的情境里使用抽象概念。这些抽象概念可能是以一般的观念、程序的规则或概括化的方法等形式表现出来的，也可能是那些必须记住的和能够运用的专门性的原理、观念和结论。如，把在其他论文中使用的科学术语或概念运用到一篇论文所讨论的各种现象中去	
3. 分析：将交流分解成各种组成要素或组成部分，以便弄清各种观念的有关层次，或者弄清所表达的各种观念之间的关系。这些分析旨在澄清交流内容，表明交流内容是怎样组织的	（1）要素分析：识别某种交流所包括的各种要素。如，识别未加说明的假设的能力或区别事实与假设的技能
	（2）关系分析：交流内容中各种要素与组成部分的联结和相互关系的分析。如，用特定的信息和假定检验各种假设的一致性的能力，或领会一个段落中各种观念之间相互关系的技能
	（3）组织原理的分析：对将交流内容组合起来的组织、系统排列和结构的分析。组织原理不仅包括"外显"的结构，而且也包括"内隐"的结构。它包括把交流内容组织成为一个整体的依据、必需的排列方式和构成法。如，识别文学艺术作品的形式和模式，使之成为理解其意义的一种手段和能力。再如，识别在诸如广告、宣传工具等各种诱导性材料中所用的一般技巧的能力
4. 综合：把各种要素和组成部分组合成一个整体。它是对各种片断、要素和组成部分等进行加工的过程；也是一个用这种方式对它们进行排列和组合以构成一种原先不那么清楚的模式或结构的过程	（1）进行独特的交流：提供一种交流条件，以便作者或演说者把观念、感情和（或）经验传递给别人。如，在写作时把各种观念和论述严谨地组织起来的技能或有效地表述个人经验的能力
	（2）制定计划或操作步骤：制定一项工作计划或提出一项操作计划。计划应满足任务的需要。任务可以由别人交给学生，也可以由学生自己提出。如，提出检验各种假设的途径的能力。再如，为某种特定的教学情境设计一个教学单元的能力
	（3）推导出一套抽象关系：确定一套抽象关系，用以对特定的资料或现象进行分析或解释；或者从一套基本命题或符号表达式中演绎出各种命题和关系。如，根据对所包含的各种因素的分析，阐述适当假设的能力；根据各种新的因素和值得考虑的事情修改这些假设的能力。再如，做出精确的发现和概括的能力

续表

5. 评价：为了特定目的对材料和方法的价值做出判断。对这些材料和方法符合准则的程度做出定量的或定性的判断。使用评估的标准。这些准则可以是学生自己制定的，也可以是别人为他制定的	(1) 依据内在证据来判断：依据诸如逻辑上的准确性、一致性和其他内在证据来判断交流内容的准确性。如根据内在的标准来判断；根据陈述、文献和证据等的确切性来估计报告事实的一般准确率的能力；指出论点中逻辑错误的能力
	(2) 依据外部准则来判断：根据挑选出来的或回忆出来的准则来评价材料。如，对某些特定文化中的主要理论、概括、事实进行比较；根据外部的标准来判断；将一件作品与该领域中已知的最高标准，特别是与其他公认为最优秀的作品进行比较的能力

（二）洛林·W. 安德森等人的教育目标分类

在布卢姆等人的教育目标分类法出现之后，基于布卢姆分类法的影响和贡献，人们纷纷在此基础上进行了新的修订和探索。如洛林·W. 安德森等人编著了《布卢姆教育目标分类学修订版（完整版）》，书中提出的教育目标分类体系有一些特点：

“我们的分类框架是一种工具，有助于教育者阐明和沟通他们打算让学生通过教学活动学到什么。我们把这些意图称为‘目标’。为了方便交流，我们采用了一种标准形式来陈述目标：‘学生将能够或学会+动词名词’，其中动词指明认知过程，而名词一般指明知识。”① “我们对目标的关注并没有包括所有可能的或重要的学习结果，其部分原因是我们只关注认知方面的结果。此外，我们不否认在每个学校和课堂都会有伴随学习发生，然而，不能预期的学习超出了本书的范围。”② “……我们的重点在于陈述以学生为本的、基于学习的、外显的以及可以测评的预期认知学习结果。由于采纳了这一重点，我们实际上是在追随《手册》作者的足迹。如同他们一样，我们力图创建起一个分类框架，我们预料该框架将会以许多方式但不是所有的方式，被许多教育者但不是所有的教育者所使用。”③

洛林·W. 安德森（Lorin W. Anderson）等人对布卢姆教育目标分类学

---

① ［美］洛林·W. 安德森，等. 布卢姆教育目标分类学修订版（完整版）［M］. 蒋小平，等译. 北京：外语教学与研究出版社，2009：18.

② ［美］洛林·W. 安德森，等. 布卢姆教育目标分类学修订版（完整版）［M］. 蒋小平，等译. 北京：外语教学与研究出版社，2009：18.

③ ［美］洛林·W. 安德森，等. 布卢姆教育目标分类学修订版（完整版）［M］. 蒋小平，等译. 北京：外语教学与研究出版社，2009：18.

进行了修订，重点放在认知领域的分类，并且重在讨论预设的目标。该分类法将教育目标从学习的对象（知识）和认知过程两个维度进行了分类（参见“表 3-3　知识的类别及其例子”和“表 3-4　认知过程的类别及其例子”）。

表 3-3　知识的类别及其例子[①]

主类	亚类	例子
1. 事实性知识——学生通晓一门学科或解决其中的问题所必须了解的基本要素	（1）术语知识	技术词汇、音乐符号
	（2）具体细节和要素的知识	重要的自然资源、可靠的信息源
2. 概念性知识——在一个更大体系内共同产生作用的基本要素之间的关系	（1）分类和类别的知识	地质时期、企业产权形式
	（2）原理和通则的知识	勾股定理、供求规律
	（3）理论、模型和结构的知识	进化论、美国国会的组织构架
3. 程序性知识——做某事的方法、探究的方法，以及使用技能、算法、技术和方法的准则	（1）具体学科的技能和算法的知识	水彩绘画的技能、整数除法的算法
	（2）具体学科的技术和方法的知识	访谈技巧、科学方法
	（3）确定何时使用适当程序的准则知识	确定何时运用牛顿第二定律的准则；判断使用某一方法估计企业成本是否可行的准则
4. 元认知知识——关于一般认知的知识以及关于自我认知的意识和知识	（1）策略性知识	知道概述是获得教材中一课的结构的方法；使用启发法的知识
	（2）关于认知任务的知识，包括适当的情境性知识和条件性知识	知道某一教师实施的测验类型；知道不同任务的认知要求
	（3）关于自我的知识	知道对文章进行评论是自己的长处而写作是自己的短处；知道自己的知识水平

① ［美］洛林 · W. 安德森，等. 布卢姆教育目标分类学修订版（完整版）［M］. 蒋小平，等译. 北京：外语教学与研究出版社，2009：22.

表 3-4　认知过程的类别及其例子①

主类	亚类	认知过程及其例子
1. 记忆/回忆——从长时记忆中提取相关的知识	(1) 识别	识别美国历史中重要事件的日期
	(2) 回忆	回忆美国历史中重要事件的日期
2. 理解——从口头、书面和图像等交流形式的教学信息中建构意义	(1) 解释	阐释重要讲演和文献的意义
	(2) 举例	列举各种绘画艺术风格的例子
	(3) 分类	将观察到的或描述过的精神疾病案例分类
	(4) 总结	写出录像带所放映的事件的简介
	(5) 推断	学习外语时从例子中推断语法规则
	(6) 比较	将历史事件与当代的情形进行比较
	(7) 说明	说明法国 18 世纪重要事件的原因
3. 应用——在给定的情景中执行或使用程序	(1) 执行	两个多位数的整数相除
	(2) 实施	在牛顿第二定律适用的问题情境中运用该定律
4. 分析——将材料分解为它的组成部分，确定部分之间的相互关系，以及各部分与总体结构或总目的之间的关系	(1) 区别	区分一道数学应用题中的相关数字与无关数字
	(2) 组织	将历史描述组织起来，形成赞同或否定某一历史解释的证据
	(3) 归因	依据其政治观点来确定文章作者的立场
5. 评价——基于准则和标准做出判断	(1) 检查	确定科学家的结论是否与观察数据相吻合
	(2) 评论	判断解决某个问题的两种方法哪一种更好
6. 创造——将要素组成内在一致的整体或功能性整体；将要素重新组织成新的模型或体系	(1) 产生	提出解释观察现象的假设
	(2) 计划	计划关于特定历史主题的研究报告
	(3) 生成	有目的地建立某些物种的栖息地

① ［美］洛林·W. 安德森，等. 布卢姆教育目标分类学修订版（完整版）［M］. 蒋小平，等译. 北京：外语教学与研究出版社，2009：23-24.

(三) 马扎诺等人的教育目标分类

马扎诺等人在布卢姆、安德森等研究者的教育目标分类理论基础上提出了新的教育目标分类体系，集中体现在《教育目标的新分类学》一书中。在该书中，教育目标按照知识的类型和思维的类型进行区分，由于其强调知识（学习的对象）和思维（认知过程或心智过程）之间的互动，因而事实上将知识的类型和思维的类型之间的互动构成了第三个维度，形成了一个新的教育目标分类体系，其中知识的类型包括信息、心智程序、心理动作程序（参见“表 3-5　知识的类别及其例子”），思维的类型包括三个系统，即认知系统（按水平从低到高又分为信息提取、理解、分析、知识应用）、元认知系统、自我系统（参见“表 3-6　思维的类别及其例子”）。

表 3-5　知识的类别及其例子[①]

<table>
<tr><td rowspan="5">1. 信息知识：关于是什么的知识，类似于陈述性知识。通常以记忆的方式来表征。通常以命题的形式存在</td><td rowspan="3">（1）细节</td><td>① 词汇术语</td><td>例：数学学科中的专业术语</td></tr>
<tr><td>② 事实：传达关于具体的人、地点、生命体和非生命体以及事件的信息</td><td>例：某个真实的或虚构的人物的特点，如 19 世纪早期，首先出现在英国文学中的虚构人物罗宾汉</td></tr>
<tr><td>③ 时间序列：发生在两个时间点之间的重要事件</td><td>例：1963 年 11 月 22 日肯尼迪总统被暗杀事件和 1963 年 11 月 25 日他的葬礼之间发生的事件</td></tr>
<tr><td rowspan="2">（2）构想</td><td>① 概括：得到例证</td><td>例：某类人、某类地点、某类事件、某类抽象事物的特点</td></tr>
<tr><td>② 原则：处理关系的特定类型的概括，常见的有因果原则（阐明因果关系）和相关原则（阐明相互关系）</td><td>例：结核病是由结核分枝杆菌引起的；妇女患肺癌的比率增多是与吸烟妇女数量的增多成比例的</td></tr>
</table>

① ［美］罗伯特·J. 马扎诺，约翰·S. 肯德尔. 教育目标的新分类学［M］. 2 版. 高凌飚，等译. 北京：教育科学出版社，2012：19-30.

续表

2. 心智程序（又“元过程”）：关于怎么做的知识，类似程序性知识。通常以“如果—那么”的结构表征	（1）过程：需要控制性地执行	宏程序：复杂，有许多子程序，需要以某种形式加以管理的程序	例：写作的程序
	（2）技能	① 要领：不包括一系列必须按特定顺序执行的步骤，由一个整体的实施流程和一般化的规则组成	例：读直方图的要领，包含某些一般性的规则：识别图表中描述的要素；判断图中每个轴所表示的含义；判断图中每两个轴上要素之间的关系
		② 算法：一旦学会通常就不会在运作中有所改变的元过程，有着非常特别的步骤和结果，对算法的学习必须达到自动化的层次才能有用	例：多位数减法
		③ 单一规则或很少的一组步骤独立的规则：只包含一个“如果—那么”的产出配对	例：英文字母大写的五项规则
3. 心理动作：涉及身体动作的程序，包括个人在日常生活中、在工作或娱乐活动中复杂的身体动作的心理程序。以“如果—那么”的结构存储	（1）技能	① 基础性程序	例：身体动作技能：整体平衡，肢体运动速度，腕—指速度，手指灵活性，身体灵活性，手臂—手稳定性，控制精度
		② 简单组合程序：涉及多个基础程序	例：打篮球时的自由投篮，涉及多个基础程序的互动，如腕—指速度、控制精度、手臂—手稳定性
	（2）过程	复杂组合程序：需要运用多套简单组合程序	例：打篮球时的防卫动作，涉及用身体半蹲的姿势进行侧向移动及挥手等技能的组合

表 3-6　思维的类别及其例子①

<table>
<tr><td rowspan="10">认知系统（水平一—水平四）</td><td colspan="2">信息提取（水平一）：把知识从永久记忆中激活并转移到工作记忆，在工作记忆中，知识可能是被有意识地运用</td><td>例：比尔有一只狗时，你马上联想到“狗有四条腿”“狗喜欢啃骨头”“狗喜欢受宠”等</td></tr>
<tr><td rowspan="5">理解（水平二）：把知识转化为适合在永久记忆中存储的形式。为了以高效的方式将信息存储在永久记忆中，将关键信息以一定的结构和格式加以转化之后保存，多余的信息则被排除。个体以这种简约方式存储知识的程度也即对知识的理解程度</td><td rowspan="3">(1) 整合：用简约、概括的形式组织、提炼出知识主要特征的过程。通常整合是通过应用所谓的宏规则来完成的。有效地整合知识的证据是能够生成知识的宏结构，即对知识的重要或关键要素的陈述</td><td>例：删除，给定一个概括系列，删除任何与序列中的概括不直接相关的概括</td></tr>
<tr><td>例：概括，以包含有更一般形式的信息的概括来替换原有的概括</td></tr>
<tr><td>例：构造，以使用更为普遍的术语替换原有的概括集</td></tr>
<tr><td rowspan="2">(2) 象征：将宏结构中的知识转化成一些象征性的意向模式（如非语言的意象模式）</td><td>例：用物理公式概括性地表达物理关系</td></tr>
<tr><td>例：用图表概括性地表达各个信息之间的关系，如用流程图概括地表达按时间顺序发生的事件</td></tr>
<tr><td rowspan="2">分析（水平三）：对知识进行改编和细化，现有知识结构发生改变</td><td>(1) 匹配：依据知识构成因素之间的共性与差异对知识做出定位</td><td>例：发现两只不同品种的狗之间的异同</td></tr>
<tr><td>(2) 分类：把知识组织成有意义的类别</td><td>例：确定用以分类的项目的定义特征；确定该项目归属的上位类别，并解释为什么它属于这一类；确定该项目的一个或多个下位类别（如果有的话），并解释它们是如何相关的</td></tr>
</table>

① ［美］罗伯特·J. 马扎诺，约翰·S. 肯德尔. 教育目标的新分类学［M］. 2 版. 高凌飚，等译. 北京：教育科学出版社，2012：31-52.

续表

<table>
<tr><td rowspan="7">认知系统（水平一—水平四）</td><td rowspan="3">分析（水平三）：对知识进行改编和细化，现有知识结构发生改变</td><td>（3）差错分析：根据明确的标准有意识地对知识的有效性进行判断，查明已进行的推理中的任何差错，确定知识的逻辑、合理性和准确性</td><td>例：对证据的性质和论据的可靠性进行检查</td></tr>
<tr><td>（4）概括：从已知的或观察到的信息中进行新的概括的过程</td><td>例：把课堂上已经展示过的三个概括构建成一个新的概括</td></tr>
<tr><td>（5）认定：对已知的概括或原则生成新的应用的过程</td><td>例：识别伯努利原理支配的新情况或新现象</td></tr>
<tr><td rowspan="4">知识应用（水平四）</td><td>（1）决策：在不同的选择中确定最好的选择</td><td>例：利用城市的地理知识决定新公园的最佳选址</td></tr>
<tr><td>（2）问题解决：实现某个存在障碍的目标的过程</td><td></td></tr>
<tr><td>（3）实验：生成和检验假设的过程，目的在于理解物理的或心理的现象</td><td>关键步骤：基于已知的或假设的原则进行预测，设计检验预测的方法，评估基于测试结果的原则的有效性</td></tr>
<tr><td>（4）调查：生成和检验关于过去、现在或未来事件的假设的过程</td><td>例：调查以检验有关麦田怪圈的可能解释</td></tr>
<tr><td rowspan="3">元认知系统（水平五）</td><td rowspan="3">元认知系统（水平五）：负责监控、评价和规范所有类型思维的运作，有四种功能：目标设定，过程监控，清晰度监控，准确度监控</td><td>（1）目标设定：确立明确的目标</td><td>例：通过元认知系统的目标设定功能，就加深某一堂数学课所呈现的信息的理解和运用建立一个或多个目标</td></tr>
<tr><td>（2）过程监控：监视在某个任务中所使用程序的有效性</td><td>例：监控自由投篮的物理过程是否进行得很好；监控阅读条形图的心理过程</td></tr>
<tr><td>（3）清晰度监控和准确度监控：监控对信息是否保持有意识的意向状态，进而使信息保持清晰和准确</td><td></td></tr>
</table>

续表

自我系统（水平六）	(1) 重要性检查：对某项知识的重要性的认识	例：判断阅读等高线图的技能对实现个人目标的重要性
	(2) 效能检查：检查个人对自己获得的与特定知识有关的能力、力量或必要资源的程度，以确定是否能够完成学习任务。效能检查将会影响学习的动机	
	(3) 情绪反应检查：分析个体对给定知识成分的情绪反应的程度，以及反应在个体动机中所起的作用	
	(4) 动机检查：识别在学习知识或提高知识应用能力时的动机水平，包括检查个体对知识重要性的认可、对自我效能的信念（自信心）、对知识的情感反应（积极的或消极的）	

马扎诺等人的教育目标分类法在将知识和思维的类型分别进行分类后，将两者进行组合，就构成了同时包含知识和思维两个维度的教育目标。如，将元认知中的“目标设定”和认知过程、知识领域的三个类型分别组合就构成了六组教育目标（参见“表 3-7　目标设定的任务”）。

表 3-7　目标设定的任务①

信息	
细节	学生建立并规划与具体细节知识有关的目标
构想	学生建立并规划与具体概括或原理有关的目标
心智程序	
技能	学生建立并规划与特定心智技能有关的目标
过程	学生建立并规划与特定心智过程的能力有关的目标
心理动作程序	
技能	学生建立并规划与特定心理动作技能有关的目标
过程	学生建立并规划与特定心理动作过程的能力有关的目标

① ［美］罗伯特·J. 马扎诺，约翰·S. 肯德尔. 教育目标的新分类学［M］. 2 版. 高凌飚，等译. 北京：教育科学出版社，2012：86.

此外，有研究者认为，为了防止和克服行为主义、操作主义、要素主义的危险，建议将教育目标区分为达到目标、提高目标、体验目标。①

① 达到目标：要求学生完全掌握特定的具体的知识和能力的目标。这类目标达到时，能对其状态做出明确表述。无论学生本身，还是教师或其他人都能根据与这种表述的比较确认目标的达到程度。能用行动目标来表示的大部分目标原则上都属于这一类。

② 提高目标：要求朝着某一方向提高或加深的目标。这类目标基本上只有通过个人自我比较（和以前比）或与他人表（和谁比）的方式才能把握得到，具有进步、深化的特点。理论的思维能力或鉴赏能力，指导性或社会性等概括的综合的高级目标也属于这一类。如果做出了在到达某阶段可能表示出的态度、行动的外在特性的详细表述，那么，这种目标的到达程度也可以得到近似的或相当明确的确认。

③ 体验目标：不是以学生的某种行动改观作为直接目标，而是以发生特定的内在体验为目的的目标。在把对学生的智力和心理成长具有重要意义的接触、感动、发现等体验作为教学、学习活动的直接目标时，就是这种体验目标。虽然这种体验结果不一定都能在学生身上反映出来，但通过教师的观察或学生的内观报告、作文等方式，可以确认这种体验在学生身上是否发生及发生到何种程度。

教育目标分类理论为学校教育目标的分类提供了分析的框架，进而使原本笼统的教育目标变得清晰，在此基础上，使各级教育目标——包括课程目标、教学目标的分类也获得可参考的分析框架。如，按照马扎诺等人的教育目标分类框架，可以提出一条教育目标“学生能够确定成熟分裂和有丝分裂过程的异同”。这一目标包含两个方面的内容：其一，它指向的是知识类型中的“信息”——成熟分裂和有丝分裂；其二，它指向的是思维类型（或心智过程）中的“分析：匹配”水平。其中“确定”是“行为动词”，行为动词短语陈述的是在该目标中运用的心智过程。②

对于教师来说，教育目标分类学也有助于教学目标变得更加清晰。如，

---

① ［日］梶田叡一. 教育评价［M］. 李守福，译. 长春：吉林教育出版社，1988：114–115.

② ［美］罗伯特·J. 马扎诺，约翰·S. 肯德尔. 教育目标的新分类学［M］. 2 版. 高凌飚，等译. 北京：教育科学出版社，2012：99.

围绕某组数据的中位数问题，可以依次设计不同水平的教学目标[①]：

水平 1：信息提取

再认：学生能够确认关于中位数的正确说法。

回忆：学生能够列出关于中位数的正确说法。

执行：学生能够计算出一组数据的中位数。

水平 2：理解

整合：学生能够描述中位数的定义性特征。

象征：学生能够用一些图形或抽象的方式表征中位数的重要特征。

水平 3：分析

匹配：学生能够识别中位数、平均数及模式的异同。

水平 4：知识应用

问题解决：学生能够解决要求理解中位数并进行计算的问题。

总的来看，教育目标分类学为课程目标分类提供了分析框架，使学校课程可以参考这一框架重新构建。如，参考教育目标分类的理论构建螺旋式课程，并在此基础上构建教学和评价的清晰框架。

四、我国基础教育的两类课程目标分类体系

自 21 世纪新课程改革（以下简称“新课改”）以来，我国的基础教育课程目标分类方式有着明显的以布卢姆为代表的教育目标分类色彩。新课改以来，基础教育课程目标主要采用了两种分类方法：一种以 21 世纪初新课改颁布的课程标准（2011 年对义务教育阶段课程标准进行了修订[②]，以下简称“旧课标”）为代表，另一种以 2017 年颁布的普通高中课程标准（2020 年重新修订，以下简称“新课标”）为代表。

（一）课程目标的第一种分类：基于学习对象性质的分类

第一种分类按照学习对象的性质将课程目标分为若干维度和若干发展水平。如，将发展的领域大致分解为知识与技能、过程与方法、情感态度价值观三个方面，发展的水平被分解为若干层次，如将认知性目标分为

---

① ［美］罗伯特·J. 马扎诺，约翰·S. 肯德尔. 教育目标的新分类学［M］. 2 版. 高凌飚，等译. 北京：教育科学出版社，2012：101-102.

② 中华人民共和国教育部. 关于印发义务教育语文等学科课程标准（2011 年版）的通知：教基二〔2011〕9 号［A/OL］.（2011-12-28）［2018-11-08］. http://www.moe.gov.cn/srcsite/A26/s8001/201112/t20111228_167340.html.

了解、认识、理解水平，技能性目标设立一个独立操作水平，体验性目标分为经历（感受）、反映（认同）、领悟（内化）水平。① 又如，将课程目标的发展领域分为运动参与、运动技能、身体健康、心理健康四个方面，再对每一个方面的发展水平分别提出要求。② 这种分类法主要是依据学习对象自身的性质来说的，如，学习者是在知识方面还是在能力、态度价值观方面发生了变化，变化的程度又如何。

这里以《义务教育数学课程标准》为例说明该种目标分类。在《义务教育数学课程标准》中，课程目标分别就发展领域和发展水平进行了阐述，其中发展水平用行为动词表示［参见“阅读材料：义务教育数学课程标准的课程目标（2011 年版）”］。

❖ 阅读材料：义务教育数学课程标准的课程目标（2011 年版）③

义务教育阶段数学课程目标分为总目标和学段目标，从知识技能、数学思考、问题解决、情感态度四个方面加以阐述。数学课程目标包括结果目标和过程目标。结果目标使用“了解”“理解”“掌握”“运用”等行为动词表述，过程目标使用“经历”“体验”“探索”等动词表述。义务教育阶段数学课程总目标是：通过义务教育阶段的数学学习，学生能：1. 获得适应社会生活和进一步发展所必需的数学的基础知识、基本技能、基本思想、基本活动经验。2. 体会数学知识之间、数学与其他学科之间、数学与生活之间的联系，运用数学的思维方式进行思考，增强发现和提出问题的能力、分析和解决问题的能力。3. 了解数学的价值，提高学习数学的兴趣，增强学习数学的信心，养成良好的学习习惯，具有初步的创新意识和科学态度。总目标从以下四个方面具体阐述：

知识技能	经历数与代数的抽象运算与建模等过程，掌握数与数的基础知识和基本技能；经历图形的抽象、分类、性质探讨、运动、位置确定等过程，掌握图形与几何的基础知识和基本技能；参与综合实践活动，积累综合运用数学知识、技能和方法等解决简单问题的数学活动经验

① 中华人民共和国教育部. 义务教育物理课程标准（2011 年版）［M］. 北京：北京师范大学出版社，2012.

② 中华人民共和国教育部. 义务教育体育与健康课程标准（2011 年版）［M］. 北京：北京师范大学出版社，2012.

③ 中华人民共和国教育部. 义务教育数学课程标准（2011 年版）［M］. 北京：北京师范大学出版社，2012.

续表

数学思考	建立数感、符号意识和空间观念，初步形成几何直观和运算能力，发展形象思维与抽象思维；体会统计方法的意义，发展数据分析观念，感受随机现象；在参与观察、实验、猜想、证明、综合实践等数学活动中，发展合情推理和演绎推理能力，清晰地表达自己的想法；学会独立思考，体会数学的基本思想和思维方式
问题解决	初步学会从数学的角度发现问题和提出问题，综合运用数学知识解决简单的实际问题，增强应用意识，提高实践能力；获得分析问题和解决问题的一些基本方法，体验解决问题方法的多样性，发展创新意识；学会与他人合作交流；初步形成评价与反思的意识
情感态度	积极参与数学活动，对数学有好奇心和求知欲；在数学学习过程中，体验获得成功的乐趣，锻炼克服困难的意志，建立自信心；体会数学的特点，了解数学的价值；养成认真勤奋、独立思考、合作交流、反思质疑等学习习惯；形成坚持真理、修正错误、严谨求实的科学态度

《义务教育数学课程标准》对不同的学段也设立了分目标。如对第一学段（1~3 年级）的分目标进行了如下阐述。

知识技能：1. 经历从日常生活中抽象出数的过程，理解万以内数的意义，初步认识分数和小数；理解常见的量；体会四则运算的意义，掌握必要的运算技能，能准确进行运算；在具体情境中，能选择适当的单位进行简单的估算。2. 经历从实际物体中抽象出简单几何体和平面图形的过程，了解一些简单几何体和常见的平面图形；感受平移、旋转、轴对称现象；认识物体的相对位置；掌握初步的测量、识图和画图的技能。3. 经历简单的数据收集、整理和分析的过程，了解简单的数据处理方法。

数学思考：1. 在运用数及适当的度量单位描述现实生活中的简单现象，以及对运算结果进行估计的过程中，发展数感；在物体中抽象出几何图形、想象图形的运动和位置的过程中，发展空间观念。2. 能对调查过程中获得的简单数据进行归类，体验数据中蕴含着的信息。3. 在观察、操作等活动中，能提出一些简单的猜想。4. 会独立思考问题，表达自己的想法。

问题解决：1. 能在教师的指导下，从日常生活中发现和提出简单的数学问题，并尝试解决。2. 了解分析问题和解决问题的一些基本方法，知道同一个问题可以有不同的解决方法。3. 体验与他人合作交流解决问题的过程。4. 尝试回顾解决问题的过程。

情感态度：1. 对身边与数学有关的事物有好奇心，能参与数学活动。

2. 在他人帮助下，感受数学活动中的成功，能尝试克服困难。3. 了解数学可以描述生活中的一些现象，感受数学与生活有密切联系。4. 能倾听别人的意见，尝试对别人的想法提出建议，知道应该尊重客观事实。

《义务教育数学课程标准》对标准中的行为动词进行了详细的界定和说明。标准中有两类行为动词：一类是描述结果目标的行为动词，包括“了解”“理解”“掌握”“运用”等；另一类是描述过程目标的行为动词，包括“经历”“体验”“探索”等。这些词的基本含义如下：

了解：从具体实例中知道或举例说明对象的有关特征；根据对象的特征，从具体情境中辨认或者举例说明对象。

理解：描述对象的特征和由来，阐述此对象与相关对象之间的区别和联系。

掌握：在理解的基础上，把对象用于新的情境。

运用：综合使用已掌握的对象，选择或创造适当的方法解决问题。

经历：在特定的数学活动中，获得一些感性认识。

体验：参与特定的数学活动，主动认识或验证对象的特征，获得一些经验。

探索：独立或与他人合作参与特定的数学活动，理解或提出问题，寻求解决问题的思路，发现对象的特征及其与相关对象的区别和联系，获得一定的理性认识。

（二）课程目标的第二种分类：基于学习价值的分类

我国基础教育学校现行的第二种课程目标分类方式是基于《中国学生发展核心素养》的分类法。这种分类法实际是按照学习对象对于学习者的价值来说的，即学习对象对人的发展有何价值。如，某个概念知识对于学生有何用处。

2014 年 3 月，《教育部关于全面深化课程改革　落实立德树人根本任务的意见》将学生发展核心素养作为着力推进的关键领域和主要环节，明确提出：“研究制订学生发展核心素养体系和学业质量标准。要根据学生的成长规律和社会对人才的需求，把对学生德智体美全面发展总体要求和社会主义核心价值观的有关内容具体化、细化，深入回答‘培养什么人、怎样培养人’的问题。教育部将组织研究提出各学段学生发展核心素养体系，明确学生应具备的适应终身发展和社会发展需要的必备品格和关键能力，突出强调个人修养、社会关爱、家国情怀，更加注重自主发展、合作参与、创新实践。研究制订中小学各学科学业质量标准和高等学校相关学科专业类教学质量国家标准，根据核心素养体系，明确学生完成不同学段、不同年级、不同学科学习内容后应该达到的程度要求，指导教师准确把握教学的深度和广度，使考试评价更加准确反映人才培养要求。各级各类学校要从实际情况和学生特点出发，把核心素养和学业质量要求落实到各学科教学中。”《意见》还指出：“修订课程方案和课程标准。依据学生发展核心素养体系，进一步明确各学段、各学科具体的育人目标和任务，完善高校和中小学课程教学有关标准。”① 可以说，研究和贯彻新时期学生发展的核心素养被提升到了全面深化课程改革的关键任务的位置。2016 年 9 月，中国学生发展核心素养总体框架在京发布。核心素养以培养“全面发展的人”为核心，分为文化基础、自主发展、社会参与三个方面，综合表现为人文底蕴、科学精神、学会学习、健康生活、责任担当、实践创新六大素养，具体细化为国家认同等 18 个基本要点。② 之后，该核心素养框架成为学校教育目标、课程标准、教学和评价的新尺度。

1. “核心素养”的内涵

“学生发展核心素养”指学生应具备的能够适应终身发展和社会发展需要的必备品格和关键能力，是关于学生知识、技能、情感、态度、价值观等多方面要求的综合表现。③

在目标上，核心素养的概念指向的是对“教育应培养什么样的人”这一问题的回答；在性质上，核心素养是所有学生应具有的共同素养，是最关键、最必要的共同素养；在内容上，核心素养是知识、技能和态度等的综合表现；在功能上，核心素养同时具有个人价值和社会价值；在培养上，核心素养是在先天遗传的基础上，综合后天环境的影响而获得的，可以通过接受教育来形成和发展；在评估上，核心素养需结合定性与定量的测评指标进行综合评价；在架构上，核心素养应兼顾个体与文化学习、社会参与和自我发展的关系；在发展上，核心素养具有终身发展性，也具有阶段

---

① 中华人民共和国教育部. 关于全面深化课程改革 落实立德树人根本任务的意见[Z/OL].(2014-04-08)[2020-11-25].http://www.moe.gov.cn/srcsite/A26/jcj_kcjcgh/201404/t20140408_167226.html.

② 《中国学生发展核心素养》发布[Z/OL].(2016-09-14)[2020-11-25].http://edu.people.com.cn/n1/2016/0914/c1053-28714231.html.

③ 《中国学生发展核心素养》发布[Z/OL].(2016-09-14)[2020-11-25].http://edu.people.com.cn/n1/2016/0914/c1053-28714231.html.

性；在作用发挥上，核心素养的作用发挥具有整合性。①

从对“学生发展核心素养”概念的界定大概可以推论出此处“核心素养”的四个要点：第一，核心素养是指必备品格和关键能力，即它是经过精心挑选的学生必须具备的品格和能力。第二，挑选核心素养的依据有两个，一是它们能够服务于个体的自身发展，二是能够服务于社会的发展。这是从人的个体性和社会性两个方面来说的。第三，核心素养包含了全面发展的方方面面，不仅涉及知识和能力，还包括态度、情感、价值观等其他丰富的发展领域。第四，新时期关于人的发展的主题是“全面发展”。核心素养是对全面发展的领域的具体描述，新时期我国学生全面发展的内容体现在文化基础、自主发展和社会参与三个方面。

2. 学科核心素养和课程目标

在《中国学生发展核心素养》框架的基础上，各门课程又总结出了“学科核心素养”。“中国学生发展核心素养是党的教育方针的具体化、细化。为建立核心素养与课程教学的内在联系，充分挖掘各学科课程教学对全面贯彻党的教育方针、落实立德树人根本任务、发展素质教育的独特育人价值，各学科基于学科本质凝练了本学科的核心素养，明确了学生学习该学科课程后应达成的正确价值观念、必备品格和关键能力，对知识与技能、过程与方法、情感态度价值观三维目标进行了整合。”②

学科核心素养是育人价值的集中体现，是学生通过学科学习而逐步形成的正确价值观念、必备品格和关键能力。③ 如，“高中化学学科核心素养是高中学生发展核心素养的重要组成部分，是学生综合素质的具体体现，反映了社会主义核心价值观下化学学科育人的基本要求，全面展现了化学课程学习对学生未来发展的重要价值。化学学科核心素养包括‘宏观辨识与微观探析’‘变化观念与平衡思想’‘证据推理与模型认知’‘科学探究与创新意识’‘科学态度与社会责任’5 个方面”。④

在学科核心素养的基础上，再确定各门课程的课程目标。如，以数学学科核心素养为基础，拟定数学课程的目标（参见“阅读材料：数学课程的学科核心素养和课程目标”）。

---

① 林崇德. 21 世纪学生发展核心素养研究［M］. 北京：北京师范大学出版社，2016：30-32.

② 中华人民共和国教育部. 普通高中课程方案（2017 年版）［M］. 北京：人民教育出版社，2018：前言 4.

③ 中华人民共和国教育部. 普通高中课程方案（2017 年版）［M］. 北京：人民教育出版社，2018：前言 4.

④ 中华人民共和国教育部. 普通高中化学课程标准（2017 年版）［M］. 北京：人民教育出版社，2018：3.

❖ 阅读材料：数学课程的学科核心素养和课程目标①

"学科核心素养"是育人价值的集中体现，是学生通过学科学习而逐步形成的正确价值观念、必备品格和关键能力。数学学科核心素养是数学课程目标的集中体现，是具有数学基本特征的思维品质、关键能力以及情感、态度与价值观的综合体现，是在数学学习和应用的过程中逐步形成和发展的。数学学科核心素养包括：数学抽象、逻辑推理、数学建模、直观想象、数学运算和数据分析。这些数学学科核心素养既相对独立又相互交融，是一个有机的整体。

1. 数学抽象　数学抽象是指通过对数量关系与空间形式的抽象，得到数学研究对象的素养。主要包括：从数量与数量关系、图形与图形关系中抽象出数学概念及概念之间的关系，从事物的具体背景中抽象出一般规律和结构，并用数学语言予以表征。数学抽象是数学的基本思想，是形成理性思维的重要基础，反映了数学的本质特征，贯穿在数学产生、发展、应用的过程中。数学抽象使得数学成为高度概括、表达准确、结论一般、有序多级的系统。数学抽象主要表现为：获得数学概念和规则，提出数学命题和模型，形成数学方法与思想，认识数学结构与体系。通过高中数学课程的学习，学生能在情境中抽象出数学概念、命题、方法和体系，积累从具体到抽象的活动经验；养成在日常生活和实践中一般性思考问题的习惯，把握事物的本质，以简驭繁；运用数学抽象的思维方式思考并解决问题。2. 逻辑推理　逻辑推理是指从一些事实和命题出发，依据规则推出其他命题的素养。主要包括两类：一类是从特殊到一般的推理，推理形式主要有归纳、类比；一类是从一般到特殊的推理，推理形式主要有演绎。逻辑推理是得到数学结论、构建数学体系的重要方式，是数学严谨性的基本保证，是人们在数学活动中进行交流的基本思维品质。逻辑推理主要表现为：掌握推理基本形式和规则，发现问题和提出命题，探索和表述论证过程，理解命题体系，有逻辑地表达与交流。通过高中数学课程的学习，学生能掌握逻辑推理的基本形式，学会有逻辑地思考问题；能够在比较复杂的情境中把握事物之间的关联，把握事物发展的脉络；形成重论据、有条理、合乎逻辑的思维品质和理性精神，增强交流能力。3. 数学建模　数学建模是对现实问题进行数学抽象，用数学语言表达问题、用数学方法构建模型解

① 中华人民共和国教育部. 普通高中数学课程标准（2017 年版）[M]. 北京：人民教育出版社，2018：4-8.

决问题的素养。数学建模过程主要包括：在实际情境中从数学的视角发现问题、提出问题，分析问题、建立模型，确定参数、计算求解，检验结果、改进模型，最终解决实际问题。数学模型搭建了数学与外部世界联系的桥梁，是数学应用的重要形式。数学建模是应用数学解决实际问题的基本手段，也是推动数学发展的动力。数学建模主要表现为：发现和提出问题，建立和求解模型，检验和完善模型，分析和解决问题。通过高中数学课程的学习，学生能有意识地用数学语言表达现实世界，发现和提出问题，感悟数学与现实之间的关联；学会用数学模型解决实际问题，积累数学实践的经验；认识数学模型在科学、社会、工程技术诸多领域的作用，提升实践能力，增强创新意识和科学精神。4. 直观想象　直观想象是指借助几何直观和空间想象感知事物的形态与变化，利用空间形式特别是图形，理解和解决数学问题的素养。主要包括：借助空间形式认识事物的位置关系、形态变化与运动规律；利用图形描述、分析数学问题；建立形与数的联系，构建数学问题的直观模型，探索解决问题的思路。直观想象是发现和提出问题、分析和解决问题的重要手段，是探索和形成论证思路、进行数学推理、构建抽象结构的思维基础。直观想象主要表现为：建立形与数的联系，利用几何图形描述问题，借助几何直观理解问题，运用空间想象认识事物。通过高中数学课程的学习，学生能提升数形结合的能力，发展几何直观和空间想象能力；增强运用几何直观和空间想象思考问题的意识；形成数学直观，在具体的情境中感悟事物的本质。5. 数学运算　数学运算是指在明晰运算对象的基础上，依据运算法则解决数学问题的素养。主要包括：理解运算对象，掌握运算法则，探究运算思路，选择运算方法，设计运算程序，求得运算结果等。数学运算是解决数学问题的基本手段。数学运算是演绎推理，是计算机解决问题的基础。数学运算主要表现为：理解运算对象，掌握运算法则，探究运算思路，求得运算结果。通过高中数学课程的学习，学生能进一步发展数学运算能力；有效借助运算方法解决实际问题；通过运算促进数学思维发展，形成规范化思考问题的品质，养成一丝不苟、严谨求实的科学精神。6. 数据分析　数据分析是指针对研究对象获取数据，运用数学方法对数据进行整理、分析和推断，形成关于研究对象知识的素养。数据分析过程主要包括：收集数据，整理数据，提取信息，构建模型，进行推断，获得结论。数据分析是研究随机现象的重要数学技术，是大数据时代数学应用的主要方法，也是“互联网+”相关领域的主要数学方法，数据分析已经深入科学、技术、工程和现代社会生活的各个方面。数据分析主要表现为：收集和整理数据，理解和处理数据，获得和解释结论，概括和形成知识。通过高中数学课程的学习，学生能提升获取有价值的信息并进行定量分析的意识和能力；适应数字化学习的需要，增强基于数据表达现实问题的意识，形成通过数据认识事物的思维品质；积累依托数据探索事物本质、关联和规律的活动经验。

数学课程目标：通过高中数学课程的学习，学生能获得进一步学习以及未来发展所必需的数学基础知识、基本技能、基本思想、基本活动经验（简称“四基”）；提高从数学角度发现和提出问题的能力、分析和解决问题的能力（简称“四能”）。在学习数学和应用数学的过程中，学生能发展数学抽象、逻辑推理、数学建模、直观想象、数学运算、数据分析等数学学科核心素养。通过高中数学课程的学习，学生能提高学习数学的兴趣，增强学好数学的自信心，养成良好的数学学习习惯，发展自主学习的能力；树立敢于质疑、善于思考、严谨求实的科学精神；不断提高实践能力，提升创新意识；认识数学的科学价值、应用价值、文化价值和审美价值。

五、课程目标的设计

课程目标是教材目标的直接参照依据，因此课程目标的设计是教材目标设计的重要环节。当教材设计尚没有现成的课程设置作为前提时，课程目标的设计更是教材目标设计的前提条件。因此这里就课程目标的设计进行专门的讨论。

（一）课程目标的内容设计

课程目标是学校教育目标、专业教育目标的具体体现和实现途径。一所学校或者一个专业的培养目标都需要具体的教育活动加以贯彻和落实，其中，课程是最重要的教育活动载体。学习者要学习的内容很多，但是学习者的时间、精力，以及所能获取的学习资源是有限的，而作为学校教育情境中的学习，更应以创造优化的学习为己任，从而体现学校学习的独特价值，因此，并非所有内容都适合出现在学校的课程中。课程目标的内容应该精挑细选，这一挑选的过程实则是在不断地回答这个问题：“对学生来说应该学习什么才最有价值?”

这里所说的“课程目标内容”包括两个方面，即发展领域和发展水平，因此这里主要解决的问题是课程目标的两个方面，即发展领域和发展水平如何确定。我们可以从两个方面来确定目标中涉及的发展领域和发展水平的界限，即必要性和可能性。必要性从三个方面考察，即知识本身的价值、生活价值、社会价值；可能性从两个方面考察，即主观和客观两个方面的条件。

1. 从学科的价值角度设计课程目标的内容

（1）什么是“学科价值”

“学科”是“按照学问的性质而划分的门类，如自然科学中的物理学、化学”。[①] 从学科价值的角度挑选课程目标，就是从该知识在学科知识体系中所处的地位考虑知识的价值，或者说从对人们探索和发现新问题、新知识的价值角度比较知识的价值，选择那些对人们探索和发现新问题、新知识有较高价值的知识。

（2）如何“从学科的角度挑选”课程目标的内容

学校教育的目的是培养全面发展的人，一个人只有获得认识和改造世界的能力，才能为其他领域的发展奠定良好的基础。认识世界和改造世界的能力包括一定的知识、态度、价值观、情感等内容，其中，知识是其他能力的基础。因此，这里我们着重讨论知识作为课程目标时应该参照的标尺问题。

什么是知识？对知识的理解有很多种。如，阿瑟·S. 雷伯所著的《心理学词典》认为，总的说来，知识可以指一个人或引申为一群人或一种文化所具有的丰富信息，也可以是指由一个或全部心理过程引起的那些成分，不论是与生俱来的还是后天获得的。在这里，该词有两种理解并各有明确的含义：一是，知识是“深奥的”或“意义深远的”；二是，知识只不过是一群对反应的倾向的集合或一整套条件反射。在哲学和认知心理学的研究中，认识论和认知科学常常将知识具体分为各种不同的形式。[②] 再如，《中国大百科全书·哲学Ⅱ》认为，知识是人类认识的成果。“它是在实践的基础上产生又经过实践检验的对客观实际的反映。人们在日常生活、社会活动和科学研究中所获得的对事物的了解，其中可靠的成分就是知识。依照反映对象的深刻性和系统性程度，知识可以分为生活常识和科学知识。生活常识是对某些事实的判断和描述。科学知识是通过一定的科学概念体系来理解和说明事物的知识。科学知识也有经验的和理论的两种不同水平。科学知识是全人类的结晶，又是人类实践和社会发展的必要的精神条件。知识与无知相对立。从无知到有知识，知识由少到多、由浅入深、由片面

① 中国社会科学院语言研究所词典编辑室. 现代汉语词典［M］. 6 版. 北京：商务印书馆，2012：1479.

② ［美］阿瑟·S. 雷伯. 心理学词典［M］. 李伯黍，等译. 上海：上海译文出版社，1996：439.

到全面的不断运动，是人类思维发展的基本过程。知识的发展表现为在实践基础上不断地由量的积累到质的飞跃的深化和扩展。这种处在辩证运动中的知识具有历史继承性、不可逆性和加速度增长等特点。”①

这里采用《中国大百科全书》对“知识”的界定。通常，课程中的知识被认为应该是“可靠的成分”。这些“可靠的知识”以科学知识为主要的成分，因此，科学知识是学校课程内容的主体，几乎每一门课程都涉及庞大的科学知识体系。

在每一个人类活动的领域，无论是自然科学还是人文社会科学，都积累了浩如烟海的知识。这些科学知识是否都应该成为学习者掌握的对象？答案显然是否定的。课程应该选择那些可靠的、具有种子性质或星火性质的知识作为学习的目标。

① 具有学科价值的知识应该是“可靠的知识”

可靠的知识主要来源于两个方面的知识。第一种是经过实践的检验被证明是正确的知识。每一个知识领域都有自己的知识发展史或者“学术史”，知识本身不断地更新，有些知识经过时间的不断检验被证明为“正确的”并不断地传承下来，而有些知识则经过不断地检验被证明不再“正确”因而被淘汰。通常，那些被“今天”认为依旧正确的知识可以被认为仍然具有“学科”价值。第二种是被知识共同体“约定”为可以信任的知识。当某些问题有不同的答案时，可以选择那些被大多数研究者认为正确的知识。当然，在必要的时候，仍旧需要将那些具有启发价值的不同答案一一列出，以供学习者训练开阔、灵活的思维品质和开放的科学精神。

② 高度关注“种子知识”

这里所谓的“种子知识”，是说这些知识具有足够的衍生价值，它们一旦被掌握，就能产生强大的迁移能力。

迁移能力是学习能力的重要内容，也是学校教育目标的重要内容。从人的认知过程来说，学习的迁移又称训练的迁移。“早期仅指先前的学习对后继学习的影响。现在一般认为是一种学习对另一种学习的影响。学生在学习过程中，常有这样的表现：早先学得的东西，能在相应的新情境中表现出来，例如，词汇量的增加，有助于辨认生词；词义的丰富，有助于理

① 中国大百科全书总编辑委员会《哲学》编辑委员会，中国大百科全书出版社编辑部. 中国大百科全书：哲学Ⅱ［M］. 北京：中国大百科全书出版社，1987：1169.

解上下文的意义；掌握了艺术原理和音乐欣赏、生理解剖等知识，不仅有助于舞蹈的学习，也有助于对文学、艺术、音乐和历史产生兴趣。事实上，学习任何一门课程，都需要把早先学习活动迁移到另一种学习活动中去。因此，迁移是一切学习的基本条件之一。”①

在学习迁移中，可以按照学习的内容、相互作用的性质和方向相应地划分出多种类型：第一，顺向迁移，指先前学习对后继学习的影响。例如，熟练地掌握英语，有助于学习法语。第二，逆向迁移，指后继学习对先行学习的影响。例如，后继学习的英文字母对先行学习的汉语拼音字母的书写与发音，既可能促进原有的知识巩固，也可能使之受到干扰。第三，一般迁移，指原理和态度的迁移。这种迁移，从本质上说，一开始不是学习一种技能，而是学习一个一般观念，然后这个一般观念可以用作认识后继问题的基础。第四，特殊迁移，指具体知识和动作技能的迁移。这种迁移的一种方式是获得对新的工作的特定适应性，而这些工作同原先学会的工作是十分相似的。第五，纵向迁移，指低级的概念和规则向高级的概念和规则的迁移。例如，在算术学习中，掌握了加、减法的运算能促进高一级乘、除法运算规则的学习。第六，侧向迁移，又称水平式迁移，指概念或原理在新情境中的应用，其结果不产生新的概念或原理。② “除了上述这些类型外，在心理学中研究得较多的是正迁移和负迁移。所谓正迁移，是指过去形成的知识、技能对学习新的知识、技能起积极影响，有助于新的知识、技能的形成。”③ “所谓负迁移，是指过去形成的知识技能对学习新的知识技能起消极影响，阻碍新的知识技能的形成。”④

这里我们讨论正迁移。一个人的正迁移能力越强，完成新的学习任务的能力就越强，同时，解决新问题的能力也就越强。但是，迁移能力的质量受到一定条件的限制。贾德的概括迁移说认为：“迁移的基本条件不是因为学习材料之间有共同因素，而是一种广泛的概括。”⑤ 他的概括迁移说的核心是，“迁移有赖于法则或原理的应用”，也就是说，迁移能力受到概括性的法则和原理的影响很大。⑥

---

① 《心理学百科全书》编辑委员会. 心理学百科全书：第 1 卷 [M]. 杭州：浙江教育出版社，1995：450.

② 《心理学百科全书》编辑委员会. 心理学百科全书：第 1 卷 [M]. 杭州：浙江教育出版社，1995：450.

③ 《心理学百科全书》编辑委员会. 心理学百科全书：第 1 卷 [M]. 杭州：浙江教育出版社，1995：450.

④ 《心理学百科全书》编辑委员会. 心理学百科全书：第 1 卷 [M]. 杭州：浙江教育出版社，1995：450.

⑤ 《心理学百科全书》编辑委员会. 心理学百科全书：第 1 卷 [M]. 杭州：浙江教育出版社，1995：454.

⑥ 《心理学百科全书》编辑委员会. 心理学百科全书：第 1 卷 [M]. 杭州：浙江教育出版社，1995：455.

在学科知识领域中，具有较强“繁殖能力”的知识有一个重要特点，就是概括性较强。由于这个特点的存在，它们在功能上就具有了较强的“繁殖能力”，有助于人们更好地发现新问题、新知识，因而可以被称为“种子知识”。

一方面，“种子知识”具有较强的概括性。这里的概括性是就抽象程度而言的。以属概念为例。属概念“亦称‘上位概念’、‘类概念’。和‘种概念’（下位概念）相对。反映事物中作为属的那类事物的概念。从概念之间的关系而言，如果有这样两个概念，其中一个概念包含着另一个概念，那么前者称属概念，后者称种概念。如概念‘文学家’包含‘诗人’，‘文学家’便是‘诗人’的属概念”。[①] 这里的概念“文学家”就比“诗人”具有更高的抽象性。再如，一个具体概念“水果”，可以按照色彩的不同分为红色、绿色、紫色等不同种类的水果，按照其产地可以分为热带、亚热带、温带等不同种类的水果，按照形状又可以分为长条形、圆形、锥形等不同种类的水果。水果的种类繁多，但是“水果”这个概念可以涵盖这些从不同角度进行分类的水果，因此，“水果”这个概念相对于按照各种分类标准得出的不同种类的水果就具有较强的“抽象性”。

另一方面，“种子知识”具有基础性的特点。“种子知识”具有较强的抽象性，使得它们对理解和探索其他问题具有基础性的意义，它们好比是一粒粒种子，为其他问题的思考和解决方案提供营养。这些“种子知识”通常由某个知识领域的基本概念（或基本范畴、一般概念）、基本原理（或基础理论、基本命题、基本规律）组成。比如，你研究美术，首先必须知道美、再现和表现，题材与主题，意境、造型、风格、气韵、节奏等概念，然后你才能把握建筑艺术、雕塑、书法、篆刻等不同美术种类的审美和创作原理；再如，你研究物理学，只有掌握了空间、时间、质量、能量等基本概念，才能更好地理解经典力学、静力学、动力学等相关学科的理论；你研究社会学，必须理解社会、文化、社会化、社会结构、社会组织、社会分层等基本概念才能理解社会学的其他理论。

一个基本知识犹如一粒种子，可以生发出更多的相关概念和判断，一旦被掌握，可以用来生发更多的概念和命题。比如，一个关于社会发展的规律性知识一旦被掌握，就可以用来分析很多历史现象和历史问题的个案；一个美学基本原理一旦被掌握，就可以被用来分析无穷的艺术作品和艺术

---

① 《哲学大辞典·逻辑学卷》编辑委员会. 哲学大辞典·逻辑学卷［M］. 上海：上海辞书出版社，1988：476.

创作现象。但是，如果相反，你掌握了很多具体的个案（知识），下次遇到一个新的个案，你还是要重新学习和研究。打个通俗的比方，A 和 B 两个人，对 A 只教给具体的概念，比如苹果、香蕉、西红柿，对 B 教给比这些概念抽象性强的概念，如水果。这两个人某一日进到一家店里，看见未曾见过的释迦果表示好奇，A 有些疑惑，怀疑它是否可以吃，犹豫很久，又咨询了店员，这才放心地掏钱买它。B 呢，早就直截了当付了钱回家了。为什么呢？因为 A 的头脑里没有“水果”的概念，B 知道水果的含义，因此，到了水果店，自然就认为既然是水果店，店里摆着的都是水果，既然是水果，就能吃了。通过回忆水果的概念，B 很快就确认了一种陌生水果的可食用性。可见，抽象性程度较高的概念“水果”帮助他更快地解决了“判断一种新植物是否可食用”的问题。

布鲁纳曾指出，教任何一个学科，或者教任何一组有关联的学科知识的最终目的是使学生理解教材的结构。每门知识都具有一种层次的结构，它通过每个人的编码系统而被接纳，又可以通过三种再现模式的每一种模式表现出来。① 布鲁纳认为，教师的任务就是教给学生采用一定的编码方式掌握知识的结构。那么，什么是最佳知识结构呢？布鲁纳认为，要使教学真正达到目的，就必须使学生在某种程度上获得一套概括了的基本思想或原理。这些基本思想或原理，构成了一种对理解来说是最佳的知识结构。因此，教学“不能为任何事物而教每个事物”，而要使学生掌握概括了的基本思想或原理。② 一门知识的价值在于它简化资料、产生新的命题和能够增强使用它的能力。因此，教师和课程编写者的创造性任务就是把知识或命题转化成适合于掌握它的学生的智力程度，以便学生能够更好地掌握这些知识。③ 按照布鲁纳的观点，一种知识概括得越好，或者一种编码系统越概括，对学习者就越有用，因为它可以减轻学习者记忆大量孤立的事实的负担。④ 布鲁纳强调每门学科结构的重要性（参见“阅读材料：结构的重要性”），即是强调种子知识的重要性。基于“种子知识”对于人们理解和探索新知识的重要意义，课程目标的撰写者需要从庞大的知识体系中找出这些“种子知识”。

---

① 张奇. 学习理论［M］. 武汉：湖北教育出版社，1999：175.

② 张奇. 学习理论［M］. 武汉：湖北教育出版社，1999：175-176.

③ 张奇. 学习理论［M］. 武汉：湖北教育出版社，1999：176.

④ 张奇. 学习理论［M］. 武汉：湖北教育出版社，1999：176.

❖ 阅读材料：结构的重要性[①]

任何学习行为的首要目的，在于它将来能为我们服务，而不在于它可能带来的乐趣。学习不但应该把我们带往来处，而且还应该让我们日后再继续前进时更为容易。学习为将来服务有两种方式。一种方式是通过它对某些工作（这些工作同原先学做的工作十分相似）的特定适应性。心理学家把这种现象称为训练的特殊迁移：也许应该把这种现象称作习惯或联想的延伸。它的效用好像大体上限于我们通常所讲的技能。已经学会怎样敲钉子，往后我们就更易学好敲平头钉或削木片。毫无疑问，学校里的学习使学生掌握了某种技能，这种技能可以迁移到以后不论在校内或离校后所遇到的活动上去。先前学习使日后工作更为有效的第二种方式则是通过所谓非特殊迁移，或者，说得更确切些，原理和态度的迁移。这种迁移，从本质上说，一开始不是学习一种技能而是学习一个一般观念，然后这个一般观念可以用作认识后继问题的基础，这些后继问题是开始所掌握的观念的特例。这种类型的迁移应该是教育过程的核心——用基本的和一般的观念来不断扩大和加深知识。

由第二种类型的迁移即原理的迁移所产生的学习连续性，有赖于掌握教材的结构。这就是说，一个人为了能够认识某一观念对新情境的适用性或不适用性，从而增广他的学识，他对他所研究的现象的一般性质必须心中有数。他学到的观念越是基本，几乎归结为定义，则这些观念对新问题的适用性就越宽广。真的，这几乎是同义反复，因为“基本的”这个词，从这个意义上来理解恰恰就是一个观念具有既广泛而又强有力的适用性。学校课程和教学方法应该同所教学科里基本观念的教学密切结合起来。当然，这样说明是够简单的。但是随着这样的说明而来的问题却不少，其中多数只能靠大量的进一步的研究工作去解决。我们现在转而讨论这方面的一些问题。

首要的和最明显的问题是怎样编制课程，使它既能由普通的教师教给普通的学生，同时又能清楚地反映各学术领域的基本原理。这个问题是双重的：第一，怎样改革基础课和修改基础课的教材，给予那些和基础课有关的普遍的和强有力的观念和态度以中心地位。第二，怎样把这些教材分成不同的水平，使之同学校里不同年级不同水平的学生的接受能力配合

---

① ［美］布鲁纳. 教育过程［M］. 邵瑞珍，译. 北京：文化教育出版社，1982：36-38.

起来。

关于忠实于教材基本结构的课程的设计问题，过去几年的经验至少已使我们得出一个重要的教训，这个教训就是：必须使各学科的最优秀的人才参加到课程设计的工作中来。决定美国史这门学科应该给小学生教些什么或算术这门学科应该给他们教些什么这种决断要靠各该学术领域里有远见卓识和非凡能力的人士的帮助才能作出。要断定代数的基本观念是以交换律、分配律和结合律的原理为基础的，他必须是个能够评价并通晓数学原理的数学家。当学龄儿童还不能分清美国历史的事实和趋势时，是不是要求他们理解弗雷德里克·杰克逊·特纳的关于边疆在美国史上的作用的观念，这又是一个决断，它同样需要对美国历史有深刻理解的学者的帮助。在设计课程时，只有使用我们最优秀的人士，才能把学识和智慧的果实带给刚开始学习的学生。

③ 要高度关注“星火知识”

人类的每一个知识领域都在不断地发生变化，都会存在一些尚未被充分关注却具有未来探索价值的领域。这些领域往往处在问题的提出阶段，或者解决问题的方案尚处于猜想、假设、不确定的阶段，还没有出现成熟的结论，更没有构建起完整的知识体系，但是这些领域的知识对学科的发展具有引领和启发的作用，同时，对于学习者来说具有培育创新意识和创新能力的作用。这些知识就像是燎原之火，具有学科引领和创新引领的价值，因此可以被称为“星火知识”。

总的来说，从学科的角度确定课程目标涉及的内容，主要从可靠性、衍生性和启发性三个方面考虑。

2. 从生活价值的角度设计课程目标的内容

这里着重要解决的是知识世界和生活世界的关系问题。从学科价值的角度看，很多知识具有重要的价值，但并不是所有具有“学科”价值的内容都具有“生活”价值。从生活价值的角度挑选课程目标的内容是指以目标的内容满足学习者生活需要的程度为标准，对课程的目标进行挑选。

（1）什么是生活价值

什么是生活？从个体的角度来说，生活是一个生命个体通过活动不断和世界、自我互动满足需要的过程。为了满足这些需要，个体必须不断地解决各种问题。因此，生活就是生命个体不断解决问题从而满足自我需要的过程。

什么是价值？价值有两个含义。一是指体现在商品里的社会必要劳动。价值量的大小取决于生产这一商品所需的社会必要劳动时间的多少。不经过人类劳动加工的东西，如空气，即使对人们有使用价值，也不具有价值。二是用途或积极作用。①

因此，所谓生活价值是指对解决学生现在与未来的生活问题具有的积极作用。

（2）为什么要以生活价值作为挑选课程目标内容的标准

学科价值是从学习对象本身来衡量的，它关注的是学校通过学习者对文化的学习得以传承和发展文化；生活价值则从学习对象满足学习者自身需要的角度进行衡量，它关注的是学习者自身的需要是否可以通过学校的学习得到满足。

（3）如何确定生活价值

每个人的生活都是不同的。很多课程目标的内容具有重要的“学科”价值，但是未必具有重要的生活价值，每个人的生活都建立在“必要”和“可能”的基础上。每个人都有自己的追求，这些追求构成了主观的“必要性”，如，有的人认为金钱的积累是生活的必需品，有的人认为尊严是生活的必需品，有的人认为感情是生活的必需品，等等。同时，每个人拥有的“可能性”条件是不同的。人们具有不同的遗传天赋、不同的身体机能及不同的外在条件，它们构成了必要性实现的基础。因此，每个人的生活需求是不同的。

学校课程目标不可能以每一个个体的生活需要为标准衡量自身的价值，而只能依照“一群人”共同和不同的生活需求为标准衡量自身的价值。为此，要着重处理好两个问题：一是专门和普通的问题，二是不同年龄的学习者的需求问题。

首先是要处理好专门教育和普通教育的关系问题。不同个体的生活需求有相同之处，比如，每一个人都有一定的审美需求，都需要学习和审美相关的知识。但是，有的人想要从事和审美活动紧密相关的工作，而有的人并不准备从事和审美活动相关的工作。为此，他们需要不同的审美知识，对审美知识的掌握水平也有所区别。比如，同样一个概念，前者掌握的外延需要全面一些，后者对外延的掌握则可以少一些，对于同一个概念，前者可能需要达到能够应用概念解决新问题的水平，而后者则只需要达到理

① 中国社会科学院语言研究所词典编辑室．现代汉语词典［M］．6版．北京：商务印书馆，2012：625.

解水平就够用了。因此，要区分“专门性发展”和“普及性发展”的不同，不能以专门教育取代普通教育，相反亦然。比如，从基础教育和高等教育的区别来看，同一门课程目标就应该有所区分。基础教育要提供普通教育的知识，而高等教育需要提供专门教育的知识，因为前者主要提供共性的、基础性的普及教育，后者则要提供高深的、专门化的知识。

其次是要处理好近期和长远生活需求的关系问题。“教育是面向未来的”，这是很多教育者的共识，但是学生的生活是有连续性的，学生是从今天走向未来的，今天的很多生活问题如果不能够得到解决，就会影响未来的生活。因此，课程不仅要研究学生的长远需求，还要关注当下面临的生活需求，将这些需求纳入课程目标的内容。比如，有研究者指出，学校课程应关注学生面临的校园欺侮的问题（参见“阅读材料：中小学品德课教材中欺侮问题的缺失与改进”）。

❖ 阅读材料：中小学品德课教材中欺侮问题的缺失与改进①

欺侮是指发生在学校范围内，未成年学生中的强势个体或群体对弱势个体或群体的故意的、经常的和反复出现的攻击性行为。欺侮行为会对被欺侮者造成严重的危害。校园欺侮行为首先会对被欺侮者的身体造成一定的伤害，甚至某些欺侮行为会危及被欺侮者的生命安全。更为严重的是，欺侮行为会对被欺侮者的心理造成极大的冲击和破坏，从而影响被欺侮者正常的心理发育。在以往发生的校园欺侮事件中，由于随时有可能被欺侮，容易使被欺侮者精神压力增大。同时，被欺侮者由于畏惧欺侮者的报复而不敢向教师或家长寻求帮助，这就容易导致沮丧、孤独、无助感等消极情绪的产生。在精神压力消极情绪的共同影响下，被欺侮者可能会产生厌学、退避甚至轻生等心理和行为问题。正是由于中小学生间的欺侮问题会造成如此严重的后果，才要求我们着力解决这一问题，为所有青少年的健康成长创造良好的环境。

中小学品德课教材中欺侮问题的缺失主要有以下几个方面原因。1. 对校园欺侮问题存在的普遍性和危害性缺乏高度关注。2. 对校园欺侮问题的理论研究和实践对策研究仍然比较落后。3. 教材编写和修改滞后于校园欺侮问题实际发生的变化。校园欺侮行为除了具有普遍性、后果严重性以及

---

① 刘靖华. 中小学品德课教材中欺侮问题的缺失与改进［J］. 教学与管理，2016（11）：92-94.

发生的隐蔽性等一般特征之外，近几年频频发生的校园欺侮事件也暴露出了一些新的特征：施辱主体低龄化，即近几年发生的校园欺侮事件中，欺侮者多是14周岁以下的未成年；群体攻击，即对被欺侮者的欺侮行为往往不是一人所为而是群体行为；起因简单、形式多样，即当前我国发生的校园欺侮事件多是因为同学间的口角、嫉妒、早恋纠纷等引起的，并进而导致了不同形式的欺侮行为。虽然由于教材的编写和修改具有周期性，无法将这些新问题、新情况全部包含在内，但是现有内容中有关欺侮问题的缺失仍然是一个不争的事实，并且会造成如前所述的危害。

消解中小学生中存在的欺侮问题已经是当下学校教育亟须解决的问题，课程中应该包含相关教育内容，以便促进中小学生对欺侮行为形成正确的认识，并引导他们转变、预防和反抗欺侮行为。教材编写者应该围绕欺侮问题重新编排教材中的有关内容。鉴于当前我国中小学品德课教材中欺侮问题的缺失，教材编写者应该将以下三个方面的内容收入编排尽早提上日程。其一，在中小学品德课教材中增加有关欺侮问题的专门的主题讨论。如前所述，当前我国校园欺侮问题普遍存在，并且欺侮者年龄越来越低，通过增加有关欺侮问题的专门的主题讨论，可以帮助中小学生形成对这一问题的正确认识，从而在一定程度上避免校园欺侮事件的发生。其二，中小学品德课教材应该全面揭示欺侮行为的危害。欺侮行为实际上对欺侮者和被欺侮者来说，都存在一定的危害。前人的研究已经获得了有关被欺侮者的生理、心理和社会等方面的成果，欺侮者独特的心理状态和行为模式却没有得到较好的表征。其实，对于欺侮者而言，他们的心理状态和行为模式可能是受到了家庭教育、社会不良因素等的影响进而形成的一种对自我和他人关系的错误认知导致的，而如果在欺侮问题上没有得到较好的引导，他们很有可能会走上犯罪的不归之路。因此，中小学品德课教材中应该将欺侮者和被欺侮者所面对的危害全面地反映出来，以便帮助中小学生形成对这一问题的正确认识。其三，中小学品德课教材应该增加系统的预防校园欺侮问题和自我救助的方式等内容。校园欺侮问题的预防必须依靠每一名学生的共同参与，这就要求他们了解预防校园欺侮问题的方式，比如尽早报告班主任、寻找学生干部的介入或者社会性力量的介入，如专业的心理咨询师的帮助等，从而在欺侮问题出现的初期就将其解决。而对于已经处在欺侮问题中的欺侮者和被欺侮者而言，他们都需要了解自我救助的方式，比如通过教师的参与，处理他们与父母之间关系的问题，或者寻找专业的心理咨询师的帮助等。地方教育部门和学校应该根据实际情况，开发相应的地方课程教材和校本课程教材，对本地区和学校中存在的校园欺侮问题进行系统的调研，并根据校园欺侮问题的性质和特征，组织编写相应的教材。在此基础上，通过开设校园安全课程，引导中小学生增强自我保护意识，正确认识欺侮行为的危害，以及获得自我救助的具体办法。

3. 从学校教育的特殊性出发设计课程目标的内容

教育活动可以在不同的情境下发生，学校、家庭、办公室、公共场所等地方都会发生各种形式的教育活动。但是这些不同情境下发生的教育各有特点，各有所长也各有所短，也正因为如此，它们彼此之间不可替代。因而，在学校教育情境下发生的教育活动要发挥其独特的优势，实现其独特的教育价值。

比如，同样是学习基本的餐桌礼仪，在学校里习得的餐桌礼仪应该和其他情境下获得的礼仪知识有所不同。在学校里，家长对礼仪的意义可能更多地从维护个体形象的角度解释，而在学校的学习中，还要学生了解礼仪的社会意义。因此，同样的学习主题，在学校中就要体现学校知识的专业水平和独特的教育价值，并使之在学校课程目标中得以体现。

4. 从学习的有效性角度选择课程目标的内容

什么是有效性？这里的学习“有效性”，包含“有效果”“有效率”两个方面。一方面，它是指身心发生积极而非消极的变化，即“有效果”；另一方面，它还要考虑这个变化的过程本身消耗的成本投入，即“有效率”。学校教育的特殊性之一就是能够提供有效的教育服务，能够通过各种手段和途径提高教育的效果和效率。正是在这一点上，学校教育才体现出相对于家庭教育、社会教育、自我教育等其他教育形式的独特优势。

一种既有学科价值又有生活价值的知识，是否具有学校的教育价值？即这种知识的学习是交给学校来完成，还是交给家庭、社会、自我教育来完成为好？要回答这个问题，就必须对学习的情境进行优选、优化。比如，对于一个现代社会的公民来说，学会开车已经成为一项基本生活技能。但是，这个技能是否一定要在中小学或者大学期间由学校开设专门的课程来学习？未必。学校的教育资源是有限的，它应该把有限的资源用来做自己擅长的事情。开车的事情应该交给社会教育机构——各种驾校去完成。一个国家的教育是由家庭、学校、社会、自我共同完成的，它们可以各司其职、各尽其力，构成一个个体受教育的整体环境。明白自己的所长和所短，把那些最需要学校来完成的教育任务转化为课程目标，是实现教育活动优化的必要选择。

5. 从课程的衔接角度设计课程目标的内容

《教育部关于全面深化课程改革 落实立德树人根本任务的意见》（以下简称《意见》）在谈到课程方案和课程标准的改革中强调，课程“要增强整体性，强化各学段、相关学科纵向有效衔接和横向协调配合”。[①] 学生的发展是一个从无到有、从低水平向高水平逐步进行的连续过程，同时也是一个各方面的发展相互影响、相互作用的过程。因此，学校教育活动也应该服从这个特点，课程设计也是如此。课程设计应该具有系统性，系统设计的理念应作为课程设计从而也是课程目标设计的基本理念。为了确保课程目标的系统性，应注意如下几个方面：

（1）注意纵向衔接

要从纵向看一下当前的课程和原有课程之间的关系，仔细检查当前和原有课程目标之间的衔接。课程目标的纵向衔接，有助于实现学生发展的连续性。在现实的学习生活中，不同学段之间出现悬崖落水式的断裂地带，是不同学段之间课程设计缺乏连续性的结果。这一连续性体现在学前升小学、小学升初中、初中升高中、高中升大学、大学升研究生等不断递进的发展序列中，也体现在每一个大学段内部的小学段之间的衔接，比如，小学一年级和小学二年级之间的衔接，小学一年级第一学期和第二学期之间的衔接。

（2）注意横向衔接

课程目标的撰写要考虑同时段学习的课程。现实的世界是整体存在的，人们解决问题的时候往往要运用到不同方面的知识和能力。由于学校课程的设置以分科课程的学习为主，因此，知识世界和现实世界呈现出不同的样貌——前者是分裂的，后者是整合的。

总之，课程目标的设计要通过纵向和横向衔接，实现学生学习过程的自然衔接，更好地服务于学生的整体发展。为了在课程目标的设计时体现衔接性，设计者应有“左看右看”“前看后看”的意识。比如，设计初中数学课程的目标，要先纵向地了解一下从学前到高中的数学课程的目标，然后还要横向地了解一下同时段开设的其他课程的目标，这样就能在一个“课程系统”中考虑当下要设计的课程目标（参见“阅读材料：初高中数学课程的衔接”）。

---

① 中华人民共和国教育部. 关于全面深化课程改革 落实立德树人根本任务的意见[Z/OL].(2014-04-08)[2020-11-25].http://www.moe.gov.cn/srcsite/A26/jcj_kcjcgh/201404/t20140408_167226.html.

❖ 阅读材料：初高中数学课程的衔接①

二期教材加大步伐，形成初中高中一体的创新体系。二期教材中向量有关内容跨出了更大步伐，做了更多的探索与实践，为建立初高中一体的以向量改造几何教学的创新体系，作出了极大努力。把引入向量作为实施中学几何内容整体改革的一个重要举措，具体做法是：把向量教学的起点放在初中阶段，在初中数学课程中引进平面向量的有关概念以及向量的线性运算。例如，在学习平行四边形的基础上引进向量的有关概念以及向量的加减法；在学习相似三角形的基础上引进实数与向量相乘等，以此延长向量基础教学的过程，并使得向量内容的教学从初中到高中形成逐步递进的层次，同时加强数学与物理的协调配合。在高中，进一步充实向量的基础知识，并利用向量研究平面直线方程和两条直线的位置关系等，加强向量的基本运用，适度改善解析几何的内容结构。在空间向量的背景下，精简传统的立体几何内容，利用向量来处理关于“空间直线与平面位置关系”的一些证明问题和解决有关度量计算问题。这个构想既有系统性，也有突破性。编写组认为，这样做从几何内容改革的角度看，改变了传统的中学几何教学体系中按科目展开综合几何、解析几何教学的局面，增强了几何教学的整体性；从向量的角度看，引进向量基本内容而且让向量在新体系中充当重要角色，使得几何研究的方法更加丰富，几何内容的内在联系进一步加强。

6. 从实施的可行性角度设计课程目标的内容

课程目标的设计还要注意主客观条件的限制。主观条件主要考虑教师和学生的可接受性，尤其是学生的可接受性。学生的可接受性主要考虑其原有的发展水平，包括其认知和情感的现有状态。认知水平主要考虑认知结构和认知发展水平的发展。认知结构主要考虑其现有的和新的学习任务相关的知识准备，包括其原有的经验、日常生活知识与能力、科学知识与能力等准备情况。认知发展水平则主要考虑其一般性思维发展水平，尤其是抽象思维的发展现状。此外，也要适当地注意其感知、记忆、言语等认

① 张福生．上海课改30年数学教材改革点滴拾遗（下）［J］．上海课程教学研究，2018（12）：10．标题系本书作者所加。

知方面的准备状态。情感主要考虑其现有兴趣、动机的需求准备状态。当然，所谓的“可接受”并非意味着完全顺从学生现有的发展水平，而是考虑在限定的教学时间、自身努力、教师的帮助等主客观条件下可以达到的可能发展水平。为此，课程目标的设计者要在对学习对象和学习者有充分理解的前提下根据“最近发展区”设计目标的内容，通过课程目标的达成实现“教育促进人的发展”的功能。(参见“阅读材料：最近发展区——教育要走在发展的前面”。)

❖ 阅读材料：最近发展区——教育要走在发展的前面①

教学无论这样或那样都应与儿童的发展水平相一致，这乃是通过经验而确立的并且多次验证过的无可争辩的事实，只有当儿童到了一定的年龄，才可以开始教儿童识字，儿童只有从一定的年龄起才能学习代数，这未必还需要证明。因此，确定发展水平及其与教学可能性的关系乃是一个牢固而又基本的事实，从而我们可以大胆地把这一毋庸置疑的事实作为依据。但是，我们只是在不久之前才注意到，当我们试图确定发展过程与教学的可能性的实际关系时，无论何时都不能只是限于单一地确定一种发展水平。我们应当至少确定儿童的两种发展水平，不了解这两种水平，我们便不能在每一个场合找到儿童发展进程及其与教学的可能性之间的正确关系。第一种，我们称之为儿童的现有发展水平。我们指的是由一定的已经完成的儿童发展系统的结果形成的儿童心理机能的发展水平。

从实质上说，在借助测验确定儿童的智龄时，我们几乎经常接触到的就是这样的现有发展水平。但是，单纯的经验表明，这种现有发展水平还不能十分完全地判定儿童发展到今天为止的状态。试想，我们研究了两名儿童并且判定他们两人的智龄都是7岁，这就是说这两个孩子能解答相当于7岁儿童才能解答的题目。但是当我们试图让这些孩子在解答测验上往前推进一步，那么他们之间便出现很大的差别，其中一个儿童借助启发性的问题、例题、示范，便容易地把距离他的发展水平两年的测验题解答出来，而另一个孩子却只能解答出超过他年龄0.5岁的测验题。

我们在这里直接遇到了为确定最近发展区所必需的一个中心概念，这

---

① [苏联] 列·谢·维果茨基. 维果茨基全集：第6卷 [M]. 合肥：安徽教育出版社，2016：400-404. 标题系本书作者所加。

个中心概念又是与现代心理学中重新估价模仿问题相联系的。

以前有一种观点认为，这样的原理是不可动摇的，即儿童的智力发展水平的指标只能是他的独立活动，而绝不可能是模仿。这种观点表现在测验研究的一切现代系统中。只有那些没有他人帮助、没有示范、没有启发性问题，由儿童独立完成的测验解答，在评定智力发展时才能引起注意。但是，研究表明，这种观点并没有什么根据。儿童的模仿可以远远超出他自身可能范围的动作，然而这些动作并不是无限的。在集体活动，在成人的指导下，儿童借助模仿所能完成的行动要多得多，并且是通过理解而独立完成的。在有指导的情况下借成人的帮助所达到的解决问题的水平与在独立活动中所达到的解决问题的水平之间的差异，便确定着儿童的最近发展区。

这种在成人帮助下儿童今天所做的事，明天他就会独立地去完成。由此可见，最近发展区能帮助我们判明儿童的明天，判明儿童发展的动力状态，从而我们不仅注意到在发展中已经获得的东西，而且也注意到正在成熟过程中的东西。比如，从已经完成的发展系统的角度来看，他们两人的智龄是相同的，但是从他们的发展动态来看两人的智龄是完全不同的。由此可见，儿童的智力发展状态，至少要通过弄清楚他的两种水平（现有发展水平与最近发展区）才可能加以确定。

这一事实看起来似乎无关紧要，但是实际上，它却具有决定性的原则意义，并且给关于教学与儿童发展过程之间的关系的整个学说带来了一场巨大变革。首先，这一事实从发展的诊断学看，改变了应该怎样做出教育学结论问题的传统观点。过去的事情呈现出这样的情况：借助测验我们确定儿童的智力发展水平，教育学应当考虑到这个水平而不应当超过这个水平。由此可见，这个问题的提法本身已经包含了这样一种思想，即教学应当面向儿童发展的昨天，面向已经经历过的已完成了的发展阶段。

这种观点的错误在理论上还没有变得很明显时就在实践中暴露出来了。在智力落后儿童的教学实践上，这一点可能表现得最为突出。大家都知道，研究表明：智力落后儿童的抽象思维能力是很低的，辅助学校的教育学便由此得出了一个看似正确的结论，即对这样的儿童进行的全部教学都应当以直观性作为基础。但是，在这方面的诸多经验使得特殊教育学大失所望。原来，这样的教学体系，由于它完全建立在直观性的基础之上，并且从教学中排除了一切与抽象思维相关联的东西，因此它不仅不会帮助儿童克服他们自身天生的缺陷，反而还使这种缺陷巩固下来，从而使儿童完全习惯于直观思维，它还妨碍了这样的儿童抽象思维的萌芽发展。对于智力落后的儿童如果听其自然，那么无论何时何地他们都得不到发展抽象思维的机会。学校的任务正是要全力以赴使儿童朝着这一方向前进，发展他们那种在其发展中本身欠缺的方面。就是在辅助学校的现代教育学中，我们也观察到由于这样来理解直观性而发生很有益的变革，从而也给直观教学方法本身赋予了真正的意义。直观性只是在发展抽象思维的阶段被当作手段时才需要不可避免，但是它本身并不是目的。

在正常儿童的发展中，也产生某种与此非常相似的东西，**教学如果是以已经完成的发展系统为目标，从儿童的一般发展的角度看来，这种教学是没有积极作用的**，它不会引起发展过程而只是充当发展的尾巴。

与旧的观点不同，关于最近发展区的学说使我们能提出一个与之相对立的公式，这个公式宣布：**只有那种走在发展前面的教学才是良好的教学**。

课程目标内容设计的客观条件主要考虑实现课程目标所需的时空因素、物质资源等限制。如，我国基础教育课程方案、课程标准对课程的设置、实施、评价都进行了规定。设计课程目标的内容时要参考国家一级的《义务教育课程设置实验方案》《普通高中课程方案》以及地方一级的省、市基础教育课程方案（参见“阅读材料：江苏省义务教育课程设置实验方案（2017 年修订）”），参照其总体框架和具体的要求进行设计。

❖ 阅读材料：江苏省义务教育课程设置实验方案（2017 年修订）①

周课时 年级 / 科目	一	二	三	四	五	六	七	八	九	学科总课时数	占总课时比例
道德与法治	2	2	2	2	2	2	2	2	2	626	6.6%
历史							2	2	2	206	3.6%
地理							2	2		140	

① 江苏省教育厅. 关于印发江苏省义务教育课程设置实验方案（2017 年修订）的通知：苏教基〔2017〕9 号[A/OL].(2017-05-27)[2020-10-12].http://xhstdc.com/item/249.aspx.

续表

年级 / 周课时 / 科目	一	二	三	四	五	六	七	八	九	学科总课时数	占总课时比例
道德与法治	2	2	2	2	2	2	2	2	2	626	6.6%
科学	1	1	2	2	2	2				350	9.1%
生物							3	2		175	
物理								3	3	204	
化学									4	132	
语文	8	8	7	7	6	6	5	5	5	1985	20.9%
数学	5	5	4	4	5	5	5	5	5	1495	15.7%
外语			3	3	3	3	4	4	4	832	8.7%
体育与健康	4	4	3	3	3	3	3	3	3	1029	10.8%
音乐	2	2	2	2	2	2	1	1	1	523	11.0%
美术	2	2	2	2	2	2	1	1	1	523	
综合实践活动			3	3	3	3	3	2	2	641	6.7%
地方和学校安排的课程	2	2	2	2	2	2	3	2	2	661	6.9%
周课时数	26	26	30	30	30	30	34	34	34	9522	
学年总课时数	910	910	1050	1050	1050	1050	1190	1190	1122		

说明：

1. 每学年上课时间为35周。校机动时间2周，由学校视具体情况自行安排。复习考试时间2周，其中9年级第二学期毕业复习考试增加2周，实际上课时间为33周。每周按5天安排教学，1~6年级每课时40分钟，7~9年级每课时45分钟。

2. 在1~2年级进行英语课程实验的学校，每周不少于2课时，在“地方和学校安排的课程”的课时中安排，不得挤占其他学科的课时。

3. 不得将体育与健康课程的课时挪作他用。应利用体育活动课、课间操及其他综合性文体活动等，增加学生参加体育活动的时间，保证学生每个学习日有1小时体育锻炼时间。要在保证音乐、美术课程教学的同时，加强综合性美育工作。要在音乐、美术学科教学中，增加综合性美育内容，结合校本课程、综合实践活动、地方课程的开发和实施，提高美育的质量，落实国家、省对学校美育工作的要求。

4. 信息技术教育、劳动技术教育属于全省的地方课程，在“地方和学校安排的课程”中安排课时。小学和初中信息技术教育至少各102课时（包括基础模块68课时，拓展模块34课时），劳动技术从小学3年级开始，每周不少于1课时。

5. 学校根据教育教学计划灵活安排研学旅行时间，一般安排在4~6年级、7~8年级，研学旅行使用综合实践活动课程的课时。

6. 小学1~6年级要在语文课程或地方课程中每周安排1课时的书法课；初中阶段可在地方课程或校本课程中每周安排1课时的书法课；中小学还可在美术、艺术、综合实践活动、校本课程中结合学科特点开展形式多样的书法教育。

7. 晨（夕）会、班会、少先队活动、科技文体活动等由学校统筹安排，整合实施。1~2年级少先队活动每周1课时，放到“地方和学校安排的课程”时间中安排。3~8年级少先队活动每周1课时，与综合实践活动课程结合起来安排。

8. 各门课程均应结合本学科特点，有机进行思想道德教育。心理健康教育与班主任工作、班团队活动、校园文体活动、社会实践活动等有机结合。环境、国防、安全等专题教育应渗透在相应课程中。

9. 预防艾滋病教育等三项专题教育的课时原则上从地方课时和班团队活动时间中安排。预防艾滋病教育主要在7~9年级进行，按平均每学年2课时安排教学内容；毒品预防教育主要在5~9年级进行，按平均每学年2课时安排教学内容；环境教育主要在1~9年级进行，按平均每学年4课时安排教学内容。学校可利用教学挂图进行教学活动，要充分利用“世界艾滋病日”“国际禁毒日”和“世界环境日”等契机，通过多种形式开展教育活动，任何单位和个人都不得借开展三项专题教育活动，加重学生负担，强行向学生推荐学习材料。

以上是就课程目标内容的设计提出若干建议。课程目标的设计是一项复杂而又繁重的工作，既需要足够的专业知识，也需要大量的时间、精力，然而由于其对课程内容、实施与评价的引领作用，这些投入都是必要的。

（二）课程目标的组织设计

在对课程目标的内容进行精挑细选之后，还要将这些课程目标组织起来，使它们如同珍珠一般按照一定的线索串联起来，成为一个有着合理内在联系的系统。

从理论上讲，课程目标的组织方式最为常见的有三种：

1. 按照学习对象自身的逻辑进行组织

这种组织方式通常是按照知识的内在逻辑为线索将课程目标联系起来。如学科课程以掌握系统的知识体系为学习的主要任务，通常按照所涉及的学科自身的知识体系来连接不同的课程目标。

2. 按照学习者学习的实际需要进行组织

这种组织方式往往会打乱学科知识体系的原有结构和顺序，根据学习任务的需要组织课程目标。如，活动课程中围绕着某一主题活动将不同的学科知识串联起来构成不同的活动单元。又如综合课程将有着某种内在联系的不同学科的知识分别整合在一起构成知识单元。

3. 按照学习对象自身的逻辑和学习者学习的实际需要进行组织

在很多场合，学校课程的组织常常采取折中的方式，一方面尽可能地保留学科知识的系统性，另一方面又尽可能地照顾到学习者自身的发展需求。如，螺旋式课程（参见“阅读材料：螺旋课程”）。螺旋形的课程目标安排一方面尊重了知识体系自身的逻辑，使得学习者避免学习零碎、孤立的知识，形成系统化的知识结构，另一方面，由于根据学习者身心发展的实际情况进行加深加宽的递进式重复学习，兼顾了学习者发展水平的阶段性、连续性特征。以“善”的概念学习为例。“善”的概念是伦理学知识体系的起点知识，也是重要的核心知识，因此要尽早学习这一概念才能使其他伦理知识的学习顺利进行，但是这一概念对于低年级的学生来说比较抽象，不容易掌握。为此，可以采用螺旋形上升的方式在不同的学习阶段对这一概念反复学习的同时在发展水平的要求上不断加深、加宽（在广度上从具体的例子到抽象的思辨，在深度上从简单的“知道”水平到品德的“内化”水平）。

❖ 阅读材料：螺旋课程①

螺旋课程是安排复杂的学科内容的一种方式，采用这种方式学科内容可在整个学习过程中循序渐进，学生可以逐步深入地接触学科内容或学习

① 江山野. 简明国际教育百科全书［M］. 北京：教育科学出版社，1991：54-55.

它的不同方面。决定学习经验连贯性的螺旋课程制，在学生入小学起即向他们传授学科内容的某些方面，并为他们在其后的几年中加深学习相同内容的复杂形式做好准备（拉根和谢泼德 Ragan and Shepherd，1977）。

螺旋课程的设置旨在使学生的学习逐步深入，同时利用学生日益增长的成熟性。某一门学科在一年中学习的内容可以分散到几年中去学习。采用螺旋课程的一个典型例子是某些学校设置的理科课程。下面列出的是一份理科螺旋课程计划，其中可以看出学生学习的课题：

一年级：学习小动物，如兔子或豚鼠的基本需求；

二年级：开始学习植物的基本需求。

三年级：开始学习与动植物有关的生态系统。

四年级：学习与人类有关的生态系统。

五年级：学习作为不同系统的动植物。

六年级：学习物理系统——作为一个系统的地球。

七年级：学习家庭实用化学。

八年级：学习城镇物理学。

九年级：学习生物学。

十年级：学习化学。

十一年级：学习物理学。

按理说，每个年级所学课程都该包括所有以前学过的内容，至少大体上应有一概述。20 世纪 60 年代，美国的蔡斯·凯勒（Chas Keller）对于螺旋课程作了一些变动，他始创的课程称之为“逐步深入课程”（post-holing)，即一门学科在十二年学校教育的过程中学习两三遍，但每次学生都深入地学习课程的不同部分。由于美国历史这门课程在十二年的中小学教育中通常教授两三遍，所以这门学科首先采取了“逐步深入”的编排方式。美国史课程在学生第一次学习时，“逐步深入的内容”是殖民地时期和革命时期的历史，其他的内容和穿插的内容只是接触一下，第二次学习时，“逐步深入的内容”可能是另一个时期，也许是南北战争的历史。学生在第三次学习时，也许深入学习罗斯福时期以来的历史，其他内容只是粗略地学习。这样做的目的是使学生在了解整个美国历史，并深入学习某些内容时能获得历史学家所具有的某些经验。“逐步深入”要求学生参考各种基本文献，形成自己的理解，然后将自己的工作与职业历史学家的研究结果进行比较。螺旋课程和“逐步深入”课程的设置是为了使学生获得深刻的经验。人们希望学生运用这两种方法能够体验学习的乐趣，其基本做法是运用与学习科目相适应的探究方法。这两种方法基本相同，不同的地方在于，螺旋课程中的螺旋连续性是事先规定要包括以前的内容，而“逐步深入”的编排方式不一定具有内在的关联性。20世纪60年代的创新课程表现出的趋势是，采用螺旋式的组织方式安排不同的课题内容。这种趋势体现了布鲁纳（Bruner，1960）的思想，他主张“课程在其发展过程中应该回顾那些以它们为基础的基本概念，直到学生全面掌握了课程参考资料为止”。

上述是组织课程目标的三种基本思路。在实际的课程目标设计中，可以将课程目标分解为总目标、模块目标、分段目标等不同层级和不同单位，进而为教材目标的设计做好准备。

综上所述，课程目标的设计是一项烦琐且繁重的任务，需要精通学科知识的专家、精通教育知识的专家彼此深入合作，此外必要的时候还需要学习者、家长、社会人士等其他课程相关者的合作。离开学科知识专家的把关，课程目标的设计就会失去科学的严谨性，离开教育知识专家的把关，知识的学习就会出现“卡脖子”现象，而如果没有其他课程相关者的贡献，课程目标未必能够满足学习者个体和社会的需求。为此，将课程目标的设计交给单一身份的设计者并不是最好的选择（参见“讨论与争鸣：什么可以成为课程目标?”）。

◆ 讨论与争鸣：什么可以成为课程目标?①

大约在20年前，教育部开始制定“新课程标准”。当时主持数学方面的是几个中学教师，他们对于数学很少了解，但对于原有的课程做了很大的改动，砍掉了很多内容，又增加了很多内容，很明显会给中学数学教育造成极大的混乱。数学界的一些关注教育的人士，姜伯驹先生、张英伯先生等，对此提出异议，经过艰苦的努力，有了一些发言的机会，得以部分地阻止了“新课标”中的严重问题。与数学相比，其他学科如物理、化学、生物等方面的“新课标”问题要严重得多，就是因为没有专家参与抵制。

对于“新课标”中的改动，我觉得“难”“易”（所谓“避难就易”）

---

① 李克正．数学教育的发展方向必须掌握在数学界［J］．云南教育（视界），2020（12）：41-42．标题系本书作者所加。

并非实质，真正的实质是内容的取舍，即“what”层面的问题，而不是“how”层面的问题。如上所说，“新课标”在内容上的改动很大，甚至与在座诸位当年的中学课程内容都不可同日而语。

举例说，在初一代数中就没有了多项式的带余除法，那么后面的辗转相除法、最大公因式和最小公倍式，进一步的因式分解、不可约多项式、唯一因子分解定理，高中的余式定理等等就更不可能有了。而有理式的分解就更不会了，所以很多大学生不会做简单的积分题；在线性代数的学习中困难就更大了，例如不懂带余除法的人没法学初等因子、相似矩阵等，甚至有些教科书将这些内容都砍掉了。再举个例子，中学的立体几何，核心就是三垂线定理，但现在没有了。而大学解析几何首先要建立空间坐标系，这是必须用到三垂线定理的。即使很好的教科书，在这一点上也只能糊弄，因为不可能将立体几何从头至尾讲一遍。而中学现在的立体几何是这样讲的：空间中有两条直线都和第三条直线平行，则“由观察可见”它们也互相平行，这样就得到一个定理（叙述定理但无证明），然后就是做题了。每个部分都是如此。这样的课程还不如不学，因为“不怕不懂，就怕不懂还自以为懂”。这种情况，大学教师多少可以看到一点，所以一些大学对新生补中学数学，甚至补很多；一些高校教科书也在开头专辟一章讲中学数学。但问题早已严重到“补不胜补”的地步。中学生在数学上缺的“应知应会”太多，到了大学数学挂科就在所难免了。

近年来，数学对于国家发展战略的重要意义，已经逐渐成为社会共识。那么，鉴于我国目前发展的需要，应该让中学生学什么数学内容呢？这个问题需要很深的学问才能回答，而且即使是专家们也会有很多不同意见。但是我们可以退一步，专考虑“为了将来上大学需要学什么数学”，这个问题不难回答，而且也不会有很多争议。要紧的是，数学教育的发展方向必须掌握在数学界，尤其要依靠那些不计名利投入中学教育的数学大师们，否则无法避免出现很多不良倾向的危害。

第四节　教材目标及其设计

当课程目标设计结束之后，教材目标的设计任务才可以正式开始。本节就教材目标的设计问题进行讨论。

一、教材目标和课程目标、教学目标的关系

课程的实施可以通过教材来完成，也可以通过其他途径和媒介来完成，因此，课程目标和教材目标可以不相重合。而在实际的教学过程中，教师在拟定教学目标时，可能会根据实际的教学情境对教材目标进行调整，与此同时，还有可能针对进行中的教学情况临时确定教学目标。因此，教学目标就可能涉及三类目标：一是教材设计者提供的教材目标，二是正式教学之前进行教学准备时拟定的目标，三是在教学进行过程中临时拟定的目标。由此可见，教材目标和教学目标也可以不相重合（参见“图 3-2　教材目标和课程目标、教学目标的关系”）。

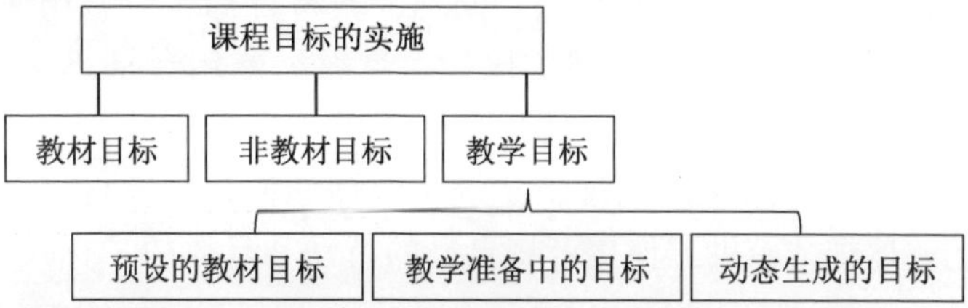

图 3-2　教材目标和课程目标、教学目标的关系

从总体上看，教材目标是教材设计者预先计划的，是静态的、固定的；教学目标却是在教学过程中实际呈现的，是动态的、变化的。课程目标的阐述通常较为笼统和宏观，教材目标则相对具体，教学目标则最为详细和具体。如此，通过一以贯之的分解和逐步细化，课程目标就通过教材的使用得以贯彻。

二、教材目标的设计

（一）教材目标的可见性

教材目标的可见性是指教材目标的内容应清晰可见、明白易懂。

教材目标在教材的使用过程中，尤其是在教学中具有重要的作用。教学是师生合作实现目标的过程。目标在教学的过程中既有助于激发学习的动机，也有助于确保师生的努力沿着共同的轨道前进。学习目标是促使学习者产生期望的重要途径。期望是影响和控制学习的重要条件，“期望也经常受到诸如言语指示等外部事件的影响。典型地说，那种‘告诉学习者学习目标’的言语交流能产生特别的期望。这种从外部给予的交流也许要影响学习内部过程的任何一个部分或全部，它使学习者‘保持在轨道上’而避免大的过错。用这样的方式建立起来的特别期望使学习者能够知道，什

么时候他的学习是完全的——他能够以所希望的形式去行动，并能因此而得到强化”。①

无论是教材总体目标还是具体到课时目标，都应在教材中让使用者看得见、可理解，并且描述够详细。所谓“看得见”，是指使用者能够毫不费力地在教材中找到目标，而不需要自己去总结和猜测。学习的过程应该是透明的，一个目标不明确的教材会使师生，尤其是学习者仿佛置身于暗箱中，失去努力的方向，也失去自省的参照物。所谓可理解，是指使用者能够完全明了目标的含义。在日常生活中，当我们生病的时候需要服用一些药物，如果药物说明书上的各种说明无法被我们理解，药物的疗效就有可能因为我们的不当使用而受到影响。同理，教材目标也应该用使用者能够理解的方式给予清晰明确的阐述。比如，当教材使用者是小学生的时候，某些过于抽象、专业的用语就应使用他们能够理解的方式给予描述。所谓够详细，是指教材目标应避免过于笼统、模糊的描述。教材目标应该尽可能地具体化，这样才有助于使用者将自己的行动和具体的“标尺”相比较，及时更正自己的行动方式和努力方向。比如：“通过本单元的学习，学生将养成高雅的审美情趣。”怎样才算是高雅的审美情趣？在哪些方面的审美情趣？再比如：“通过这一章节的学习，学生将形成良好的学习习惯。”良好的标准是什么？哪些方面的学习习惯？这些目标的描述过于笼统、模糊，让师生难以确定自己具体的行动内容和方向。

（二）教材目标的结构

教材目标和其他教育目标一样都是描述教育活动结束之后受教育者的发展情况或者学习结果，因此，教材目标的基本结构也应该包括发展领域和发展水平两个方面的内容。如：“通过本章的学习，学生能够理解‘青山绿水就是金山银山’的道理。”教材目标也可以采用课程目标的描述方式，使用行为动词描述学习结果的发展水平。同样，教材目标的描述也要按照规范来描述。

（三）教材目标的内容

教材目标的内容来源主要依据课程目标。通常，在教材设计之前首先要完成课程设计。因此，教材目标的设计要在课程目标设计结束之后才能顺理成章地进行，如此，课程目标就成为教材目标的主要来源。故而教材目标内容的设计应该和课程目标的内容相衔接。当然，诚如上述所说，教

---

① ［美］R. M. 加涅. 学习的条件［M］. 傅统先，陆有铨，译. 北京：人民教育出版社，1985：76.

材目标和课程目标不一定一一对应，因为课程目标的实现既可以依赖教材，也可以依赖其他的教育活动。

（四）教材目标的分解与组织

1. 教材目标的分解

教材目标作为一个系统，一般可以由教材总目标和分目标（如分册教材目标、单元目标、课时目标）构成（参见“图 3-3 教材目标的分解”）。

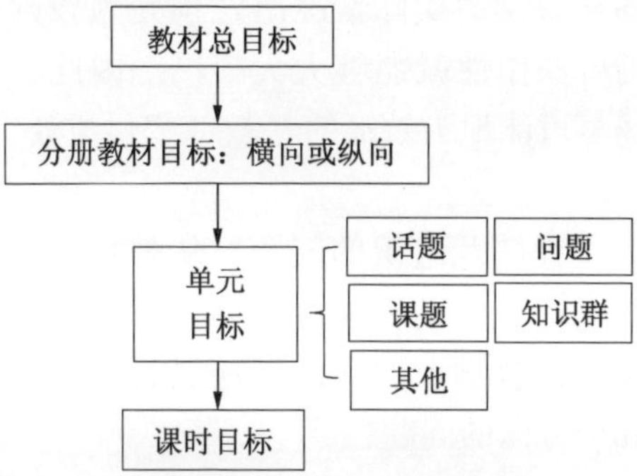

图 3-3 教材目标的分解

首先，依据课程目标推导出教材总目标。设计教材目标的第一步是研究课程目标。在已经有明确的课程标准的时候，教材目标要参照课程标准中的课程目标。

其次，将教材总目标分解为分册教材目标。有时候，教材可能会按照一个系列的“丛书”方式设计。当教材需要按照不同的学习阶段依次设计成系列教材的时候，就需要将教材总目标加以分解，通过一系列的教材完成教材的总体目标。

再次，在同一教材内进行单元分割，从而形成单元目标。在将教材目标分解为单元目标的时候，首先要进行单元的设计。教材的单元可以由多种方式组成。第一种方式是以话题为中心组织单元。如，以“节气”为话题，把和节气相关的学习目标整合为一个单元。第二种方式是以问题为中心组织单元。如，确定一个问题“如何进行自来水的净化”，可以把和这个问题有关的目标组成一个单元。第三种是以课题为焦点组织单元。课题相对于话题、问题来说更加有“研究”“探索”的意味。如，完成某一社区的人口统计，它所涉及的目标会更加复杂。第四种是以知识群为单位组织单元。如，把和“散文写作技巧”相关的目标组织成单元。此外，还可以有其他的单元组织方式。这里要注意的是，同一个课程目标可能只需要一个单元即可完成，但是有时候可能需要多个单元完成。这是因为有些目标比较复杂，需要学习者反复学习或者递进式的学习才能完成。因此，教材目标的内容虽然主要来自课程目标，但是在组织单元的时候不能简单地根据课程目标做一一对应式的切割。

最后，在必要的时候，还要将单元目标分解为课时目标。尽管教师教学的时候会依据当时的具体情境对现有教材进行灵活的利用和调整，但是如果教材设计者能够从教学的实际情况出发预先为教师分配好教学的合理进度，那么，教材的可操作性就能够大大提高。因此，教材设计者应该站在教材使用者的立场尽可能地为教师的“教”提供方便。

2. 教材目标的组织

教材目标分解的过程涉及组织的问题。从教材总目标到课时目标都需要对教材目标的组织进行合理的安排。总体来看，教材目标的组织应适合学生的学习过程，按照符合学习规律的顺序进行合理的组织。教材目标的组织主要考虑以下几个方面的问题：

（1）单个目标内部的终点目标和过程目标要相互衔接

这里所谓的“终点目标”和“过程目标”的衔接是就单个教材目标本身的设计来说的。教材目标是连接课程目标和教学目标之间的桥梁，一方面它应涵盖课程目标的内容；另一方面，它又要具有“可教性”，即它能够揭示出课程目标在教学情境下的“实现过程”。为此，要通过教材目标的组织将学习对象自身的内在结构（知识结构）转换为学习者学习过程的结构（学习的结构）。故而在设计某个教材目标时，要兼顾终点目标（结果性目标）和过程目标（亦可称为“使能目标”，即具体的终点目标的必要性或支持性的先决条件[①]）。终点目标是最终要达到的目标，过程目标则是为了协助终点目标的达成而设立的分目标。比如，如果终点目标是熟练掌握一套投篮的技能，那么，这套技能中包含的单个技能的熟练掌握就构成了“过程目标”或者“使能目标”。

终点目标和过程目标的衔接可以从两个方面着手。第一是要注意发展领域的衔接。如，道德认知是道德行为的过程目标，因此以道德行为习惯的养成作为终点目标时，要注意将道德认知作为其过程目标加以考虑。第二是要注意发展水平的衔接。每一个发展领域可能涉及不同层级的发展水

① ［美］R. M. 加涅，W. W. 韦杰，K. C. 戈勒斯，等. 教学设计原理［M］. 5 版. 王小明，等译. 上海：华东师范大学出版社，2007：154.

平，因此终点目标和过程目标的衔接不仅要考虑发展领域的顺序，还要考虑发展水平的顺序（参见“阅读材料：‘三分段’平面几何的创新体系与解决几何入门难的努力”）。如，如果一个终点目标涉及“能够运用某个原理解决新问题”，那么这个原理需要先被了解和理解，“了解”和“理解”两种水平就是“应用”水平目标的过程目标，设计终点目标的时候就要兼顾“了解”和“理解”这两个过程目标。如此，在必要的时候，终点目标及其过程目标就可以形成适合学习的连续的目标序列，引导师生沿着合理的轨道进行教与学。

教材的终点目标和过程目标是材料系统、活动系统、评价系统设计的指南针。也就是说，材料系统、活动系统、评价系统的设计并不只是针对终点目标的，而是要为过程目标和终点目标服务，从而为师生提供一个完整而紧密衔接的“教与学的系统”。

（2）注意不同教材目标的排列顺序

关于教材目标的组织，要注意它们彼此之间的先后顺序。比如，先学习知识，然后学习技能；先学习概念，然后学习原理。因为技能的学习需要以知识的学习为前提，而原理的学习要以概念的掌握为前提，所以知识目标应该被安排在技能目标之前先行完成，而概念的掌握应安排在原理的学习之前。（参见“阅读材料：知识的顺序”）

（3）教材目标的分布要合理

一个终点目标有时候需要多次重复学习才能实现，这就需要将同一个目标在多个分册教材目标或者单元目标、课时目标中多次重复出现。有些目标的达成难度较高，比如某些情感类目标、价值观目标、方法类目标；有些目标的达成水平要求较高，如要求实现运用、分析、评价等水平，这些目标可以采用和课程目标一样的螺旋形上升方式进行组织。

（4）教材目标的分布宜难易均匀

教材目标的设计还要注意可行性，因此要根据现实条件尽量均匀分布。这里的现实条件包括主观和客观两个方面：主观方面主要是指师生的能力，客观方面则主要考虑时间的安排。教材总目标分解为分册教材目标、单元目标、课时目标时，要考虑整册教材目标和单元、课时目标完成所需要的教学时间。比如，每个单元中的目标容量不宜超过实际的教学时间，因每一单元的难点过多容易给教学进度的合理安排造成不便。

❖ 阅读材料："三分段"平面几何的创新体系与解决几何入门难的努力①

一期教材借鉴、创新，设计"三分段"。平面几何教学新体系《中学数学实验教材》的"实验几何"部分，对解决平面几何入门难有好处。但《中学数学实验教材》的平面几何部分局限于初中阶段，设计了"实验几何—论证几何"两个分段，而一期教材有着九年一贯的优势，在小学阶段也可以有所作为。经过反复论证和实践，在平面几何部分，从小学到初中，设计了"直观几何—实验几何—论证几何"三个分段的创新体系。在小学的"直观几何"阶段，由现实生活中的物体形状，直观认识基本的几何图形、几何体的名称、简单性质和计算，为初中的"实验几何"阶段提供一定的认知基础。在初中六、七年级的"实验几何"阶段，就利用小学"直观几何"阶段所得到的图形认识和简单性质，进行"运动实验"，也就是以图形的平移、旋转和对称等运动变换作为手段，进行几何图形实验，得到图形的性质。这个阶段要求说理而不要求推理表达，但已蕴含推理要求，得到的结论可作为推理论证阶段证明的依据。到八、九年级则进入"论证几何"阶段，从三角形、四边形的有关证明开始，进入相似形、圆的较为系统的论证。在这三个分段中，"直观几何"只是获得感性认识，"实验几何"则是感性认识加上理性操作，最后进入"论证几何"。这样"三分段"的设计，比《中学数学实验教材》的"两分段"更进了一步，并有所完善和提升。

❖ 阅读材料：知识的顺序②

1950年，严济慈在《人民教育》上发表了《对于普通中学高初级物理学教材精简细则的两点意见》一文。严济慈教授是著名的物理学家，在民国时期也从事过物理教材的编写工作，他的文章并不是严格意义的教材研究论文，只有20行文字对《精简提纲》中的物理部分提出了补充说明，但这个说明短文蕴含了其对教材编写的三项原则性思考。他指出，要关注物理学科逻辑和学生心理特点，"电动势（或电压）是电流产生的原因，而电

---

① 张福生. 上海课改30年数学教材改革点滴拾遗（下）[J]. 上海课程教学研究，2018（12）：8-9.

② 赵长林. 新中国教材理论探索时期的研究成果与理论贡献（1949—1989年）[J]. 宁波大学学报（教育科学版），2019（4）：70-76. 标题系本书作者所加。

阻是产生了电流所以有弱的缘故。有了电流、电动势（或电压）和电阻三个观念之后，再来说明这三者之间的关系——欧姆定律”，“波动似应放在振动之后……因为波动是振动的传递，观念比较复杂，比较抽象，很不容易为一个中学生所掌握的”。

第五节　教材目标系统设计的常见问题与解决策略

一、教材目标不清晰

教材目标不清晰是比较容易出现的问题。教材目标不清晰主要表现为两种情况：一是某个部分的目标不清晰。比如，某个单元的目标不清晰；二是教材目标分布零散。比如，教材目标分散在材料、练习等不同的单元组成部分。教材目标不清晰带来两个直接的后果：一是教师不得不花费很多时间“猜测”和整理教学时的重点和难点；二是学生难以利用教材进行有针对性的自学。此外，由于教材目标不清晰，不同的师生在使用教材时会对教材进行不同的解读，从而导致不同的学习结果。如此一来，预定的课程目标就会在教学过程中沿着不同的轨道进行，直至最终结果迥异。这对课程目标的实现是极不利的。尤其是在国家课程的实施过程中，由于教材目标的不明确，课程标准的贯彻将遭遇困难。因此，一方面，教材设计者要对教育目的系统中各个层级的目标内容多加研读，尤其要对课程目标有全面准确的理解，据此设计教材目标；另一方面，还要根据学习者的理解能力用他们能够理解的方式加以描述。

二、教材目标撰写不规范

教材目标的撰写中经常出现两个问题：第一个问题是把教师的行为当作目标，如“培养学生……”“引导学生……”；第二个问题是把学生的学习过程当作目标，如“学习如何……”“参观……”等句子，这些句子都是描述学生的学习。因此要转换角度，把通过教师的“教”和学生的“学”之后的“结果”描述出来，即通过“培养学生……”“引导学生……”后“学生能够……”，通过“学习如何……”之后“学生能够……”。

三、教材目标组织不良

教材目标的组织方面比较常见的问题有两个。一个问题是只描述终点目标，不能体现实际学习的进程轨迹，如此就会降低教与学的针对性和效率。为了让教材目标体现学习的合理轨迹，可以采用倒推的方式从终点目标推导出过程目标，然后依次排列，构成一个引导师生前进的“路线图”。另一个问题是各个目标之间相互孤立没有内在联系。在实际的教学活动中，同一个教学活动可能同时实现一个以上的目标。为此，必要的时候要对不同的目标进行整合。比如，由于认知和情感是教学活动中难以分割的两个方面，因此知识目标的达成过程中常常会伴随着情感目标，在分解目标的时候，就可以将这些目标设计在同一个单元或者课时中。

四、教材目标的达成难度分布不均

教材目标在分解的时候会出现分布不均匀的问题。在实际的课时表中，教学时间和进度通常是按照相对固定的时间单位顺次安排的。比如，通常一节课固定在 40 分钟至 50 分钟。如果教材目标分布不均匀就会导致有些目标来不及在有限的时间里完成，而有的目标又花费过多的时间学习。为此，要在分解教材目标之前先了解教学的时间限制，并了解学习者的发展水平，合理设计单元和课时目标的容量。

本章小结

教材目标的设计看似很简单，实则很复杂。教材目标的设计要“瞻前顾后”，既要回顾国家总目标、学校目标、专业目标、课程目标，又要展望未来的教学目标。不仅如此，有时候还要先行设计课程目标，然后才能据此规划教材目标。教材目标的设计还要把“教”与“学”的过程纳入设计，因为如此才能实现“临床诊断式”或者“情境式”的教材设计，使教材不是呈现为一个静态的等待演出的“剧本”，而是本身就蕴含着表演的“生动气息”。

■ 练习和检查

请尝试为你的教材设计目标系统，可参照“教材目标系统设计检查表”进行检查，在“检查结果”一栏的相应处打“√”。

教材目标系统设计检查表

教材目标设计的要求		教材目标设计的检查	检查结果
教材目标清晰可见，明白易懂	清晰可见	教材目标很容易被使用者发现	
		教材目标不太容易被使用者发现	
		教材目标不容易被使用者发现	
	明白易懂（对学生）	教材目标对学生来说明白易懂	
		教材目标对学生来说不太明白易懂	
		教材目标对学生来说难以理解	
	够详细	教材目标描述得够详细	
		教材目标描述得不太详细	
		教材日标描述得不详细	
教材目标和课程目标紧密衔接		和课程目标契合	
		和课程目标不太契合	
		和课程目标没关系	
教材目标结构完整，描述规范	从学习结果的角度描述教材目标	从学习结果的角度描述了教材目标	
		没有从学习结果的角度描述教材目标	
	教材目标结构完整	教材目标包含了发展领域与发展水平的完整内容	
		教材目标没有包含发展领域和发展水平的完整内容	
教材目标合理分解与组织	体现总目标和各个分目标（如：分册、单元、课时）之间的纵向层次性	总目标和各个分目标（如：分册、单元、课时）之间层次清晰，能够体现学习的顺序，引导学习的进程	
		总目标和各个分目标（如：分册、单元、课时）之间的层次性不明显，不能够合理地引导学习的进程	
	体现终点目标和过程目标的衔接	设计单个目标时同时考虑到了终点目标和过程目标	
		设计单个目标时只考虑了终点目标，没有考虑过程目标	

续表

教材目标设计的要求		教材目标设计的检查	检查结果
教材目标合理分解与组织	体现各个目标之间的横向联系	设计多个目标时能够合理安排它们的先后顺序	
		设计多个目标时没有合理安排它们的先后顺序	
教材目标有实施的可行性	分布合理	必要的时候对目标进行了螺旋形的安排以帮助学习者学习	
		必要的时候未对目标进行螺旋形的安排以帮助学习者学习	
	考虑实际教学时间的可行性	分目标在各个分册、单元、课时等教学时间单位里难度分布均匀	
		分目标在各个分册、单元、课时等教学时间单位里难度分布不均匀	

第四章　教材材料系统及其设计

教材材料系统是为教材目标系统服务的，俗话说，“巧妇难为无米之炊”，如果没有高质量的材料作为保障，教材目标设计得再好也无法实现其初衷，因此，教材设计不能忽视材料的设计。本章就教材材料系统的内涵、功能、组成、设计、常见的问题及解决策略进行讨论。

第一节　教材材料系统概述

一、教材材料系统的内涵与功能

假如我们要达到一个教材的目标，就必须从浩繁的人类文明中寻找适当的资料。如，要理解某一个概念，就要选择有关这个概念“定义”的资料；要阐述一个原理，就要为这个抽象的原理选择能够反映这个原理的具体现象。教材的材料是经过筛选的并且经过一定加工后适合教材目标系统的资料。那些尚未经过筛选和加工的资料，可以被称为“素材”。这就好比画家要表现一个主题，必须对看到的各种自然的和社会的原始素材进行取舍和必要的加工。经过筛选和加工得来的资料，就从原始的素材转变为“材料”。教材材料系统的功能是为实现教材目标提供合适的资料。从这里我们可以看到，作为教材主要内容的科学知识要转化为课程的知识需要一个筛选和加工的过程。因此，不能把由科学知识构成的学科等同于课程或者等同于教材内容。

二、教材材料系统的组成

教材材料系统是由不同类型的材料组成的。这里举出若干类型供参考。

（一）按照是否直接作为学习目标的对象区分

按照是否直接作为学习目标的对象可以将教材的材料分为主要材料和辅助材料。主要材料是指需要学习者直接掌握的材料，通常它是教材目标本身的内容。如，在教材目标中有一条目标是“学习者能够理解并背诵某一个具体的诗歌作品”，我们要从各种文献中找到这篇诗歌，并对各种文献中提供的同一个诗歌作品进行筛选，将它选为教材的材料。这里的材料就是主要材料。再如，教材目标中有一条目标内容是“学生能够理解并运用经济基础决定上层建筑的原理正确地分析社会现象”，我们就要从众多文献中找到阐述这一原理的材料。这里的材料也是主要材料。

辅助材料是那些不作为目标要直接掌握的材料。这些辅助材料常见的形式有辅助学习的材料和拓展学习的材料。辅助学习的材料的作用主要是帮助学生更好地学习。常见的辅助学习的材料有例证型材料、解释型材料、策略型材料、拓展型材料。例证型材料主要是为抽象知识提供具体的例子。如，为一个历史发展的规律、自然界的定律、操作的程序等抽象知识提供的具体案例。解释型材料主要是为所学的主要材料提供解释说明性的内容，以便学习者能够更好地理解主要材料，如，为一个文学作品提供作者及其创作背景的资料，为一段文献资料中的知识点加注解。策略型材料是帮助学生提高学习效果的材料，如，为某段阅读资料提供旁批，激发学习者的思考，或者帮助学习者更加顺利地学习。拓展型材料是为教材之外的学习提供的信息，如参考性的文献和网络资源。这里特别值得一提的是拓展型材料。

拓展型材料可以发挥两方面的作用：

一是有助于保持教材的开放性。学校教育的目的是给学习者提供终身学习的基础，教材的内容是有限的，但是需要学习的内容是无限的。因此，教材应该成为学习者探索世界的“窗口”，使教材的学习不是学习的终点而是不断探索的起点。

二是有助于体现当代“立体学习”的理念。由于社会对教育的需求日益增加，同时，社会的发展也为满足更多更高的教育需求提供了越来越充足的资源，因此，新时期的教育发生了很多变化。首先，从时间上看，教育的持续时间越来越长，从中小学向着两头拓展，一头向着低龄延伸，学前教育得到越来越多的重视，另一头向着成人教育延伸，面向高等教育后的中老年教育发展，教育变成了“从摇篮到坟墓”的事业。其次，从空间上看，学习的场所也发生了改变。原来以学校教育为教育主体的情况逐渐在变化，各种形式的社会教育机构在增多，它们在人的终身发展过程中所起的作用越来越大。再次，从教育需求来看，随着家庭收入的增多，人们对教育内容和教育水平的要求也在提升。最后，从信息技术的发展来看，网络促使移动学习、新媒体学习等现代学习方式打破了静态的时间和空间的限制，使学习变得灵活、可重复。因此，线下真实课堂学习和线上虚拟学习的互补成为未来学习的重要方式。由上述教育的变化导致的结果就是：一种指向学校教育、社会教育、家庭教育、自我教育之间，以及真实教学、虚拟教学之间互补、融合的学习方式促使传统“平面化”的学习转向“立体化”的学习。在这样一个教育大发展的社会背景下，教材设计也要跟上时代的步伐。拓展型材料通过提供教材之外的材料将有助于学习者的学习拓展至学校教育之外更为广阔的空间，为实现学校、社会、家庭、自我教育融合，以及线下线上教育融合的“立体化学习”搭建桥梁。

总之，主要材料在教材中的地位是不言而喻的，因为这些材料的学习正是完成教材目标的关键途径。但是，那些辅助材料的重要性也不言而喻。教材的质量，不仅可以通过主要材料的筛选和加工体现出来，更可以在辅助材料的设计上得到充分的体现。这是因为，学校教育的最大任务是创造条件帮助学生更好地学习，这里的“创造条件”不仅包括提供具有专业水平的教育者和外在的环境，还应包括具有专业水平的教材。因此，教材的设计也应充分体现“学习中心”的理念，服务于学习者学习活动的需要，通过辅助材料的设计，进一步优化学生的学习过程，进而充分发挥学校教育的优势。为此，教材设计者应高度重视辅助材料的设计。

（二）按照被加工的程度区分

按照材料被加工的程度可以将教材的材料分为原始材料和加工后材料。

原始材料是未经加工保留最初样貌的材料，加工后材料是经过加工后其样貌已经被改变的材料。在挑选材料的时候，有的素材完全符合教学的需要，因而不必做出任何改动就可以直接被选入教材。但是，更多的时候原始的素材在被选入教材之前，需要经过各种改变。这些改变大致可以分为量的改变和质的改变两个方面。

量的改变主要包括数量的增加和减少。比如，有些素材内容太多或者不适合学习者，可以摘取某些必要的、合适的部分作为教材的材料，而有些素材的内容又不足以达到学习的目标，则需要另做增补。

质的改变则要复杂一些，包括具体内容的改变和表达形式的改变。有些质的改变是具体内容的改变，如依据学习者的发展程度进行必要的难度的改变。再比如，原始素材中含有错误的或者不适合学生学习的信息需要纠正。有些质的改变则是表达形式的改变，如为了便于学习者更高效地理解教材，将原始素材中的语言文字变成数据表格或者图像。

（三）按照学习者接收信息时依赖的主要感觉通道区分

按照学习者接收信息时依赖的主要感觉通道分为单一通道材料和多元通道材料。材料可以通过使用者的视觉、听觉、触觉等感官被使用者接受。有的材料只需要学习者采用单一的感觉器官进行接收，比如使用单一的印刷语言文字或者单一地使用声音形式的语言文字材料。有的材料则需要使用者综合运用多种感官进行接收，如含有语言文字、图像和声音的视频材料。

（四）按照是否需要接受相应的评价区分

按照是否要接受相应的评价分为应考材料和非应考材料。应考材料是被要求作为评价对象的材料，通常是直接作为目标的材料。非应考材料则是可以不必作为评价对象的材料，通常是辅助型材料。

以上是对教材材料类型的几种分类，此外还可以有其他的分类。对教材材料的类型进行区分有助于明了不同材料在教材设计中的作用，并围绕其作用有针对性地设计。比如，区分应考材料和非应考材料有助于两者各司其职，避免增加学生的考试负担（参见“阅读材料：辅助材料和考试”）。

❖ 阅读材料：辅助材料和考试①

现行历史教材的注释，一类是名词解释，一类是古地名的今称，一类是难句的说明，这些都很需要，可以帮助学生扫除阅读中的“拦路虎”。注释还宜增加一项，就是提供原始材料，如《陈涉世家》中篝火狐鸣的描写，《天朝田亩制度》中平分土地的办法，用现代汉语译出来，附注在教材的后边。做什么用？就是让学生接触一点史料，不作统一要求，对文史特别有兴趣的学生，可以去自学，考试时不要考这部分的内容。写入教材的东西，不一定是考试的内容，考试只考正文，其余的东西包括插图、注释等都不应列入考试的范围，现在高等学校录取新生的文科考试中，把插图、注释都列入出题的范围，不仅增加了学生学习上的负担，也给教科书的编写工作者增添了无形的压力。

---

① 赵恒烈．改革中学历史教材刍议［M］//瞿葆奎．课程与教材：下册．北京：人民教育出版社，1993：568．标题系本书作者所加。

第二节　教材材料系统的设计要求

教材的材料需要经过精心挑选和加工才能有助于教材目标的实现，本节就教材材料的设计进行分析。

一、教材的材料应可靠

在教材材料系统的设计中，无论是选择还是加工，首先要重视的是“可靠性”问题。

“可靠”有两种含义：一是可以信赖依靠，如为人可靠；二是真实可信，如：这个消息可靠不可靠?[①] 可见，“可靠”一词包含真理性和可信赖依靠两个特点。具体来说，可靠性可以从三个方面进行分析，即真理性、可信性、合理性。从“可靠”的角度看，在教材中出现的材料，通常要符合真理性、可信性、合理性三个标准。

（一）教材材料的真理性

什么是真理?“真理”是真实的道理，即客观事物及其规律在人的意识中的正确反映。[②] 真理性是指和事实相符合，材料的真理性是指材料应当符合事实。无论是材料的选择还是加工首先要考虑“符合事实”。在教材中，知识构成材料的主要内容，故此这里主要讨论知识的真理性。学校教育和其他教育形式不同的一点就在于它传授的知识应该是经过精挑细选的。通过这种精挑细选，确保受教育者能够在有限的时间里获得最有价值的知识。最有价值包括两个基本要求：一是真实的知识，二是有用的知识。知识真实，才能使受教育者用正确的方式处理问题，和世界打交道。《普通高等学校教材管理办法（2019）》指出，出现以下情形之一的，教材须停止使用，视情节轻重和所造成的影响，由上级或同级主管部门给予通报批评、责令停止违规行为，并由主管部门按规定对相关责任人给予相应处分。将情节严重的单位和个人列入负面清单。涉嫌犯罪的，依法追究刑事责任：教材内容的政治方向和价值导向存在问题；教材内容出现严重科学性错误；教

① 中国社会科学院语言研究所词典编辑室. 现代汉语词典［M］. 6 版. 北京：商务印书馆，2012：733.

② 中国社会科学院语言研究所词典编辑室. 现代汉语词典［M］. 6 版. 北京：商务印书馆，2012：1653.

材所含链接内容存在问题，产生严重后果；盗版盗印教材；等等。[①] 可见，材料的选择应当把“求真”作为基本的准则。

（二）教材材料的可信性

“可信性”是指可以被信赖，教材材料的可信性是指教材的材料应该是可以被信赖的。在日常生活中，信息的来源是否可信是我们判断知识是否可以被采纳的一个重要标准。学校是传播文化的重要阵地，传播真理是其应有的责任。但是，作为人的认识活动结果的知识，并不一定和客观实际相符合。一方面，作为生产知识的主体的人类，其精力、生命的长度、获取知识的手段和方法等都有一定的局限，因此，知识的真理性就会受到影响；另一方面，作为生产知识的主体，尽管人们努力地生产符合客观事实的知识，但是受经验、偏见、工具和方法、价值观、利益、感情、信仰等因素的影响，这些知识未必能够和客观事实相符合。“可信性的标准”，使我们在无法确定知识的真理性的时候能够有一个可替代的标准，同时，作为社会中的一员，人们通过可信性标准的使用，维系人与人之间和谐的社会关系。

这里需要注意“真理性”和“可信性”的关系。

当我们说一个知识是“可靠的”时候，有三种基本的可能：第一种可能，它是符合客观实际情况的，是真实的道理；第二种可能，它是可信赖的，但是不符合实际情况，不是真实的道理，我们仅仅基于知识的来源相信它是符合客观实际的；第三种可能，它既符合客观实际，也值得信赖。可见，可以信赖的知识，未必是符合客观实际的知识。比如，你遇到一个法律问题，你觉得应该请教法律专业人士。按照通常的理解，专业人士的意见一定是最可信赖的，所以相信他们提供的意见一定是符合客观实际的。再比如，你凡是遇见问题，第一个想起求助的人可能是你的挚交好友，因为你相信你们之间的情感联系足以建立起彼此的信任关系，因此，朋友之间互相给予的知识被充分信任，而不管这些知识是否真的符合“真理性”。

（三）教材材料的合理性

教材材料的“合理性”是指教材的材料应符合逻辑。逻辑是对现实世

---

① 中华人民共和国教育部. 关于印发《中小学教材管理办法》《职业院校教材管理办法》和《普通高等学校教材管理办法》的通知：教材〔2019〕3号[A/OL].(2019-12-19)[2019-12-30].http://www.moe.gov.cn/srcsite/A26/moe_714/202001/t20200107_414578.html.

界关系的反映。教材中的有些材料涉及的可能不是现实现象，比如文学的想象。这些材料尽管可以超越现实，但是也不能违背基本的逻辑规律（参见“阅读材料：《羿射九日》要改了，因为小学生一个提问!”）。

❖ 阅读材料：《羿射九日》要改了，因为小学生一个提问![①]

6月14日，针对8岁男孩就语文课本里《羿射九日》进行发问一事，人民教育出版社官方微博回应称，联系上下文，“蹚”字的确用得不恰当。教材编写组正在认真研究，会对教材进行适当修改，下个版本的教材这个问题就解决了。根据海峡都市报报道，快要期末考试了，一位8岁男孩小冯就语文课本里的《羿射九日》发问引发网友热议。课文中，前一段刚提到“江河里的水被蒸干了”，下一段又提到“他蹚过九十九条大河，来到东海边”，羿怎么蹚过大河？小冯的思考引发不少家长和网友的点赞。6月14日，人民教育出版社（以下简称“人教社”）在官方微博中针对小冯的提问发文回应。回应中，人教社肯定了小冯的质疑：“这个孩子敢于质疑，能够边读边思考，提出了很好的问题。”人教社解释，《羿射九日》是我国经典的神话故事，小学语文教材中的这篇课文是参考《神话故事新编》（编著者袁珂，中国青年出版社，1963）以及《中国大典·夏商周》（云南教育出版社，2010）等书籍中关于“羿射九日”的片段进行改写的，旨在让学生感受我国古代神话的魅力。神话中充满了神奇的想象，会有很多夸张的描述。比如，“江河里的水被蒸干了”，是为了突出十个太阳给人们带来的灾难，羿“翻过九十九座高山，蹚过九十九条大河”，也是用夸张的手法表现他的神力。人教社承认，联系上下文，“蹚”字的确用得不恰当。教材编写组正在认真研究，会对教材进行适当修改，下个版本的教材这个问题就解决了。

（四）教材材料可靠性的来源

综上所述，教材材料的可靠性主要从“真理性”“可信性”和“合理性”三个方面考虑，那么，在选择材料的时候，如何确定材料的可靠性呢？

通常，我们选择的材料应该是已经具有“共识性”特点的材料。

---

① 《羿射九日》要改了，因为小学生一个提问[Z/OL].(2019-06-14)[2020-12-19].https://www.sohu.com/a/320593317_617374.

什么是共识？通常，共识是人们就某个问题达成的共同意见。比如，在判断科学知识的可靠性时，人们通常会选择那些被知识共同体“公认”的结论（参见“讨论与争鸣：教材可以有不同的答案吗?”）。知识共同体是指由那些研究共同的问题、遵循共同的研究规范并共享研究成果的人组成的群体。这类群体被认为具有“权威性”或“专家性”，因此，当他们对某一问题的答案达成共识的时候，这些答案往往被认为是可以信赖依靠的，也是符合客观实际的。因而，共识被认为具有可信赖和真理性的双重特点（参见“阅读材料：宋徽宗的宣和通宝怎么‘跑’到了北魏?”）。

❖ 阅读材料：宋徽宗的宣和通宝怎么“跑”到了北魏?①

今年暑假期间，顾则行翻看义务教育教科书《中国历史地图册》（第一册）第19课时，发现了古钱币照片与说明不太符合平日知识。他查阅相关资料，请教了专家后，提出了教科书用图有误的质疑。该教材由中国地图出版社和中华地图学社出版，其责任编辑确认后表示，确实有一点不妥，会考虑在明年修改教材时将这一处图文删掉。顾则行是上海光华中学七(3)班学生，在学校老师眼中，他是个爱好广泛，性格阳光，能轻松驾驭各学科学习的“小学霸”。暑假时，顾则行翻看《中国历史地图册》（第一册）的第41页时，看到引用了两枚古钱币照片，文字标注为“北魏孝文帝时期的铜钱太和五铢和宣和通宝”。直觉告诉他，宣和通宝的“宣和”不是北魏孝文帝的年号，他立即上网查了宋徽宗、北魏孝文帝的年号，同时还查阅了其他古钱币书籍，确认“宣和通宝”是宋徽宗时期所造。是教科书的备注错了吗？为此，他向上海历史博物馆研究员、中国钱币学会第七届理事傅为群求证。傅为群直言“这是个硬伤”：“如果具备一些钱币学方面的知识，就能发现这个明显的错误。‘宣和通宝’不是北魏孝文帝时期的货币，书中配图和说明都错了，中小学教材更需要科学严谨。”傅为群表示，北魏孝文帝年号有延兴、承明、太和，没有“宣和”。宣和，是北宋宋徽宗第六个年号。宣和通宝钱铸于宣和年间（公元1119年至1125年），有青铜、铁两种材质。宣和通宝有小平钱、折二钱等，面文“宣和通宝”，有楷、隶、篆等书体，对读。傅为群还引导顾则行关注图片左面钱币“太和

① 上海一初中生指出历史教科书钱币错误，编辑坦承有不妥将删改[Z/OL].(2020-10-28)[2020-11-01]. http://sh.sina.com.cn/news/k/2020-10-28/detail-iiznctkc8186500.shtml.

五铢”的文体，看看有何不妥。由此，顾则行又发现了一个小细节——“太和五铢”上“太”字的写法有点怪。在傅为群指点下，他查阅资料，发现“太和五铢钱始铸于太和十九年（公元495年），青铜质。面文‘太和五铢’，篆书，对读”。“我比较了有关的图谱，发现教科书中的这枚古钱‘太’字在字体、锈色上也有些可疑。”顾则行说，最近，傅为群鼓励他写一篇小论文，分析教科书上的这个小问题，建议教科书中插图注明博物馆或藏家名，既有利于严谨考证，也可供感兴趣的小朋友前往参观。中华地图学社《中国历史地图册》（第一册）的责任编辑张怀表示，将“宣和通宝”这枚古钱币放在孝文帝时期确实有一点不妥。他在收集资料编辑教材的过程中发现，宣和通宝钱币在孝文帝时期存在过，只是时间很短。“宋徽宗时期的宣和通宝给大家的印象很深，是公认的，而孝文帝时期的宣和通宝可能存在争议。”张怀表示，作为教材，内容应该是权威的、公认的，接下来，他会考虑在明年修改教材时将这一处图文删掉。

◆ 讨论与争鸣：教材可以有不同的答案吗？

虽然共识被认为是教材材料选择的一个标准，但是事实上，很多问题并没有共识。对于自然现象和社会现象的探索，存在诸多争论，有些争论甚至是相互矛盾的。那么，教材如何处理这些争论？

虽然采取被公认为可靠的材料是一个常见的选择和加工教材材料的方法，但是，当面对多种不同的甚至相互矛盾的材料时，我们是否应该将“共识”作为选择和加工材料的唯一标准呢？

这里有两种可能的选择：一是只选择那些具备共识特点的材料；二是把共识和多种意见并列呈现。选择第一种还是第二种，取决于教材设计者自身的教育观，特别是教育目的观。

教育的目的是培养能够认识和改造世界（包括自我）的人。如果我们将教育目的界定为只是要“认识世界”，只需要具有“传承”文化而不需要“创造”文化的精神和能力，那么只是提供“公认的答案”显然是最好的选择，因为它们是被知识共同体公认为是正确的，看起来是不容置疑的正确答案。但是，如果将教育目的界定为既要认识世界，还要改造世界，那么，有时候只是提供“公认的答案”这一做法是值得商榷的。

因此，对“共识”还是“多元”答案的看法，很大程度上取决于教材设计者对教育目的的理解和判断。

此外，在“共识”还是“多元”的选择问题上，是否应该根据教育阶段的不同有所不同？比如，有人认为，在个体教育的早期阶段，基于其身心发展不成熟、判断力有限的特点应该以共识为标准，随着年龄阶段的递增，则可以增加多元意见。

的确，不同教育阶段有其不同的阶段性目标，比如基础教育和高等教育的教育目标是不同的。在我国，基于受教育者发展水平的可能性，基础教育的目标主要是传承，在高等教育阶段，受教育者身心日益成熟，综合素养日益发展，因此，社会对他们的要求不仅是要传承文化，还需要改造文化、促进社会文化的进步。

不同教育阶段的教育目标具有差异性，是不是可以由此推导出这样的结论：在基础教育阶段不需要培养创新精神和创新能力，等他们进入高等教育阶段再培养不迟。

人的发展不是一蹴而就的，很难要求一个在基础教育阶段接受了十几年缺乏创新意识和创新能力教育的学生进入高等教育之后能够顺利地变成一个“具有质疑精神和创新能力”的学生。因此，创新意识和创新能力必须从个体发展的早期开始培育。

二、教材的材料应有用

所谓材料应“有用”，是指材料应有助于实现教材的目标，即，和其他同类的素材相比，对于特定的教材目标，它最具有契合性，最能有助于特定教材目标的实现。比如，在说明性的辅助型材料中，应选择那些具有范例性的例子（参见“阅读材料：选择有代表性的材料”）。

在文学作品的创作中，常常要塑造典型人物。如，阿 Q 作为封建社会农民的代表，集中了封建社会农民的典型人格特征。为了说明一个特定的知识、技能、价值观、解决问题的方法，就需要选择具有代表性的例子。比如，为一个自然科学的定律选择最具有代表性的自然现象；为一个社会科学的原理选择最具有代表性的社会现象；为了学习一套运动技能，需要选择最具有示范性的视频资料。学校教育是一个特殊的情境，这个特殊性体现在很多方面。如，高效性、计划性、目的性。在这些特殊性中，高效性是一个值得关注的问题。“高效”包含两个方面：一是更有效果，一是更有效率。教材的设计也应该服务于高效教育的要求。材料的选择应有助于师生能够使用最少的教育投入获得最大的教学效果。范例性的要求，就是为了帮助学生借助于范例达到“举一反三”的学习结果。

❖ 阅读材料：选择有代表性的材料①

代表性也可以说是风格性、民族性，是教材具有民族风格的代表动作形态，是保持民间原有的舞蹈风格韵律。每个民族因地域、生活、民俗、信仰等大不相同而形成了风格各异的民族民间舞蹈。所以在教材的建设中，必须要体现出该民族的风格特征，这不仅有助于把握民族民间舞蹈的特点，也有助于区分不同民族的典型语汇。民间原有的舞蹈风格韵律既体现在其外在动作中的典型表现，也体现其内在的心理情感。从外在动作来看，在风格韵律上，必须把握该民族的舞蹈韵律特征：在动作的形态上，要具有民族的典型语汇。例如，朝鲜族舞蹈的风格性主要是气息，对气息的训练至关重要，是朝鲜族舞蹈的风格性把握，在教材建设中，将气息风格韵律按照长短的不同而总结出七种主要韵律训练，细化出不同节奏类型的气息韵律，按照朝鲜族不同风格特点的训练内容编排，但气息的典型动律却贯穿始终。回族舞蹈发展至今，其典型语汇大体形成，即头部的摇动、摆动及屈伸步，已是教材建设之初的提炼。王玉梅《回族舞蹈教材》中，摇头、摆头、屈伸步全部体现，这也是教材建设的基本，在每个组合中都融合进去。也有像“度尔掌”“莲花手”等特殊手型，“花儿式”“邦克式”等典型手势，但整体来看，对回族舞蹈这些典型风格的动作发展欠缺，这也是回族舞蹈需要不断发展的地方。

三、教材的材料应可接受

教材材料的“可接受”主要涉及学生的心理发展水平。其中，最重要的是认知发展准备，包括认知结构和一般认知发展水平的接受程度。要注意的是，这里的“可接受性”和课程目标的设计一样不等于完全顺从学生的现有发展水平，而是要遵从“最近发展区”的原理，寻找学生在得到帮助的条件下最有可能提升的空间。

（一）教材的材料要符合认知的可接受性

认知的可接受性包括认知结构和认知发展水平两个方面。认知结构主要考虑材料涉及的内容是否存在学生现有知识的储备难以理解的部分，如果不能，则需要在辅助材料的设计上提供必要的帮助。如，对难以理解的

---

① 郑璇. 回族舞蹈教材建设研究——王玉梅《回族舞蹈教材》分析［D］. 北京：中央民族大学，2015：67.

语词进行额外的解释。认知发展水平主要考虑学习者的抽象思维水平的准备情况，如果一段材料需要学习者具有较高抽象思维水平才能理解，那么就需要通过辅助材料的设计或者采用具体化、形象化的表达方式帮助学习者理解。如，对抽象的概念进行更多的举例，可以降低材料的抽象程度。

（二）教材的材料要符合情感的可接受性

情感对认知具有推动作用。一段能够引发读者丰富情感体验的材料，有助于学习者提高阅读和学习时的注意力水平、动机水平，进而提升认知加工的效率。为此，尽可能地选择那些有助于激发学习者兴趣的材料是设计者要注意的问题。

为了在认知和情感上更好地让学习者“接受”，可以多选择一些和学习者的生活联系较为紧密的材料，体现材料的“生活性”。所谓材料的“生活性”，是指材料与学习者的日常生活、学习生活和职业生活相关。

将教材和学习者的生活紧密联系，这个过程即是杜威所说的“教材心理化”。杜威曾经就“教材心理化”的问题进行过深刻而有见地的思考。杜威建议教材要从儿童的身边世界开始，反对把课程的两个方面——学科的逻辑方面（前人的经验）和儿童的心理方面（儿童现时现有的经验）割裂开来。他认为，这种割裂会导致两种观念上的极端，这就是，要么强调学科的逻辑的重要性，忽视儿童的心理；要么过分强调儿童的心理，把儿童的发展寄希望于儿童现有的兴趣、经验的自发活动。他认为，对儿童的极端轻视和对他们过于热情的理想化，有着共同的错误根源，这就是，两者都来源于把儿童的生长各阶段看成是某些不相联系的和固定的东西。这一错误的观念把生活在时间和空间上做出人为的分裂，并致使学生的现实生活在时空上发生分裂。① 一方面，课程贬低学生的校外日常生活，造成了学生“学术生活”和日常生活的对立；另一方面，课程贬低现有生活的价值，关注未来生活，造成了现实生活和未来生活的对立。正是因为儿童生活的分裂，导致了儿童与课程的对立。“儿童生活在个人接触显得十分狭隘的世界里，除非这种生活密切地和明显地涉及他自己的或者他的家庭和朋友的幸福，其他各种事情很难进入到他的经验里。儿童的世界是一个具有他们个人兴趣的人的世界，而不是一个事实和规律的世界。儿童世界的主要特征，不是什么与外界事物相符合这个意义上的真理，而是感情和同情。学校里见到的课程所提供的材料，却是无限地回溯过去，同时从外部无限地

---

① 王海燕．“地域文化与课程”研究［M］．天津：天津教育出版社，2006：80.

伸向空间。人们在儿童离开它所熟悉的几乎不多于一平方米左右的自然环境以后，便使他进入一个辽阔的世界——甚至可以说，使他进入太阳系的范围。儿童的小小的记忆力和知识领域被全人类的长期的多少世纪的历史压得窒息了。"[①] 他认为，儿童与课程的冲突，就在于我们没有把教材的双重特点记在心里。教材完全按照科学家用的那样，和儿童的现在经验并没有直接的联系，处在儿童的经验之外。于是，教材经过一些改变或修改，只是消除某些科学上的困难，而且一般地把它降低到更低的智力水平，在这里，我们没有把教材转化为生活的名词，而只是把它作为儿童现在生活的一种代替品或一种外加的附属品直接提供出来。

杜威指出，从外部提供的教材构成了课程和儿童之间的对立并导致了三种弊病：[②]

第一，课程和儿童看到的、感觉到的和爱好的东西缺乏任何有机的联系，致使教材成为单纯的形式和符号，儿童看不到自己生活的价值，学习成为额外的负担。杜威强调，如果一种符号是从外界引进的，而不是被引导到原始的活动中去，便是一种空洞的纯粹的符号，它是僵死的和贫乏的东西。任何事实，无论算术、地理或语法，如果不是从儿童生活中由于本身的缘故占有重要地位的东西逐渐被引导进去，就被迫处于这个境地。它不是现实的东西，而是折磨心灵的无用的古董，是加给儿童心理的可怕的重担。

第二，导致儿童学习动机的缺乏，学习成为枯燥乏味的过程。它导致儿童不仅没有那种过去曾经有所感受的事实和真理，以吸收和类化新的东西，也没有学习教材的需要和要求。当教材以课文的形式直接提供，作为课文来学习的时候，需要和目的的链环就不存在了。机械的呆板的教学，正是缺乏种种动机的结果。所谓有机的和生动的意思就是它们的相互作用——就是指精神的需要和材料的提供之间的相互作用。

第三，导致儿童的发展失去依托。为了使教材便于被儿童理解和接收，人们常常借助于这样一种做法，这就是，降低教材的难度，以使教材"心理化"。但是，这样做的结果并不能够真正地使教材"心理化"，相反，那些对于科学家最重要的，以及在实际探究和分类的逻辑性中最有价值的东西被阉割了。那些真正激发思想的特点被遮掩起来，而且那种组织的功能

① ［美］约翰·杜威. 学校与社会·明日之学校［M］. 赵祥麟，译. 北京：人民教育出版社，1994：113-134.

② 王海燕. "地域文化与课程"研究［M］. 天津：天津教育出版社，2006：81-82.

也不见了。儿童的推理能力、抽象和归纳的才能没有充分地发展。因此，教材的逻辑的价值被舍弃了。尽管它只是从逻辑的观点构成的东西，但只是作为‘记忆’用的素材而提供出来。由此造成了一个矛盾，儿童既得不到成人的逻辑的系统阐述的好处，也得不到他自己固有的领悟和反应的能力的好处。他们所得到的仅仅是前人早已经历过的经验的基础上加以公式化的变了质的回忆。

杜威认为，教材和儿童之间的联系是毋庸置疑的，“……唯一的问题是这样的联系是从教材本身与心理的关系中产生出来，还是为外部力量所强加并把他们拴起来。如果课文的内容在儿童发展的意识中占有适当的地位，如果它是从儿童自己过去所做的、所想的和所经受的当中产生出来，能应用于今后的学业成就和知识接受，那么就没有必要为了引起‘兴趣’而求助于各种策略和手法。心理化的教材是有兴趣的——这就是把教材放在整个有意识的生活之中，以便它分享生活的价值。但是那种外部提供的教材，它所设想的和所产生的观点与态度与儿童没有丝毫关系；它所产生的动机对儿童也格格不入。这样的教材就不会有它自己这样的地位。因此，不得不求助于外部的力量把它推进去，求助于人为的练习把它打进去，以及求助于不自然的手段把它引诱进去”。①

综上所述，为学习者提供接近生活的材料可以让学习者通过“基于生活情境”的学习，拉近学习者和教材的距离，既有利于激发学习动机使得学生的学习成为一种有意义、有价值的学习，也有利于学习者通过“情境认知”提高学习的效率。

四、教材的材料要适量

教材材料的适量是指材料的数量应适度。所谓“适度”，主要考虑两个方面：

第一是要考虑材料的数量对达到目标是否够用。比如，要实现一个目标“学生能够理解某一个英语语法知识”，就需要举出一些包含这个语法的语言现象加以说明，那么举几个例子合适？如果一个例子就可以帮助学生达到理解的水平，就无须举更多的例子。但是如果这个知识可能有难度，那么就需要多举例。比如，通过正例和反例的材料，帮助学习者通过比较的过程更好地理解概念和原理。

---

① ［美］约翰·杜威．学校与社会·明日之学校［M］．赵祥麟，译．北京：人民教育出版社，1994：131.

第二是要根据教学条件的可能性准备材料的数量。教学条件的可能性主要包括教学时间和教材空间的容量。通常，无论是学前还是中小学、大学，都有事先规定的课程设置方案，每个课程的教学时间都是有限的，因此要事先了解课程方案中对课程、教学时间的安排和限定，酌情决定材料的数量。此外，教材的购买需要政府财政预算或使用者自己投入经费，因此，在预设的价格成本的范围内，教材的容量是有限的，为此要根据教材的容量来决定材料的数量。我们期待未来能够通过各种方式提升教材的空间。比如，通过教材电子化实现教材容量的递增，使学习者能够获得形式更多样、信息更丰富的材料。再如，通过完善教材的循环利用制度降低教材的成本，从而提高教材的容量，制作出材料更加丰富的教材。

五、教材的材料要注意相关的法律规范

（一）教材的材料设计要特别注意著作权问题

1980 年 6 月 3 日，我国正式成为世界知识产权组织第 90 个成员国。我国知识产权事业日新月异，取得了令人瞩目的成就。随着改革开放的深入和向着创新型国家的迈进，我国不断加强知识产权的管理。2017 年 4 月 24 日，最高人民法院发布《中国知识产权司法保护纲要（2016—2020）》。① 2014 年 6 月 10 日，国务院法制办公室决定将国家版权局报请国务院审议的《中华人民共和国著作权法（修订草案送审稿）》及其修订说明全文公布，其中指出："著作权法是中国特色社会主义法律体系的重要组成部分，是调整作品创作、传播和使用过程中财产关系和人身关系的基本规范。我国现行著作权法自 1991 年 6 月 1 日起施行以来，对鼓励智力创作、保护作者权利、促进文化产业的发展、满足人民群众的精神文化需求发挥了积极作用，总的来看是一部好的法律。但是，著作权法实施 22 年来，我国所处的国际国内形势发生了深刻变化，一是我国成功实现经济转型社会转轨，确立了社会主义市场经济制度，社会利益多元化格局基本形成，著作权得到进一步尊重；二是全球科学技术迅猛发展，数字和网络技术的快速发展和广泛运用，改变了作品创作和传播方式，著作权传统保护制度面临新的挑战；三是经济全球化进一步深入，包括著作权在内的知识产权已经成为国际贸易的重要载体，我国作为世界贸易组织的成员，在处理国

---

① 中华人民共和国中央人民政府. 知识产权司法保护纲要发布[Z/OL].(2017-04-25)[2020-11-15].http://www.gov.cn/xinwen/2017-04/25/content_5188654.htm.

际经贸关系中，著作权保护已经成为不可回避的重要问题；四是改革开放以来，特别进入新世纪以来，我国的发展理念发生了根本改变，作出了坚持科学发展观、建设创新型国家和推进文化大发展大繁荣等战略决策，包括著作权在内的知识产权在转变经济发展方式、提高国家的核心竞争力、促进文化繁荣发展方面的作用日益凸显。面对新形势、新情况和新变化，现行著作权法虽然分别于2001年和2010年进行过两次修改，但都囿于其被动性和局部性，没能完全反映和体现我国经济社会发生的深刻变化，现行著作权法‘对著作权的保护不够，难以有效遏制侵权行为，不足以激励创作者的积极性；著作权授权机制和交易规则不畅，难以保障使用者合法、便捷、有效地取得授权和传播使用作品’这两大主要矛盾没有得到有效解决。因此，为适应我国经济发展、科技进步、文化繁荣、改革开放深入、国际地位提升的新形势、新情况和新要求，亟须对现行著作权法进行主动、全面的修订。”①

《中华人民共和国著作权法实施条例》（2013）② 规定：“所称作品，是指文学、艺术和科学领域内具有独创性并能以某种有形形式复制的智力成果。”“著作权法所称创作，是指直接产生文学、艺术和科学作品的智力活动。为他人创作进行组织工作，提供咨询意见、物质条件，或者进行其他辅助工作，均不视为创作。”“著作权法和本条例中下列作品的含义：（一）文字作品，是指小说、诗词、散文、论文等以文字形式表现的作品；（二）口述作品，是指即兴的演说、授课、法庭辩论等以口头语言形式表现的作品；（三）音乐作品，是指歌曲、交响乐等能够演唱或者演奏的带词或者不带词的作品；（四）戏剧作品，是指话剧、歌剧、地方戏等供舞台演出的作品；（五）曲艺作品，是指相声、快书、大鼓、评书等以说唱为主要形式表演的作品；（六）舞蹈作品，是指通过连续的动作、姿势、表情等表现思想情感的作品；（七）杂技艺术作品，是指杂技、魔术、马戏等通过形体动作和技巧表现的作品；（八）美术作品，是指绘画、书法、雕塑等以线条、色彩或者其他方式构成的有审美意义的平面或者立体的造型艺术作品；

---

① 中华人民共和国中央人民政府．关于《中华人民共和国著作权法》（修订草案送审稿）的说明[Z/OL].(2014-06-06)[2020-02-05].http://www.gov.cn/foot/2014-06/06/content_2695616.htm.

② 中华人民共和国中央人民政府．国务院关于修改《中华人民共和国著作权法实施条例》的决定：国务院令第633号[A/OL].(2013-02-08)[2020-02-05].http://www.gov.cn/zwgk/2013-02/08/content_2330132.htm.

（九）建筑作品，是指以建筑物或者构筑物形式表现的有审美意义的作品；（十）摄影作品，是指借助器械在感光材料或者其他介质上记录客观物体形象的艺术作品；（十一）电影作品和以类似摄制电影的方法创作的作品，是指摄制在一定介质上，由一系列有伴音或者无伴音的画面组成，并且借助适当装置放映或者以其他方式传播的作品；（十二）图形作品，是指为施工、生产绘制的工程设计图、产品设计图，以及反映地理现象、说明事物原理或者结构的地图、示意图等作品；（十三）模型作品，是指为展示、试验或者观测等用途，根据物体的形状和结构，按照一定比例制成的立体作品。”条例还指出：“使用他人作品的，应当指明作者姓名、作品名称；但是，当事人另有约定或者由于作品使用方式的特性无法指明的除外。”

2020 年 11 月 11 日，我国又对《著作权法》进行了修订，新修改的《著作权法》规定了一系列惩罚措施，大幅提高了侵权违法成本。对于故意侵权，情节严重的，可以适用赔偿数额一倍以上五倍以下的惩罚性赔偿。权利人的实际损失、侵权人的违法所得、权利使用费难以计算的，由人民法院根据侵权行为的情节，判决给予五百元以上五百万元以下的赔偿。新修改的《著作权法》还对“作品”的定义做出了调整，将现行法律中“电影作品和以类似摄制电影的方法创作的作品”的表述修改为“视听作品”。这意味着著作权保护的范围进一步扩大，网络短视频等新类型作品将获得有力的法律保护。①

尊重他人的著作权是现代法治社会公民应该具有的基本素养，教材设计者要有著作权意识，不能随意摘抄、下载他人作品，也不能使用他人作品却不尊重原创者的劳动（参见“阅读材料：小心摊上‘大事儿’”）。

❖ 阅读材料：小心摊上“大事儿”②

一家出版社在制作教辅图书时因为复制了教科书中的大量内容，结果被判侵权赔偿。事实上，教科书这一大家印象中的公共产品同样享有著作权，照搬复制教科书同样是侵权行为。在世界知识产权日来临之

① 中华人民共和国中央人民政府. 著作权法修改　明年 6 月 1 日起施行[Z/OL].(2020-11-11)[2020-11-15]. http://www.gov.cn/xinwen/2020-11/11/content_5560596.htm.

② 教科书没有著作权?! 这些教辅图书抄袭教材，栽了！[Z/OL].(2019-04-24)[2020-02-05].https://baijiahao.baidu.com/s? id=1631661067104686356&wfr=spider&for=pc.标题系本书作者所加。

际，西城法院24日通报了一些教辅书侵权的典型案例，作为学生学习重要辅助资料的教辅书，侵权问题也十分突出。一家具有中小学教材编写资格的教育研究机构，经主管部门批准，出版发行了义务教育课程标准试验教科书《英语》（七年级下册）。此后，教育研究机构发现一家出版社出版了与这一教科书相配套的教辅图书，在目录标题、章节结构和体系设计上与教科书中完全相同，还复制了教科书中的大量内容。因此以侵犯著作权为由将教辅图书出版社告上法院。被告出版社则认为，教育研究机构出版的教科书是按照国家教学大纲的要求编写的，其出版也是经过有关部门批准的，教材应当属于公共产品，教育研究机构不享有教材的著作权。但最终被告出版社输了官司。法官表示，《著作权法》规定的不受著作权法保护的有官方文件、时事新闻、通用表格等，但并不包括教材。虽然教科书的编写必须依据国家的教学大纲和一定的课程标准，经过行政审批才能出版发行；但教学大纲和课程标准对教科书的编写只能起到宏观的指导作用，教科书是否具有著作权，最终的判断标准仍是是否满足著作权法所规定的独创性。法院认定，涉案的《英语》（七年级下册）教科书，无论是在素材的选择方面，还是在素材的设计、组合方面，均体现了编写者独特的风格，属于独创性智力成果，构成作品。任何人未经许可，不得擅自使用。

（二）教材的材料不应含有法律规范禁止出现的信息

除了著作权的问题之外，还要注意材料中是否含有相关法律明令禁止的内容。我国《出版管理条例》（2011）规定：“任何出版物不得含有下列内容：（一）反对宪法确定的基本原则的；（二）危害国家统一、主权和领土完整的；（三）泄露国家秘密、危害国家安全或者损害国家荣誉和利益的；（四）煽动民族仇恨、民族歧视，破坏民族团结，或者侵害民族风俗、习惯的；（五）宣扬邪教、迷信的；（六）扰乱社会秩序，破坏社会稳定的；（七）宣扬淫秽、赌博、暴力或者教唆犯罪的；（八）侮辱或者诽谤他人，侵害他人合法权益的；（九）危害社会公德或者民族优秀文化传统的；（十）有法律、行政法规和国家规定禁止的其他内容的。”[①] “以未成年人为对象的出版物不得含有诱发未成年人模仿违反社会公德的行为和违法犯罪

① 中华人民共和国中央人民政府．国务院关于修改《出版管理条例》的决定：国令第594号[A/OL].(2011-03-20)[2020-02-05].http://www.gov.cn/zhengce/content/2011-03/20/content_4117.htm.

的行为的内容，不得含有恐怖、残酷等妨害未成年人身心健康的内容。”① 《中小学教材管理办法》（2019）指出，教材应“选文篇目内容积极向上、导向正确，选文作者历史评价正面，有良好的社会形象”。②《中小学教材管理办法》（2019）还指出，“符合知识产权保护等国家法律、行政法规，不得有民族、地域、性别、职业、年龄歧视等内容，不得有商业广告或变相商业广告”。③ 教材是出版管理的重要对象，教材设计者要学习相关的法律规范，避免不应有的错误。

（三）其他注意事项

材料的设计除了要注意著作权和内容的合法性之外，还要注意其他有关的法律规定。如，地图的内容要遵循有关的法律。地图是国家主权的重要表现形式，《中华人民共和国地图管理条例（征求意见稿）》指出：为了加强地图管理，维护国家主权、安全和利益，促进地理信息产业健康发展，为经济建设、社会发展和人民生活服务，国务院于 2015 年 11 月 11 日第 111 次常务会议通过《地图管理条例》并自 2016 年 1 月 1 日起施行。条例中规定的如下内容需要教材设计者注意：④ “地图工作应当遵循维护国家主权、保障地理信息安全、方便群众生活的原则。”“各级人民政府及其有关部门、新闻媒体应当加强国家版图宣传教育，增强公民的国家版图意识。”“国家版图意识教育应当纳入中小学教学内容。公民、法人和其他组织应当使用正确表示国家版图的地图。”“编制地图，应当执行国家有关地图编制标准，遵守国家有关地图内容表示的规定。地图上不得表示下列内容：（一）危害国家统一、主权和领土完整的；（二）危害国家安全、损害国家荣誉和利益的；（三）属于国家秘密的；（四）影响民族团结、侵害民族风俗习惯的；（五）法律、法规规定不得表示的其他内容。”“编制地图，应当选用最新的

---

① 中华人民共和国中央人民政府. 国务院关于修改《出版管理条例》的决定：国令第 594 号[A/OL].(2011-03-20)[2020-02-05].http://www.gov.cn/zhengce/content/2011-03/20/content_4117.htm.

② 中华人民共和国教育部. 关于印发《中小学教材管理办法》《职业院校教材管理办法》和《普通高等学校教材管理办法》的通知：教材〔2019〕3 号[A/OL].(2019-12-19)[2019-12-30].http://www.moe.gov.cn/srcsite/A26/moe_714/202001/t20200107_414578.html.

③ 中华人民共和国教育部. 关于印发《中小学教材管理办法》《职业院校教材管理办法》和《普通高等学校教材管理办法》的通知：教材〔2019〕3 号[A/OL].(2019-12-19) [2019-12-30].http://www.moe.gov.cn/srcsite/A26/moe_714/202001/t20200107_414578.html.

④ 中华人民共和国中央人民政府. 地图管理条例：国务院令第 664 号. [A/OL].(2015-12-14)[2020-02-04].http://www.gov.cn/zhengce/2015-12/14/content_5023591.htm.

地图资料并及时补充或者更新，正确反映各要素的地理位置、形态、名称及相互关系，且内容符合地图使用目的。”“编制涉及中华人民共和国国界的世界地图、全国地图，应当完整表示中华人民共和国疆域。”“全国性中小学教学地图，由国务院教育行政部门会同国务院测绘地理信息行政主管部门、外交部组织审定；地方性中小学教学地图，由省、自治区、直辖市人民政府教育行政部门会同省、自治区、直辖市人民政府测绘地理信息行政主管部门组织审定。”“地图的编制、审核、出版和互联网地图服务应当遵守有关保密法律、法规的规定。”“任何单位和个人不得通过互联网上传标注含有按照国家有关规定在地图上不得表示的内容。”地图的编制、出版发行、监督和使用是一件严肃的事情，在教材设计中，一定要有国家版图意识，遵守法律的规定，不要随意编制、使用、传播不符合法律规定的地图。

六、教材的材料设计要注意潜在教育价值

（一）教材材料的潜在教育价值的概念

教材材料的潜在教育价值是指那些没有被明确告知学习者要学习但是实际上对学习者产生影响的教育价值。教育活动对受教育者产生影响的方式可以是明显的，也可以是不明显的。在学校教育中，教育者可以通过各种隐性的方式对受教育者施加影响。如，有形的物质环境，包括校园建筑、教学设施、教室布置等；再如，无形的精神环境，包括学习氛围、人际关系、规章制度等。有些学习环境的因素通过“隐秘的”的方式对身处其中的受教育者产生影响，身处其中的学习者虽然没有被明确告知这些因素的内在教育价值，但是随着日积月累的感受、体验，其身心会发生变化，这就是“润物细无声”的教育。教材也是如此，其潜在教育价值构成了学校对学习者实施隐性教育的一个来源。

（二）教材材料的潜在教育价值的特点

教材材料的潜在教育价值有如下三个特点：

从其来源看，教材材料潜在价值的设计意图可能是自觉的，也可能是不自觉的。这种潜在价值可能是教材设计者自觉意识到的，也可能是设计者没有自觉意识到的。

从其实现的方式看，教材材料潜在价值实现的方式是没有“明示”的。无论教材设计者是基于自觉还是不自觉的原因选择了这些材料，材料的潜在价值都没有以明确告知学习者的方式存在于教材之中。

从其影响的结果来看，教材材料潜在教育价值的实现结果可能是正面

的，也可能是负面的。材料的潜在教育价值可能是正面的，符合预设的教育目的和教材目标，也可能是负面的，不符合甚至违背预设的教育目的和教材目标。如，一段隐含着暴力内容的材料，教材的设计者并未意识到材料中的暴力，也未有意识地要将暴力内容传递给读者，但是读者通过这段材料的阅读习得了使用暴力解决问题的方式，从而在日常生活中出现了暴力倾向，在这个情境中，这段材料就具有了潜在的负面教育价值。因此，必须对材料的潜在价值进行谨慎的审视，避免材料的负面教育作用。

（三）如何检查教材材料的潜在教育价值：社会化的角度

为了避免教材材料产生不良的教育影响，需要对材料进行谨慎的检查，并在必要的时候进行加工，这里从“人的社会化”的角度讨论这一问题。

每一门课程都有自己特定的知识领域，学校教育除了传授特定知识领域的内容之外，还要注意到学习者的其他素养，这些素养是所有课程都要关注的内容，这就是关注人的社会化问题。教学过程是一个特殊的认识过程。一方面，它和其他情境下的认识活动一样，要完成一般性的认识世界的任务；另一方面，教学过程又有其独特的任务，即在认识世界的同时还要坚持教育性的原则。教学活动是教育活动的一种表现形式，它在完成帮助学习者认识世界的任务时还要承担特殊的任务，即促使受教育者社会化。如果说真理性要求的是材料和事实的相符性，那么，这里的社会性更倾向于材料和价值选择的相符性，或者说，反映材料与社会期待的相符性。如果说前者涉及的是“真”与“假”的问题，那么，后者涉及的是“对”与“错”、“好”与“坏”的问题。

1. 社会化的内涵

所谓“社会化”，是“自然人成长为社会人的过程。从一定意义上讲，刚出生的婴儿是同其他动物无多大差别的生物人或自然人。社会通过各种教育方式，使自然人逐渐学习社会知识、技能与规范，从而形成自觉遵守与维护社会秩序的价值观念与行为方式，取得社会人的资格，这一教化过程即社会化。社会在不断发展变化，人的社会化是一个长期的过程，伴随人的一生。社会学家们一般把人的一生的社会化分为早期社会化（儿童、青少年期）、继续社会化（中年、老年期）和再社会化几个阶段与类型”。①

社会化的内容是丰富的，为使一个人成长为合格的社会成员，必须进

① 中国大百科全书总编辑委员会《社会学》编辑委员会，中国大百科全书出版社编辑部. 中国大百科全书：社会学［M］. 北京：中国大百科全书出版社，1991：303.

行系统教育的基本内容有：① 教导有关生产与生活的基本知识与技能。从家庭开始，照顾婴儿到教给儿童吃饭穿衣的生活自理能力，继而教给青少年自谋生活的职业技能。② 教导社会规范。[①] 社会规范是维持社会秩序的重要工具之一。社会通过各种形式的教育与舆论的力量，使人们逐渐形成一种信念、习惯与传统，用来约束个人的行为，调整个人与个人、团体与团体，个人、团体与社会整体之间的各种社会关系。这是实现人的社会化的另一项重要内容。③ 树立生活目标，确立人生理想。人总是为着一定的理想而生活的。社会通过各种途径指导人们树立正确的生活目标和理想，从而达到社会整合的目的。④ 培养社会角色。社会化的目的，是为社会培养符合社会发展要求的社会成员，在社会结构大厦的各个环节充当适宜各自身份、地位的角色。社会化内容之一就是教育各种角色按其应尽的权利与义务，去规范自己的行为，自觉地为社会做贡献。[②] 社会化的目的，既是为了社会的正常运转，也是为了确保生活于其中的个体获得生存的可能。通常，每一个社会都有其主流或者主导的社会化要求，这些要求表达了主流或主导的社会期待。社会化的过程，就是使教育者成为社会期待的"那一种人"。社会化的方法主要有家庭教育、学校教育、社会群体内部影响（同辈群体，社会集团或一定的社区、工作单位）、大众传播工具。[③] 其中，接受学校教育是重要的也是关键的社会化的方法。

2. 教材材料设计与社会化

教育的过程可以被看作改造人性的过程，即，把人的种种属性改造为我们所想要的那个状态。人性的改造有多种渠道：通过家庭教育，家庭的长辈对晚辈进行人性的改造，使之符合长辈的理想；在工作岗位上，通过

---

① 所谓"社会规范"，是指"人们社会行为的规矩，社会活动的准则。它是人类为了社会共同生活的需要，在社会互动过程中衍生出来，相习成风，约定俗成，或者由人们共同制定并明确施行的。其本质是对社会关系的反映，也是社会关系的具体化。社会规范可分为成文的和不成文的两类。风俗习惯、部分道德规范和部分法律规范、宗教规范是不成文的。风俗、道德、法律、宗教等是社会规范的各种具体形式"。各种行为规范互相配合，有机地组成为一个社会规范体系，调整人们各个方面的社会行为，维护一定的社会秩序，使社会活动纳入一定的轨道。社会规范是社会控制的重要手段。（中国大百科全书总编辑委员会《社会学》编辑委员会，中国大百科全书出版社编辑部. 中国大百科全书：社会学［M］. 北京：中国大百科全书出版社，1991：302.）

② 中国大百科全书总编辑委员会《社会学》编辑委员会，中国大百科全书出版社编辑部. 中国大百科全书：社会学［M］. 北京：中国大百科全书出版社，1991：304.

③ 中国大百科全书总编辑委员会《社会学》编辑委员会，中国大百科全书出版社编辑部. 中国大百科全书：社会学［M］. 北京：中国大百科全书出版社，1991：304.

职业活动，个体和社会接触，在这个过程中自身的人性受到影响而发生变化；在自我教育的过程中，通过阅读、交往、反思等方式，每一个人都在进行着有意或无意的人性改造。在种种人性改造的方式中，学校教育有着特别的作用。

学校是专门从事教育的社会机构。由于其“专门性”，其教育者具有专门的教育素养，教育过程遵循专门的教育规律，其目的指向特定的教育目的，这些都确保了学校教育对人性的改造必然产生独特而巨大的作用。学校教育对人性的改造，从社会学的角度看，就是人性的社会化改造，即不断地减少不符合社会期待的属性，增加符合社会期待的属性。在教材材料设计的过程中，应检查材料中是否存在有违社会期待的社会化内容。其中，以下几个方面尤其值得注意：

（1）道德社会化

道德社会化是指“个体将社会道德规范逐渐内化为自己的行为准则的过程。一般认为，个体的道德性表现为三个方面：① 道德情感；② 道德判断；③ 道德行为”。道德的具体内容与社会的价值标准有密切关系，在分析某特定社会中个体的道德社会化问题时，必须考虑该社会占主导地位的价值标准。①

德育为先、能力为重，促进人的全面发展，这是当前我国课程改革的重要方向。在学校中，道德教育不仅是思想品德课程等“道德课”的任务，也是所有课程和教育活动的任务。教材设计者应将德育牢记在心，不仅在教材目标系统的设计中注意德育目标的重要性，还要在材料系统的设计中注意德育的重要性。教材的材料中，对有违道德社会化的内容应及时做出筛除或加工，而既符合教材目标又蕴含着有利于道德社会化的材料应被优先选择。

（2）政治社会化

政治社会化是指“个体逐渐接受和采用现有的政治制度的规范、态度和行为的过程。其目的是将个体培养成为在政治生活中发挥作用的成员，使个体成为一名合格的公民，能将社会的政治规范内化，并将这些规范传递给后代”。②

---

① 中国大百科全书总编辑委员会《社会学》编辑委员会，中国大百科全书出版社编辑部. 中国大百科全书：社会学［M］. 北京：中国大百科全书出版社，1991：11.

② 中国大百科全书总编辑委员会《社会学》编辑委员会，中国大百科全书出版社编辑部. 中国大百科全书：社会学［M］. 北京：中国大百科全书出版社，1991：472.

政治活动是一个社会公共生活的基本内容，政治生活的正常化和有序化，是确保其他社会生活正常和有序的必要条件，为此，每一个社会都有自己的政治制度及其相应的规范。教育和政治的关系是复杂而紧密的。在政治对教育的控制较为强大的社会，学校课程的设置和实施的过程都受到政治的深刻影响，对现有政治制度的规范、态度、行为的教育贯穿到全体课程的实施过程。在教材材料的选择中，应注意是否有涉及这些方面的内容。对这些材料的取舍和加工方式，取决于一个社会中教育和政治的关系。在政治对教育的控制相对宽松的情况下，对教材材料涉及的政治内容可以做相对宽松的处理，相反，则需要和现有主导政治规范保持高度的一致（参见“阅读材料：教材权是国家事权——香港问题的教材‘病根’”）。

❖ 阅读材料：教材权是国家事权——香港问题的教材“病根”①

“一定程度上可以说，有什么样的教科书，就会有什么样的年轻一代，就会有什么样的国家和未来。”专家表示，教科书是一种极其特殊的文本，教科书是国家意志、文化传统和学科发展水平的体现，是实现培养目标的基本手段。但遗憾的是，目前香港的教材与内地并没有形成“对接”。全国港澳研究会理事顾敏康近日在媒体上撰文指出，香港的通识课教材缺乏监管，通识教育自2009年始，各版本课本无须送审。那么，香港人自己编写的教材正在给香港的年轻人传递什么内容呢。“我们从一个小例子就能看得非常清楚。”国家教材委员会委员、北京师范大学校学术委员会主任韩震说，由香港龄记出版有限公司出版的《初中新思维通识单元2：今日香港》（第二版）第三章《香港的政治制度》及第四章《法治和社会政治参与》中，就有这样的内容，为了更具体地解释教学内容，教材中会出现很多“小泡泡”，这些“小泡泡”是相关人士对所讲内容的进一步解释，其中一个“小泡泡”援引了一位“律师”的意见：“全国人大常委会曾就居留权和行政长官产生办法等进行释法，更出现第五次释法。缺乏监督机制使执行《基本法》过程易偏向‘一国’多于‘两制’，令我对香港前景感到悲观！”而另一个“小泡泡”引述了一位怀抱小孩、愁容满面的“市民”的说法：

---

① 香港问题的教材“病根”[Z/OL].(2019-08-26)[2020-12-19].https://shareapp.cyol.com/cmsfile/cms_json/zqzx/Newspaper/2/2019-08-26/Content/nw.D110000zgqnb_20190826_6-01.html? isshow=1&from=timeline. 标题经本书作者修改。

“中央政府今年常介入香港事务，令我对‘一国两制’全失信心！长此下去，我会考虑移民！”“这样的内容容易误导师生，使其错误理解香港的政治、司法及社会情况，唱衰‘一国两制’。”韩震说，“教材的这种处理方式，其实是在公开质疑‘一国’，用‘两制’压制‘一国’。”“一国两制”，即“一个国家，两种制度”，是我国政府为实现国家和平统一而提出的基本国策。基本国策是不容置疑的。这其中“一国”是前提。既然是“一国”，那么对青少年进行国民教育，增强国民的国家认同感应该是一个最起码的要求。韩震说，从历史上来看，近代国家的兴起本身就伴随着在领土范围之内对教育等主权的垄断，通过在教育上的统一性，形成领土范围之内国民共同的语言，共同的文化特质。香港的教育问题出在“隔断”。众所周知，在1997年回归之前，香港曾经有很长一段时间是英国的殖民地。“而殖民教育最主要的特征就是隔断与母体的关系，英国人讲鸦片战争肯定不会提‘侵略’”，韩震说。所以一直以来，香港的教材讲得更多的是西方文明的先进和东方文明的落后。回归后，香港在“一国两制”前提下仍保有极大的自由，这种自由也体现在教育上。“教材还是英国体系，完全没有跟内地对接”，韩震说，“连基本的相互参照都不够。再加上缺乏教材的监管，隐患便慢慢形成了。”“时不时我们会听到、看到内地媒体、学者甚至政府有关部门对香港教科书进行批评”，但缺少持续的关注。石欧说：“这些教科书到底在主讲什么、宣扬什么、灌输什么？我们不敏感不清楚，尤其是没有从组织、制度以及学理的层面对香港的教科书进行全面而持续的跟踪监测与研究，导致我们对香港的一些教育举措了解不够，缺乏有效的应对策略。”这种“隔断”在历史教育上体现得尤为明显。不少研究人员指出，香港回归以后，中国历史并没有成为香港中小学生的必修课，“即使讲，他们也会挑选着讲。中国的历史也用英文讲”。一位教育部统编历史教材的专家介绍说。香港的中国历史更多介绍古代的中国，近代的事情基本不碰。“尤其是改革开放后的中国的内容，在香港教材上更是少之又少。”韩震说。香港通识教育专家邓飞在接受《环球时报》采访时曾经举了这样的例子：当年参加读大学预科前的会考时，历史试卷分为ABC三部分，A大约是夏商周到唐朝，B是唐朝到明朝，C是明朝之后。绝大多数人选A、B，选C的极少，因为老师都不怎么教。缺乏约束的自由加上殖民化带来的“隔断”，产生的后果就是“我们很难真正地拉近香港年轻人与祖国的心理距离”，韩震说。“可比较的是，澳门更多的是使用内地编撰的教科书，香港的教材由香港自己的编写团队编辑，两地青少年的差异显著。尽管原因复杂，但教育、课程特别是教科书在其中起的作用是不能否定的”，石欧说。香港学生的第一课就应该是国民教育。不久前，国务院新闻办邀请国务院港澳办新闻发言人在介绍香港事态时表示，香港的国民教育确实存在缺失，香港学生的第一课就应该是国民教育。韩震说，国外也有类似于我国《道德修养与法律基础》的教材，比如有的国家的“社会课”讲得就是他们国家的基本价值观、基本道德规范；有的国家就叫“公民”课或者“公民与政府”，所讲内容包括地理、经济及他们本国特有的价值观。韩震强调，教材就是国家事权，一个国家必须让自己的公民有统一的道德价值，有共同的文化底色，在此基础上可以有多元的追求，“但是，共同的文化底色和共同的价值观，是必须的”。

（3）性别角色社会化

“性别角色社会化”是指“个体在社会生活中逐渐学会按照自己的性别角色规范行事的过程。‘男人’和‘女人’的角色是性别角色，是指由于人们的性别不同而产生的符合一定社会期望的品质特征、思想方式和一定行为模式。性别特征与社会文化有密切关系”。①

性别角色是社会角色的重要类型。性别社会化是人的社会化的必要内容。个体的性别社会化深受后天环境的影响。“儿童的性别角色社会化始于家庭中。其机制是性别期望、性别认同和模仿。实际上，婴儿从出生之日起，父母就已经按照他（她）的性别用不同的方式培养、教育。例如，对穿衣打扮、玩具、说话方式、行为表现都有不同的要求。子女本身则表现出性别认同，即女孩模仿母亲，男孩模仿父亲。儿童进入学龄期后，在家庭、学校和社会，一般说来也从多方面加强了两性的角色差异；不仅教师对不同性别学生的升学期望、课余活动体育锻炼项目有不同的要求与内容，而且供学生学习的教科书也表现出对男女的不同期待。大众传播工具对于男女角色社会化也有重要影响，大多强调传统的两性角色规范，使观众和读者自觉或不自觉地接受这种规范并按其行事。”②

通常，在学校教育中专门开设性别角色教育课程的情况不多，因此，

---

① 中国大百科全书总编辑委员会《社会学》编辑委员会，中国大百科全书出版社编辑部．中国大百科全书：社会学［M］．北京：中国大百科全书出版社，1991：445.

② 中国大百科全书总编辑委员会《社会学》编辑委员会，中国大百科全书出版社编辑部．中国大百科全书：社会学［M］．北京：中国大百科全书出版社，1991：445.

性别角色的社会化任务更多的是由家庭教育等其他教育形式来完成的。即使学校很少进行专门的性别角色社会化的教育，也并不意味着学校里事实上不存在性别角色社会化的教育。比如，在我们日常使用的教材中，事实上存在着很多与性别角色社会化相关的内容，其中较为明显的存在于教材的材料系统之中（参见“阅读材料：德媒盘点教科书里的性别歧视”）。

❖ 阅读材料：德媒盘点教科书里的性别歧视①

课本里的性别歧视：爸爸工作，妈妈做饭，好正常。坦桑尼亚英语课本里有一道练习的原文是这么写的：“坦桑尼亚小姐今年的胜利真是实至名归。她十分漂亮，大家都赞叹于她的美貌。她又高又瘦。她的脖子就像长颈鹿那样长，她的胸很挺。此外她的皮肤也比较白。”这个选段是 David Mcginty 发布到推特上的，标签是“# Between The Lines”。这是联合国教科文组织号召的一项活动。他们希望不仅仅只是确保贫穷国家的孩子有书读，还希望改进教学课本的质量。联合国教科文组织主持的一项研究表明，世界各地的教科书中均有性别歧视现象——从将女性的意义缩减到只剩外表，到备受青睐的固化性的传统角色分配。很多时候，这种性别歧视就潜藏在字里行间。因此，联合国在为一个全世界范围内的研究搜集材料时用了“#Between The Lines”这个话题标签。土耳其的一本课本里有一个问题是：“这两个孩子的梦想是什么?”从画中的气泡里可以看到，一个孩子以后想做医生，另一个孩子则梦想着美丽的婚礼。这两个孩子分别是什么性别呢？你没猜错，想学医的是男孩，想嫁人的是女孩。英国东安格利亚大学的 Aaron Benavot 和 Catherine Jere 撰写了这一联合国教科文组织的研究，他们说，这样的情况很普遍。在很多中小学课本里，男人负责职场、政治、社会、挣钱；女人的任务是跟在男人后面收拾擦洗，照顾孩子，等男人下班了把好吃的饭菜端上桌子。巴基斯坦的一本课本里将这一点展示得特别清楚：“表格里是 Saikat 和家人一般

① 德媒盘点教科书里的性别歧视[Z/OL].(2016-05-15)[2019-08-15].https://de.hujiang.com/new/p777001/.

在晚上干什么。”表格里写着，爸爸读报纸，而妈妈准备晚饭。儿子和爸爸在“吃晚饭”的时候，妈妈的格子里写的是“端晚饭，吃晚饭”。之后给妈妈安排的活动是打扫卫生，洗衣服，儿子会帮助妈妈，爸爸这个时候在听音乐、写字。“无论人们是否有注意到，这些含义就存在于字里行间；出现的课本角色里、称呼里、引文里。成年女性和少女都在课本和教学内容中被轻视了。”Benavot 和 Jere 说道。翻一翻印度小学里使用的六本数学书，就会发现在商业和职业场景中，展示的形象大都是男性，没有出现任何一名女性老板、女性工程师、女性店主或者女性商人。另一份研究显示，在非洲的很多中小学课本中，女性所占比重只有30%。在很多领域，其实课本里反映出的正是社会现实。如今在发展中国家，性别平等往往并不是最重要的事情。问题在于，这种刻板的角色印象就是这样加深的。在未成年人形成“什么是正常的”这一感知时，课本是很重要的。因此教科文组织的研究人员批判的是它们所传达出的社会图景的单调性，让人感觉除了这种家庭模式以外，别的模式都是不正常的。在刚果的一本社会学课本中，提问各个政客所代表的机构都是哪些。书上展示了一位部长，一位总统，一位议员。没有一位是女性。在德国情况如何呢？德国教育科学联合会（GEW）主持的一项长达五年的调查研究了另一件事情。调查认为，这存在“潜在偏见”，教材对于恰当描述性别的语言关注太少。

有研究者指出，我国教材中也存在性别歧视现象。如，有研究者在对国内多套教材进行比较后得出结论：刻板的性别倾向在几套教材插图中都明显呈现，学校教科书所描绘的社会是父系社会，是靠男性运动的社会，女性的角色和活动常被忽视，极少描绘女性的地方，不是极端地强调‘女主内’的家务角色，就是歪曲了女性的形象。由从属的女性人物数量、刻板的女性职业印象以及简略的女性人物活动可知，几套教材的插图传达出根深蒂固的男女不平等的视觉权力倾向。①

除了生理的遗传造成的两性区别外，两性的不同特征主要受到社会环境的影响。不同的社会发展条件和文化传统对身处其中的两性特征有深刻的影响。在教材材料中关于性别角色的信息构成了一种“隐性知识”。教材设计者之所以选择这些材料放入教材，可能是出于无意识的安排，也可能是有意识安排的结果。在无意识的情况下，设计者以自己的思维惯性，想

---

① 张叶. 视觉文化理论下的小学语文教材插图比较研究［D］. 成都：四川师范大学，2018：67.

当然地把自己的性别角色观念呈现在教材中，但是并没有意识到这些意识是否合情合理。在有意识的安排下，设计者将性别角色的教育——通常是设计者认为应具备的性别角色素养，有意地融合进材料系统，希望通过这些材料成为完成性别角色教育的载体。

随着我国从传统的农业社会向着现代社会转型，两性之间的区别和关系也正在经历转型。这一转型的总体结果是男女两性越来越趋向平等。在我国，这一平等趋势有其复杂的背景：首先，随着我国智力劳动在生产、生活中的地位逐渐取代体力劳动，男性依靠体力获得的性别优势逐渐淡化，女性凭借智力劳动逐步获得了在生产、生活方面和男性同等的机会；其次，经济条件的改善使家庭有条件为女童提供和男童一样的受教育机会，使女性获得了经济独立的机会，从而摆脱了对男性在经济上的依赖，获得了独立的人格；再次，现代信息技术的普及和社会教育的日益发达，弥补了学校教育的不足，使更多的女性有机会通过各种渠道的教育不断地提高自己的综合素质，进一步为女性在各方面实现自我价值和人格的独立提供了可能；最后，独生子女政策客观上提高了家庭对女性教育的重视。在独生子女时代，如果家庭中只有一个女童，女童就有机会享受更多的教育和发展机会，这在客观上提升了中国女性的整体素质水平。以上这些原因使女性对自身权利的意识不断觉醒，同时又使女性在现实生产、生活中获取更多平等权利成为可能。可以说，今天的中国社会正在经历一场男女两性关系的转折：一方面，传统的男女两性意识仍然很顽固，男性中心的社会秩序并没有根本改观；另一方面，女性在社会中越来越独立于男性，并且在社会角色的扮演中越来越接近男性。

总之，随着社会的发展和进步，两性平等成为新的时代追求。因此，教材在处理两性问题的时候要注意从时代背景出发，引导学生树立男女平等的意识，进而帮助学生更好地实现性别的社会化，在新的时代中发挥男女两性各自的优势和力量。

七、教材的材料设计应具备自觉的文化意识

（一）“文化”的内涵及特征

文化作为一种客观现象，是随着人和社会的产生而产生的，但是对这一现象的认识却有赖于人类自我意识的发展，因而，对文化现象的主观认识具有历史性。

广义的文化是指人类创造的一切物质产品和精神产品的总和。狭义的

文化专指语言、文学、艺术及一切意识形态在内的精神产品。[1] 文化的要素主要包括：第一，精神要素，即精神文化。它主要指哲学和其他具体科学、宗教、艺术、伦理道德及价值观念等，其中尤以价值观念最为重要，是精神文化的核心。精神文化是文化要素中最有活力的部分，是人类创造活动的动力。价值观念是一个社会成员评价行为和事物及从各种可能的目标中选择合意目标的标准。这个标准存在于人们的内心，并通过态度和行为表现出来。它决定人们赞赏什么、追求什么，以及选择什么样的生活目标和生活方式。同时，价值观念还体现在人类创造的一切物质和非物质产品之中。产品的种类、用途和式样，无不反映着创造者的价值观念。第二，语言和符号。第三，规范体系。规范是人们行为的准则，有约定俗成的，如风俗等，也有明文规定的，如法律条文、群体组织的规章制度等。规范规定了人活动的方向、方法和式样，规定了语言和符号使用的对象和方法。规范是人类为了满足需要而设立或自然形成的，是价值观念的具体化。规范体系具有外显性，了解一个社会或群体的文化，往往是从认识规范开始的。第四，社会关系和社会组织。社会关系是上述各文化要素产生的基础。生产关系是各种社会关系的基础。社会关系的确定，要有组织保障。社会组织是实现社会关系的实体。一个社会要建立诸多社会组织来保证各种社会关系的实现和运行。家庭、工厂、公司、学校、政府、军队等都是保证各种社会关系运行的实体。社会组织包括目标、规章、一定数量的成员和相应物资设备在内，既包括物质因素又包括精神因素。社会关系和社会组织紧密相连，成为文化的一个重要组成部分。第五，物质产品。经过人类改造的自然环境和由人创造出来的一切物品，如工具、器皿、服饰、建筑物、水坝、公园等，都是文化的有形部分。在它们上面凝聚着人的观念、需求和能力。[2]

文化具有一定的特征：第一，文化是人类在进化过程中衍生出来或创造出来的。自然存在不是文化，只有经过人类加工的东西才是文化。第二，文化是后天习得的。文化不是先天的遗传本能而是后天习得的经验和知识。第三，文化是共有的。文化是人类共同创造的社会性产物，它必须为一个

---

① 中国大百科全书总编辑委员会《社会学》编辑委员会，中国大百科全书出版社编辑部. 中国大百科全书：社会学［M］. 北京：中国大百科全书出版社，1991：409.

② 中国大百科全书总编辑委员会《社会学》编辑委员会，中国大百科全书出版社编辑部. 中国大百科全书：社会学［M］. 北京：中国大百科全书出版社，1991：410.

社会或群体的全体成员共同接受和遵循，才能成为文化。纯属个人私有的东西，如个人的怪癖等，不为社会成员所理解和接受，则不是文化。第四，文化是一个连续不断的动态过程，是不断变化着的。第五，文化具有时代性、地区性、民族性和阶级性。自从民族形成以后，文化往往是以民族的形式出现的。一个民族使用共同的语言，遵守共同的风俗习惯，养成共同的心理素质和性格，此即民族文化的表现。在分裂为阶级的社会中，由于各阶级所处的物质生活条件不同，社会地位不同，因而他们的价值观、信仰、习惯和生活方式不同，出现了各阶级之间的文化差异。①

司马云杰则认为，文化具有如下特点：第一，文化是人类创造的，不是自然界运动、变化和进化的结果，一切非人类创造的生物、物理现象都不是文化。只有自然存在物经过人的加工、改造、创造，化为社会的对象、化为人的对象时，才可称为文化现象。第二，文化是人类创造的特质。一方面，它是人类创造物的最小独立单位。它是独立存在的、含有一定文化意义的单位，又是最小的、不能再分的文化单位。另一方面，它是指人类创造物的新的内容和独特形式。并非人类活动的任何社会的、政治的、积极的内容和形式都是文化，只有它们以独特的形式表现新的内容时，或者构成一种新的特质时，我们才称之为文化。例如，汽车是一种文化，因为它是人类所创造的一种特质，但是当我们把这种特质投入生产、成批出售时，它就不是文化而是商品了。第三，文化是人类创造的特质所构成的复合体。文化很少是一种单一的特质存在，往往是由许多特质构成的复合整体。第四，文化是不同形态的特质构成的。这里的形态主要指文化存在的形式和状态。②

每一个国家、民族、社会、群体都有自己的文化，这些文化成为他们生产、生活的特点。这些特点，既是人们为了生存而适应自然环境的产物，也是历史传承与发展的结果。这些文化对于创造它们的人来说是有必要性的，借助于这些共同的文化约定和文化遗产，某一个群体、社会、阶层、民族、国家才能够紧密联系在一起，并获得在特定的自然、社会环境中存续的能力。

---

① 中国大百科全书总编辑委员会《社会学》编辑委员会，中国大百科全书出版社编辑部. 中国大百科全书：社会学［M］. 北京：中国大百科全书出版社，1991：410.

② 司马云杰. 文化社会学［M］. 北京：中国社会科学出版社，2001：9-12.

（二）教材材料设计的文化意识

教材设计者应具有自觉的文化意识。“教育研究的文化意识不仅需要教育研究作方法论上的变化，还要求教育研究必须具有文化关怀。……面对当代中国文化的现状与未来，教育研究应当具有强烈的文化关怀，这就是一方面要求教育研究积极参与当代中国文化的发展，另一方面，关注学生如何在日益复杂的当代中国文化情境中生存与生活的问题。”① 教育研究者不仅需要关注自己所处的文化情境，还需要探讨教育在这一发展中可能发挥的作用，从而以积极的态度参与到当代中国文化的发展中去。

教材设计的文化意识是指在设计教材的过程中处理好各种文化的关系。在当代中国社会的发展背景下最重要的是要处理好文化认同和多元文化的关系。文化认同和多元文化涉及的是单一文化和多元文化的关系，如跨国文化、国家文化和地域文化、多数民族文化和少数民族文化，以及由我国当代社会转型带来的原乡文化和移入地文化的关系等。教材材料设计的文化意识主要涉及文化认同和多元文化的关系问题。

1. 教材材料的设计要关注文化认同的问题

文化认同对个体的人格健康和社会的发展都具有重要的价值。

（1）“文化认同”的含义

首先要关注文化认同，因为文化认同对个体和社会的存续都具有重要的意义。一方面，它会影响个体同一性的构建，从而影响人格的发展；另一方面，文化认同是国家认同的基础，会影响国家文化安全，进而影响社会的发展。

什么是认同？英语“identification”（认同）一译“认定”。在心理学上，指认识和感情的一致性，认为经过认同，形成人的自我观念。在社会学上泛指个人与他人有共同的想法。在人们的交往活动中，为他人的感情和经验所同化，或者自己的感情和经验足以同化他人，彼此间产生内心的默契。分有意的和无意的两种。②

什么是文化认同？文化认同表现为人们对某种文化在认知和情感上具有肯定的认知判断和积极的情感态度，这种认知和情感上的积极倾向无疑主要靠后天的习得。

---

① 王海燕. 试论教育研究的文化意识［J］. 江苏大学学报（高教研究版），2003，25（2）：5-11.

② 辞海编辑委员会. 辞海［M］. 上海：上海辞书出版社，1990：433.

(2) 文化认同与“同一性”

第一，“同一性”的含义。“青年人完善的自我描述和相异甚大的自尊构成了同一性的认知基础，同一性是心理分析家艾里克·埃里克森（Erik Erikson）首次提出的，作为青少年人格发展的重要方面，也是成为一个快乐的成年人的至关重要的一步。构建同一性就是定义你是谁，你的价值是什么，你将来的生活朝哪个方向发展……这一关于什么对自我是真实的、实际的、不可或缺的因素的研究是很多评价的动力——性别定位、职业、人际关系、社会参与、民族、政治、宗教和文化理想。”① 同一性的完成不是一蹴而就的，不同的人也存在不同的同一性状态。“埃里克森认为婴儿期和儿童期成功的社会心理因素将有助于形成积极的同一性。尽管同一性的种子很早就根植在孩子心里，但青春期甚至成年后才会表现出来。埃里克森认为，在这样一个复杂的社会中，儿童进入青春期会经历一个同一性危机——他们在选择形成一系列价值观和目标前有一段短暂的困惑和痛苦。这段时间，青少年对他们原来认为理所当然的事开始质疑。那些曾经历过内在灵魂探寻的青年人，会最终达到成熟。通过一系列内化，他们对儿童期描述自我的特质进行筛选，并在儿童期的自我定义中加入了新的内容。他们把这些东西综合成一个内在的核心。因此他们在日常生活中，虽然扮演着不同角色，却能以同样的原则来面对。”② 在走向同一性成熟的过程中，可能存在四种不同的同一性状态（参见“表 4-1　同一性的四种状态”）。

第二，同一性的发展价值。不同的同一性状态会影响人格的发展。同一性发展和延迟被认为是健康的同一性状态，而同一性的拒斥和扩散却被认为是调整困难，不同的同一性状态会影响人格发展。“同一性已经完成或正在探索过程中的年轻人有较高的自尊，更会抽象地、批判地思考问题。他们理想中的自我（他们希望成为怎么样的人）和现实中的自我往往比较相似，且他们善于道德推理。”③ “同一性拒斥或同一性扩散的年轻人会遇到更多的调节问题。拒斥的人往往更独断、不灵活，没有耐性。有些人的语言有明显的排外性，他把任何不同的意见看作一种威胁。大多数人怕被那些他们在感情和自尊上依赖的人拒绝。有些对社会和家庭避而远之的同一性拒斥的年轻人会参加一些礼拜或极端组织，不加鉴别地选择了一种与

---

① ［美］劳拉·E. 贝克. 儿童发展［M］. 5 版. 吴颖，等译. 南京：江苏教育出版社，2002：631.

② ［美］劳拉·E. 贝克. 儿童发展［M］. 5 版. 吴颖，等译. 南京：江苏教育出版社，2002：631-632.

③ ［美］劳拉·E. 贝克. 儿童发展［M］. 5 版. 吴颖，等译. 南京：江苏教育出版社，2002：633-634.

他们以往完全不同的生活方式。”① “长期扩散的年轻人同一性发展最不成熟。他们不相信自己，把成败归诸运气或命运，总保持一种‘我不在乎’的态度，消极地生活而不管别人正在做什么。结果，这些人最易吸毒。他们内心的冷漠源自对未来的茫然。”②

表 4-1 同一性的四种状态③

同一性的四种状态	描述	同一性调查的回应样本
同一性完成	已经完成选择，表现出个人明确的、自选的价值和目标。他们感到心理和谐。不论什么时候都能表现出同一性原则，知道自己要什么	当被问及如有更好的选择，你会不会放弃现在从事的工作时，这个青年回答说：“也许会，但我会犹豫。对于法律这一行我已仔细考虑过并一直在为此努力。”
同一性延迟	延迟的意思就是延期或中止。这些人还没有明确的自我定位。他们正在探索的过程中——收集资料、尝试行为，正在寻找生命的价值和方向	当被问及是否对自己的宗教信仰怀疑时，这位年轻人说：“是的，我想我正在寻找更好的。”
同一性拒斥	同一性拒斥的年轻人没有探索、选择就接受了别人给自己定下的价值和目标。这个人通常是权威人物（通常为父母，有时是老师、宗教领袖和爱人）	当被问及是否仔细考虑过自己的宗教信仰时，他说：“没有。我们一家人都相信。”
同一性扩散	同一性扩散的人没有明确的目标。他们生活没有方向。他们也许从来就没有进行过探索和选择，或者他们还没开始就发现目标太难	当被问及年轻人对非传统性别角色的看法时，他说：“我不知道，这和我关系不大。我可以认为是，也可以认为不是。”

第三，文化认同对同一性发展的价值。“个性和行为的改善和修炼是终身进行的，而青春期的同一性只是一个开始。不论是个人还是环境发生了改变，重新构建同一性的可能总是存在的（Grotevant，1998）。很多因素都将影响同一性的发展。”影响同一性构建的因素很多，家庭、学校、社会都

① ［美］劳拉·E. 贝克. 儿童发展［M］. 5版. 吴颖，等译. 南京：江苏教育出版社，2002：634.

② ［美］劳拉·E. 贝克. 儿童发展［M］. 5版. 吴颖，等译. 南京：江苏教育出版社，2002：634.

③ ［美］劳拉·E. 贝克. 儿童发展［M］. 5版. 吴颖，等译. 南京：江苏教育出版社，2002：633.

是影响同一性的重要因素。其中文化认同是影响同一性的重要因素。

文化认同影响同一性的机制是什么？它是通过影响自我概念影响自我同一性的。文化认同构成了自我概念的重要内容和基础。自我概念（Self-Concept）是“一个人对自身存在的体验。它包括一个人通过经验、反省和他人的反馈，逐步加深对自身的了解。自我概念是一个有机的认知结构，由态度、情感、信仰和价值观等组成，贯穿整个经验和行为，并把个体表现出来的各种特定习惯、能力、思想、观点等组织起来”。[①] “V. 吉尔斯从同一性角度描述自我概念。同一性的概念注重于把自我构成为客体的意义，赋予自我概念以结构和内容，并把自我维系于各种社会系统之中。一般情况下，同一性涉及一个人是谁或有什么样的社会身份，涉及被自我和他人所归属的各种意义。因此，同一性既指个体所内化并参与其中的那个群体成员的结构特点，如各种社会角色、各种成员身份和各种范畴，又指个体显示的各种性格特征，别人根据一个行为者在特定社会背景中的行为举止将这些性格特征归属于该行为者。在吉尔斯看来，我们可以把自我概念的结构视作一个人的各种同一性的各层组织，它在很大程度上反映其所处的社会和文化系统。”[②] 自我概念的形成是个体和世界相互作用的结果，后天的生活、学习是形成自我概念的重要来源。其中，学校的学习无疑是形成自我概念的重要途径。

自我概念是构建自我同一性的认知基础，而对自身与文化的关系的认知及其对文化的认同，则构成了自我概念的一个重要部分，进而影响其人格。教育不只是教人知识的，还要教人养成健康的人格和心理。因此，教材设计应通过文化认同帮助学生形成良好的同一性。

（3）文化认同与国家认同

文化认同是国家认同的基础，因而也是一个社会存续和发展的重要保证。在有国家存在的社会，文化认同构成了国家认同的基础。“文化认同是民族凝聚力和国家向心力的动力之源，是国家认同最深厚的基础。”[③] “一个国家的公民对其国家认同的强度、力度与广度，直接决定这个国家能否或者说在多大程度上保持其完整性。”全球化既带来了世界文化交融，也带来了文化裂变和矛盾冲突，传统文化、文化传统由此常常被视为确认国家认

---

① 心理学百科全书编辑委员会. 心理学百科全书：第 2 卷［M］. 杭州：浙江教育出版社，1995：1192.

② 心理学百科全书编辑委员会. 心理学百科全书：第 2 卷［M］. 杭州：浙江教育出版社，1995：1193.

③ 刘社欣，王仕民. 文化认同视域下的国家认同［J］. 学术研究，2015（2）：23-27.

同的核心。[①] “国家认同是现代国家的合法性基础，为国家这一共同体维系自身的统一性、独特性和连续性提供保障。国家认同不仅确立了民族国家的身份，而且还使它获得巨大的凝聚力和复原力，对其统一与稳定起着至关重要的作用。因此，可以简单地理解国家认同至少应该包括民族认同、文化认同和政治认同这三个基本的维度。”[②]

文化认同是国家认同的根基，因而教材设计者要注意发挥教材促进学习者对自身所处文化的认同的作用（参见“阅读材料：习近平谈教育：‘去中国化’很悲哀”）。

❖ 阅读材料：习近平谈教育：“去中国化”很悲哀[③]

2014 年，习近平考察北京师范大学祝贺第三十个教师节，指出反对课本“去中国化”。9 月 9 日上午，习近平在会见庆祝第三十个教师节暨全国教育系统先进集体和先进个人表彰大会受表彰代表后来到北京师范大学，看望教师学生，观摩课堂教学，进行座谈交流，向全国广大教师和教育工作者致以崇高的节日敬礼和祝贺。习近平首先来到学校主楼四季厅，参观名为“尊师重教　筑梦未来”的教师节主题展览。在参观过程中，习近平一边翻阅学校校史，一边提出问题。当有人提到语文、历史、思想政治三门课程为全国统一教材时，习近平说道：“我很不赞成把古代经典诗词散文去掉，‘去中国化’是很悲哀的。应该把这些经典嵌在学生的脑子里，成为中华民族文化的基因。”

2. 教材材料的设计要处理好多元文化的问题

多元文化是指在一个集团群体、社会共同体、区域联合体等系统中共存的，并且在系统结构中存在着一定相互联系的几种文化。它必须是相互联系的文化，而无联系、无比较、无相互作用、分别存在于不同群体中的文化只能称为某一群体或社会中的单元文化。世界范围内的文化历来都呈现出文化多样性的图景，但是由于交流手段、群体的开放度等限制，各种

---

① 刘社欣，王仕民. 文化认同视域下的国家认同［J］. 学术研究，2015（2）：23-27.

② 刘社欣，王仕民. 文化认同视域下的国家认同［J］. 学术研究，2015（2）：23-27.

③ 习近平谈教育：去中国化很悲哀［Z/OL］.（2014-09-10）［2019-10-10］.http://news.qq.com/a/20140910/000581.htm.

文化之间的相互作用极其有限，也很难处于一个社会共同体之中。因此，虽然存在着不同的文化，但这样的文化仍然是单一文化或者说单元文化。[①]

我国是一个多民族国家，拥有丰富多样的民族文化及地域文化。在地域文化研究领域，地域文化用来指称某一地域内人们为了适应当地的自然、社会环境而创造的文化个体。[②] 此外，由于融入全球化，丰富多样的外国文化也大量涌入，和本国文化产生互动。借助于日益发达的基础设施，不同的文化发生了前所未有的相互碰撞。可以说，今天我们生活的时代是一个多元文化色彩极其浓厚的时代。因此，学会尊重多元文化已经成为一种重要的公民素养。在这样一个多元文化时代，教材设计者应从不同的文化中采撷教材的材料，使学习者能够在接触多元文化的过程中养成"多元文化意识"。

3. *教材材料设计要处理好文化认同和多元文化的关系*

如上所述，教材的文化意识主要解决文化认同和多元文化的关系（参见"讨论与争鸣：教材如何面对多元文化?"）。"文化认同"和"多元文化意识"是教材要重视的两个目标，一方面，既要关注文化认同感的养成，另一方面，又要关注多元文化意识的培育。在教材材料的设计中要兼顾这两个方面，既要防止为了文化认同而抹杀多元文化的价值，又要防止为了突出多元文化而忘记文化认同。"如果一味强调不同民族文化'差异性'的合理性，就有可能走入狭隘的文化偏见主义或文化保守主义，又容易滋生出一种对自己民族文化的孤芳自赏，对其他民族文化的傲慢与偏见，甚至蔑视与贬损。因为'文化共性促进人们之间的合作和凝聚力，而文化的差异却加剧分裂和冲突'。这种情况也会危及国家认同。"[③] 对于民族文化是如此，对于地域文化、跨国文化等多元文化也是如此。

◆ 讨论与争鸣：教材如何面对多元文化?

——美国通史教材自揭"家丑[④]

由"美国历史学家组织"前主席加里·纳什等人编著的《美国人民：创

---

① 郑荣双. 多元文化：作用及误解［J］. 河南师范大学学报（哲学社会科学版），1999，26（5）：28-30.

② 王四达. 简论地域文化的定位问题——以"闽文化"和泉州学为例［J］. 福建论坛（文史哲版），2000（2）：23-27.

③ 刘社欣，王仕民. 文化认同视域下的国家认同［J］. 学术研究，2015（2）：23-27.

④ 张宏. 美国通史教材自揭"家丑"［Z/OL］.（2008-01-26）［2020-11-15］. http://www.ahrac.com/pc/enview.php? aid=1210.

建一个国家和一种社会》中文版近日由北京大学出版社出版，许多令美国人汗颜的失败乃至难以示人的耻辱，以及令美国人骄傲的成就一起出现在中国读者面前。《美国人民：创建一个国家和一种社会》为美国大学历史学科的美国通史教材。在书中，加里·纳什真实刻画了美国历史上的艰难曲折。比如：在一百多年前，美国有五分之一的10~14岁儿童不得不出来工作养家；在历史上，美国白人曾经迫害印第安人，并长期保有黑人奴隶制度；等等。除此之外，作者改变了美国历史的起源，讲述了1492年前美洲的原住民和欧洲人入侵前的古代非洲世界。这种写作手法抬高了非洲裔美国人和美洲原住民在构建美国历史过程中的地位和作用，相对削弱了欧洲白人移民的影响。

北京大学历史系教授李剑鸣认为，《美国人民：创建一个国家和一种社会》抛弃了简单的直线式进步史观，把美国的过去处理成一部由各色各样的角色共同参与演出的、辉煌场景与苦难呻吟交织的历史大戏。“同时，他并未忽略传统史学所重视的政治事件、经济发展和制度变迁，而是从新的角度加以论述。”（材料来源：中国美国史研究会网站）

第三节　教材材料系统设计的常见问题与解决策略

一、教材材料和教材目标衔接不紧密

在网络时代，材料的获取渠道已经变得日益便捷。面对浩瀚的信息海洋，有时候难免不知所措。为此，首先要反复回顾之前设计的教材目标，明了其涉及的发展领域和发展水平。其次，无论材料本身有多么丰富精彩，都要从服务于目标的角度对其谨慎筛选，必要时还要进行加工。最后，要注意材料的解读。有时候同一段材料可以从不同的角度进行解读，这时就要注意如何围绕目标使用材料做文章。总之，精挑细选、反复比较、择优而从之，是教材材料设计的不二法则。

二、不重视对辅助材料的设计

辅助材料虽然不是学生要关注的重点内容，但在帮助其达到目标、拓宽视野方面有其独特的作用。对辅助材料的不重视，往往导致辅助材料质量不过关，甚至出现错误。如，文言文注释出现音义不符、释义扩大、以古释今、自相矛盾、词性不明、不辨修辞、疏于考证、出现疏漏等错误。①

① 姜爱. 人教版高中文言教材误注解析［D］. 呼和浩特：内蒙古师范大学，2007.

教材辅助材料质量不佳会在无形之中影响教材的权威性，更为严重的是，这些问题还有可能对学习者产生不良的教育作用，如影响主要材料的学习或者无意中学习到了错误的知识（参见“阅读材料：两套教材的注释比较”）。因此，教材设计者要从理念上对辅助材料的设计高度重视，对辅助材料的质量反复斟酌和把关。

❖ 阅读材料：两套教材的注释比较①

2017 年语文最新课标针对高中学段要求提高学生文言文的阅读水平和鉴赏能力，“学习文言文的人，时常要通过注释来理解难词难句，注释是文言文阅读不可缺少的拐杖”。人教版和苏教版两版教材对同一语词的注音有差异。如《烛之武退秦师》对“氾南”注音，人教版为“氾（fán）南”，苏教版则为“氾（fàn）南”，查证古汉语词典可知，“氾”有两个读音：“fán”和“fàn”。读 fàn 时多用作动词，同“泛”。读 fán 时是地名，也用作姓氏。人教版对“氾南”注解为：“氾水的南面，也属郑地。”苏教版的注解为：“古代东氾水的南面，在今河南中牟南。”可见，“氾”在两版教材中都作地名讲，那么苏教版对“氾南”的注音就有误，需进一步考证修改。再如《琵琶行》中对“虾蟆陵”的注音，人教版注音为“虾（há）蟆陵”，苏教版则无注音，看看两版教材对“虾蟆陵”的注释，人教版为：“在长安城东南。”苏教版为：“在长安东南郊曲江附近，相传西汉大儒董仲舒的墓地在此，他的学生经过此地时都下马致敬，故有‘下马陵’之称，后讹为‘虾蟆陵’。”“虾蟆陵”是专有词，对于这种专有词若不对其注音，学生很难读对。

两版教材对基本义的注解有出入。如《琵琶行》（并序）中对“悯然”的注释，人教版为“忧郁的样子”，苏教版为“忧伤不语”。“悯”在古汉语词典中注解为“〈形〉忧患；忧愁”。“悯”是形容词，“然”作为古汉语中常用作词缀，接在形容词后，即“……的样子”，故“悯然”基本意义依然是“〈形〉忧患；忧愁”。“默”在古汉语字典中的基本意义是“〈动〉沉默；不作声”。故“悯默”的基本意义是“忧愁不作声”。苏教版比人教版多了个限制范围，人教版仅说“忧郁哀愁”，苏教版不仅“忧郁哀愁”，还

① 张谦亨，谭林松. 人教版与苏教版高中语文教材文言文语词注释比较研究［J］. 课程教育研究，2019（3）：34. 标题系本书作者所加。

“不说话”。造成这个差异最根本的原因在于两版教材选文本身就不一样。像这样选文本身语词存在差异的还有《念奴娇·赤壁怀古》中“樯橹”，人教版作“樯橹”，苏教版则为“强虏”。这些差异需要教材编者多方考察，增强选文的严谨性，尽量就同一篇选文的字词进行统一，以免给学生带来困扰。

文言文完善的注释有助于教师的教和学生的学，建议：第一，精简注释条目量，加大语词注释条目占比量。注释对象应尽量以语词为主，减少以句子为单位的注释量，给学生留有思维的空间，让学生根据语词提示用自己的语言表达，实现言语能力和思维能力的发展。第二，吸收学科专家的研究成果，保证注释的准确性。顾之川总结了注释应遵循的五大原则——准确性、针对性、代表性、平易性、简洁性。其中准确性是首要原则。编辑注释对象时可吸收语言学、训诂学、历史学等方面专家的相关成果，从根源上确保注释内容的准确性，也为一线语文教师在教学中拓展相关知识提供方向。第三，注释内容应符合认知发展规律，关注学生身心发展水平。语文学习的基本规律便是由语音、字形、语义逐步深入。因此，在注释对象编纂过程中，需要对学生的身心发展水平做出调研，关注学生，选择难易适度的注释内容，使得注释对象既符合认知发展规律，又符合语文学习的规律。

三、不重视教材材料的可靠性

人类知识积累到今天，一方面，在有的领域已经达到了相当成熟的程度，另一方面，人们学无止境，不断探索新的问题，形成了百花齐放、百家争鸣的局面。面对这些丰富的知识，教材设计者有时候疏于考证、验证，就会出现可靠性不佳的现象。为此，首先要关注材料的来源，确保其作者、媒体、语境能够提供可靠的信息。其次，在设计材料的时候要多向专家请教，避免可能的讹误和不良信息。最后，对有争论的信息，必要的时候可以考虑将其一并列出供学习者参考。人类对自我和世界的探索尚未完成，因此出现争论是正常的现象。作为设计者，在必要的时候为学习者提供多种意见，有利于启发他们的思考，这也正是教育不仅要承继过往还要开启未来的应有之义。

四、不重视教材材料的著作权

在教材设计中存在缺乏著作权意识的现象。我国正处于从“制造大国”

转向“智造强国”的关键时期，重视著作权的保护人人有责。不仅如此，“著作权意识”本身也应该成为新时期重要的教育目标。因此，教材设计者要认真阅读相关的法律条文，在引用他人的文献资料时，一定要依法采用。如，在教材中需要引用他人的作品时，要对材料的来源以适当的方式加以说明，必要的时候应事先征得原作者的同意。

五、教材材料远离生活

在教材中，有的材料对学生来说可能很寡味。兴趣是学习动机的“母机”，特别是对学习对象的直接兴趣，是激发学习者主动学习、深度学习的动力。与此同时，材料越接近生活，就越容易被学习者理解、记忆，学习的过程也就越顺利。因此，教材设计者要有“读者意识”，设身处地了解学习者的年龄、性别、发展水平等情况，对他们的生活经历、问题、需求等有所了解。教材设计者还要注意“代沟”问题。比如，教材设计者和学习者之间可能会存在一定的年龄差异，不同的年龄常常和不同的生活背景、时代背景相关，从而导致阅历、价值观、知识、兴趣等方面的“代沟”。设计者要经常“换位思考”，将自己的生活视野转换为学习者的视野，多从学习者的生活出发设计材料（参见“阅读材料：意义和涵义——学习动机的激发”）。

❖ 阅读材料：意义和涵义——学习动机的激发[①]

“在通常的用法中，涵义概念与意义概念是没有区别的。例如，当讲到词的涵义或意义时，对它在这两种情况下的理解是相同的。不过，意义概念还不能反映我们在意识到我们‘所标志的’客观实际现象时所看到的心理学上的全部丰富内容。”[②]“意义是一种对现实的概括，这种概括在其感性代表者中，通常是在词或词组中晶化固定下来的。这是人的社会经验、社会实践的一种观念和精神的晶化形式。该社会的观念、科学及其语言本身——所有这一切，都是意义的系统。所以意义首先是属于客观历史观念现象世界的。”[③]“意义是一种对现实的反映，它不依赖于个别人同现实的关

---

① 标题系本书作者所加。

② ［苏联］阿·尼·列昂捷夫. 活动　意识　个性［M］. 李沂，冀刚，等译. 上海：上海译文出版社，1980：209.

③ ［苏联］阿·尼·列昂捷夫. 活动　意识　个性［M］. 李沂，冀刚，等译. 上海：上海译文出版社，1980：209-210.

系；人找到一种现成的历史上形成的意义系统并加以掌握，就如他掌握工具这个意义的物质代表者一样。我掌握这个意义，掌握到什么程度，以及它对我、对我的个性起什么作用，这就是心理学的事实本身，我的生活的事实本身。后者取决于什么呢？取决于这个意义对我有何涵义。”涵义在人的意识中表现为直接反映并含有它本身的重大关系。涵义绝非潜含于意义之中，而且也不会从意义中来而在意识中产生。涵义不是由意义产生的，而是由生活产生的。在某些情况下，涵义与意义的不一致在意识中表现得特别明显。例如，我对于死亡是怎么回事，能够了解得非常深刻、全面、彻底。我知道人是不免一死的，而且深信，死对我来说也是不可避免的。我还详尽地了解这一过程的生物学性质。换言之，我可以完整地掌握有关的知识、意义。不过，这种意义对我会是多么不同！对我本身而言，对死的不可避免性的了解，似乎对我可以毫无意义，因为它不会进入我现在的生活之中，在任何一方面都不会实际改变我的生活，一点也不会，一刻也不会。在生活开始的时候，一个人确实过得似乎可以长生不死。但以后他的生活起了某些变化，也许他的生命快要完结了，这时，这同一个人就指望着余下的几年，甚至几个月。他要匆匆地完成自己的一些打算，另外依旧撇下不管了。可以说，他对死的意识改变了。不过，他的知识改变了没有，增加了没有，在他的意识中死的概念本身，死的意义改变了没有？没有。但它对人的涵义改变了。在这个例子中，涵义与感受意义的情绪色彩，与它的主观背景的区别也是明显的。恰恰在第一种情况下，死的观念却可能不会引起多大的情绪感受。明确地将涵义与意义加以区别，对于心理学来说特别重要，因为它们的关系不是一成不变的，而是在历史发展的过程中变化，构成意识的各种结构与结构的各种类型。意识作为与世界的关系在心理学上对我们暴露为一种涵义系统，它的结构特点则是涵义与意义的关系的特点。涵义的发展是活动动机发展的产物，活动动机本身的发展是由人对世界的现实关系的发展决定的，而发展是由他生活的客观历史条件所制约的。作为关系的意识就是反映于意识中的现实对人所具有的涵义。因此，知识理解性的特点正是在于它们对人具有何种涵义。①

令人感兴趣的教学科目，就是教材。教材由于促使学生的各种动机而成为学生的“目的范围”。在此条件下，学生的学习活动中占结构地位的正

① ［苏联］阿·尼·列昂捷夫. 活动　意识　个性［M］. 李沂，冀刚，等译. 上海：上海译文出版社，1980：211-214.

是这个科目的最重要的内容。因此，这个内容成为被学生真实地意识到之物并且易于记忆。但是这个教育科目能使学生发生兴趣的情况自然是各不相同的。科目的某些不同的内容可能是最重要的，可能是被真实地意识到的对象，这取决于使学习这个教学科目具有涵义的动机。因此，研究兴趣不能局限于仅仅解释活动的结构关系、形式关系，还要深入了解动机领域，这一领域在性质上，从他们的内在涵义方面决定了兴趣。①

从自觉的学习原则所提出的要求，包括要求儿童清楚地了解何以要学习，为了什么要学习。应该让儿童清楚地懂得之所以要学习，是为了当一名名副其实的社会成员，当之无愧的建设者，祖国的保卫者等等，懂得学习是儿童的义务。这是不容置疑的，肯定的。但是，对自觉性的这种要求还是抽象的。可不可以向儿童解释清楚，为了什么必须学习？当然可以。这一点可以，而且应该做得相当完全，相当细致。因为就连一个低年级小学生也能理解，能自己详细地、令人信服地讲述这一点。不过问题在于，能说明自觉性，说明作为关系的意识之特点的，不是对所学东西的意义有所理解、熟悉，而是所学东西对儿童具有的意义。

在数学中也好，在物理学中也好，知识也可能被掌握成僵化的知识，也许一直要到生活本身使它们复苏为止，如果这些知识到那时尚未被学生遗忘的话。因为一个七年级学生承认，他连一次也不曾有过“绝好的机会”，使他可以运用学到的物理知识！②

赫尔岑写道：“为了不是形式上掌握科学，应当学一辈子科学。”在学习中也是这样，为了不是形式上掌握材料，不应当“混过”学习时间，而应当一生都在学习，要使学习成为生活的一部分，要使学习对学生而言具有生活的含义。③

六、教材材料容量不合适

教材的容量过多或过少都不利于达到目标的要求。材料的容量首先需要根据教材本身所允许的物理空间来设计。过多时可以精简，可将某些材

① ［苏联］阿·尼·列昂捷夫. 活动　意识　个性［M］. 李沂，冀刚，等译. 上海：上海译文出版社，1980：228.

② ［苏联］阿·尼·列昂捷夫. 活动　意识　个性［M］. 李沂，冀刚，等译. 上海：上海译文出版社，1980：228-230.

③ ［苏联］阿·尼·列昂捷夫. 活动　意识　个性［M］. 李沂，冀刚，等译. 上海：上海译文出版社，1980：230-231.

料设计为拓展学习的材料。比如，将长文章缩减后把部分内容列入教材中呈现，而整篇文章则设计成推荐阅读的材料，以参考资料（如网站、参考书目等）的方式推荐给学习者课后自主学习。其次要根据学习者的学习需要来掌握，有些目标需要用多段材料来实现，如针对某一价值观的学习，既要举出正例，还要同时举出反例，如此才能帮助学习者更高效地实现价值观的学习目标。

七、不注意教材材料的潜在教育价值

材料的潜在价值之所以能够实现，主要是因为人们会对材料进行多元化的解读。常言说，一千个读者就有一千个哈姆雷特。不同的读者在立场、利益、经验、视野、知识等方面有所不同，因此，同样一段材料经过不同的读者的解读后会产生不同的意义。其中的有些意义可能是正面的，有些则是负面的。为此，在对原有素材进行审查之后，对那些可能产生不良教育价值的内容要进行必要的加工。

本章小结

教材的材料系统是教材的重要组成部分。如果我们把教师比作厨师，那么，教材的材料系统就好比是等待烹饪的食材。面对相同的食材，不同的厨师能够做出不同风格、口味的菜肴。菜肴的质量固然离不开厨师的高明技巧，但是正如“巧妇难为无米之炊”，如果教材设计的材料质量不高甚至很糟糕，那么，再高明的教师也会感到头疼。

教材材料系统包括各种类型的材料，这些不同类型的材料各司其职、各有特点，对于不同类型的材料都要给予重视。其中，尤其要重视辅助材料的设计，将辅助材料的设计看作为学生创造“优化了的学习条件”不可缺少的必要环节，如此，就能充分发挥各种材料的功能，实现材料系统功能的最大化。

教材材料的设计要注意可靠、有用等各个方面的要求。其中，材料来源的可靠性是最需要关注的。教育是要教人追求真善美的，教材要帮助学生从教材中认识真实的世界，养成尊重事实的习惯。因此，教材的设计者要在材料的来源上下功夫。

教材材料和教材的目标一样，都应多关注学习者的生活，从学习者所处的时代、文化、日常之中发现有用、有趣的素材，精心加工，使教材也能够和佳肴一样，成为学习者真正“好吃、好玩又有用”的精神食粮。

■ 练习和检查

请选择一个或若干个教材目标，围绕这些目标设计相应的材料，可参考“教材材料系统设计检查表”进行检查，在“检查结果”一栏的相应处打“√”。

教材材料系统设计检查表

<table>
<tr><th>教材材料的设计要求</th><th colspan="2">教材材料设计的检查</th><th>检查结果</th></tr>
<tr><td rowspan="3">教材材料来源可靠</td><td colspan="2">教材材料来源非常可靠</td><td></td></tr>
<tr><td colspan="2">教材材料来源基本可靠</td><td></td></tr>
<tr><td colspan="2">教材材料来源不可靠</td><td></td></tr>
<tr><td rowspan="3">教材材料有用</td><td colspan="2">教材材料和教材目标很契合</td><td></td></tr>
<tr><td colspan="2">教材材料和教材不太契合</td><td></td></tr>
<tr><td colspan="2">教材材料和教材不契合</td><td></td></tr>
<tr><td rowspan="9">教材材料符合使用者的可接受性</td><td rowspan="3">材料适合学生的认知结构</td><td>学生对教材材料基本能接受</td><td></td></tr>
<tr><td>学生对教材材料不太能接受</td><td></td></tr>
<tr><td>学生对教材材料很难接受</td><td></td></tr>
<tr><td rowspan="3">材料适合学生的认知发展水平</td><td>学生对教材材料基本能接受</td><td></td></tr>
<tr><td>学生对教材材料不太能接受</td><td></td></tr>
<tr><td>学生对教材材料不能接受</td><td></td></tr>
<tr><td rowspan="3">材料适合学生的兴趣</td><td>学生对教材材料很感兴趣</td><td></td></tr>
<tr><td>学生对教材材料不太感兴趣</td><td></td></tr>
<tr><td>学生对教材材料不感兴趣</td><td></td></tr>
<tr><td rowspan="6">教材材料适量</td><td rowspan="3">材料的量适合教材目标</td><td>教材材料的量对教材目标的实现很适合</td><td></td></tr>
<tr><td>教材材料的量对教材目标的实现基本适合</td><td></td></tr>
<tr><td>教材材料的量对教材目标的实现不适合</td><td></td></tr>
<tr><td rowspan="3">材料的量适合教学时间</td><td>教材材料的量适合教材的教学时间</td><td></td></tr>
<tr><td>教材材料的量基本适合教材的教学时间</td><td></td></tr>
<tr><td>教材材料的量不适合教材的教学时间</td><td></td></tr>
</table>

续表

<table>
<tr><th>教材材料的设计要求</th><th colspan="2">教材材料设计的检查</th><th>检查结果</th></tr>
<tr><td rowspan="3">教材材料适量</td><td rowspan="3">材料的量适合教材的空间容量</td><td>教材材料的量适合教材的空间容量</td><td></td></tr>
<tr><td>教材材料的量基本适合教材的空间容量</td><td></td></tr>
<tr><td>教材材料的量不适合教材的空间容量</td><td></td></tr>
<tr><td rowspan="4">教材材料符合法律规范</td><td rowspan="2">材料符合著作权法律规范的规定</td><td>教材材料完全符合著作权法律规范的相关规定</td><td></td></tr>
<tr><td>教材材料不符合著作权法律规范的相关规定</td><td></td></tr>
<tr><td rowspan="2">材料符合法律规范对内容的规定</td><td>教材材料不含法律规范明令禁止的内容</td><td></td></tr>
<tr><td>教材材料含有法律规范明令禁止的内容</td><td></td></tr>
<tr><td rowspan="6">教材材料关注潜在教育价值：教育与人的社会化</td><td rowspan="2">材料有利于道德社会化</td><td>教材材料有利于道德社会化</td><td></td></tr>
<tr><td>教材材料含有不利于道德社会化的内容</td><td></td></tr>
<tr><td rowspan="2">材料有利于性别角色社会化</td><td>教材材料有利于性别角色的社会化，体现两性平等</td><td></td></tr>
<tr><td>教材材料不利于性别角色的社会化，没有体现两性平等</td><td></td></tr>
<tr><td rowspan="2">材料有利于政治社会化</td><td>教材材料有利于政治社会化</td><td></td></tr>
<tr><td>教材材料含有不利于政治社会化的内容</td><td></td></tr>
<tr><td rowspan="4">教材材料有文化意识</td><td rowspan="2">教材材料体现文化认同：关注共性文化</td><td>教材材料很重视共性文化</td><td></td></tr>
<tr><td>教材材料没有重视共性文化</td><td></td></tr>
<tr><td rowspan="2">教材材料体现多元文化：关注多元文化</td><td>教材材料体现了对多元文化的关注</td><td></td></tr>
<tr><td>教材材料没有体现对多元文化的关注</td><td></td></tr>
</table>

第五章　教材活动系统及其设计

教材目标系统和教材材料系统的设计完成之后，还需要进行活动系统的设计。这是因为教材的生命力在于为教学服务。本章就教材活动系统的内涵、功能、设计及设计中常见的问题与解决策略进行梳理。

第一节　教材活动设计概述

教材活动系统的基本内涵是师生和教育资源之间、师生（师生、生生）之间互动的方式，它既包括师生如何处理教育资源的活动，也包括师生之间如何进行交往的活动，其核心是学习活动的设计。学习活动设计的主要任务是实现教育资源利用的最优化，即通过教育资源的诸要素（人、物、时间、空间）的整合和组织创造最优化的学习条件。

教材活动系统的功能是要对教材的使用者如何安排教学活动以达到预定的教材目标提出建议。教材是连接课程和教学的桥梁与纽带。在实际的教材使用过程中，教师对“自身和教材的关系”的理解是不同的。如，有的教师认为教材是唯一的参照物，教学要严格按照教材进行；有的教师认为教材是教学参照物中的一个部分，在实际教学过程中，可能对教材进行大幅度的改造和补充。但是，一本设计成功的教材应该成为教师教学的必要“拐杖”，而不是可用可不用的摆设。教材的设计者应明了自己的责任，通过专业而高水平的活动设计为教师提供可操作的行动手册。这是因为教师在日常的教育教学任务中要承担很多任务，如果教材设计不理想，他们就不得不另外花费很多的时间、精力去寻找更加合适的教材，或者花费额外的时间、精力去对现有的教材进行大量的改造。故此，教材的设计者如果能够事先就“活动”提出合适并且可行的建议，无疑会使教材更具“可操作”的优点，进而使教师节省出大量时间、精力更好地投入现场的教学活动中。

一、“活动”概述

活动是人类生活的基本内容，关于活动的思考很多，其中苏联心理学家阿·尼·列昂捷夫对“活动”的思考是值得关注的。

（一）“活动”的内涵

“活动”既可以作为名词使用，也可以作为动词使用，一般意义上讲，“活动”有六种意思：[①] 第一，动弹，运动；第二，为某种目的而行动；第三，动摇，不稳定；第四，灵活，不固定；第五，为达到某种目的而采取的行动；第六，钻营、说情、行贿。

这里讨论的活动，是一种由动机（其中体现着某种需要）所激励着和指引着的过程，其主体是人，活动是人的生活的存在方式，就其主要表现形式看，是主体和客体之间的相互转变。[②] 阿·尼·列昂捷夫说：“什么是人的生活？这是彼此交织着的活动的总和，更确切地说，就是彼此交替的活动的系统。在活动中发生着客体向它的主观形态，向映象的转变；同时，在活动中也实现着活动向它的客观结果，向它的产品的转变。从这方面来看，活动就表现为在其中实现着‘主体—客体’这两极之间的相互转变的过程。”[③]

（二）“活动”的结构

活动有很多表现形式和类型。比如，从活动的目的看，分为认识活动和实践活动。认识活动不和“对象世界”直接接触，而实践活动则意味着活动的主体和“对象世界”直接接触。从可见性看，分为内部活动和外部活动。内部活动包括那些看不见的心理活动，外部活动包括看得见的行为。这些不同的活动是否具有共同的结构？阿·尼·列昂捷夫认为，作为一般意义上的活动的具体结构，主要包括三个基本要素，即动机、动作、操作。

活动的第一个组成部分是动机。活动动机的产生以需要和对象为前提条件，活动的基本特征是对象性。[④] “到目前为止，我们对活动这一概念是就其一般的、综合的意义来说的。各具体种类的活动，可以按照随便某一种特征加以区别，如按照活动的形式、实现方法、情绪紧张的程度、时空特点、生理机制，等等。但一种活动与另一种活动的区别，主要在于其对

---

① 中国社会科学院语言研究所词典编辑室. 现代汉语词典［M］. 5 版. 北京：商务印书馆，2012：587.

② ［苏联］阿·尼·列昂捷夫. 活动　意识　个性［M］. 李沂，冀刚，等译. 上海：上海译文出版社，1980：139.

③ ［苏联］阿·尼·列昂捷夫. 活动　意识　个性［M］. 李沂，冀刚，等译. 上海：上海译文出版社，1980：51.

④ ［苏联］阿·尼·列昂捷夫. 活动　意识　个性［M］. 李沂，冀刚，等译. 上海：上海译文出版社，1980：53.

象的差异。须知，正是活动的对象才使他具有一定的方向性。按照我们提出的术语，活动的对象是活动的真正的动机。不言而喻，对象可能是物质性的，也可能是观念性的；可能是呈现在知觉中的，也可能只是存在于想象、思维中的。主要的是，在对象背后总是存在着需要，它总是适合这样或那样需要的。”“因此，活动的概念必须同动机的概念相联系。没有动机的活动是不存在的；‘没有被动机激励的’——这个活动不是没有动机，而是它具有主观和客观上潜在的动机。”①

活动的第二个组成部分是动作。“人类活动的各个基本‘组成部分’是实现着活动的动作。我们把服从关于应达成结果的观念的那种过程，即服从自觉目的的过程，叫作动作。正如动机的概念是与活动的概念相关联着的那样，目的的概念是与动作这一概念相关联着的。”②“人的活动是以动作或者动作的链索的形式存在的。例如，劳动活动存在于劳动动作中，学习活动存在于学习动作中，交往活动存在于交往动作（行为）中等等。如果想象地从活动中除去实现活动的动作，那么整个活动就什么也不存在了。”③

动作和活动紧密相关，但是两者并不等同。“同样的动作可实现不同的活动，可以从一个活动转入另一个活动，因此动作就显示出自己的相对独立性。让我们再举一个粗浅的实例：假定我有一个目的——要到 N 地点去，并且我正在做这件事。显然，这一动作可能有完全不同的动机，即实现完全不同的活动。反过来也是很明显的，同样一个动机也可以体现在不同的目的中，并相应地引起不同的动作。”④

动作是围绕着目的展开的，特别是围绕着具体化的目的。“任何一个目的（甚至像‘到 N 地点’这样的目的）都是在某种对象情境中客观地实现的。当然，对于主体的意识来说，目的可以从这一情境中抽离出来，但是他的动作是不可能从这一情境中抽离出来的。因此，动作除了它的意向方面（应当达到的东西），还有它不是由目的本身，而是由达到目的的客观对象条件决定的操作方面（如何，用什么方法可以达到这一点）。换句话说，所实行的动作要适合于任务；而任务就是在一定条件下提出的目的。因此动作有特殊的品质，有它的特殊‘组成成分’，而这正是动作得以实现的方

---

① ［苏联］阿·尼·列昂捷夫. 活动　意识　个性［M］. 李沂，冀刚，等译. 上海：上海译文出版社，1980：67–68.

② ［苏联］阿·尼·列昂捷夫. 活动　意识　个性［M］. 李沂，冀刚，等译. 上海：上海译文出版社，1980：68.

③ ［苏联］阿·尼·列昂捷夫. 活动　意识　个性［M］. 李沂，冀刚，等译. 上海：上海译文出版社，1980：69–70.

④ ［苏联］阿·尼·列昂捷夫. 活动　意识　个性［M］. 李沂，冀刚，等译. 上海：上海译文出版社，1980：70.

式。我把实现动作的方式叫作操作。"①

活动的第三个组成部分是操作。操作是动作得以实现的具体方式，操作需要根据任务的条件进行。"操作是什么？我们暂时以这个术语表示活动的完全确定的内容。操作，就是借以实现行动的方式。它们的特点是，它们不符合动作的动机和目的，而符合提出这一目的即任务的条件（任务就是一定条件下提出的目的）。通常操作，即动作方式，是由社会形成的，有时还由动作的物质手段和工具固定下来。例如，在计算中，某些计算操作已经固定化，在物质上固定下来了；在锯子中固定下来的是锯开、锯等等操作。因此，人的活动中的大部分操作，都是学习和掌握社会上形成的动作方式和手段。"②

综上所述，各种不同的活动的共同结构就包括了动机（含对象和需要）、活动、动作、操作。"这样，连续不断的活动在其以心理反应为中介的高级表现中形成着人的生活，通过分析从中可以划分出：第一，个别的（独特的）活动——以激发它们的动机为标准；第二，动作——服从于自觉目的的过程；第三，操作——它直接取决于达到具体目的的条件。"③ "人的活动的这些'单位'，形成了活动的宏观结构。这些单位是通过分析划分开来的。这种分析的特点在于，并非把生动的活动割裂成若干部分，而是揭露它们特有的内部关系。"④ 根据阿·尼·列昂捷夫的理解，我们可以约略画出"活动的共同结构"示意图（参见"图 5-1　阿·尼·列昂捷夫关于活动的共同结构示意图"）。

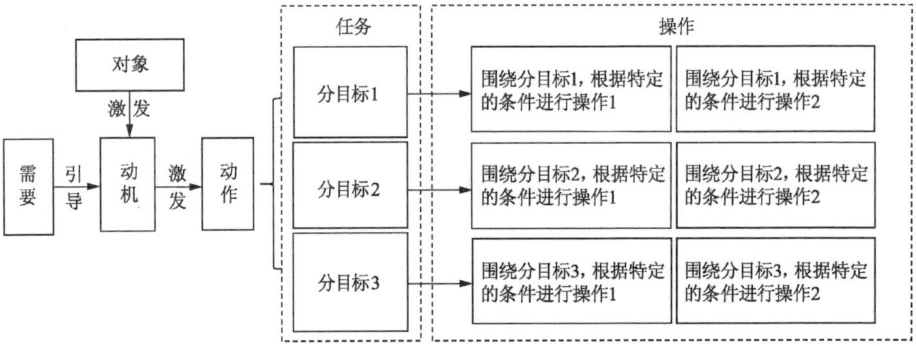

图 5-1　阿·尼·列昂捷夫关于活动的共同结构示意图

① ［苏联］阿·尼·列昂捷夫. 活动　意识　个性［M］. 李沂，冀刚，等译. 上海：上海译文出版社，1980：71–72.

② ［苏联］阿·尼·列昂捷夫. 活动　意识　个性［M］. 李沂，冀刚，等译. 上海：上海译文出版社，1980：203.

③ ［苏联］阿·尼·列昂捷夫. 活动　意识　个性［M］. 李沂，冀刚，等译. 上海：上海译文出版社，1980：73–74.

④ ［苏联］阿·尼·列昂捷夫. 活动　意识　个性［M］. 李沂，冀刚，等译. 上海：上海译文出版社，1980：74.

二、教学活动的结构

教学活动是人的活动的一种表现形式和类型。一方面，它具有一般性活动的共同结构，和其他活动具有共同的基本内容；另一方面，它具有和其他活动不同的特点。此外，同样是教学活动，不同类型的教学活动又可以有具体的结构上的区别。对教学活动结构的认识会影响教学活动的实践。

（一）教学活动的一般性结构

教学活动的一般性结构可以从不同的角度进行分析。一种是从静态的角度分析，可以把教学活动分解为人、物、关系、事件等要素。如，教育者和学习者，以及其他与教学活动相关的人，教科书、教学工具等物，师生关系、家校关系等关系，教师的教和学生的学及其互动等行为。另一种是从动态的角度根据教学活动展开的环节进行分析。一个完整的教学活动的基本结构实际上包括教的结构和学的结构，而由于教和学是在彼此的互动之中实现的，因此教学的结构就可以分解为由教和学两个方面的结构相互呼应的双重结构。如，加涅将教学活动从学生的学和教师的教两个方面分别分解为如下几个阶段（注：左边为学生的“学”，右边为教师的“教”）：动机——激活动机、告知学习者目的；领会——指引注意；获得——刺激回忆，提供学习指导；保持回忆——增强保持；概括——促使学习迁移；动作、反馈——引出动作、提供反馈。①

（二）不同教学活动类型的特殊结构

教学活动的类型可以根据其构成要素的不同分为不同的类型，这些类型的结构既呈现出共同的地方，也呈现出某些差异。如，不同的教学模式包含着不同的教学活动的结构。②

1. 师生系统地传授和学习书本知识的模式及其变式

比如以夸美纽斯为代表的教学结构：观察（对事物的直接观察）、记忆（对事物的记忆）、理解（理解和语言表达）、练习（行动的练习）。再如，赫尔巴特提出明了、联想、系统、方法的教学结构。又如，以乌申斯基的理论为基础提出的教学结构：诱导学习动机、领会新教材（感知、理解）、巩固知识、运用知识、检查。

2. 教师辅导学生从活动中自己学习的模式及其变式

这一模式及其变式反对系统传授和学习书本知识的模式。如杜威的

---

① ［美］罗伯特·M. 加涅. 学习的条件［M］. 傅统先，陆有铨，译. 北京：人民教育出版社，1985：59.

② 王策三. 教学论稿［M］. 北京：人民教育出版社，2005：132-136.

“从做中学”的教学模式及各种变式。设计教学法体现了“从做中学”的理念和方法，所谓“设计”就是活动计划活动单元的意思。所谓“设计教学法”，就是要学校在学生的有计划的活动中进行教学（参见“阅读资料：‘设计教学法’在中国”）。其基本结构为：设置问题情境，确定问题或课题，拟定解决课题方案，执行计划，总结与评价。此外还有类似的变式。如德可乐利教学法，以学生兴趣为中心组织教学；道尔顿制由师生定期订立学习“公约”或合同，然后学生自己完成学习任务。

3. 折中于两者之间的教学模式

这一模式及其变式试图兼顾上述两类模式的特点，取长补短，兼顾系统知识的学习和学生自主活动的需求。较为典型的是美国布鲁纳的发现学习模式。这一模式的基本教学结构是：明确结构，掌握课题，提供资料，建立假说，推测答案，验证（一次或多次），得出结论。再如，德国的范例教学，其一般结构为：解释作为范例的个别事物，解释范例的“类”或“属”，掌握规律范畴，获得对自我或人类的理解。再如，保加利亚的“暗示教学”，其一般结构为：伸展活动，提出课题，表演。

此外，还可以根据完成学习任务依赖的主要途径将教学分为讲授类教学和活动类教学。讲授类教学是以教师讲授学生接受完成学习任务的教学，活动类教学则是教师引导学生通过各种活动完成学习任务的教学。

总之，由于实际教学活动的丰富多样，教学活动还可以有很多不同的活动结构。我们之所以要讨论“活动的结构”和“教学活动的结构”，是为了使教材活动系统的设计尽可能地遵循教学活动的规律，尽可能地靠近教学活动的需求。

❖ 阅读资料：“设计教学法”在中国①

在新中国成立前，曾先后介绍和试行过来自西方资本主义国家的许多“新教学方法”，如自学辅导法、分组教学法、蒙台梭利教学法、设计教学法、道尔顿实验室制、社会化教学法、德可乐利教学法、莫里森单元教学法、文纳特卡制等。其中以设计教学法在理论上最为系统，在实践上对旧中国的影响为最大。

设计教学法在理论和实践上有不同的流派，本文只限于论述对中国影

---

① 瞿葆奎. 教学：上［M］. 北京：人民教育出版社，1988：334-355.

响较大的克伯屈（Kilpatrick. W. H.，1871—1965）的“设计教学法”，兼及设计教学法在中国的一个变种——“协动教学法”。克伯屈强调，如果要使儿童有效地学习，那么必须要有儿童的自愿。有人中肯地提出，其设计教学法论述了一个非常突出的特征，即动机。同时，克伯屈和杜威一样强调要把教育当作生活本身，不要当作将来生活的预备。在教材与学习问题上，克伯屈提出了“内的学习”（intrinsic learning）和“外的学习（extrinsic learning）”、“内的教材”（intrinsic subject-matter）和“外的教材”（extrinsic subject-matter）的概念。他认为，内的学习是生活中应付困难所必需的活动，外的学习则为外界权威所规定的活动；内的教材是自愿的过程中需要的东西，外的教材是专供记忆的东西。学习过程的要点是学习的态度。一旦自愿消失，学习过程也就停止了，而自愿是不可以指定的。唯有内的教材，才能提供儿童学习的条件，才能有助于学习。这样，也就要求教材的“心理顺序”而不是逻辑顺序。他说：“心理的顺序，是经验的、发现的和学习的顺序；逻辑的顺序，则是整理排列以供以后学习的顺序。”也就是说，前者是指实际经验的顺序；后者是指得之于经验而排列的顺序。他主张改组教材的逻辑顺序为心理顺序；主张以儿童的实际经验为起点，采取混合教材的编制；主张废止分科的教材。孟宪成曾概括地说过：“美国所称为‘设计教学’的，与其当作教学的方法，毋宁说这是一种教材的组织。要进行设计教学，先要有设计课程——就是以自发活动为中心而混合组织各科教材的课程。”设计教学法的活动分为四个典型阶段：自愿（purposing），计划（planning），实行（executing），评判（judging）。克伯屈将设计教学法分为四种类型，即生产者的设计，消费者的设计，问题设计，特殊学习设计或熟练设计。在中国当年的研究中，有人提出，按活动的性质可以将设计教学法简约地分为“动作的设计”（物质的设计）和“理智的设计”。至于在中国当年的实验中，除了“混合设计（大单元设计）”——打破学科的界限，废除传统的学科名称，以儿童的自发活动为中心，即以实际问题为活动中心以外，有“分系设计（合科设计）”——联合几门学科采用设计教学法；“分科设计（单科设计）”——以一门学科为范围采用设计教学法。这种分系设计和分科设计，同克伯屈废止分科的教材的活动课程论是有区别的。

设计教学法在中国得以试行。1916 年至 1917 年，上海万竹小学试行以手工为中心，联络各科教材的教材中心联络法，在一年级用篾丝、棋子、贝壳、沙绳等作为手工材料，让学生用这些材料习字、搭画、做算术。1918

年秋，南京高等师范学校附属小学试行了教材中心联络法，以乡土一科为中心，其他的文艺、唱歌、游戏、工艺等科都以乡土科的中心问题为标准选择材料。虽然仍有科目的区分，但教材是打成一片的。例如研究“猪的生活”：阅读就教“三只猪的故事”，作文就写“小猪的快乐”，算术就计划“猪肉的卖价”，美术就画“老猪和小猪”，手工就做泥猪和用篾做猪圈，唱歌就唱“小猪争食”。对于这样的改革，当时认为由于打破学科的逻辑体系，忽视了知识的系统性和逻辑性，虽然注意到认识的整体性、综合性，但忽视了认识的分析性和科学的逻辑体系。这样的教材组织方法，往往使学生对概念的系统缺乏认识，而只能学到和中心课题有关的横向的片段知识。这些试验，由于仓促上马，缺乏理论准备，其结果是：上课情形，和现在的幼稚园大概相仿佛。不过那时儿童作业，非常自由。教师看见儿童能够自由活动，以为已达试验目的，表示过分的满意。因此，儿童作业，因无确定目的，工作结果，往往今天和明天，前月和后月，常在同一水平线上，没有什么进步发展可说。经过 1921 年，第七届“全国教育会联合会”号召小学推行设计教学法。于是设计教学法在中国不少地方一下子兴盛起来，1922 年设计教学法在中国趋向高潮，到 30 年代上半期，在幼稚园、小学中实施设计教学法又掀起了一次高潮。30 年代，设计教学法在中国趋向于马克马利（C. A. McMurry）主张的“大单元设计”。一些实验大单元设计的小学，照顾学生的年龄特征和学校实际，提出了一些选择设计的原则，如时令节日、儿童的需要、学校生活、课程标准、联系校外环境等。选择的方法，是按课程标准并参考各种教科书，调查儿童的智力和知识水平，儿童的生活和所在的环境，从中筛选出认为较适合儿童心理、较有价值的材料，同时安排一定的活动。把选择好的教材和活动，分配为若干段落，就称之为各个“教学单元”，简称“单元”或“小单元”。当时为了便于学期和学年度安排，一般以时令、节日等项目编排“单元历”或叫作“儿童生活历”。这些大概与 30 年代初（1932 年）颁布的《小学课程标准》很有关系。当时它要求教材的组织，应尽量使各科联络，成为一个大单元，以减少割裂、重复等毛病。在这时期，大多数因循传统教学模式进行教学的学校，有时也利用扫墓、春游、秋游、运动会、夏令营等活动的机会，组织一些设计；同时也提倡学生自学，提倡课外活动，提倡参观、调查、实验，吸取了设计教学法的一些因素。1942 年，汪伪汉奸出版了所谓《大东亚解放设计单元教学纲要》，其内容反动、无耻到了极点。同年，国民党教育部颁行的《修正小学课程标准》中规定：“教材的组织应尽量采用大单元的计划。各科界限也不必严分，以便互相联络，而减少割裂重复等弊。”又说：在课外，教师“应根据儿童的需要，设计情况，以激引儿童作有目的的学习活动”。这是在提倡设计教学法。1949 年，中华书局出版了《小学设计教学法》一书，反映了一些学校在当时试行设计教学法的情况。直至 1949 年，设计教学法在中国还未绝迹。

1923 年，张九如认为试行设计教学法“功小罪大”，于是有了“协动教学法”的试行。协动教学法是在设计教学法的基础上，吸收道尔顿制和葛雷制（Gary System）的办法。协动教学法是试图综合外国教学方法的一例。但是在当时没有多少影响。在《设计协动教学材料纲要》一书中，都是以设计活动作为单元，一个个“儿童公园计划会”“儿童医院计划会”“儿童警察筹办计划会”“运动会的计划”，等等。从这些材料中看出，各个单元之间并无内在联系。罗织教材都是围绕活动旋转的横向的各科联络，而无学科本身的纵向的逻辑体系，它的目的在于在分析了各种“新教学方法”的利弊的基础上，力图找到一条融合各家之长的新办法。

就克伯屈的教育理论而言，从课程论的角度说，它是以儿童中心课程演变为活动中心课程；从教学论的角度说，它是由问题教学法发展为设计教学法。设计教学法在理论上反映了狭隘的经验论；只讲设计教学法的具体做法，对学龄前儿童和小学低年级儿童有值得借鉴的方面。但是设计教学法有它内在的局限，没有其他方法的补充，则学习太散漫、太凌乱；它的效能太限于目前应用。从小商店、小银行的活动所得的数目知识，绝不能供给儿童所需的算学；从戏剧表演所得的历史事实，绝不能代替系统的历史研究。直接应用或工具的学习，只能得到知识的一鳞一爪，没有整个圆满的眼光，根本原则的把住。

任何一种教学法的产生都有它特定的条件。在教学实践中，“一切经过试验”，“一分为二”，也同样是教育和教学、理论工作和实践工作的座右铭。那种一哄而起，只说其一，不论其二的做法，就是历史的经验教训。

三、“教材设计的活动”和“教学设计的活动”的关系

“教材设计中的活动设计”和“教学设计中的活动设计”有着紧密的关联。一方面，教材设计中的活动是直接服务于教学设计中的活动的，因而教材中的活动可以作为现实教学活动的参照。另一方面，教材中的活动设计和教学中的活动设计有所区别，因而教材活动不能完全代替现实的教学活动。由于“教材设计中的活动设计”要服务于“教学设计中的活动设

计”，教材设计者就不能不从教学设计中的活动出发构想教材活动的设计。又由于“教材设计中的活动设计”不能等同于“教学设计中的活动设计”，教材设计者就要明了教材活动设计的界限，不能完全越俎代庖。简单地说，教材设计者设计的活动有时候只是一种基本的活动框架，类似于“毛坯房”，仅为现实的教学设计提供一个大致的思路，具体的细节还需要教材使用者因地、因时、因人来创造、填补。教材设计者设计的活动有时候还可以是一种可以直接转化为现实教学设计的活动，类似于“精装房”，教材使用者可以直接照搬，拿来就用。

第二节　教材活动系统的设计

教学过程是师生双方的互动过程，因此“教”的活动和“学”的活动是一个现象的两个方面，以下在讨论活动时将两者放在一起讨论。

一、教材活动设计的内容

教材活动设计主要涉及两个方面的因素，一是对象活动因素，二是交往活动因素，对象活动是在交往活动中展开的，两者彼此交融、难以分割。为了方便理论上的分析和实际的设计，我们将这两方面的因素区分为活动的对象设计因素、活动的主体设计因素。前者讨论构成活动本身的基本因素，后者讨论在活动的展开过程中师生的行为。

（一）教材活动的对象设计

从静态的角度看，教材活动首先包括了各种活动的对象，如时间、空间、方法、物体、资金、人力资源等，它们是活动的主体——师生认识、运用、改造的对象，对这些对象因素进行设计即是所谓“**教材活动的对象设计**”。活动的对象设计可以包括两个方面：一是就活动的总体方法进行说明，如“该部分内容建议运用讨论的方法进行教学”；二是说明这一总体方法的实施细节，也就是对活动涉及的各个环节进行详细说明。

1. 教材活动的总体方法设计

活动设计可以先说明总体的活动方法。如，“本单元建议运用自主阅读、小组讨论的方法进行教学”。这里说明的是活动借助的主要教学方法。教学方法是“为达到教学目的，实现教学内容，运用教学手段而进行的，由教学原则指导的，一整套方式组成的，师生相互作用的活动”。[①] 我国比较常用的分类法有：讲授、谈话（讨论）、读书、演示、观察、参观、实验、练习、实习等。上述分类，反映了三个角度和顺序：[②] 一是反映信息来源的多渠道及其发展：语言（口头、书面的）—直观—操作。二是反映出师生的相互作用关系及其发展：教师为主—学生半独立、教师半放手—学生独立自主。三是反映出学生掌握知识过程的阶段及其水平：接受知识—形成技能、技巧—综合运用知识、技能、技巧。

2. 教材活动的细节设计

有时候，不仅要给出活动的总体建议，还要给出活动的细节安排。教材活动的细节设计可以包含下述内容：

- 活动的组织形式：就活动主体的组织进行说明。如，说明是个别活动还是多个个体进行合作活动，或是全班活动。如果是讨论，说明是小组讨论还是全班讨论。如果是小组讨论，说明分组的形式是同质分组还是异质分组。同质分组是按照年龄、性别还是发展水平，抑或是按照兴趣的相同、类似进行分组，如果异质分组也是如此，要说明具体的分组方式。
- 活动的场所：就活动发生的具体场所进行说明。如，说明是在教室还是在家中，抑或是在其他场所。
- 活动的时间：就活动时间的发生及其延续的长度进行说明。如，说明是在课前、课中还是课后进行。再如，说明是在学习新知识之前、之中还是之后。必要的时候说明每个活动预计花费的时间长度。
- 活动的任务：就学生要完成的主要任务进行说明。如，要求学生完成一篇文章的朗读并录音，或者要求学生完成一份不少于 3000 字的参观报告等。任务的要求要尽可能具体。
- 活动的资源：对活动过程中要涉及的工具、设备、资料等软、硬件资源的获取和使用进行说明。如，说明需要查阅的文献及获取文献的途径。
- 活动的流程：就活动展开的过程、步骤提出建议。当活动任务涉及一个以上的环节、步骤的时候，要对这些环节和步骤进行详细说明。如，为一项调查活动说明调查展开的适当程序。
- 活动的规则：对活动过程中要遵循的规则给出建议。如，关于使用仪器、设备的规则，作业的规范等。再如，对小组讨论过程中的行为规范进行

---

① 王策三. 教学论稿［M］. 北京：人民教育出版社，1995：244-245.

② 王策三. 教学论稿［M］. 北京：人民教育出版社，1995：251.

约定。规则是确保活动有序进行的保证，与此同时，形成规则意识本身也是重要的教育目标。

➢ 活动的成果：对任务完成后的结果的呈现方式进行说明。如，是否制作幻灯片，是否在同学们面前演讲，等等。
➢ 活动的反馈：就成果的评价方式进行说明。
➢ 其他事项。

上述活动细节只是给出一些例子，在实际的设计中可以根据具体的情况进行灵活的增、删、整合、修改。由于教材目标、学习者的学习情况、教学资源等不同，有时候一个完整的教学单元可能需要设计若干教学活动。

（二）教材活动的主体设计

师生是活动过程中的主体，对教师和学生在活动中的行为因素分别进行规定即是所谓“教材活动的主体设计”。活动是在师生互动的过程中完成的，因此，在具体的活动设计中，要分别就教师和学生在每一个活动环节中所要呈现的行为提出建议。教的行为，以教师为行动的主体进行陈述；学的行为，以学生为行动的主体进行说明。针对教师应做出的行为，可以用“教师应……”“教师可以……”等方式表述，它所要设计的是教师“应该”或“可以”进行的行为。对学生在活动中做出的行为，可以用“学生应该……”“学生可以……”等方式表述，它所要设计的是学生“应该”或“可以”进行的行为。比如，在“小组自主阅读活动”的实施过程中，针对“活动的组织形式”这一环节，分别就教师和学生的行为进行如下建议：“教师可以采取异质分组的形式分组”“学生可以提出异质分组的方法”。在将活动的对象设计和主体设计两个部分完成之后，就形成了下述表格（参见“表 5-1　教材活动设计示例：‘自主阅读活动’”）。

表 5-1　教材活动设计示例：“自主阅读活动”

活动设计的对象因素		活动设计的主体因素	
总体方法	具体细节	教师的行为	学生的行为
自主阅读	组织形式	“教师可以采取异质分组的形式分组”	“学生可以提出异质分组的方法”
	场所		
	时间		
	任务		

续表

活动设计的对象因素		活动设计的主体因素	
总体方法	具体细节	教师的行为	学生的行为
自主阅读	资源		
	流程		
	规则		
	成果		
	反馈		

在教材中，活动内容的具体编排方式可以灵活设计。如，既可以只给出活动的总体建议，也可以给出详细的活动方案细节；既可以把活动单独放在单元的正文后面，也可以将活动直接融合在单元的正文之中。

二、教材活动设计的基本要求

（一）高度重视教材的活动系统设计

教材活动设计首先要树立为“使用者的使用”服务的意识。教材设计和教学设计紧密相关，在教学设计中，目标设计、活动设计、评价设计构成一个完整的教学系统，其中“活动设计”是教学设计的核心环节。教材设计是要为教学服务的，因此，具备服务意识的教材设计者，一定会将“活动设计”当作一件极其重要的工作去做。

（二）以目标为导向进行教材活动的设计

教材活动的设计要和教材目标紧密衔接，以目标的实现为导向。活动的对象设计和主体设计都要紧紧围绕预设的教材目标进行。以具体的活动方法设计为例，学习目标包括学习对象和学习水平，不同的学习对象、学习水平需要不同的学习活动。比如，从学习对象看，通常讲授法比较适合系统的知识传授，当教材目标以系统的知识为主的时候，讲授法可以作为主导的方法；当目标以思维能力为主的时候，就需要以自主发现等能够发挥学生主动性的方法为主；当目标涉及情感时，需要运用角色扮演、现场体验、电影等能够带给学生各种情感体验的方法；当目标涉及操作的时候，需要使用实验、制作等动手的方法。又比如，从学习水平看，同样是书写文字，达到“能够知道”“能够写出”和达到“能够准确、熟练地书写”的水平需要安排不同的活动，因为他们的发展水平不同，因而需要不同的学习过程。再以具体的活动组织形式的设计为例，有些目标的达成较为简单，只需要学生个体学习即可，有些目标的达成则需要通过个体之间的互动才能实现。

（三）教材活动设计要有利于引导高质量的学习过程

1. 清晰地呈现优化了的学习过程

教材的活动设计要能够引导师生展开学习过程，并且能够体现学习过程的“优化”所在，为此要注意两个问题。

（1）教材活动设计要清晰地呈现学生学习的过程

很多时候，学生面对教材可能会“迷失”方向。在学习的过程中，他们对活动的细节可能并不了解，因此，活动的展开对他们来说似乎是一个欣赏“魔术”的过程。教师按照自己的教案依次展开活动的各个环节，对他们来说，这些环节是“心知肚明”的，而对于学生来说，每一个环节都好像是“偶然的遇见”。教学的活动主体既包含教师，也包含学生，只有当学生也能够像教师一样对他们即将遇到的“教学事件”有清晰的了解，他们才能激起积极主动的学习“动机”，和教师密切配合，共同完成教学的目标。这就好比游客和导游，只有游客和导游都明了即将开启的行程安排，两者才能相互理解、积极配合。

为此，尽可能地在教材中将活动过程中涉及的具体细节呈现出来，使学习的过程被教师和学生都能清晰地看见，有助于教学活动从教师的“独角戏表演”变为真正意义上的师生互动、师生合作的过程。

（2）教材活动设计要呈现优化了的学习过程

一方面，活动设计要能够呈现优化了的一般性的学习过程。学习活动有不同的类型，彼此之间有一些共同的结构，活动设计要考虑到这些结构，满足共同的基本要求。另一方面，活动设计要能够呈现优化了的特殊学习过程，按照特定的学习过程及其要求进行设计。

在教学史上，国内外出现了很多教学模式，这些教学模式曾经在我国教学实践中得到尝试和运用，至今仍然具有启发的价值。当活动设计需要采取特定的教学模式时，需要了解该模式的基本步骤和基本要求，然后按照其步骤和要求设计学习的过程。如，要设计“基于项目的学习”活动时，可以参照项目学习的基本步骤和相关要求；要设计“范例教学”的学习活动时，可以参照范例教学的基本步骤和相关要求。这里列出几种教学模式供读者参考（参见“阅读材料：范例教学的步骤与要求”“阅读材料：程序教学的步骤”“阅读材料：基于项目的学习——特点及要求”）。

总之，教材设计者要研究教学理论，除了熟悉教学活动的一般结构，还要熟悉各种教学模式的特殊结构，必要时就可以参照这些教学的结构设计符合要求的活动。

❖ 阅读材料：范例教学的步骤与要求①

范例教学论反对百科全书式的教学，主张打破原来的学科体系次序，把一门学科概括成若干课题，然后通过这些课题来组织教学。例如，在语文教学中，一个课题可以是一篇范文或一首诗歌，也可以由其他文学作品组成；在物理教学中，可以把“自由落体”现象作为一个课题，从中引出质量、能量守恒、惯性定律和万有引力等基本概念与基本规律；在历史教学中，可以打破年代表式的课程结构，选择典型人物和典型事件作为课题组织教学。范例教学论的代表们对以范例教学原则组织的教学环节提出了各种设想。② 如，A. 施滕策尔（Arnold Stenzel）把教学过程分为四个阶段：③

第一阶段是范例性的阐明“个”。该阶段要求在课题性教学中以个别事物和对象为例来说明事物的本质特征。例如在地理教学中，可以用乌克兰防风林带为例说明俄罗斯南方草原的景观。这一教学目的是让学生了解草原景观的特征，但教学并不从系统地、全面地来说明这种景观着手，而是从说明乌克兰防风带这个个案开始。在教学中把这个个案作为一个部分整体进行充分、彻底的探讨，使学生真正地把握它。学生透彻地认识了这个个案，也就了解了草原景观这个整体的特征。这例子也可以用在其他学科教学中，例如历史教学可以通过一定的历史事件来说明一定历史时期的本质与性质。

第二阶段是范例性地阐明“类”。这一阶段是从上述的个案出发去探讨“类”的现象，或者说对个别事例进行归类，对于在本质特征上相一致的许多个别现象做出总结。这里实际上涉及一个学习迁移问题。以上述地理教学为例，对乌克兰防风林带的教学可以使他们认识一系列类似景观的本质特征，如美国中西部草原景观等，这种“类”概念在其他学科中可以不一样，如在生物中的共栖，化学中元素周期系的族，在历史中则可归纳为革

① 标题系本书作者所加。

② 李其龙. 德国教学论流派［M］. 西安：陕西人民教育出版社，1993：20-21.

③ 李其龙. 德国教学论流派［M］. 西安：陕西人民教育出版社，1993：23-25.

命、侵略战争和独裁等类型。

第三阶段是范例性地掌握规律和范畴的关系。该阶段把“个别”抽象为“类”，而在“类”的背后隐藏着某种规律性的内容。通过归类就很容易找到规律性的东西。这里再以地理教学为例。通过我们对各种草原景观的归类，就可以了解草原化过程，认识人在特殊气候和地理条件下干预自然所造成的结果以及如何可以弥补这种结果。这在历史教学中表现为“对政权的运用”“个人在历史上的作用”和“革命是如何会发生的”，等等；在植物学教学中如植物生长时植物养料与土壤性质的规律性关系，等等。

第四阶段是范例性地获得关于世界和生活的经验。该阶段教学要求在前三阶段基础上使学生获得关于世界的经验和生活的经验。如，在上述地理课中，可以在学生对规律产生认识的基础上，使他们进一步认识到，人干预自然不可能不造成一定后果，人还不能彻底地支配自然。而在历史教学中，可以使学生认识“人是一种历史的存在”，在自然科学教学中，可以使学生了解“自然可以数学化”或者了解“自然的一定进程”。而这些认识对学生来说都是一些基本经验。学生掌握了它们，不仅深刻地了解了客观世界，而且可以加强自己行为的自觉性。

这四个阶段的教学所运用的是同一个范例，它们是从个别到一般，从具体到抽象的一个抽象化过程，也是这个抽象不断深化的过程。其中第四个阶段是最重要的一个阶段。在这个阶段教学的重点从对客观内容的教学转移到开拓学生精神世界方面，使他们在获得世界的图画中把各种知识与认识转变为自己的经验，转变为他们可以用来指导其行为的经验。施滕策尔把第四阶段的教学视为基本性过渡到基础性教学的一个阶段，认为这一阶段的教学目的是真正的教学目的，只有使教学达到这个程度，教学才可以被认为是成功的。

范例教学论值得我们借鉴。第一，范例教学论反对形式上的系统性，用精选的带有基本性和基础性的范例来编制教材，通过对特殊的教学使学习者获得对于一般的认识，并使这种认识再迁移到其他个别上来。第二，范例教学论主张使范例的个别反映教材与学生两个整体，把传授知识与开拓学生的整个精神世界（即把传授知识、发展智能、培养情感和态度）结合起来。第三，范例教学论强调“教养性学习”。通过这种学习，学生便处在一种不断受教育与培养的状态中。范例教学论把教学看成是一种不断学习的推动力，而不是一种学生学会模仿与复制现成知识与技能的活动。第四，范例教学论把培养学生的独立性既看作教学目标，又看作教学的手段。

最后，范例教学论强调培养学生的问题意识，认为它是教育学的一项重要任务。①

❖ 阅读材料：程序教学的步骤②

程序教学是20世纪50年代中期始于美国的一种教育和学习方式。它将学习内容详细分为构成的各个基本要素，通过种种教具，提供给每个学习者循序渐进的、连贯的教材。这个教材是大纲，学习者不是跟着老师学，而是按照大纲和各自的进度学习。提示教材的教具有书籍形式及教学机器，所提示的教材单位称为框面，学习者通过框面接触信息和问题，并做出反应。通常，当学习者对每一框面做出反应后，立即告诉他们反应是否正确。程序学习的形式大致分为直线式和分支式，还有的是两者的总和。直线式是指学习者学习同一课程。斯金纳的理论很重视学习中的积极反应和成功的连续性，它把学习程序分为跳跃性小、易于回答的若干个连续性单元，其中每个单元的正确答案只有一个。欧洲各国、美国及日本等地也编著和使用程序学习的材料，其中，美国最普及，50年代末，主要用于产业界、军队；60年代中期也用于学校教育及成人的个人学习，编著并销售了内容丰富的程序学习材料。学校教育也开始编著、使用数学教育方面的教材。③ 程序教学的四个要素体现了其特点：一是小步骤进行，即给学习者少量的信息，并从信息中的某一条目或某一项，依次进入另一条目或另一项，每位学生均按照相同的顺序学习；二是呈现明显的反应，即学生的反应能为他人所观察到，如是正确的反应，才能得到强化，如是不正确的反应，则需要改正；三是及时反馈，即学生反应之后，立即告知其反应是否正确，如果答案正确，反馈就是一种增强物，如果答案错误，反馈就是一种更正的方法；四是自定学习步调，即学生按自己定的步调，进行程序学习。④ 程序教学的教学过程分为几个基本步骤：解释、问题（提问）、解答、确认。⑤

---

① 李其龙. 德国教学论流派［M］. 西安：陕西人民教育出版社，1993：26-27.

② 标题系本书作者所加。

③ ［日］平冢益德. 世界教育辞典［M］. 黄德诚，等译. 长沙：湖南教育出版社，1989：55-56.

④ 施良方，崔允漷. 教学理论：课堂教学的原理、策略与研究［M］，上海：华东师范大学出版社，1999：58.

⑤ 施良方，崔允漷. 教学理论：课堂教学的原理、策略与研究［M］，上海：华东师范大学出版社，1999：57.

❖ 阅读资料：基于项目的学习——特点及其要求[①]

20世纪90年代早期，教育者逐渐认识到多数学生学习科学的动力不足，即使最好的学生也仅能获得对科学知识的浅层理解。研究者发现，无效的教科书设计和教学方式等是导致这种现象的主要原因。科学教科书肤浅地覆盖了很多主题，知识点集中在技术术语方面，没有考虑学生的先前知识，缺乏对真实世界的连贯解释，没有给学生提供亲身解释科学现象的机会。尽管多数科学教师安排了实验内容，但仅仅确定了实验的步骤——科学家称这种方式是“菜谱”式的步骤。“菜谱”式步骤并不要求深度地理解教材，它使学习处于一种肤浅的状态。

基于项目的学习（Project-Based Learning，PBL）使学生通过应用知识、操作实验的方式来学习知识。学生参与的真实学习情境与成年专家的研究活动极为相似。PBL是一种基于建构主义理论的情景化学习方式，认为学生通过实际操作及思想的实践，能够加深对学习材料的理解。在PBL方式中，学生参与真实而有意义的问题探讨，PBL与学生的生活密切相关，学习方法类似于科学家、作家、历史学家等。PBL课堂允许学生探究问题、提出假设、做出说明、讨论思想、彼此质询、试验新思想。研究表明，PBL课堂的学生比传统课堂的学生成绩更好。PBL是一套设计学习情境的完整方法。PBL有五大特征：

1. 从一个需要解决的问题开始学习，这个问题被称为驱动问题。驱动问题是PBL的标志性特征，是指对学习者有意义且重要的问题。驱动问题要包含有价值的内容，并以一个真实世界中的情境作为锚点（anchor）。驱动问题用来组织并推动整个项目活动连贯、一致。学生在寻求解决方案的过程中，加深了对科学概念、科学规律及应用前景的理解。好的问题能够引发学生的学习欲望，使学生认识到很多真实的问题等待解决。一个好的驱动问题有五个特点：（1）可行性：学生能够设计方案、执行调查、回答问题。（2）价值性：包含丰富的科学内容，符合国家及地方课程标准的要求，符合科学家的研究方式。（3）情境性：真实而有重要价值的情境。（4）意义性：要探究对学习者有用且有趣的题目。（5）道德性：PBL不能够对个人、集体及环境造成危害。

---

① ［美］R. 基思·索耶. 剑桥学习科学手册［M］. 徐晓东，等译. 北京：教育科学出版社，2010：369-383. 标题系本书作者所加。

2. 学生在一个真实的情境中对驱动问题展开探究，解决问题的过程类似学科专家的研究过程。学生在探究过程中学习及应用学科思想。

3. 教师、学生、社区成员参加协作性的活动，一同寻找问题解决的方法，与专家解决问题时所处的社会情形类似。

4. 学习技术给学生提供了"脚手架"，帮助学生在活动的参与过程中提升能力。

5. 学生要创制出一套能解决问题的可行产品，这些又称制品(artifacts)，是课堂学习的成果，是可以公开分享的。学习科学的研究表明，学生在创造制品的时候学习效果更好，制品是知识建构的外在表现。学生制品包括实体模型、录像带、绘图、游戏、戏剧、网站、电脑游戏等。为什么要重视制品？首先，通过创造制品，学生建构、重构他们的理解。当学生创造制品对制品进行反思时，他们会积极地运用科学思想。例如，在解释的过程中学生将应用科学规律、科学概念支持他们对现象所做的论断，这有助于学生在不同思想概念间建立联系，促进学生理解力的深化。其次，学习发生的过程是非线性的、非分离式的。评估不能局限在细小的片段信息上。学习复杂的思想需要时间，不同的思想汇集、碰撞，学习任务促使学生发展综合思考的能力。学生通过项目创造制品，这个过程与真实生活中的学习是一致的，是一个连续的过程。通过制品，教师可以评估更高水平的认知能力，如提出问题的能力、设计调查方案的能力、收集与处理学习信息的能力、科学地做出解释的能力等。再次，学生展示他们的制品，增进了理解力。学生们所创造的产品使得他们个人的理解可视化。因为产品是成形并清楚的，这些产品可以使学生们共享，也可被他人评论。通过对学生所了解及不了解的方面给予反馈，并允许学习者对他们的产品进行修正，这些修改意见都能支持学生理解力的发展。

PBL 可追溯到教育学家和哲学家杜威的教育理论。在过去的 20 年中，学习科学研究者对杜威最初的理论进行了提炼和总结，即积极的调查和参与可引至更深层次的理解。学习科学方面的新发现也引出了理解孩子如何学习的新方法。我们主要依据四种学习科学观点：积极建构、情境学习、社会交互、认知工具。

1. 积极建构。研究发现，只有在学习者根据自己的经验与外界交互并积极建构意义的时候，深层理解才会发生。学生从教师、电脑、书本中被动接受信息的学习方式是表层的学习（superficial）。理解的发展是一个持续的过程，需要学生从新的经历和概念中建构，从先行知识和经历中重构。

教师、教材是不能把知识传递给学习者的，相反，学习者通过探究周围的世界、与环境交互、观察现象、产生新想法、与他人讨论，来积极建构知识。在 PBL 中，学生参与真实世界的活动，模拟专家研究的过程，解决问题，开发作品。

2. 情境学习。研究表明，在真实情境中发生的学习最有效。学科教学中的情境学习让学生参与各种各样的科学实践，体验科学现象，如设计调查、做出解释、设计模型、表达观点，等等。情境学习的益处是学生能够更方便地了解任务与活动的价值与意义。学生依据教科书中的详细步骤做科学实验的时候，并不比被动地听演讲好。无论哪种方法，都无法让学生理解学习的意义所在。只有当他们设计出自己的调查方案，回答一个对自己和社会都有意义的问题时，他们才能意识到科学在解决重要问题时的方式和意义。情境学习的另一个意义在于可以把学习到的经验普遍地运用在更多的情境中。学生通过记诵无意义、无情境的内容来获取信息，其理解是浅层次的，学生无法把学到的经验应用到新情境中去。学生跟着课本的步骤，一步步地做科学实验，不能学会在课堂以外的情境中如何应用这些知识。然而，当学生在有意义的情境中获得信息，并将其与先前的知识经验建立起关联的时候，他们能在新的情境中应用这些知识，并获得更好的、更广泛的概念理解。

3. 社会交互。学习科学中最重要的发现是社会交互在学习中所起到的重要作用。最好的学习结果通常源自某种特别的社会交互：教师、学生、社区成员在共同情景活动中建构与分享知识。学习者通过分享、应用、讨论等形式发展对学科的理解能力。这个分享、应用、讨论的过程促进了学习社区的形成。

4. 认知工具。研究表明，工具在学习中具有重要作用。认知工具可以扩展学生的学习范围及能力。图表是认知工具的一个例子，它能帮助学习者分析数据的模式。各种新式的计算机软件可以认为是认知工具，例如，某个新软件能使复杂的数据可视化。在这种语境中，我们把计算机软件定义为学习技术。学习技术能支持学生：（1）收集与处理一系列的科学数据信息；（2）提供科学家使用的可视化数据分析工具；（3）在不同网站间收集信息与分享信息；（4）计划、建造、检验模型；（5）制作多媒体文件，方便学生表达理解。这些特征扩展了调查问题的范围，使学生能够多维度地体验各种现象。尽管学习者能够使用各种认知工具，但在 PBL 中我们特别关注学习技术的运用。技术工具能促进课堂环境的转变，使学习者积极地构建知识。爱德尔森（Edelson，2001）提出了学校应运用技术工具的三大原因：(1) 技术与科学实践有内在的一致性；(2) 技术能动态、交互地呈现信息；(3) 技术能为改变讲授—接受教学模式提供前所未有的机会。技术帮助学生在不同的科学观念间建立联系，形成丰富而深刻的理解力。

（四）教材活动设计应尽量细致

教材之所以需要设计活动，不仅是为了教材设计本身的完整性，更在于真正地为师生的使用服务。为此，教材设计要从“方便使用”的理念出发，在必要的时候还需从实际的使用情境出发预设具体的活动实施细节，为师生提供真正有价值、有启发的参考方案。

当然，教材活动设计的细致化并非要越俎代庖，代替教师进行“教学设计”。在需要根据具体教学条件灵活处理的地方应留给教师发挥各自的教育智慧。

（五）教材活动设计要顾及教学条件的可行性

尽管教材的实际使用情境是复杂多样的，但是设计者仍然需要根据自己的预测，设计最有可能实现的活动方案。教学条件的可行性，至少应考虑两个方面：第一，教学资源保障的可行性，包括教学时间、设备、场所、人脉的获取等条件；第二，应考虑师生执行方案的可行性，这方面主要从师生认知能力和情感的倾向两个方面来考虑。认知能力包括教师的专业发展水平、学生的身心发展水平，情感倾向包括师生对活动方案的态度。如果说认知能力是考虑师生能不能执行活动方案，那么，情感倾向就是考虑师生愿不愿意执行活动方案。为此，在设计活动时，要充分兼顾使用者及其所在地区的主客观条件。

例如，运用“研究性学习”方式进行学习时，由于研究性学习要求学习的过程模拟实际科学研究的过程，因此需要有两个基本条件才能保障其顺利实施。一是需要主观条件的保证，即师生具备一定的科研素养，如收集资料、抽象的逻辑思维、交流与合作等能力；二是需要必要的经费、人力、设备等客观条件的支持。因此，研究性学习活动的设计一方面要考虑师生开展研究性学习活动时获取客观资源的可能性，另一方面要尽量考虑师生实施所设计的研究性活动的能力。此外，还要尽量从学生的生活出发，选择学生感兴趣的问题作为研究性学习的课题，激发学生的学习动机，同时方便学生利用已有的知识经验更好地实现深度学习。

（六）教材活动设计要体现可选择性

活动设计的可选择性是指不同的使用者可以根据自己的兴趣和实际情况灵活选择不同的活动。教材活动的设计要保持必要的“弹性”，为教材使用者提供选择的空间，使之能够根据自己的实际主客观教学条件选择适合自己的活动方案。当教材的使用者所处的外在自然环境、社会环境及内在学校教学环境迥异时，教材设计的“弹性”要求就变得尤为迫切了。

（七）灵活设计教材活动的数量

教材学习活动和教材目标之间的对应关系不一定是一个活动针对一个目标，通常有以下几种情况：

第一，一对多。针对一个目标设计若干活动。当一个目标需要若干活动才能充分实现的时候，需要设计若干活动。

第二，多对一。若干个目标可以通过一个活动同时实现。有些目标之间的关系十分密切，可以在一个活动中依次或同时得到实现。

第三，一对一。一个目标只需要一个活动就能实现。有些目标相对来说较为独立或者相对容易达成，通过单个的活动设计就能得到实现。

总之，教材设计者要根据目标实现的条件斟酌活动的数量。

（八）教材活动的设计应和评价设计相呼应

现实的教学是一个系统，其目标、活动、评价要有内在的联系。其中，活动是指向目标而不是指向评价的，否则就成了“应试教育”。但是如果活动和评价脱节，评价就难以起到诊断和推动教学的作用。因此，教材活动设计不仅要回头看，回到其最初的出发点——目标，还要向前看，关注其终点——评价。如果评价要用试题，可以在活动设计中安排相应的练习；如果评价含有表现性任务，在活动设计中可以安排和表现性任务相关的活动，在活动的展开过程中把表现性任务评价针对的那些综合素养的训练融合进去。

第三节　教材活动系统设计的常见问题与解决策略

一、教材活动和教材目标不相匹配

教材活动设计和预设的教材目标不相匹配主要有两个原因：一是教材目标的设计不够细致。由于目标不明确、不清晰，因而无法为活动设计找到方向。如前所述，教材目标的设计要细致一些，必要的时候要将目标分解为终点目标和过程目标，此外还要注意不同目标之间的顺序性。只有将教材目标的分解和组织工作做扎实，教材活动设计才能有条不紊地进行。二是对教材目标的实现条件没有做研究。要想使学习活动和教材目标相互配合，就要仔细研究达成目标的条件，对目标涉及的不同学习对象和学习水平进行区分，明了其不同的学习条件。如，了解具体概念和抽象概念的不同学习条件。再如，明了达到“理解水平”和“迁移水平”需要的不同学习条件，然后据此确定相应的活动方案。为此，要研究学与教的心理学，也要熟悉教学设计的相关原理。

二、教材活动设计忽视和评价设计的呼应

在活动设计中不能兼顾评价方式和评价内容可能会带来一些问题。一是不利于学生在评价中获得应有的学业成就，在竞争性的考试中，这将会给学生带来不必要的伤害；二是不利于通过评价为教学活动提供客观准确的反馈信息。为此，设计活动时，可以事先就相应的评价方式和内容进行思考，必要的时候还要对有关的总结性评价多一些了解。如，了解相应科目课程标准中“学业质量水平”的衡量标准。再如，可以了解毕业考试、升学考试等其他相关的评价方式和标准。这样做的好处是可以对接下来的教材评价设计有一个初步的设想，在此基础上使教材的活动设计和评价设计尽量衔接得紧密一些。

三、教材活动设计过于笼统

如果把教材看作“剧本”，那么老师就是演员。虽然演员的表演并不一定完全照搬“剧本”，但是好的“剧本”可以塑造优秀的演员。静态的教材活动设计虽然不能代替动态的现场教学活动，但是设计良好的教材活动可以让教师的教学更加游刃有余。为此，教材的活动设计要发挥必要的想象力，尽可能地把活动的各种细节考虑到，如此，才能避免教材设计的活动成为可用可不用的“鸡肋”。

四、教材活动设计缺乏连续性和层次性

有时候，学习活动的设计可能只是针对终点目标而使活动缺乏连续性和层次性。在某些终点目标的达成过程中，可能需要事先达成若干个先行目标。因此，学习活动的设计可能并不只是直接针对终点目标设计的，而是要根据达成终点目标的学习过程进行一个序列化的活动设计。为此，先要将教材的终点目标在学习过程中实现的时候需要依次达成的分层目标梳

理好，然后根据这些过程目标依次设计相应的活动。

五、教材活动设计不能体现学习过程的结构

在设计需要体现学习过程的活动时，如果不能遵循应有的步骤和要求，设计的活动就难以协助师生按照优化的步骤展开学习活动。为此，要认真研究基本的教学结构和各种特定的教学模式，对教学理论的一般性问题和各类教学论流派及其主导的教学模式了如指掌，参照其要求设计学习活动。此外，对学习理论、学习科学的相关知识进行学习，也有助于将活动设计变成真正意义上的“学习中心”的设计。

六、教材活动设计忽视可行性

由于教材的设计者自身所处的自然环境、社会文化环境和教材的实际使用者之间可能存在差异，在设计学习活动时未必能切身了解其可行性。为此，首先要牢固树立“为使用者的使用而设计”的理念，尽力突破自身视野的“屏障”，从使用者的主客观条件出发调整活动的方案。其次，可以将活动设计的细节尽可能地考虑周全，如此可以更好地判断活动需要的主客观条件，进而提高其可行性。最后，设计的活动可在实施的主客观条件的难度、复杂程度上体现差异性，设计若干个需要不同实施条件的活动，照顾不同的使用者。

本章小结

教材中的活动设计是一个静态的构想，作为一种建议，其提供的方案仍然是和教材使用时的实际活动有距离的，因此，不能把教材设计中的活动等同于教案设计中的活动。

教材活动设计和教案活动设计虽然不是一回事，但是教材活动设计如果能够尽可能地贴近现实的教学情境，就能使教材成为“活的教材”，散发出生命力——因为只有贴近教学现场的教材，才能扎根于课堂，发挥其应有的服务于教学、服务于师生的价值。

活动设计是教学过程的核心环节，教育理论和教育实践都对活动质量十分关注。21 世纪以来，我国的基础教育新课程改革倡导自主、合作、探究的学习方式，尽管我们清楚其价值，也做了很多努力，但是效果不如人意。之所以如此，其中有多种原因：教育评价对综合素质的忽视是其一，教育资源的限制是其二，教师的能力是其三。此外，我们还不得不注意的

是，虽然这些学习方式具有独特的教育价值，但是任何学习方式都是工具，都必须适合其使用的场合、背景，不能盲目地使用，而应针对不同的教材目标和具体的主客观教学条件理性选择。因此，盲目地倡导任何学习方式都是不合适的。因人而异、具体情况具体解决是不可或缺的教育智慧。故此，教材的活动设计一方面要关注社会发展的新呼声，及时地自我更新，但同时也不能背离基本的教育规律。

■ 练习和检查

为你撰写的一个或若干教材目标设计学习活动，可参照“教材活动系统设计检查表”进行检查，在“检查结果”一栏的相应处打“√”。

教材活动系统设计检查表

教材活动设计的要求	教材活动设计的检查	检查结果
理解并重视教材活动设计的价值	我很重视教材活动的设计，为此投入了相当多的努力	
	我把教材活动设计看作一个完整的教材设计系统的必要组成部分，但是不够重视，没有投入足够的努力	
	我没有意识到教材活动设计的价值，随意地设计教材活动	
教材活动和教材目标相匹配	教材活动和教材目标之间的联系很清晰	
	教材活动和教材目标之间有联系，但是不明显	
	教材活动和教材目标之间没有联系	
教材活动清晰地呈现优化的学习过程	教材活动能够呈现清晰的、优化的学习过程，包括一般性学习过程和特定的学习过程	
	教材活动能够呈现清晰的学习过程，但是没有考虑到优化的问题	
	教材活动没有呈现清晰的学习过程，也没有考虑到优化的问题	
必要的时候教材活动设计要具体	在必要的时候，教材活动考虑到了尽可能多的实施细节	
	必要的时候，教材活动设计了实施的细节，但是想得还不够周全	
	设计教材活动时没有想过要关注实施的细节	

续表

教材活动设计的要求	教材活动设计的检查	检查结果
关注教材活动的可行性	设计教材活动时我尽量从实际使用的情境出发考虑活动的方案	
	设计教材活动时我考虑到了可行性，但是考虑得不够周全	
	设计活动时我没有认真考虑实际使用的情境是否可以适应我设计的活动	
关注教材活动的可选择性	必要的时候我设计了不同的教材活动供使用者选择	
	我设计了不同的教材活动，但是这些活动彼此之间没有体现实施条件的差异	
	必要的时候我没有设计不同的教材活动供使用者选择	
教材活动要适量	我设计教材活动的时候，想到了教材目标实现的难度和不同目标之间的必要整合，活动的量比较合适	
	我设计教材活动的时候，意识到了教材目标实现的难度和不同目标之间的必要整合，但是活动的量不太合适	
	我设计教材活动的时候，没有根据教材目标实现的难度和目标之间的关系设计适量的活动	

第六章　教材评价系统及其设计

教材评价系统的设计旨在让教材的使用者了解学生在学习的过程中达到的发展水平，以便了解教材目标的达成情况。教材的使用者在实际使用教材展开教学活动时，会依据具体的教学条件灵活地设计各类评价活动，但是如果教材能够预先为使用者提供良好的评价作为参考，将更好地发挥教材服务于教学的实际作用。本章就教育评价的基本知识、教材评价系统的设计进行分析。

第一节　教育评价概述

教材评价是教育评价的一种表现形式，因而要体现教育评价的一般性原理。故此，这里就教育评价的若干知识进行梳理。

一、教育评价的内涵

简单地说，教育评价是依据一定的标准收集可靠的证据（信息）并对教育活动的主客观因素做出价值判断的过程。评价是人类活动的重要环节，对自身的活动过程和效果进行反思，是个体和社会进步的必要手段。因此，评价活动处处存在。小到在微信上为朋友点赞，大到用复杂的测量工具对国民经济和社会发展进行整体评价，在此基础上形成政府工作报告。但是，并不是所有的评价都能够收集到可靠的证据。为此，需要对教育评价进行专门的研究，以确保评价能够获得评价对象发展状态的真实信息。

教育评价的对象可以是教育活动的主体因素——教育者、受教育者，以及其他和教育活动相关的人；也可以是教育活动的客体因素，如课程、教材和其他教育资源等。在教材设计中，我们主要讨论的是对学生的评价。

二、教育评价的功能

从总体上看，教育评价的功能主要有两种：一是促进发展，二是进行区分。

教育评价可以用来促进评价对象的发展，也可以用来对评价对象进行区分，因此，发展功能和区分功能是教育评价的基本功能。发展功能是指通过教育评价促使评价对象依据评价结果进行改进、完善，如对学生的阶段性学习结果进行评价进而利用这一评价结果改进学习的进程。区分功能则是指通过教育评价对评价对象之间的差异进行辨别，如对师生的教与学的质量进行比较，进而辨别水平的高低。这两种功能各有其用处。这里以对学生的学习结果的评价为例进行讨论。对学生的学习结果的评价既可以用来促进学生的发展，也可以用来对学生进行区分。当教育评价用来促进人的发展时，集中关注发展本身，当教育评价用来实现区分的功能时，集中关注发展对个体的功利价值，这一功利价值既有个体的价值也有社会的价值。

（一）教育评价促进个体发展的功能及其意义

当下我国的教育目的包含着为个体服务、为社会服务的双重内涵，因此，教育评价促进个体发展的功能应该是应有之义。教育评价通过为受教育者提供可靠的“发展证据”，帮助其明了自身的发展存在的问题，正确地把握努力的方向；通过为教育者提供受教育者的发展证据，也可以为教育者提供参考，使其更好地规划和调整教育活动。

（二）教育评价服务于社会流动的功能和意义

教育评价的第二个功能是通过分类和分层的选拔方式为社会分工、社会分层服务。一方面，从横向看，每一个社会都会为不同的职业、岗位选拔人才，实现人的分类；另一方面，从纵向看，不同的社会活动领域有着内部的层级，因而需要为不同的层级挑选不同的人，这就是社会分层，社会分层是“按照一定的标准将人们区分为高低不同的等级序列”。[①]

社会流动是“社会成员从一种社会地位向另一种社会地位，从一种职业向另一种职业的转变。它是社会结构自我调节的机制之一。社会分层是一种普遍现象，每一个社会都是由各个阶级、阶层组成的分层体系。社会流动的程度与社会分层体系封闭或开放的程度密切相关。在传统的农业社会里，社会的阶级、阶层体系是封闭式或半封闭式的，社会流动非常稀少。如古代印度是一个实行种姓制度的封闭社会，各种姓之间的流动是不可能

① 中国大百科全书总编辑委员会《社会学》编辑委员会，中国大百科全书出版社编辑部. 中国大百科全书：社会学［M］. 北京：中国大百科全书出版社，1991：283.

的。在现代工业社会，社会分层体系是开放的，社会流动比较普遍”。[①]“一个社会能够创造更多向上流动的机会，是社会充满活力的象征，是社会进步的表现。”[②] 按照社会流动的方向、参照基点和原因，社会流动可以分为垂直流动和水平流动、个人一生中的流动和代际流动、自由流动和结构性流动（参见“阅读资料：社会流动的类型”）。

❖ 阅读资料：社会流动的类型[③]

首先是垂直流动和水平流动。“垂直流动是一个人从下层地位和职业向上层地位和职业的流动，或者从上层地位和职业向下层流动。垂直流动可以伴随地区间流动，也可是原地升降。水平流动是指一个人在同一社会职业阶层内的横向流动。它多半是地区间的流动，也包含在同一地区的不同工作群体或组织之间的流动。”“垂直流动无论对个人还是对社会都极为重要。它影响社会的阶级、阶层和产业结构。如果一个时期内向上流动的频率超过向下流动，说明社会在进步，反之，说明社会在倒退。每个人都希望向上流动而不希望向下流动。但是每个社会向上流动的机会分布是不均匀的，只有那些具备一定条件的人才可能上升，这个条件就是知识、才能和机会。对社会来说，关键是要有各种合理流动渠道，要有一套选优的标准和实施办法。这些渠道、标准和办法是在社会流动的实践中形成的，是一种社会选择而不是决策人的主观设计。”“水平流动可以使自然资源、物质财富和人才资源得到合理的分配和使用，影响着人口的地区分布和同一产业的内部结构。它带来人员的交往，有利于各地区和群体之间的文化交流，能打破地区和人群的封闭状态，有利于社会的发展。”

其次是个人一生中的流动和代际流动。“个人一生中的流动，指个人在职业和地位方面的水平的或垂直的流动。在现代工业社会，尤其是在城市，这种流动也是一种普遍的现象。”“代际流动是两代人之间的职业和社会地位的流动……社会学尤其重视代际流动的调查研究，因为代际流动更能反

---

① 中国大百科全书总编辑委员会《社会学》编辑委员会，中国大百科全书出版社编辑部. 中国大百科全书：社会学［M］. 北京：中国大百科全书出版社，1991：314.

② 中国大百科全书总编辑委员会《社会学》编辑委员会，中国大百科全书出版社编辑部. 中国大百科全书：社会学［M］. 北京：中国大百科全书出版社，1991：315.

③ 中国大百科全书总编辑委员会《社会学》编辑委员会，中国大百科全书出版社编辑部. 中国大百科全书：社会学［M］. 北京：中国大百科全书出版社，1991：315.

映社会变迁的方向，改变着社会乃至家庭的职业结构。在封闭的传统社会里，一个人一出生就注定要在他父亲所属的阶级和阶层里终其一生，子继父业，代际流动很少。在开放的现代社会里，每个阶级和阶层的大门都是敞开的，代际流动是必然的。但代际之间向上流动的机会，并非对所有的人都一律平等，它受到许多个人条件和环境因素的影响。”

最后是自由流动和结构性流动。“自由流动是指个别发生的流动，是由个人原因造成的地位、职业的变化或地区的移动。自由流动不会对社会结构和人口的分布产生重大的影响。”“结构性流动是相对于自由流动而言的。凡是由于自然环境和社会环境的突变，或由于某项社会发明与创造而引起的相当多的人的流动，包括有组织的和无组织的流动，都是结构性的流动。结构性的流动会在短期内影响社会结构和人口分布的变化。……自由流动是随时随地经常发生的，结构性流动只有在自然环境或社会发生剧变的时候才会发生。”①

引起社会流动的原因是多样的，包括自然、人口、社会三个方面。自然环境的变化是引起社会流动的一个重要原因，由此引起的社会流动多半是空间上的流动，调节着人口和资源的重新分配。比如突发性的自然灾害会使一定地域内的人口短期内大量外流。人口密度也会影响社会流动。比如，当一个地区的人口密度超过了土地资源自身的承载力，就会出现人口的外流。此外，社会原因是引起社会流动的重要原因。这些社会原因主要包括：一是社会价值观。如，“知识无用”“知识越多越反动”的社会价值观会引导人们避免向知识阶层流动。二是战争、民族歧视和民族压迫。如难民的出现导致众多的空间水平流动。三是社会改革和社会革命。社会改革调整了政治经济制度和产业结构，导致深刻的社会变迁，从而影响大量的空间和职业阶层间的流动。四是发明创造引起的科学技术进步和生产力的发展，这是社会流动的根本原因。社会生产力水平不断提高，向上流动的比率也会提高，相反，就会出现众多的向下流动。②

从当前的社会发展来看，良好的社会流动是社会保持活力的条件，而

---

① 中国大百科全书总编辑委员会《社会学》编辑委员会，中国大百科全书出版社编辑部. 中国大百科全书：社会学［M］. 北京：中国大百科全书出版社，1991：315.

② 中国大百科全书总编辑委员会《社会学》编辑委员会，中国大百科全书出版社编辑部. 中国大百科全书：社会学［M］. 北京：中国大百科全书出版社，1991：316.

在自然资源和社会资源有限的情况下，通过各种手段实现个体理想中的社会流动也是个体实现自身价值的重要途径。在种种实现社会流动的途径和手段中，“教育”无疑是被公认为较为合理、公平的。

教育之所以能够成为有效的社会流动的重要途径和手段，是因为它可以赋予受教育者不同的文化资本。

什么是文化资本？“皮埃尔·布迪厄最早提出文化资本的概念，他将文化资本分为三种形态：以金钱为符号、以产权制度化的经济资本；以社会声望和头衔为符号、以社会规约形式制度化的社会资本；以文凭和学衔为符号、以学位形式制度化的文化资本。而文化资本又以文化能力（精神和身体组成的知识、教养、技能等）、文化产品（书籍、绘画、古董、文物等）、文化制度（学历文凭、资格证书、行业执照等）三种形式存在。”① “不同学科、不同学者对文化资本的理解不同，但总体来看主要有两个侧重点：一是文化资本中的‘文化’，强调特定国家或群体独有的价值观念、思维方式、生活习惯等文化特性；二是文化资本中的‘资本’，强调文化资本在经济意义上的一种财富及其价值增值作用，这一理解与传统物质资本、人力资本等的‘资本’性质类似。一方面，文化资本是特定群体通过长期选择形成的、能够为其带来收益的特定价值观体系，包括思维方式、对他人的信任程度、个人主义和集体主义、创新精神、时间观念、对家庭的重视程度等。文化资本植根于特定的社会结构和制度环境，对社会认同和规范产生重要影响，并最终决定特定群体在社会生活和经济运行中的决策，带来不同的个人或社会效应。另一方面，文化资本是以‘文化’为载体的一种象征性资本，虽然无法像金钱、物质财富等经济资本那样可被定量测算，但在社会生活和经济运行中发挥着类似的功能。文化资本被认为是物质资源、人力资源、自然资源之外的第四类资源，在特定社会环境下成为不同社会主体的一种投资，带来物质或非物质的利润；同时引起商品和服务的不断流动，创造出本身具有文化价值和经济价值的商品和服务。”②

文化资本包括文凭、能力、价值观、思维方式、态度等内容，这些内容和货币一样，可以为拥有者带来不同的“收益”，如薪酬待遇、社会地位、生活状态等，使其进入不同的社会阶层，其中教育是影响文化资本差异的重要因素。“布迪厄认为，文化资本差异导致个体发展不同，且在代际

---

① 曲如晓，曾燕萍. 国外文化资本研究综述［J］. 国外社会科学，2016（2）：100-108.

② 曲如晓，曾燕萍. 国外文化资本研究综述［J］. 国外社会科学，2016（2）：100-108.

传承过程中不断固化，产生明显的阶级分层。那么，文化资本通过哪些机制影响阶级形成？与经济资本的作用有何不同？理论方面，布迪厄的研究建立了以教育过程为作用机制的文化资本和社会分层之间的联系，阐述了文化资本分配不均与社会阶级不平等的模式。他认为，现代工业社会的阶级分层主要由两个相互竞争的社会等级原则决定：一是经济资本的分布，如财富、收入、个人资产等；二是文化资本的分布，如知识、文化和教育程度。在布迪厄看来，经济资本占主导地位，文化资本是支配的因素，但这两种资本共同决定着不同社会阶层的分布以及同一阶层内部的差异。”①

教育是赋予个体文化资本的重要途径，从而也是个体实现社会流动的重要凭借。研究者深知教育对社会流动的价值，而普通百姓同样深知教育对社会流动的价值。比如，流行于民间的俗语“书包翻身”，就是强调通过接受良好的教育实现经济、政治等地位的上升。

在接受教育的过程中，不同的受教育者获取的文化资本是不同的，这种不同可以用发展水平来表示。教育评价的功能之一就是判断受教育者的发展状态来对受教育者通过教育获取的文化资本做出鉴定，从而把受教育者分类，使他们进入不同的社会阶层。尽管教育评价对社会分层的作用有些“残酷”的意味，但有着现实的意义。

由此可见，教育评价的“区分”功能是有其合理存在的理由的。一方面，通过教育评价可以满足社会的需要。比如，不同的岗位需要不同的素养，通过教育评价，可以将个体依照素养的不同分配到不同的岗位，从而为不同的岗位挑选合格的劳动者，确保社会的正常运行。另一方面，教育评价可以满足个体的需要。这是因为，通过教育评价可以为个体实现社会流动提供相对公平的机会。实现社会流动的手段有很多种，如婚姻、身份继承、能力。从普通百姓的角度来说，作为文化资本形式的一种——能力是公认相对比较公平地实现社会流动的手段，而教育正是获得这种能力的最好途径。通过个体的努力，个体在竞争中不断被鉴别，从而进入不同的专门发展轨道，并实现在不同社会阶层之间的流动。

有研究表明，当下教育对于促进底层升迁性社会流动的功能被弱化。之所以如此，原因是多方面的，比如现有教育内容的城市化倾向导致农村教育日益边缘化，教育领域内文体特长的越位导致社会阶层内部的复制、教育机会不均等、地位获得过程中的代际传承、教育结构与社会结构的不

---

① 曲如晓，曾燕萍. 国外文化资本研究综述［J］. 国外社会科学，2016（2）：100-108.

对应，等等。[1] 这说明，教育的区分功能不仅不能弱化，从社会发展、个体发展的意义上看还要优化和加强。

从总体上看，教育评价促进发展的功能和促进区分的功能都需要进一步发挥。一方面，要进一步发挥教育评价提高教育质量的功能；另一方面，也要进一步利用教育评价更好地配置资源，更好地实现其促进个体和社会发展的功能。概言之，只有对教育评价的意义有客观、全面的认识才能发挥好教育评价应有的作用（参见“阅读材料：教育评价的意义在哪里?”）。

❖ 阅读材料：教育评价的意义在哪里?[2]

毋庸赘言，无论是考试还是成绩评定都应有助于教育的基础更加科学和合理，推动学生的全面成长发展。然而，是某个环节出了毛病呢，还是教育评价活动本身就包含着某种从根本上违反教育规律的东西呢？总之，将教育评价视为万恶之源的观点已相当普遍。

认为现在的教育评价已成为阻碍教育本身发展的主要原因的思想，具体表现在以下几个方面：

1. 如同“客观测验”所代表的那样，在通过教育活动所形成的整体学力中，它实际上只能测定、评价以记忆、理解有关部分为中心的极其狭隘的领域。而且在许多情况下这种评价结果不仅被视为整体学力的代表，甚至还被看作学生个人整体价值的代表。因此，为了得到能在外观上反映出来的更为理想的评价结果，越来越多的学校甚至不惜牺牲有助于学生发展的活动，而只将教学与学习限制在狭小范围之内。

2. 无论是考试还是成绩评定，现在的教育评价都带有只是依据某一期间的教育成果来确定与他人比较中所处位置的浓厚的审定总括性格，而对教育活动本身的改善却不起任何作用。所以，教育评价在多数场合下最终只能起着各种意义上的分等划类的作用，没有成为具有教育意义的、能进一步促进学生成长发展的评价。

3. 考试的分数、学生手册的成绩等评价结果经常给学生、家长及教师带来沉重的心理负担，造成了不是为了教育的评价，而是为了评价的教育的现象。所以，这往往使教师的教学活动和学生的学习活动失去了自由自

---

① 梅国帅，许长青. 我国教育与社会流动关系研究述评［J］. 课程教学研究，2017（12）：57.

② ［日］梶田叡一. 教育评价［M］. 李守福，译. 长春：吉林教育出版社，1988：35-37.

在的创造性和主动性。

4. 这也可以说是对上述三个问题的归纳，即在名副其实的升学竞争中，无论教师还是学生都只重视同提高升学考试与上报材料中的分数这些目标有直接关系的学习。结果不仅是忽视了音乐、美术、手工、技术与家政、体育等科目的学习，而且在数学、语文、社会、英语等科目中又偏重为客观测验所能把握到的学力领域，即个别知识的理解记忆及其单纯的应用，而忽视了这些科目本来的高层次的认知能力和情意能力的培养。所以在这种情况下即使制定了比较均衡的学习计划，但实际的教学与学习活动也会在升学考试的压力下失去平衡。的确，无论考试也好、成绩评定也好，升学考试也好，一个不容否认的事实是，评价已不知不觉地从根本上束缚住了学校教育。人们所批判的考试至上教育，竞争主义的成绩评定、应试预备校等现象就十分清楚地反映了这个问题。

与此同时，还有一个不能忽视的问题，即教育评价又集中地反映了现实教育活动的基本性格和造成这种性格的基本思想。总之，评价和教育形成了一个环形关系。评价的改革联系着教育的改革，而教育的改革也离不开评价的改革。

从这个意义上说，当前围绕着真正具有教育意义的评价以及实现这种评价方法的争论也是理所当然的。为了通过评价的变革来达到改革教育的目的，必须充分检讨争论各方的志向、思想、效用及其局限性。

美国教育学者桑德（Sand，O.）在 1970 年根据“教育人格化”的思想，提出了下述几个期待出现的演变趋势。[①] ① 从惩罚性考试转向激发学生不断成长与学习的评价。② 从笔试评价转向在以观察为重点的同时又能利用多种方法的评价。③ 从记忆中心的评价转向以创造性和问题意识为重点的评价。④ 从课程结束时进行考试的评价转向连续的合作的评价。⑤ 从仅测定狭隘范围能力的评价转向对认知的、情意的、运动技能的各种能力进行广泛综合测定的评价。⑥ 从教师的独自评价转向学生的自我评价。⑦ 从大学单方面规定入学资格方法转向大学和高中共同开发更为适当的评价方法。

现在的教育评价已演变成纯粹的分数竞争，而根本不去顾及作为学习成果的现实所达到的能力、学力的具体内容。从教育的观点来看，这不能不说是一个很大的缺陷。不设法克服这些缺点，评价就很难发挥出使学生

---

① ［日］梶田叡一. 教育评价［M］. 李守福，译. 长春：吉林教育出版社，1988：37-38.

正确认识自己，进而焕发出不断进取热情的机能。需要使评价摆脱激烈的“分数竞争”的束缚，能始终明示应完成的目标和客体，在使每个学生都能清楚自己对目标的完成程度及达到的水平的同时，教师也能以此为基础来考虑改善下一阶段的教学方法。此外，还要从学校教育中排除那种对教育活动不起任何作用的，即为评价而评价的现象。那么，没有分数竞争的评价、表示学习到达度的评价究竟以怎样的形式才能得以实现呢？概括地讲，只有在设定出具体的到达目标，根据到达目标进行测定评价，同时教育本身也进行与之相适应的改革之时，才能得以实现。①

三、教育评价的类型及其意义

依据不同的分类标准可以将教育评价活动的设计分为多种类型。

（一）按照评价对象的复杂程度区分

按照评价对象的复杂程度可以把教育评价分为单项评价、综合评价。单项评价的评价对象是教育系统中的某个基本元素，如学生教育质量、学校思想教育工作、教学工作和体育工作，等等；综合评价的评价对象可以是学校系统或某个地区教育系统，或是全国教育系统、学校某个子系统，总之，涉及教育系统中的基本元素的综合体。②

（二）按照评价的基准区分

按照评价的基准可以把教育评价分为绝对评价、相对评价、个体内差异的评价。

绝对评价是在被评价对象的集合之外确定一个标准（这个标准被称为客观标准），将评价对象和这个客观标准进行比较，评价其达到这个标准的程度，据此做出价值判断。相对评价是在被评价对象的集合中选择一个或若干个对象作为基准，然后将其他评价对象和评价基准进行比较，或者是用某种方法把所有评价对象排列成先后顺序。个体内差异的评价是把被评价集合中的各个元素的过去和现在相比较，或者一个元素的若干侧面相互比较。③

绝对评价的优点在于能够明确地反映出被评价者和评价标准之间的距离，并较为准确地判断出被评价者本身的发展状态。比如，一张试卷满分

---

① ［日］梶田叡一. 教育评价［M］. 李守福，译. 长春：吉林教育出版社，1988：45-46.

② 吴钢. 现代教育评价基础［M］. 上海：华东师范大学出版社，1996：14.

③ 吴钢. 现代教育评价基础［M］. 上海：华东师范大学出版社，1996：10-11.

100 分，我们可以对一个得了 60 分的学生和一个得了 80 分的学生的实际发展状态做出较为准确客观的判断。

相对评价的主要优势是能够从多个角度对评价者的发展水平进行评价，从而以更为广阔的视角对被评价者做出判断。比如，一个人考试得了 90 分，按照绝对评价，一张试卷满分 100 分，这个分数应该是不错了的；如果换个评价标准，班级平均分是 90 分，那么，这个分数不算很高了；如果再去拿这个 90 分和年级平均分 91 分比较，这个分数就更不算很高了。相对评价的主要不足是有可能不能准确地判断出其真实的水平。

个体内差异评价的最大优势，是能够看到被评价者的持续发展轨迹，有助于我们在一个动态的发展过程中考察被评价者的发展。比如，你这次考试考了 60 分，和班级平均分 80 分整整差了 20 分，但是你仍然是值得表扬的，因为你以前从未及格过。个体内的评价可以让我们看到一个变化中的人，这就体现了教育的动态发展观。

教育是塑造人性的活动，人的可塑性使教育发挥其塑造人性的作用成为可能，人性是可以变化的，因此，教育是可以改造人性的。但是，在教育的过程中，我们可能会时常忘记这个判断，比如，当我们依据评价的结果区分出“好学生”“坏学生”“普通学生”时，教师就会对这些学生采取不同的态度和教育投入，从而使那些被贴上“坏学生”的学习者不断受到打击而无法建立起良好的自我效能感（自信心），进而影响其后续的发展。由此，这里的评价不是推进学生持续进步的工具，而是变成了扼杀进步的工具。个体内差异评价最大的优势就是防止这种恶性循环，避免出现越来越多的学校学习的失败者、边缘者，进而减少教育过程的不公平。

（三）按照评价在教育活动中的功能区分

从在教育活动中的功能看，可以把教育评价分为诊断性评价、形成性评价、总结性评价、外在性评价。诊断性评价是指在某项活动开始之前，为使其计划更有效地实施而进行的预测性、测定性评价，目的是了解评价对象的基础和情况。形成性评价是指在活动过程中评价活动本身的效果，用以调节活动过程，保证目标实现而进行的评价。这种评价能及时获取反馈信息，适时调节控制，以缩小工作过程与目标之间的差距。总结性评价是指在某项活动告一段落时，对最终结果做出价值判断，也就是以预先设定的教育目标为基准，对评价对象达成目标的程度，即最终取得的成就或成绩进行评价。外在性评价是指对一项教育活动的规划和实施过程、结果的整体评价，主要目的在于分析、研究已完成的教育活动的全过程，总结成功的经验、找到失误的原因，为以后规划教育活动提供有效的信息。①

诊断性评价是教学工作的一个基本组成部分。进行诊断性评价，是为了使教学适合学习者的需要和背景。教育中的“诊断”不限于辨认不足或问题，教师进行诊断是为了促进学习，而不是为了给学生贴标签。诊断的结果，不应该用于把缺少学习先决条件的学生转入一个教学内容经过简化的班级。诊断的目的是设计可以排除学习障碍的学习方案，与此同时，辨认出那些已经掌握了部分或全部内容的学生，设计出一些适合他们的长处并有助于防止厌烦和自满情绪的学习方式。②

诊断性评价是教育活动贯彻可接受性原则的保证。可接受性原则是教育活动的基本原则之一。教育活动是在教与学互动的过程中完成的，学生的认知和情感的准备状态是教育目标达成的前提条件。为此，在学习新的内容之前，需要准确了解学生的现有发展情况。通过诊断性的评价，就可以了解学生的现有发展状态，从而确定或调整教育方案。诊断性评价有很多方式，比如，以口头提问的方式了解学生原有认知结构中是否有和新知识有关的内容，两者是否吻合。如此，就可以及时修正原有的教学方案，提高教学的针对性。

形成性评价的目的主要是在教学活动的开展过程中对过程性目标的达成度进行持续评价，以便实现终点性目标。比如，为了最终达到运用一个概念解决新问题的发展水平（应用水平或迁移水平），必须先要使学生理解该概念的内涵和外延，为此，在讲解完毕概念的内涵和外延之后，立刻进行提问，了解学生对此概念的掌握程度。如果已经达到，则继续教学，使学生达到终点目标的应用（或迁移）水平；如果没有，则延长概念内涵和外延学习的时间或改变教学方法。通过形成性评价，教学双方能够及时发现和纠正问题，确保教学过程本身的最优化。

形成性评价的作用主要在于为学习提供一个自我纠正的途径。在班级授课制下，群体教学的危险是学生在教学的过程中不得不被区别对待，有些学习者被额外眷顾，更多的学习者则被忽视。“通过频繁的反馈和按照每个学生的需要因人而异地帮助进行纠正，就对群体教学作了补充。……反馈通常采取各种简单的形成性进度测试的形式；这些测试将会表明每一个学生已经掌握的内容以及为了完成学习任务还需要学习的内容。因人而异

① 吴钢. 现代教育评价基础［M］. 上海：华东师范大学出版社，1996：12-13.

② ［美］B. S. 布卢姆，等. 教育评价［M］. 邱渊，王钢，等译. 上海：华东师范大学出版社，1987：174.

地帮助进行改正，是用来帮助每一个学生去学那些还没有学会的要点。”①形成性评价必须不带有任何要评定成绩的联想，这样学习者才不至于害怕，而是把形成性评价看作对学习的一种帮助。②

总结性评价是针对终点目标的评价，主要是了解终点目标的达成度。假如一个教学目标是学生能够运用概念解决新的问题，那么，总结性评价就要考查学生是否具有运用概念解决新问题的能力。“终结性评价的首要目标是给学生评定成绩，或为学生作证明，或者是评定教学方案的有效性。”③

在这三种评价中，诊断性评价和形成性评价的重点在于推动教育活动向着终点目标正确而有效地进行，总结性评价则直接反映这个前进过程的最后收获情况。此外，这里要特别强调的是，不能简单地把评价发生的时间段作为区分诊断性评价、形成性评价、总结性评价的关键标准，而要根据评价“用来做什么”——在教育过程中的功能来确定评价的类型。比如，一次考试发生在单元的学习结束时，如果这个考试的成绩被用来判断学习者最终的学习结果，那么它就是一种总结性评价；如果这个考试的成绩被用来作为设计下一个单元的教学活动的参考依据，那么它就是诊断性评价。

（四）按照评价的主体区分

按照评价的主体可以把教育评价分为自我评价和他人评价。自我评价是指被评价者参照一定的标准对自己进行评价，他人评价是指被评价者之外的他人进行评价。④

他人评价的优点是相对来说比较客观，而自我评价的意义则是深远的。

一方面，自我评价的意识和能力是自主发展能力的重要内容。自我评价的意识和能力是一个人自我成长的第一步，对自我的认知、情感等方面的状态有了清晰的了解、理解，才能够明白努力的方向。因此，对自己做出客观准确判断的能力是终身学习和终身发展的基础。

另一方面，自我评价的意识和能力涉及塑造国民性的问题。自我评价的意识和能力可以帮助一个人养成自我负责的品格。一个自我负责的公民，才能有承担社会责任的意识和能力，从而发展其应有的社会性。为此，学

---

① ［美］B. S. 布卢姆，等. 教育评价［M］. 邱渊，王钢，等译. 上海：华东师范大学出版社，1987：230.

② ［美］B. S. 布卢姆，等. 教育评价［M］. 邱渊，王钢，等译. 上海：华东师范大学出版社，1987：101.

③ ［美］B. S. 布卢姆，等. 教育评价［M］. 邱渊，王钢，等译. 上海：华东师范大学出版社，1987：100.

④ 吴钢. 现代教育评价基础［M］. 上海：华东师范大学出版社，1996：13-14.

校教育不仅要教给学生向外看的能力，也要教给学生向内看的能力。向外看的能力有助于我们更好地和外在世界相处并顺利地与世界互动，而向内看的能力则有助于我们更好地认识自己并顺利地和自己对话。

（五）按照评价的方法区分

按照评价的方法可以把教育评价分为定量评价和定性评价。定量评价是指采用定量计算的方法收集数据资料并做出定量的判断，如运用教育测量与统计的方法收集和分析资料。定性评价是指对不便量化的评价对象采用定性的方法收集资料并对评价的结果进行定性描述。如，用调查法、观察法等收集、处理教育评价信息并做出判断。①

定量评价的优势在于能够经济、高效、客观地获取发展的相关信息，因而比较适合大规模的考试，特别是适合涉及公平性的选拔考试。不足之处是定量对复杂的评价对象难以适用，如对情感、态度、思维、品德等的评价。定性评价的优势则在于弥补定量评价的不足，通过更加灵活的方式收集信息并用语言的描述做出判断，可以对那些不便量化的评价要素、对象做出更为准确、全面的评价。评价对教育的目标和过程有着反向的推动作用，当定量评价成为唯一的评价方式时，那些不能或者不方便量化的发展内容就会被忽视甚至忽略，教育的目标和过程因此狭窄化。因而教育想要真正地实现“促进人的全面发展的目的”，就必须将全面发展的理念贯彻到包括评价在内的整个教育过程中去，否则全面发展的理想就一定不能实现。

教育评价的类型可以从不同的角度进行不同的分类，每一种评价类型都有自己的优势，也同样有不足之处。教育评价者除了明了这些评价工具本身的内涵和操作方法之外，最重要的还是要清楚每一种评价的功能和意义，根据当时的情境选择最合适的评价方式。只有工具用对了，工具才能发挥其应有的价值，评价才能为正确的判断提供可靠的证据、信息。

第二节　教材评价系统的设计

教材评价系统的设计要遵循教育评价的一般要求，同时还要体现教材设计的特殊要求。为此，以下几个方面是需要关注的。

---

① 吴钢. 现代教育评价基础［M］. 上海：华东师范大学出版社，1996：14.

一、教材评价设计应以促进学习为主要价值取向

从总体上看，教育评价有两个基本的功能：一是帮助评价对象成长，二是对不同的评价对象进行区分。教材评价系统中的评价对象主要是对学习者的评价，其评价的内容是学习者和预设的教材目标之间的距离。从其功能来看，主要是促进学习者的成长，而区分的功能则主要留待教材之外的其他评价来完成。因此，教材评价系统的设计应以促进学习过程为其主要的价值追求，教材设计者需致力于通过评价的设计优化使用者利用教材进行的学习过程。

二、必要时设计教材评价方案

为了给评价活动提出一个总体设想，必要的时候可以设计评价方案。评价方案是对评价活动的内容及进程的总体设计。评价方案的内容可以包括下述组成部分：

- 评价的目的：评价活动要说明评价的目的，即通过评价要实现的功能。如，说明通过评价活动帮助学生检查预习的情况。明确的评价目的有助于评价者和被评价者认识评价的意义，从而互相配合完成评价任务。
- 评价的对象：对评价的对象可以做概括性说明，也可以给出详细的说明。如，可以将要评价的知识点一一列出，或将要评价的能力进行分解。
- 评价的方法：评价的方法主要说明评价的类型和具体的收集、分析相关数据和信息的方法或工具。如，确定评价的类型是自我评价还是他人评价，是诊断性评价还是总结性评价等。有时候，还需要对收集、分析数据和信息的方法与工具提出建议。如，对调查问卷、观察等方法进行说明。
- 评价的标准：评价的标准对于保证评价的质量是十分重要的。无论是定量评价的标准答案还是定性评价的指导性准则，都应明确而清晰地表述出来。尤其是采用学生自我评价的方式进行评价时，清晰、具体的评价标准就尤为重要了。如果评价标准模糊笼统，学习者就难以客观准确地对自己的学习进行诊断，自我评价促进学习者自主发展的功能就不能得到充分的发挥。为了让学生更好地把握评价标准，有时候还可以列出示范性的例子，如分别为“优秀”和“不及格”的评价标准举出例子。
- 评价的过程：评价的过程主要涉及时间、地点、组织形式、流程等。“时间”是确定评价活动发生的时间。如，在教材学习过程中的时间点是放在新单元开始学习之前还是放在新单元学习过程中的某个节点上。“地点”是指确定评价活动完成的地方。如，试题的完成是放在课堂内还是

课堂外。“组织形式”是指评价实施时评价者和被评价者的组织方式。如，由学习者自己根据评价标准进行评价还是小组内互评。“流程”是指必要的时候对评价的各个步骤及其顺序进行说明。

➢ 评价的反馈：评价的反馈主要涉及对评价结果的处理方式。如，试卷的自我评价结束之后要求进行自我总结，对前期学习过程进行反思。

以上是对评价方案的设计给出大致的建议，设计者可以根据实际的需要灵活调整评价方案的具体内容。评价方案设计完毕之后，既可以单独作为一个部分在教材中呈现（如单元正文之后），也可以和教材的目标、材料、活动融合在一起，进行“无痕”处理，成为学习过程中一个自然的组成部分。

三、设计目标导向的教材评价系统

教材中的评价设计旨在推动学习过程实现预设的目标。尽管评价不能局限于学习者对预设目标达成情况的判断，但是教材中的评价应当首先以预设目标的达成为其首要且主要的任务。故此，教材评价设计应凸显“目标导向”的特点。

那么如何才能实现“目标导向”的教材评价设计？要使评价设计能够体现“目标导向”的特点，就要回顾最初设计的教材目标系统，结合教育目标分类设计评价，研究如果要对这些目标的达成情况做出准确的判断需要被评价者在完成评价任务的过程中如何表现（参见“阅读材料：概念的测验”）。总之，在设计评价时，要研究如何才能确保通过评价收集到和目标紧密相关的“可靠的发展证据”。

❖ 阅读材料：概念的测验

学习者从学到的概念中所形成的能力，与迄今为止我们用一般能力特性来描述的所有其他的学习形式是有区别的。当一个人已经学到了“棱”这一概念之后，他就能够用这一概念来概括在学习中没有出现过的那些不同的刺激情境，能够立即毫不犹豫地识别出屋顶、峭壁、汽车挡泥板、灯罩或各种各样刺激情境中的棱。① 当然，这要假定，用以表示这一概念的那些最初的情境要足以代表这一概念所包含的整个类。如果他已经学会了

① ［美］R. M. 加涅. 学习的条件［M］. 傅统先，陆有铨，译. 北京：人民教育出版社，1985：134.

“举起”这一概念，那么，他将能识别属于这一类的形形色色的事件，如举起手臂、举起旗帜或举起玻璃窗。概念学习的作用就是将个人从特定刺激的控制中解放出来。于是，对于人类所从事的大多数智力活动的类型来说，这种学习类型显然是极为重要的。我们要用概念来阅读，我们要用概念来传递信息，我们要用概念来思考。① 于是，“测验”概念的存在与否就是要证明是否发生了概括作用，对于这一说法人们是不会感到惊奇的。不管在学习中使用了什么刺激，“奇特”“棱”或“举起”这些概念的获得都要通过呈现一个在学习中没有被包括进去的刺激情境来加以“检验”。必须证明，学习者能够把这些概念推广到那些在学习中未曾用过的、属于这一类的各种各样的特定实例中去。否则，所学习的可能就不是概念，而仅仅是一些特殊连锁的集合。②

许多概念是不能用学习具体概念的方式来学到的，而必须通过定义才能学到，因此我们可以把它们称为定义的概念。为了把它们与具体概念区别开来，人们有时也称它们为抽象概念。例如，“对角线”这个概念就是一个定义的概念，而不是一个具体的概念。“对角线是连结四边形对角的线”这一陈述描述了“线”和“四边形对角”这两个概念之间的关系（连结）。③ 一个定义的概念就是一个把对象和事件加以分类的规则。一套质数就是由这么一个定义来加以分类的，即“它是任何只能被 1 或它本身数值相等的数除尽的数”。④

实质上，已经学会概念的证据是，学习者要证实他能用定义来对实例加以分类。

假定学习者必须通过“表示尊敬别人的一种举止得体的行为”这个定义的描述来学会“谦恭”这个概念，确定是否学会这个概念的一种方法是，给学习者呈现一些行为的实例（或者通过图片，或者通过描述）。在这些行为的实例中，有些是举止得体的，有些不是；有些能表示尊敬别人，而有些则不能。如果学习者识别出哪些实例是“举止得体”并“表示尊敬别人”，而同时又摒弃那些不能如此归类的实例，那么我们就可以得出结论说，他们已经能够根据定义来对这些实例加以分类了。

---

① ［美］R. M. 加涅. 学习的条件［M］. 傅统先，陆有铨，译. 北京：人民教育出版社，1985：135.

② ［美］R. M. 加涅. 学习的条件［M］. 傅统先，陆有铨，译. 北京：人民教育出版社，1985：135.

③ ［美］R. M. 加涅. 学习的条件［M］. 傅统先，陆有铨，译. 北京：人民教育出版社，1985：142.

④ ［美］R. M. 加涅. 学习的条件［M］. 傅统先，陆有铨，译. 北京：人民教育出版社，1985：89.

四、科学合理地设计教材评价方式

在设计评价活动时，除了必要的评价方案之外，还要科学合理地设计具体的评价方式。这里以三种常见的评价方式——试题、作品和表现性任务为例进行分析。

（一）试题评价及其设计

应该编写什么类型的试题来评价目标的达成度？布卢姆概括了两种基本测试类型：供答型试题，即学生必须写下试题答案；选择型试题，即学生从若干个并列的答案中选定正确的答案。在这两个范畴下，还有着若干可选用的试题形式。试题形式的选择，必须服从有待度量的教学目标或若干教学目标的性质。[①] 以下是这两类试题的基本设计要求。[②]

1. 供答型试题

供答型试题要求学生对规定的回答题或解答题做出答案。学生必须写出答案，而不是从各选择项中挑选答案。供答型试题采用的形式主要有两种：陈述型试题和简短回答型试题。陈述型试题的设计要注意几个方面：① 试题题意集中而清晰。对于考生在答题中自由发挥的许可量，应当加以限制，因为如果试题题意过于宽泛或空洞，会给应试者造成压力而使其匆匆完成评价任务，导致写出的答案质量低下。此外，试题给出的发挥空间越大，评价的主观性也越大，容易降低评价质量。如“选择两部长篇小说，并就其各自代表的著作年代的特点进行比较”。② 不能允许答题者从若干陈述型试题中选择他愿意回答的问题。允许任意选答试题，会削弱总结性考试的主要功能，即削弱比较学生在共同任务上的表现功能。③ 预先决定陈述型试题评分的标准。评分规则如果不明确、不完整，就会造成评价的主观性过强。

简短答案题只要求写出一个单词或短语、一个数字或一两句句子，如填充题。简短答案题的设计要注意几个方面：① 确保各道试题都能用一个简单的或者唯一的单词或词组进行答题，并确保只有一个正确答案。② 使用适当的格式。如，为了易于评分，给考生答题所留的空白，都应该在每道试题的右面排成一列。③ 不应使填充题支离破碎而使回答者盲目猜测。比如：“两个______，如果其一的______和______各自等于另一的______和______，那么它们两个是______。” ④ 避免提供线索。如，在填充题里不应

---

① ［美］B. S. 布卢姆，等. 教育评价［M］. 邱渊，王钢，等译. 上海：华东师范大学出版社，1987：275.

② ［美］B. S. 布卢姆，等. 教育评价［M］. 邱渊，王钢，等译. 上海：华东师范大学出版社，1987：275-309.

让各个内容空白的长度随着正确答案的长度而变化以免提供线索；再如，不应写出正确单词或者词组的第一个字母或文字。⑤ 指出答案的精确度。如果问题涉及精确性，则应明确规定预期的精确度。如，小数或者分数的运算。

2. 选择型试题

选择型试题要求学生从试卷的学习中挑选正确的答案。常见的有是非题、匹配题、多项选择题等形式。

（1）是非题

是非题要求答题者判断一个陈述句是对还是非，可以用来高效地检测大量的事实性知识，也能检验较高层次类型的目标。是非题的设计要注意以下几个方面：

- 确保试题题意是非的单义性，不应出现歧义。
- 不宜断章取义地从课文里摘录试题。如，断章取义地摘录短语或句子。
- 不应出偏题。
- 避免使用否定式表达。
- 避免使用双重判断因而是非难辨的表述。如，“各种维生素在新陈代谢的调节中是起作用的，但是并不提供能量”。
- 采用适当的格式。为了易于评分，所有的答案应写在每道题的左列，或者标在一份单独的答案纸上。
- 避免使用某些限定词。如，“一般说来”“经常”“很少”“所有的”“总是”“每个”，等等，因为这些限定词容易被答题者利用来猜测答案。
- 避免让正确答案排成固定式样。如，按照“是”“非”“是”“非”“是”“非”这样有规律的顺序安排试题。

（2）匹配题

匹配题是由一列前提和一列相应的答案组成的，答题者要把答案和前提进行匹配。匹配题适合快速大量地评价事实性知识，也可以用来检测较高层次的学习任务，尤其是在要求学生根据一套规则、原理或者定理对各个陈述进行分类时。设计匹配题时要注意以下几个方面：

- 各个前提和需要匹配的各项选择项必须确保自身同质。
- 使用适当的格式。把同质的各个前提列在左边，把需要匹配的各项选择列在后边。为了便于评分，在每一个编好号的前提旁边，给匹配的字母或者数字留一个空白处。
- 应该为每一个前提和选择项提供匹配的线索，如前提是“书名”，选择项是“作者”，答题者需要在书名和作者之间进行匹配。

（3）多项选择题

多项选择题的格式包括试题主干和选择项。试题主干是指向学生提供一个直接的问题或者一个不完整的陈述。选择项则是两个或两个以上的选择，在这些选择项中有一个或一个以上是正确的，其他则是错误的（包括用来让答题者步入歧途岔路性质的选择项、用来迷惑答题者或者给答题者下圈套的选择项，以及用来作为陪衬的选择项）。多项选择题是选择型试题中功能最多的，可以用来检测许多不同种类的学习任务。多项选择题有很多种类：

- 直接提问类。特点是试题主干是一个直接问句，伴随若干选择项。
- 不完整表述类。特点是试题的主干是一个不完整的陈述句，伴随若干答案，其中一个或若干个答案可以让主干成为完整的句子。
- 填充类。特点是试题的主干是一个被删除了一个单词或者一个词组的陈述句，在若干选择项中有一个可以使题干的陈述句意思完整。
- 否定类。特点是要求答题者在选择项中挑选出不合适的或者不正确的选择项。
- 次序类。特点是试题主干提出了把各个目标、数目、事件、阶段等排列成一定的顺序或者次序的基准，答题者要从选择项中按照一定的排序基准选择正确的选项。

多项选择题的设计应注意以下几个方面：

- 确保试题主干能明确规定题意，确保答题者可以清晰地理解题意。
- 尽量避免否定式陈述题。否定式试题容易增加考试的难度，而这种难度和评价的内容并无关联。
- 如果使用最佳答案类的题型，务必使提供最佳答案的那个选项明确无误。
- 包含四五个选择项的试题比选择项较少的试题更符合要求。
- 对那些并未掌握教材内容的学生来说，每个歧岔项都应该编写得使他们感到似乎合理，而且能引起他们的兴趣。
- 确保正确的选项在一个固定位置上出现的次数不至于多到引起答题者的注意。如，正确的选项经常在依次出现的四个选项中的第三个位置。
- 各个歧岔项目应该相互独立，互不制约。
- 避免提供正确答案的提示线索。

总体来说，编写不同类型的试题时，要注意下述几个方面：

- 试题应清楚地提出一个清晰而明确的问题。答题者在阅读试题时应该能够读懂并理解试题要他们做什么，否则就会表现出不同于试题原本想要引出的各种答题行为。

- 试题的阅读难度和语言难度应适合答题者的水平。
- 所有试题都应避免重复现象，并在不影响清晰度、明确度的前提下尽可能简洁地表达。那些多余的信息会加深读题的难度，耽误答题者的答题，而这些难度对评价的目标并无意义。
- 无论何时都要尽可能使用简明、意义准确、清晰的单词，即试题编写者应准确地传达编写者所构思的问题或者论点，应当使用简明、惯用的单词，因为它们有助于表达的简洁和可读性。
- 试题在语法和标点符号方面应该完美无缺。
- 避免提供正确答案的线索。如，“总是”“从不”“有时候”等限定词容易为是非题的答题者提供线索。再如，一个试题里包含着其他试题的答案。
- 对每一道试题都应该进行仔细、反复的校对，确保其内容、格式都准确无误。①

（二）作品评价及其设计

1. 论文题

（1）论文题的类型

论文题可以被看作一种特殊的作品。和试题相比，论文题有一些局限性：它需要更多的时间来回答和评阅，并且在各个单元有限的测验时间内只能抽取较少的学习内容来评价；与客观性试题相比，它提供的结果的可靠性也较差；它们也使那些对测验内容仅有一点了解的学生有更多机会不懂装懂和长篇大论。② 尽管如此，论文题仍然有其独特的价值：它有助于评价学生高层次的能力——解决问题、创新、逻辑思维及表达等综合能力。这是因为论文题有两个特点：一是要求答题者通过记忆重新提取和使用知识而不仅仅是识别知识，二是要求答题者用自己的语言组织知识。③ 论文题可以分为两类，即限制—反应型论文题（restricted-response essay）和扩展—反应型论文题（extended-response essay）。限制—反应型论文题提供提纲，包括提供给答题者的提纲和评价者的提纲。这类论文题会对答案的内容要

① ［美］B. S. 布卢姆，等. 教育评价［M］. 邱渊，王钢，等译. 上海：华东师范大学出版社，1987：309-318.

② ［美］杰拉尔德·S. 汉纳，佩姬·A. 德特默. 课程的情境适应性评价［M］. 王艳玲，译. 杭州：浙江教育出版社，2008：219.

③ ［美］杰拉尔德·S. 汉纳，佩姬·A. 德特默. 课程的情境适应性评价［M］. 王艳玲，译. 杭州：浙江教育出版社，2008：220.

点及其相对权重、答案的长度及如何组织答案等做出规定。如："财富在哪些方面能给生活带来幸福和满足？不能带来哪些方面的幸福和满足？在回答时考虑以下几个重要问题（它们的重要性是相同的）：① 金钱本身是否能成为令人满足的目的？② 金钱对提供安全感或摆脱焦虑的作用何在？③ 金钱的积累是否妨碍精神的发展？扩展—反应型论文题给答题者提供更多阐述和组织答案的自由，通常不对答题时要运用到的具体知识和提纲等细节进行规定。如："描述花生及其用途。"再如："从以下话题中选择一个写一篇相关的小论文，时间为 90 分钟。① 描述你最喜欢的国家，并说明喜欢的理由。② 描述你求学生涯中最喜欢的老师，并说明喜欢的理由。③ 描述你理想中的对象和伴侣的特征，并解释为什么看重这些特征。"①

（2）论文题的设计

① 限制—反应型论文题的设计②

- 明确论文题的功能。论文题主要用于评价复杂的心智过程。论文题也可以用来检查对事实性知识的回忆，但是并非评价这类目标的可靠、经济的方法，这些目标更适合用选择题或填空题等客观性试题来评价。
- 恰当地表述题目，以便答题者清晰地了解他们被要求做什么。设计者应该明确地告知答题者将依据哪些标准来评价他们的答案。如，限制—反应型论文题就应该有明确的组织内容的提纲和其他细节说明。
- 主题应适当集中。如，"讨论美国的现代通信"应该改为"描述美国的现代通信如何促进了商业的发展"，修改后的题目就可以使主题集中于现代通信和商业发展之间的关系上。
- 提供恰当的论述提纲。为答题者的论述提供提纲，旨在使答题者的论述集中在所期望的那些方面，使其更加有效。此外，由于所有答题者都将围绕相同的要点进行论述，答题者的答案就有了可比性。
- 用恰当的措辞清晰地表达问题以便得到想要的答案。如，"描述糖的营养价值"这样的论文题更适合考察只要求回忆的目标。再如，"一种新型的……有如下的特点：……评价它可能具有的价值"这样的论文题可以引发更高层次的心智过程。

---

① ［美］杰拉尔德·S. 汉纳，佩姬·A. 德特默. 课程的情境适应性评价［M］. 王艳玲，译. 杭州：浙江教育出版社，2008：220-222.

② ［美］杰拉尔德·S. 汉纳，佩姬·A. 德特默. 课程的情境适应性评价［M］. 王艳玲，译. 杭州：浙江教育出版社，2008：224-230.

- 标明题目的相对权重。可以用标出每道题的分值或者答题时间表明权重。
- 抽取尽可能多的学习内容来检测。论文题应尽量涵盖更多的学习内容。

② 扩展—反应型论文题的设计①

- 主题应适当集中。
- 合理使用论文提纲。在需要考查答题者组织内容的能力时，无需规定答题的提纲。在需要答题者集中到某些特定的内容时，仍然需要事先规定答题的提纲。
- 用恰当的措辞清晰地表达问题以便引出要评价的内容。
- 必要的时候标出题目的权重。
- 设计能够涵盖尽可能多的学习内容的任务。

2. 作品评价

作品评价（product assessment）要求被测者创作具体的作品，如小论文、研究报告、数学证明、图画等，作品评价是在作品完成之后进行的。有些作品在有严格控制的条件下完成，有的则在日常生活中完成。②

作品评价的设计要注意以下几个方面：③ 谨慎选择作品评价的方式。以作品为最佳评价方式的学习类型有两个特性：一是作品关注的是学生的制作能力或开发能力，二是评价基于对最终完成品的仔细审查。对于可以使用客观性评价方式的学习目标应使用客观性评价。

- 为了提高作品评价的信度，应明确评价任务的具体要求，包括评价标准。明确的评价任务可以引导被测者表现出被期待的努力。
- 为作品的每个要求确定权重。如，要布置一项制作凳子的作业，评价的具体项目包括了凳子的牢固程度、打磨的光滑程度等，这些具体项目的权重应提前告知被测者。这样做既可以保证评价的公平性，也可以引导被测者的努力方向。
- 作品要能够涵盖尽可能多的评价内容。
- 精心组织作品评价的指导语。指导语应告知被测者将如何被评价，同时告知完成作品和递交作品时的一些必要细节。如，完成作文的时候是否

---

① [美] 杰拉尔德·S. 汉纳，佩姬·A. 德特默. 课程的情境适应性评价 [M]. 王艳玲，译. 杭州：浙江教育出版社，2008：230-232.

② [美] 杰拉尔德·S. 汉纳，佩姬·A. 德特默. 课程的情境适应性评价 [M]. 王艳玲，译. 杭州：浙江教育出版社，2008：241-242.

③ [美] 杰拉尔德·S. 汉纳，佩姬·A. 德特默. 课程的情境适应性评价 [M]. 王艳玲，译. 杭州：浙江教育出版社，2008：248-251.

可以使用网络查询、如何递交作品、何时递交等。

（三）表现性评价及其设计

表现性评价指观察和评价正在进行的行为，要求展示熟练程度，而不是回答一些关于熟练程度的问题。评价者可以提前准备一些观察资料，以便严谨地评价特定的表现和条件。对表现的评价可以是详细的、分项的、客观性的，也可以是整体的或印象式的。①

表现性评价既可以在形成性评价中使用，也可以在总结性评价中使用。形成性的表现性评价旨在关注学生是否需要帮助。当教师想知道学习者在某方面的表现是对还是错以便及时提供有益的反馈而为此只有通过观测行为表现而不只是检查最终的作品时，可以使用形成性的表现性评价，如"金属工作室的教师观察学生使用金属钻，以便确保每个学生都戴了护目镜"。当一个单元中的绝大部分或全部内容不适合用试题评价和作品评价时，可以采用总结性的表现性评价。总结性的表现性评价旨在关注学生的表现水平。如"金属工作室的教师观察学生使用金属钻，并根据学生是否戴了护目镜决定学生是否能通过考核"。②

表现性评价的设计要注意以下几个方面：③

- 注意真实性。由于要通过学生的表现来评价，因此评价要尽可能在真实的情境中完成。如，要评价学习者的书写技能，最好要在完成书写任务的过程中观察。所谓真实的情境，既可以是"现实的真实"情境，也可以是"模拟的真实"情境。
- 注意评价的信度（一致性）。要确保所有的被测者面对同样的问题情境，以保证评价的一致性。
- 注意经济性。由于有些表现性评价需要复杂的软件、硬件资源的支持，有时候还要花费比较多的时间，因此要设法在经济性上进行调整。

总之，设计表现性评价需要协调好真实性、信度、经济性三者之间的关系。通常的折中办法就是使用具有一定真实性的任务，通过施测的统一性获得更大的经济性和信度。例如，与教师会话的表现性任务可能就具有

---

① ［美］杰拉尔德·S. 汉纳，佩姬·A. 德特默. 课程的情境适应性评价［M］. 王艳玲，译. 杭州：浙江教育出版社，2008：254.

② ［美］杰拉尔德·S. 汉纳，佩姬·A. 德特默. 课程的情境适应性评价［M］. 王艳玲，译. 杭州：浙江教育出版社，2008：254-256.

③ ［美］杰拉尔德·S. 汉纳，佩姬·A. 德特默. 课程的情境适应性评价［M］. 王艳玲，译. 杭州：浙江教育出版社，2008：257-267.

一定的统一性。一个十几岁的学生与教师会话时的表现会大大不同于他与同伴或商店售货员在没有压力时的闲聊。在与教师的交流中会有一些人为的因素，这些人为的因素会降低测验的真实性；但是，它所带来的信度和经济性上的获益会使这种做法非常具有吸引力。

- 制定明确的标准。要根据评价的目的确定是否需要制定明确的标准。如果评价的目的是判断学生的整体状况，那么标准只需要详细到能够确保评分一致的程度；但是如果评价的目的是诊断学习者的优点和进一步学习的需要，那么行为表现的所有重要方面都必须列举出来形成评价规则表。这样做的好处是：教师对教学目标的思考更为清晰；确保评价的目的是实现教学目标；教师集中关注所要教授的内容和技能的设计；将评价和教学连接起来；学生知道哪些是应该或不应该展示的；学生能够参与到更加有效的自我评价中。
- 如果有评价的标准，应该尽早地将评价标准告知学生，让学生尽早地知道评价的标准有助于学生准确客观地评价自己，从而发挥评价促进学习的功能。

以上是就常见的三种评价方式进行的详细分析，除了上述较为正式的评价方式外，设计者还可以根据实际情况设计更多灵活多样的评价方式，帮助教师和学生更好地评价自身的教学效果，从而更好地促进教与学的过程。

五、注意教材评价设计的可行性

教材评价系统的设计也要注意教材使用者的可接受性和客观条件的限制。有些评价任务可能超出了学生的认知能力。如，要求还没有学习如何撰写论文的学生参加论文评价。评价的设计还要兼顾客观资源的可行性。如，要求学生撰写调查报告，学生却无法找到足够的样本。

总之，教材设计者要以教材目标系统为导向，以帮助学习为主要价值追求，科学合理地设计具有可操作性的评价活动。

第三节　教材评价系统设计的常见问题与解决策略

一、教材评价设计过于粗糙

有时候教材评价系统的设计被简单地理解为在单元的正文之后随意地附上几道练习题、思考题，或者布置几项类似朗读、动手操作等作业。如果不能认真地设计好教材评价系统，就会使教材在实际的使用中难以体现“为教学设计”服务的理念，因而，在设计理念上要将评价设计置于和其他教材组成部分同样重要的地位。

二、教材评价设计和教材目标联系不紧密

设计教材评价时最容易出现的问题就是忘记教材的目标，以至于教材评价和教材目标相脱节。比如，因为设计者个人对评价方式的偏好，不管教材目标的内容是什么，通篇都是试题，或通篇都是作品评价。为此，首先要从理念上重视目标对于实现教材“系统设计”要求的重要性。其次，要注意在设计评价之前进行教材目标的分解，确保教材总目标、分目标能够呈现出一个清晰的脉络，然后针对分解后的教材目标依次设计评价任务，确保每一个评价任务都为相应的目标服务。再次，要根据教材目标的类型研究评价的条件，如研究陈述性知识和程序性知识的不同评价要求，确保每一种评价任务都能够提高有效性。

三、教材评价设计没有体现其应有的价值

评价既有促进发展的功能，也有进行区分的功能。教材设计的评价活动要充分体现帮助师生通过利用这些评价活动更好地优化、推动学习的作用。因此，要高度重视那些更加有助于学习者发展的评价类型和方式。如，适当地增加诊断性评价和形成性评价，以及自我评价和个体内差异评价。

四、教材评价设计缺乏可行性

有时候教材的使用者发现教材设计的评价活动很难开展，这是因为设计者没有对教材的实用性做充分的考虑。为此，评价设计首先要考虑师生完成评价任务的主客观条件。一方面，要让师生清晰地理解设计者的意图。比如，有些表现性任务的设计应就评价的标准提供必要的正例和反例，或者就评价的具体细节进行详细说明，以便师生清晰地把握评价的标准。另一方面，评价的设计也要兼顾客观条件。比如，压缩花费时间过长的评价，代之以经济可行的评价。其次，必要时设计者可以提供若干个可供灵活选择的评价任务，以便使用者根据实际的条件决定。再次，设计者可以邀请几位师生试用这些评价，根据反馈反复修改，以确定其可行性。

五、教材评价设计过多或过少

对教材评价设计的重视不等于要在教材中频繁地出现评价，过于频繁的评价既会给师生增加不必要的负担从而影响正常的学习进程，也会因此

让教学进度变得过于紧张，因而有必要认真研究每一道练习题、每一篇论文、每一项表现性评价的质量。当然，评价活动设计得过少也不合适。过少的评价无法发挥通过评价引导、推动学习过程的作用。因此，要根据学习者学习的实际需要和可行性确定“适量的”评价活动。

本章小结

教育评价是学校教育活动的重要环节，通过有效的评价，可以为学习者个体和社会提供可靠的信息，推动个体自我价值的实现和社会的进步。教材评价是学校教育评价的表现形式和重要内容，良好的教材评价系统设计可以更好地为师生利用教材完成现场教学提供帮助，使教师的“教”和学生的“学”更加省力、高效。为此，要重视教材评价系统在提高教材质量中的价值，把教材评价设计视为教材设计系统工程中的重要环节。

教材评价系统的设计应遵循一定的科学规范。设计者要研究各种评价方式的特点、功能和具体要求，根据教材目标的内容和性质设计有针对性的评价任务。教材评价系统的设计还要尽量贴近师生拥有的主客观条件，使这些评价设计确实能够得到运用。

总之，从现实的教学情境出发，以“系统设计”为理念，将前述教材目标系统、材料系统、活动系统和本章教材评价系统的设计紧密衔接，就可以为教材设计的大厦奠定坚实的基础。

■ 练习和检查

选择一个教材单元，尝试为该单元的目标设计评价任务，可参照“教材评价系统设计检查表”检查，在“检查结果”一栏的相应处打“√”。

教材评价系统设计检查表

<table>
<tr><th colspan="2">教材评价系统
设计的要求</th><th>教材评价系统设计的检查</th><th>检查
结果</th></tr>
<tr><td rowspan="5">明了教材评价设计的价值取向</td><td rowspan="3">对教材评价设计的功能有清晰的认识</td><td>我设计的时候对评价的功能有清晰的认识</td><td></td></tr>
<tr><td>我设计的时候对评价的功能没有清晰的认识</td><td></td></tr>
<tr><td>我设计的时候没有想过评价的功能</td><td></td></tr>
<tr><td rowspan="2">重视教材评价设计的发展功能</td><td>我的设计充分体现了利用评价优化学习的功能</td><td></td></tr>
<tr><td>我的设计没有充分体现利用评价优化学习的功能</td><td></td></tr>
</table>

续表

教材评价系统设计的要求		教材评价系统设计的检查	检查结果
必要时设计评价方案	必要的时候给出详细的评价方案	我的评价方案必要的时候确定了评价目的、对象、标准、反馈等细节	
必要时设计评价方案	必要的时候给出详细的评价方案	我的评价方案不够详细	
必要时设计评价方案	必要的时候给出详细的评价方案	我没有在必要的时候设计评价方案	
设计目标导向的教材评价	意识到评价要和目标相联系	我设计评价的时候认真关注评价和目标之间的联系	
设计目标导向的教材评价	意识到评价要和目标相联系	我设计评价的时候没有认真关注评价和目标之间的联系	
科学合理地设计教材评价方式	根据目标适当地选择试题、作品、表现性评价等不同的评价方式	我设计的评价方式适合目标	
科学合理地设计教材评价方式	根据目标适当地选择试题、作品、表现性评价等不同的评价方式	我设计的评价方式不适合目标	
科学合理地设计教材评价方式	根据不同评价方式的要求进行设计	我分别根据试题、作品、表现性评价等不同评价方式的要求进行了设计	
科学合理地设计教材评价方式	根据不同评价方式的要求进行设计	我没有分别根据试题、作品、表现性评价等不同评价方式的要求进行设计	
关注教材评价设计的可行性	根据评价者和被评价者的主观条件设计	我的设计充分考虑了评价者和被评价者的主观条件	
关注教材评价设计的可行性	根据评价者和被评价者的主观条件设计	我的设计没有充分考虑评价者和被评价者的主观条件	
关注教材评价设计的可行性	根据评价者和被评价者的主观条件设计	我的设计没有考虑评价者和被评价者的主观条件	
关注教材评价设计的可行性	根据评价者和被评价者可能拥有的客观条件设计	我的设计充分考虑了评价者和被评价者可能拥有的客观条件	
关注教材评价设计的可行性	根据评价者和被评价者可能拥有的客观条件设计	我的设计没有充分考虑评价者和被评价者可能拥有的客观条件	
关注教材评价设计的可行性	根据评价者和被评价者可能拥有的客观条件设计	我的设计没有考虑评价者和被评价者的客观条件	

第七章 教材出版发行信息系统及其设计

本章就教材出版发行信息系统的基本内容及其设计进行讨论，其中主要就教材编写说明和使用说明进行讨论。

一、教材出版发行信息系统的主要内容

我国《出版管理条例》（2011）规定：“出版物必须按照国家的有关规定载明作者、出版者、印刷者或者复制者、发行者的名称、地址，书号、刊号或者版号，在版编目数据，出版日期、刊期以及其他有关事项。”[①] 教材也是如此，需要出版发行的教材也要注明作者、印刷者等信息。此外，从设计的角度看，我们也可以将编写说明、使用说明、序（自序或他序）、前言、目录、索引、凡例、跋、后记等作为出版发行信息的一部分。因为这些信息的主要功能是要在出版发行的过程中将设计者认为有必要告知读者的信息进行凝练、补充，以便信息的接受者——教材的选择者、使用者、管理者能够更好地理解、使用、管理教材。

二、教材出版发行信息系统的设计

出版发行的很多信息是由出版发行者负责的，因此本章并不打算就上述所有信息进行讨论。这里着重讨论应由教材设计者负责的部分，其中主要关注教材编写说明和使用说明。

（一）教材编写说明及其设计

教材编写说明的功能在于告知教材使用者有关教材如何编写的信息，以帮助使用者判断教材是否符合其需求，主要包括“为何编写”“由谁编写”“如何编写”的信息。一是要介绍编写该教材的原因，主要介绍该教材的编写、出版价值。二是要介绍编写者，通过介绍作者的身份、资历、能力等各方面的特点，向读者说明教材质量的可靠性和价值。三是要介绍编写的过程，主要说明编写过程中耗费的人力、物力、时间等资源。

---

① 中华人民共和国中央人民政府．国务院关于修改《出版管理条例》的决定：国令第 594 号[A/OL].(2011-03-20)[2020-02-05].http://www.gov.cn/zhengce/content/2011-03/20/content_4117.htm.

教材编写说明的设计应注意两个方面：

1. 应突出该教材的特色所在

在设计教材的初期就应对同类或相关的教材进行充分的了解，在设计新教材的时候也要就该教材将要体现的“与众不同”之处梳理清楚。而当教材设计完毕之后，也需要对教材设计的全过程进行反思，对该教材的特点进行回顾与总结，使自己能够对教材的特色了然于胸。在此基础上，还要将这些“与众不同”之处通过简明易懂的语言传递给教材的使用者，使使用者在选择或使用时能准确地判断该教材是否和自己的需求相一致。

2. 实事求是，不夸大教材的优点

教材的设计是一项很艰苦的工作，不仅需要耗费大量的物质资源，更需要付出大量的时间、精力。因此，教材设计者总是希望自己设计的教材能够被尽可能多的使用者眷顾，为此，有可能在教材编写说明的设计中自觉或不自觉地对教材的编写者、编写的过程、编写的特色等信息进行夸大，以吸引更多的使用者。对编写信息的夸大既有违道德，更会误导使用者。因此，实事求是地介绍编写的相关信息是教材设计者应有的品质。

（二）教材使用说明及其设计

教材使用说明的功能在于告知教材使用者有关如何使用教材的信息，以帮助使用者更好地利用教材以发挥其最大的教育价值，主要包括教材的结构（组成部分及其关系）说明、各个组成部分的功能及其利用方式。教材的使用说明一方面有助于选用者进一步了解教材能否满足自身的需求，对是否选用做出理性而正确的判断，另一方面更有助于使用者通过恰当的使用，发挥教材最大的价值。

教材使用说明的设计应注意两个方面：

1. 清晰表述教材主体部分的组成及其功能

教材主体部分主要包括教材的内容系统（目标系统、材料系统、活动系统、评价系统），教材使用说明应当对教材内容系统的各个组成部分的作用及其使用方法进行详细的说明，必要的时候也需要对出版发行信息系统、表达系统、物质媒介系统的某些信息进行说明。这些说明好比“地图”，使选用者能够明了教材的结构。

2. 对各个组成部分的利用给出建设性的建议

使用者在充分了解了教材的结构之后，需要在使用的过程中得到指引，明了如何利用这些教材的“零件”进行“操作”，以便尽快适应教材的要求。因此，教材设计者不仅要为使用者设计一张静态的“地图”，还要设计一份动态的“导游图”，帮助使用者参照导游图依次利用这些“零件”，并通过恰当的方式为其教学提供服务。

3. 用便于理解的方式说明教材的使用

教材使用说明不仅要说得清楚，还要让使用者，尤其是学习者能够真正地读懂。一份读得懂的“说明书”才能更容易被利用起来，一份读不懂的教材使用说明形同虚设，难以发挥其应有的作用。

三、教材出版发行信息系统设计的常见问题与解决策略

（一）对教材出版发行信息的设计不重视

教材设计的对象是教材的总体，因此教材设计要有“整体设计”的观念，不仅要重视主体部分的内容设计，也要讲究看起来似乎不那么重要的出版发行信息。

（二）教材编写说明过分夸大

过分夸大教材的特色和优点不仅会失去使用者的信任，更有损于教材设计者自身的信誉。因此，设计者首先应客观公正地自我评价，在此基础上实事求是地将信息传达给受众。

（三）教材编写说明没有提供必要的信息

如果教材编写说明没有将教材的特色、价值写清楚，教材的选用者和使用者就难以获得有益的信息来判断是否应该购买和使用该教材。因此，要对编写的缘由和编写的过程中关键的信息加以说明。

（四）教材使用说明草率了事

我们可以想象，如果自己买了一款新的手机却不知道如何使用会有多么懊恼，一份好的教材使用说明书就好比手机使用说明书，可以将那些设计者预设的潜在功能通过合理的使用变成现实的价值。所以教材设计者要将“物尽其用”作为设计的终极追求，站在使用者的立场，尤其是学习者的立场，精心设计既清晰又能被理解的教材使用说明。

本章小结

俗话说，“酒香不怕巷子深”，实际上，美好的事物如果得不到合适的传播很容易被人错过。教材设计无小事。虽然教材的编写说明和使用说明并非教材的主体部分，但是如果将其草草了事，也会影响人们对教材的正确选择和充分利用。

教材编写说明、使用说明的设计最重要的是要讲清楚教材的来源、内

容及其价值，同时用实事求是的真诚态度对教材的优缺点进行自我解剖，以便使用者客观理性地理解好、使用好教材。

■ 练习和检查

假设你的教材需要出版发行，尝试为你的教材设计一份教材编写说明和使用说明，可参照“教材编写说明和使用说明设计检查表”检查，在“检查结果”一栏的相应处打“√”。

教材编写说明和使用说明设计检查表

<table>
<tr><th>教材编写说明和使用说明的要求</th><th colspan="2">教材编写说明、使用说明的检查</th><th>检查结果</th></tr>
<tr><td rowspan="6">教材编写说明</td><td rowspan="2">包含了作者介绍、编写缘由、编写过程等必要的信息</td><td>包含了作者介绍、编写缘由、编写过程等信息</td><td></td></tr>
<tr><td>作者、编写缘由、编写过程等信息不全面</td><td></td></tr>
<tr><td rowspan="2">突出了教材的特色</td><td>突出了和其他相关教材不同之处</td><td></td></tr>
<tr><td>没有突出该教材的特点</td><td></td></tr>
<tr><td rowspan="2">客观地介绍编写的信息</td><td>对编写信息的描述有所夸大</td><td></td></tr>
<tr><td>对编写信息实事求是地进行了描述</td><td></td></tr>
<tr><td rowspan="4">教材使用说明</td><td rowspan="2">对教材的结构进行清晰的说明</td><td>对教材的各个组成部分，尤其是主体部分及其功能做了清晰的说明</td><td></td></tr>
<tr><td>对教材的各个组成部分，尤其是主体部分及其功能的说明不够清晰</td><td></td></tr>
<tr><td rowspan="2">用易于理解的方式对教材的使用进行说明</td><td>教材使用说明很容易被使用者，尤其是学习者理解</td><td></td></tr>
<tr><td>教材使用说明难以被使用者，特别是学习者理解</td><td></td></tr>
</table>

第八章　教材表达系统及其设计

教材内容系统的目标、材料、活动、评价设计是教材本体设计的核心，它们的设计质量直接影响教材的教育价值。尽管如此，设计良好的内容还需要通过同样设计良好的表达形式传达出来被读者感知到。本章就教材表达形式的类型、设计及设计中常见的问题与解决策略进行讨论。

第一节　教材表达系统的构成

教材表达系统由各种表达形式组成。这里把教材表达形式分为两大类：第一类，根据表达形式本身抽象的程度分为抽象形式、形象形式及混合形式。抽象形式以各类符号为主，形象形式以图像、声像为主。混合形式则包含了符号、图像、声像等形式。第二类，根据表达形式作用于人体感官的不同渠道可以分为视觉、听觉、触觉、动觉等单一表达形式，以及多媒体音像、动画、电影等综合表达形式。以下分别就这些表达形式一一分析。

一、抽象的表达形式和形象的表达形式

（一）抽象的表达形式

教材中抽象的表达形式以各类符号为主，其中以语言符号、各类科学符号为主要形式。

（1）符号的定义

符号问题是符号学、心理学、语言学等领域的共同话题。和符号联系比较紧密的有记号、信号。记号是“为引起注意，帮助识别、记忆而做成的标记”。[①]“信号是客观事物本身或事物之间因果联系的某一部分向有机体施加刺激，预示着客观事物即将出现。例如，乌云是下雨的信号；浮漂下

① 中国社会科学院语言研究所词典编辑室. 现代汉语词典［M］. 6 版. 北京：商务印书馆，2012：612.

垂是鱼咬钩信号；病人眼球巩膜出现黄疸是患肝胆疾病的信号。”[①]

索绪尔认为，“符号是‘能指’和‘所指’结合的产物，‘能指’是指某种能被感觉到的事物，‘所指’是指其指代的事物，‘能指’和‘所指’就是符号的载体与意义。例如，儿童游戏时用小凳子当汽车，用竹竿当马，小凳子和竹竿就是符号的载体，汽车和马就是符号的意义。载体和意义之间的联系并不存在客观事物本身，而是在人的主观意识中确立了它们之间的某种暂时联系”。[②] 符号与物理世界的信息不同，符号代表了事物，表达了人类世界的一般意义。符号是人类意义世界的一部分，它的实质是其象征性或代表性。符号总是显示着某种意义，总与意义形影不离。换言之，没有无意义的符号，也没有不寓于符号的意义。[③]

（2）符号的属性

① 指代性。符号只是指称和代表某个事物，而不是事物本身。简言之，符号与它所指代的事物之间没有必然联系。符号及其所指称的对象是人们在长期的经验中约定俗成地结合在一起的，是“来自公众对用什么符号代表某一意思的一致意见”（施拉姆语）。符号的意义是人赋予的，人们通过将符号指代某种事物而赋予符号一定的意义。[④]

② 社会共有性。符号包含符号形式和符号意义两个概念。人类的感官感知到的文字的字体、图像、语言等可以称为符号形式；而符号包含的内容及含义、概念等则称为符号意义。符号具有社会性，是在特定社会环境中通过长久的积累而创造产生、发展丰富的。共有的符号系统对于社会的意义非常重大，作为信息交流的一种工具和载体，社会成员都可以利用它来组织生活，互动协调各自的行为，建立生产生活中的关系。但是社会中的符号系统并非在所有方面都具共有性质，符号的全部意义和内容并不只是社会成员所共有的符号形式、指代对象。[⑤] 尽管对于社会成员感知的符号形式来说，它们都是一致的，指代的目标对象也是人们经过长久积累达成了共识而被成员接受的，但是在这些符号的意义方面，成员个人的认知存在着或多或少的差异。[⑥] 符号意义可以分为两个部分，即表示性意义和内涵

---

① 《心理学百科全书》编辑委员会. 心理学百科全书：第 1 卷［M］. 杭州：浙江教育出版社，1995：51.

② 《心理学百科全书》编辑委员会. 心理学百科全书：第 1 卷［M］. 杭州：浙江教育出版社，1995：51.

③ 段鹏. 传播学基础［M］. 2 版. 北京：中国传媒大学出版社，2013：159.

④ 段鹏. 传播学基础［M］. 2 版. 北京：中国传媒大学出版社，2013：159.

⑤ 段鹏. 传播学基础［M］. 2 版. 北京：中国传媒大学出版社，2013：159.

⑥ 段鹏. 传播学基础［M］. 2 版. 北京：中国传媒大学出版社，2013：159-160.

性意义。表示性意义（或称辞典意义）是指符号与指代对象最初联系中所表达的意义，其使用范围是所有接受并使用该符号的社会成员。内涵性意义（或称引申意义）是指在符号与所指代对象二次联系中所表达的意义，其适用范围可以是一个人，也可以是许多人。内涵性意义是个人经验的产物，并不能成为所有人的共识，只能为一定范围内的部分人群所共有。[①] 综上所述，从一个角度说，某种符号对于个人的意义和理解是不同的，具有个人性，人类社会需要一定的共同的表示性意义作为交流沟通的基础，需要一定程度上的共同内涵性意义来维持社会正常和谐的生产生活。[②]

③ 发展性。人类传播所使用的符号是发展性的。所谓发展性，包含了两层含义：一层是指人们创造性的符号进入流通领域；另一层是指旧有符号发生新变化，有的保持了原有的符号形式，但赋予了新生的意义，有的保持了原有的意义，却更换了新的符号形式。人们创造了众多的新符号，但主要是在语言符号层面。人们依靠不断创新的语言，对层出不穷的新事物进行描绘，目的主要还是相互区别，即命名行为，同时也不断发展新的社会形象，从而发展人类的认识与文化。[③]

（3）符号的特性

一般而言，符号（sign）包括信号（signal）和象征符（symbol）两大类。信号具有物理性质，是对象事物的代替物；象征符则具有人类语义性质，是对象事物之表象的载体。我们可以从信号和象征符两个方面来探讨符号的特性。信号具有两个特点：第一，信号与其表示的对象事物之间具有自然的因果关系，从这个意义上来说，一切自然符号都是信号。例如冒烟是着火的信号，发烧是得了某种疾病的信号，等等。这种对应关系是客观的，具有因果性的联系。[④] 第二，信号与其表示的事物之间通常具有一对一的固定对应关系。在自然符号中，这种对应关系是客观的，具有因果性的联系。在自然符号中，这种对应关系是明显的，例如萤火虫的发光是一种求偶行为等；在人工符号中也有许多一一对应关系的符号，例如狼烟、旗语、电报信号等。严格地说，计算机语言，如 Basic 语言、C 语言等，在将它们翻译成一般人能理解的语言、文字或图像之前，也是根据一定语法

---

① 段鹏．传播学基础［M］．2 版．北京：中国传媒大学出版社，2013：160.

② 段鹏．传播学基础［M］．2 版．北京：中国传媒大学出版社，2013：160.

③ 段鹏．传播学基础［M］．2 版．北京：中国传媒大学出版社，2013：160.

④ 段鹏．传播学基础［M］．2 版．北京：中国传媒大学出版社，2013：160.

规则相互对应的电子信号体系。[①] 象征符是人类特有的符号，唯有人类才能创造和使用象征符。象征符的特点与信号有很大的区别：象征符必须是人工符号，是人类社会的创造物；象征符不仅能够表示具体的事物，而且能够表达观念、思想等抽象的事物；象征符不是遗传得来的，而是通过传统、学习来继承的；象征符是可以自由创造的，就是说象征符与其指代的对象事物之间无需必然的联系，它们的关系具有随意性。象征符的作用已经超过了知觉的层次，而具有表现和概念的功能。象征符具有自由性和随意性，还在于一种对象事物可以用多种象征符来表示，而一种象征符也可以表达多种事物。例如，“和平”这个概念既可以用声音符号也可以用文字符号甚至用白鸽来表述和象征。此外，象征符号还是一种社会文化现象：同一象征符在不同社会里会有不同的解释；即便在同一个社会里，随着时代的变迁也会发生意义的变化。例如，“策划”一词在“文化大革命”时期是“阴谋”的同义词，而在改革开放的今天，则差不多每个编排戏剧的都乐于“策划”一下。[②]

教材表达系统设计中讨论的符号主要是象征符号。

（4）符号的类型

① 语言符号。语言符号包括语言和文字、口头语言与书面语言。语言是伴随着人类社会的产生而形成的，是人们在长期的社会交往中约定俗成的，以语音和字形为物质外壳、以词汇为构筑材料、以语法为结构规律的符号系统（参见“阅读材料：语言符号的本质”）。[③] 语言符号有下述特点：第一，词语创造的随意性。词语和其所包含的意义、所指代对象之间并没有必然的联系。人们在自己的实践中随意创造出词语，目的是将客观现实概念化，然后在长期的使用中，人们将词语与其所指代对象及意义约定俗成。一旦词语经过约定俗成，得到大家的共同理解，这些词语的意义就相对稳定了。[④] 第二，语言的开放性。语言是在人类的社会实践活动中不断丰富发展的。语言的开放性至少包含这样一些内容：每种语言的词汇是不断丰富和发展的；任何语言的句子都是没有极限的，人们可以根据现有的词语和造句规则，造出无限数量的新事物、新意义。第三，语言的概括

---

① 段鹏. 传播学基础［M］. 2 版. 北京：中国传媒大学出版社，2013：161.

② 段鹏. 传播学基础［M］. 2 版. 北京：中国传媒大学出版社，2013：161.

③ 段鹏. 传播学基础［M］. 2 版. 北京：中国传媒大学出版社，2013：161.

④ 段鹏. 传播学基础［M］. 2 版. 北京：中国传媒大学出版社，2013：162.

性。语言是概念和范畴的集合，词语只能表示概念和范畴。客观事物的运动与存在是一个连续不断的、时空占有的过程，而语言却不能描述其全部，只能概括其过程。第四，语言的社会性。人类社会语言的共同之处，最重要的便是它的社会性。语言是在社会中形成的，它是人们认识客观世界、进行社会互动的中介。

由于构成人类语言实体的是物质化的语音和字形，因此语言这一符号系统又可以分为两个子系统：有声语言和无声语言。由此，语言符号传播也分为两种类型：第一类是有声语言传播，即人们通过口头语言进行的传播。它又可以分为两种：一是对话。有声语言传播的低级形式，具有对称性、情境性的特点；二是独白。有声语言传播的高级形式，具有非对称性和非情境性的特点。第二类是无声语言传播，即人们通过书面语言进行的传播，它也可以分为两种：一是书面对话，如通信，这是书面无声语言传播的隐蔽形式，具有形式规范、内容较系统等特点；二是书面独白，如文章。

② 非语言符号。非语言符号在信息传播中扮演着重要角色。据专家估计，人类近75%的信息是通过非语言符号传播的。[①] “非语言传播包括了传播情境中除却言语刺激之外的一切由人类和环境所产生的刺激，这些刺激对于信息发出者和信息接收者具有潜在的信息价值。”[②] 凡是能激起人们意义联想的，除了语言符号，都可以称之为非语言符号。它既包括一个人在传播中所给出的表达，也包括它未给出的表达。语言学家萨丕尔说过，非语言符号不见诸文字，无人知晓，但大家又全都能够理解。总的来说，虽然非语言符号也有作伪的可能，但是与语言符号的特定赋义相比，人类的非语言符号有着更大的自然性。[③] 除此之外，非语言符号还有更大的相通性，无须多说便可以达意。尽管世界上有诸多不同民族、不同文化，然而诸多非语言符号却无须翻译就能走遍天下。[④] 非语言符号是一定文化环境下的产物并代代相传，只不过有时它可能更适合表达某种一般的意义。非语言符号大致可以分为以下几种类型：第一类，视觉性非语言符号。它包括两部分：动态的视觉性非语言符号和静态的视觉性非语言符号。动态的视

① 段鹏. 传播学基础［M］. 2版. 北京：中国传媒大学出版社，2013：163.

② 段鹏. 传播学基础［M］. 2版. 北京：中国传媒大学出版社，2013：163-164.

③ 段鹏. 传播学基础［M］. 2版. 北京：中国传媒大学出版社，2013：164.

④ 段鹏. 传播学基础［M］. 2版. 北京：中国传媒大学出版社，2013：164.

觉性非语言符号包括体语（包括舞蹈）、运动画面、人际距离等。由于肢体符号（gesture），例如动作、手势、表情、视线、姿势等，也能像语言那样传递信息，因此也有人称之为“体语”。静态的视觉性非语言符号包括静止体态、象征符号、实意符号乃至衣着、摆设、环境、雕塑、绘画、图片等。[①] 第二类，听觉性非语言符号。它包括两部分：类语言和其他声音符号。类语言是指人类发出的没有固定意义的声音，是一种类似语言的符号，包括辅助语言和功能性发声。辅助语言是指辅助人类口头语言的声音要素系统，包括音调、音量、音速和音质，当声音要素系统中的诸要素在口头语言的传播过程中发生变化，就会导致口头语言意义的变化。功能性发声是指人发出哭、笑、哼、叹息、呻吟、口头语等，它们不具有固定意义，往往在不同的情境中表达不同的意思。[②] 第三类，泛非语言符号。所谓泛非语言符号，是指除视觉性非语言符号和听觉性非语言符号以外的一切非语言符号。第四类，艺术语言符号。各种艺术都使用各自的艺术语言符号。[③]

在教材中，语言符号是抽象符号的主要形式。对语言符号的设计是教材表达系统设计的主要任务。

❖ 阅读材料：语言符号的本质

语言符号的单位，不是一个物或一个名，而是一个“概念”和一个“音响和形象”。后者不是一个实质性的声音，不是一个纯粹的物理的东西，而是声音在我们的意识里形成的一种心理印迹。音响形象是感官性的，从这个意义上来讲，如果有时我们把它称为“物质的”，那么就和这个结合体中的另一面——概念是相对的，因为总体上来看概念更抽象。[④]

我们对语言符号的定义引出了一个重要的术语学问题。我们把概念和音响形象的结合体称为“符号”，但是现在这个术语的用法一般仅仅是用来指音响形象、一个词，例如“arbor”等。如果不是它承载着“树”这一概念，人们可能就会忘记这个符号。这样一来，感官方面的观念包含了整体

① 段鹏. 传播学基础［M］. 2 版. 北京：中国传媒大学出版社，2013：164.

② 段鹏. 传播学基础［M］. 2 版. 北京：中国传媒大学出版社，2013：164-165.

③ 段鹏. 传播学基础［M］. 2 版. 北京：中国传媒大学出版社，2013：165.

④［瑞士］费尔迪南·德·索绪尔. 普通语言学教程：第 1 册［M］. 刘丽，译. 北京：九州出版社，2007：151.

的观念。[1] 如果我们现在用三个相互联系并且相互区别的名称来代表这三个概念，那就不会再含混不清了。我们保留“符号”这个词来指称这个整体，把“概念”（笔者注：concept）和“音响形象”（笔者注：sound-image）分别用“所指”（笔者注：signified）和“能指”（笔者注：signifier）代替。[2] 用这两个术语的好处在于，既能表明它们之间的对立，又能表明它们及其所属的整体间的对立。至于“符号”这个概念，如果说还差强人意的话，仅仅是因为我在一般的语言中找不到更合适的词来替换它。[3] 语言符号的定义里面有两个基本特征。在阐述它们的同时我们也提出了所有关于这方面的研究的根本原则。[4]

原则Ⅰ：符号的任意性。能指和所指之间的联系具有任意性。因为我们说符号是能指和所指相结合的产物，所以可以简单地说：语言符号具有任意性。在法语中，“姐妹”的能指是一连串的发音 s-ö-r，它和“姐妹”的概念之间没有任何内在的联系；它可以用任何不同序列来表示。原则Ⅰ是整个语言学的支配性原则。相应的推论不计其数。[5] 顺便提一下：如果符号学被构建成为一门科学，问题随之而来：它是否应该包括基于纯自然符号的表达模式，比如打手势。假定这门新的科学能接纳这些自然符号，它的主要关注点仍旧放在基于符号的任意性的这一整个系统上。[6] 事实上，人们所使用的任何一种表达方式，原则上来说都是基于某种集体行为或者都归结为一个词——规约。以礼貌准则为例，虽然有时候常有情感的自然流露（正如古代中国人对皇帝就得三跪九拜一样），然而却是由规则所支配的。完全具有任意性的符号能更好地实现符号化过程的理想。这就是为什么语言是所有表达形式里面最复杂而普遍的，同时也是最典型而富有特色

---

① ［瑞士］费尔迪南·德·索绪尔. 普通语言学教程：第 1 册［M］. 刘丽，译. 北京：九州出版社，2007：153.

② ［瑞士］费尔迪南·德·索绪尔. 普通语言学教程：第 1 册［M］. 刘丽，译. 北京：九州出版社，2007：153.

③ ［瑞士］费尔迪南·德·索绪尔. 普通语言学教程：第 1 册［M］. 刘丽，译. 北京：九州出版社，2007：155.

④ ［瑞士］费尔迪南·德·索绪尔. 普通语言学教程：第 1 册［M］. 刘丽，译. 北京：九州出版社，2007：153.

⑤ ［瑞士］费尔迪南·德·索绪尔. 普通语言学教程：第 1 册［M］. 刘丽，译. 北京：九州出版社，2007：155.

⑥ ［瑞士］费尔迪南·德·索绪尔. 普通语言学教程：第 1 册［M］. 刘丽，译. 北京：九州出版社，2007：155.

的。从这个层面来看，尽管语言只是一种特殊的符号系统，但是它可以成为所有符号学分支的模板。① 任意性并不意味着说话者可以任意选择能指。我们会发现在此原则之下，一旦一个符号已经在语言社团中被确立下来，任何个人都很难对它进行任何改变，我是指它是不可论证的，也就是说对于现实中跟它没有任何自然联系的所指来说是任意的。②

原则Ⅱ：能指的线性特征。由于能指是听觉上的，所以只能在时间上扩展开来，这样它就具有了以下特性：它表示一个时间跨度，并且这个跨度只能在一个向度上进行测量，它是一条线。③ 尽管原则Ⅱ是十分明显的，但它经常被语言学家所忽略，无疑是因为他们觉得它过于简单了。但是，其实这一个原则是最基本的，而且因此产生的推论也不计其数。它和原则Ⅰ同样重要，整个语言机制都依赖于它。视觉能指（航海信号等），能同时提供多维类组，相比之下，听觉能指可自由支配的只有时间上的一条线。这些要素是一个接一个地呈现，并形成一个链条。用文字表示出来后，这一特征就显而易见了，书写符号的空间线性代替了时间的连续性。④

符号具有不变性和可变性。能指，尽管看起来能够自由地用来表示一个概念，但是实际上当被语言社团所使用后，它就会固定下来，并不那么自由了。大多数人对此并没有发表看法，而且选定的能指不能被另外一个所代替。……而且，某个语言社团自身也不能对任何一个词行使它的主权；它是被现行的语言所制约的。⑤ （1）符号的任意性。我们可以讨论象征系统，因为象征和所指的事物之间有种合理的关系；但是，语言是一个任意的符号的系统，而且缺乏必要的根基——可以讨论的坚实的根基；我们没有理由非要选择法语词 soeur，而不用英语词 sister，偏向于 Ochs 而不喜欢 boeuf 等等。（2）形成任何语言必需的符号多样性。语言变化的另一个重要

---

① ［瑞士］费尔迪南·德·索绪尔. 普通语言学教程：第 1 册［M］. 刘丽，译. 北京：九州出版社，2007：155，157.

② ［瑞士］费尔迪南·德·索绪尔. 普通语言学教程：第 1 册［M］. 刘丽，译. 北京：九州出版社，2007：157.

③ ［瑞士］费尔迪南·德·索绪尔. 普通语言学教程：第 1 册［M］. 刘丽，译. 北京：九州出版社，2007：161.

④ ［瑞士］费尔迪南·德·索绪尔. 普通语言学教程：第 1 册［M］. 刘丽，译. 北京：九州出版社，2007：161.

⑤ ［瑞士］费尔迪南·德·索绪尔. 普通语言学教程：第 1 册［M］. 刘丽，译. 北京：九州出版社，2007：163.

的制约要素是因为构成任何一种语言的符号数目庞大。[①] （3）系统过于复杂化。一种语言构成了一种系统。从这个方面来说，语言不完全是任意的，而有某种逻辑准则。（4）集体惰性对于创新的抗拒。在所有社会制度中，语言是最不宜创新的。它与社会生活成为一体，而后者天生就是具有惰性的，是最守旧的一股力量。[②] 语言不仅要接受大众的检验，还要受时间控制。[③] 一方面任意性使我们有选择的自由；另一方面，时间又把这些选择固定下来。因为符号是任意的，它所遵从的规则就是传统和惯例，因为它建立在传统之上，所以它具有任意性。[④]

语言是社会力量和时间共同的产物，没人能对它进行任何改变；另一方面，符号的这种任意性，理论上又允许人们自由地在语音物质和概念之间建立任何关系。结果就是，组成符号的两个方面都绝无仅有地保持了各自的生命力，因此语言变化，或者说演变，就是在这些会影响声音和意义的各种力量的作用下发生的。这种演变是不可避免的；没有一种语言能够抗拒。经过一段时间以后，一些显著的转变就会被记载下来。[⑤]

（二）形象的表达形式

教材中形象的表达形式以各类图像为主。图像是“画成、摄制或印制的形象”。[⑥] 在教材中，图像的类型主要包括图画、插图、图案、图表、图形。此外要特别注意的是，从设计的角度看，“空白”作为一种“无”，也是一种“有”，即，它也可以被看作图像的一个种类，也要进行专门的设计。这里分别就这些常见的类型进行解释。

➢ 图画是“用线条或色彩构成的形象”。[⑦] 如，绘制的人物。

---

① ［瑞士］费尔迪南·德·索绪尔. 普通语言学教程：第 1 册［M］. 刘丽，译. 北京：九州出版社，2007：167.

② ［瑞士］费尔迪南·德·索绪尔. 普通语言学教程：第 1 册［M］. 刘丽，译. 北京：九州出版社，2007：169.

③ ［瑞士］费尔迪南·德·索绪尔. 普通语言学教程：第 1 册［M］. 刘丽，译. 北京：九州出版社，2007：169.

④ ［瑞士］费尔迪南·德·索绪尔. 普通语言学教程：第 1 册［M］. 刘丽，译. 北京：九州出版社，2007：171.

⑤ ［瑞士］费尔迪南·德·索绪尔. 普通语言学教程：第 1 册［M］. 刘丽，译. 北京：九州出版社，2007：175.

⑥ 中国社会科学院语言研究所词典编辑室. 现代汉语词典［M］. 6 版. 北京：商务印书馆，2012：1317.

⑦ 中国社会科学院语言研究所词典编辑室. 现代汉语词典［M］. 6 版. 北京：商务印书馆，2012：1317.

- 插图是“插在文字中间帮助说明内容的图画，包括科学性的和艺术性的”。①
- 图案是“有装饰意味的花纹或图形，以结构整齐、匀称、调和为特点，多用在纺织品、工艺美术品和建筑物上”。②
- 图表是“表示各种情况和注明各种数字的图和表的总称，如示意图、统计表等”。③ 如，各种运用 Excel 等软件制作的柱状统计图、饼状示意图。
- 图形是“在平面上表示出来的物体的形状”。④ 如，几何的各种形状图。

（三）混合的表达形式

在教材中，有时并非纯粹用单一的形式去表达，而是混合了符号与图像。如，上述提到的图表，常常会兼用文字和图像。关于符号和图像的讨论见上述论述，这里不再赘述。

二、不同信息接收通道的表达形式

人们接收信息的感觉通道是多样的，眼睛、耳朵、皮肤等都可以成为和外界沟通信息的途径。在教材中，视觉、听觉是最主要的表达形式，在特殊教育中，触觉也是很重要的表达形式。

（一）视觉表达形式。凡是通过眼睛接收信息的形式就属于视觉表达形式。如，通过观看符号和图像接收信息。在教材设计中，视觉的表达形式是最主要的表达形式。

（二）听觉表达形式。凡是通过耳朵接收信息的形式就属于听觉表达形式。如，通过收听音频接收信息。

（三）触觉表达形式。凡是通过触觉接收信息的形式就属于触觉表达形式。如，通过手指触摸盲文符号和图像接收信息。

此外，动觉等感觉器官也能够接收信息，这里不一一赘述。在教材设计中，多种感官功能的利用就构成了混合式通道的表达形式。如，动画、电影、微视频等。

如上所述，人们可以通过不同的视角对教材的表达形式进行分类，之所以要对这些表达形式进行分类，是为了给教材的内容找到合适的表达形式。

---

① 中国社会科学院语言研究所词典编辑室. 现代汉语词典［M］. 6 版. 北京：商务印书馆，2012：134.
② 中国社会科学院语言研究所词典编辑室. 现代汉语词典［M］. 6 版. 北京：商务印书馆，2012：1317.
③ 中国社会科学院语言研究所词典编辑室. 现代汉语词典［M］. 6 版. 北京：商务印书馆，2012：1317.
④ 中国社会科学院语言研究所词典编辑室. 现代汉语词典［M］. 6 版. 北京：商务印书馆，2012：1317.

第二节　教材表达系统的设计

教材承载的内容信息很重要，但是如果没有精心设计的表达系统，这些内容信息就不容易引起使用者的兴趣，也不容易被理解、记忆。这就好比一个满腹学问的人，如果表达技巧不好，他的满腹学问就不能引起别人的兴趣，也不容易被掌握。因此，教材表达系统的设计和前述教材内容系统一样，都是非常重要的工作。

教材表达系统的设计包含两个总的要求：一是要符合实用的要求，二是要符合审美的要求。符合实用的要求是指教材的表达系统必须合理、合法、准确、高效地把前述教材的教学信息、出版发行信息表达出来并且被使用者接受；符合审美的要求是指教材的表达系统必须使读者获得良好的审美体验，从而提高教材使用的效果。为此，我们将从表达系统的实用设计和审美设计两个方面进行阐述。由于教材表达形式的实用性和审美性有时候是难以分割的两个方面，为论述便利起见，此处不对这两个方面单独讨论。此外，由于目前教材主要以视觉表达形式为主，本节重点讨论视觉表达形式的设计。

一、教材表达系统的设计要注意法律规范

依法治教要求教育活动依照法律规范进行，教材的设计也是如此。比如，《中小学教材管理办法（2019）》指出，教材应“语言文字规范，插图质量高，图文配合得当，可读性强”。① 此外，还要“符合知识产权保护等国家法律、行政法规，不得有民族、地域、性别、职业、年龄歧视等内容，不得有商业广告或变相商业广告”。②

在教材的设计过程中，应关注和教材有关的法律规范，遵循这些法律文件的相关规定，这既是依法治教的应有之义，也有助于教材设计者从一开始就避免出现可能的法律纠纷问题，以省去日后的麻烦，其中包括《中华人民共和国国家通用语言文字法》《公共服务领域外文译写规范》《中华

① 中华人民共和国教育部．关于印发《中小学教材管理办法》《职业院校教材管理办法》和《普通高等学校教材管理办法》的通知：教材〔2019〕3 号［A/OL］.（2019-12-19）［2019-12-30］.http://www.moe.gov.cn/srcsite/A26/moe_714/202001/t20200107_414578.html.

② 中华人民共和国教育部．关于印发《中小学教材管理办法》《职业院校教材管理办法》和《普通高等学校教材管理办法》的通知：教材〔2019〕3 号［A/OL］.（2019-12-19）［2019-12-30］.http://www.moe.gov.cn/srcsite/A26/moe_714/202001/t20200107_414578.html.

人民共和国出版管理条例》《中华人民共和国著作权法实施条例》等和教材设计关系较为密切的法律规范。

由于语言文字是教材中最主要也是最重要的表达形式，因此教材设计者首先要关注和语言文字相关的法律规范。我国是一个多民族多语言的国家，语言文字事业事关社会的和谐与发展（参见“阅读材料：中国语言文字概况”）。我国《出版管理条例》规定：“出版物使用语言文字必须符合国家法律规定和有关标准、规范。”① 党的十八大以来，党中央、国务院高度重视语言文字事业发展，《国家语言文字事业“十三五”发展规划》指出，要“大力推行和规范使用国家通用语言文字，科学保护各民族语言文字，加快语言文字法制化、规范化、标准化、信息化建设，提高国民语言能力，构建和谐健康的语言生活，为全面建成小康社会、建设与综合国力相适应的语言强国提供有力支撑”。“到 2020 年，在全国范围内基本普及国家通用语言文字，全面提升语言文字信息化水平，全面提升语言文字事业服务国家需求的能力，实现国家语言能力与综合国力相适应。”“坚持把学校作为国家通用语言文字推行普及的主阵地和主渠道。将语言文字要求纳入学校、教师、学生管理和教育教学的各个环节，构建适合大中小学生身心发展和道德养成、符合社会主义核心价值观的语言文字教育课程和活动体系。”② 近年来，我国语言文字依法治理能力不断提升。以《宪法》和《国家通用语言文字法》为主体、37 个地方性法规规章为支撑，其他相关法规规章配套的语言文字法律法规体系基本健全。同时，规范管理能力与时俱进，出台了《中文罗马字母拼写法》《通用规范汉字表》《公共服务领域英文译写规范》等若干涉及国计民生的语言文字规范标准（其中国际标准 1 项、国家标准 13 项），意义重大、影响深远。制定了《国家通用盲文方案》《国家通用手语常用词表》，为全国 3300 多万听障视障人员的特殊语言文字权利、受教育权利提供保障。③ 除了和语言文字有关的法律规范之

---

① 中华人民共和国中央人民政府. 国务院关于修改《出版管理条例》的决定：国令第 594 号[A/OL].(2011-03-20)[2020-02-04].http://www.gov.cn/zhengce/content/2011-03/20/content_4117.htm.

② 中华人民共和国教育部. 教育部 国家语委关于印发《国家语言文字事业“十三五”发展规划》的通知：教语用〔2016〕3 号[A/OL].(2016-08-25)[2020-01-31].http://www.moe.gov.cn/srcsite/A18/s3127/s7072/201609/t20160913_281022.html.

③ 中华人民共和国教育部. 深入学习贯彻党的十九大精神推动新时代语言文字事业创新发展——教育部副部长、国家语委主任杜占元在 2018 年全国语言文字工作会议上的讲话[Z/OL].(2018-04-10)[2020-01-31].http://www.moe.gov.cn/jyb_xwfb/moe_176/201804/t20180410_332753.html.

外，设计教材时也要注意其他有关的法律规范，以下列举部分供读者参考。

1.《中华人民共和国国家通用语言文字法》

我国于2000年10月颁布《中华人民共和国国家通用语言文字法》。《中华人民共和国国家通用语言文字法》是我国第一部有关语言文字的专门法律，该法的颁布对促进语言文字的规范化与标准化、提高国民素质、增进各地区各民族之间的交流与沟通、增强中华民族的凝聚力具有重要意义。① 该法第一条规定："为推动国家通用语言文字的规范化、标准化及其健康发展，使国家通用语言文字在社会生活中更好地发挥作用，促进各民族、各地区经济文化交流，根据宪法，制定本法。"第二条规定："本法所称的国家通用语言文字是普通话和规范汉字。"第三条规定："国家推广普通话，推行规范汉字。"第四条规定："公民有学习和使用国家通用语言文字的权利。"② 该法规定："学校及其他教育机构以普通话和规范汉字为基本的教育教学用语用字。法律另有规定的除外。学校及其他教育机构通过汉语文课程教授普通话和规范汉字。使用的汉语文教材，应当符合国家通用语言文字的规范和标准。""汉语文出版物应当符合国家通用语言文字的规范和标准。""汉语文出版物中需要使用外国语言文字的，应当用国家通用语言文字作必要的注释。""国家通用语言文字以《汉语拼音方案》作为拼写和注音工具。《汉语拼音方案》是中国人名、地名和中文文献罗马字母拼写法的统一规范，并用于汉字不便或不能使用的领域。初等教育应当进行汉语拼音教学。"

2.《汉语拼音方案》和《通用规范汉字表》

1958年2月11日，第一届全国人民代表大会第五次会议通过决议公布了《汉语拼音方案》。③《汉语拼音方案》的公布主要是为了更好地推广普通话。2013年6月，国务院发布《通用规范汉字表》（参见"阅读材料：《通用规范汉字表》主要包括哪些内容?"）。"我国是一个多民族、多语言、多文种、多方言的人口大国。推广和规范使用国家通用语言文字，是增进

---

① 中华人民共和国教育部. 教育部 国家语委关于开展《中华人民共和国国家通用语言文字法》发布10周年纪念活动的通知：教语用函〔2010〕3号[A/OL].(2010-04-30)[2021-08-12].http://www.moe.gov.cn/srcsite/A18/s7066/201004/t20100430_179036.html.

② 中华人民共和国教育部. 中华人民共和国国家通用语言文字法［Z/OL］.（2000-10-31）[2019-03-26]. http://www.moe.gov.cn/s78/A02/zfs_left/s5911/moe_619/tnull_3131.html.

③ 中华人民共和国教育部. 汉语拼音方案[Z/OL].(1958-02-01)[2020-01-31].http://www.moe.gov.cn/jyb_sjzl/ziliao/A19/195802/t19580201_186000.html

民族间、地区间交流，促进政治、经济、教育、文化、信息化等各项事业发展的必要条件。规范汉字是国家通用文字，汉字规范化是推广和规范使用国家通用语言文字的重要前提，更是教育文化事业和信息化建设的基础性工作。”“《通用规范汉字表》是继1986年国务院批准重新发布《简化字总表》后的又一重大汉字规范，是对50多年来汉字规范整合优化后的最新成果，是新中国成立以来汉字规范的总结、继承和提升，也是信息化时代汉字规范的新起点和新发展。《国家通用语言文字法》规定：‘国家推广普通话，推行规范汉字’，《通用规范汉字表》是与该法实施相配套的汉字规范。《通用规范汉字表》的公布和实施，为社会各领域提供了科学适用的汉字规范，对提升国家通用语言文字的规范化、标准化水平，促进国家经济社会和文化教育事业发展具有重要意义。”①

❖ 阅读材料：中国语言文字概况②

我国有56个民族，是一个多民族、多语言、多文种的国家。国家通用语言文字是普通话和规范汉字。普通话是现代汉语的标准语，以北京语音为标准音、以北方话为基础方言、以典范的现代白话文著作为语法规范。《中华人民共和国宪法》规定：“国家推广全国通用的普通话。”2000年10月31日颁布的《中华人民共和国国家通用语言文字法》确定普通话为国家通用语言。汉语普通话也是世界主要语言之一，是联合国六种正式工作语言之一。

汉语是我国使用人数最多的语言，也是世界上使用人数最多的语言。我国除汉族使用汉语外，回族、满族、畲族也基本转用汉语，其他民族都有自己的语言，许多民族都不同程度地转用或兼用汉语。现代汉语有标准语（普通话）和方言之分。汉语方言通常分为十大方言：官话方言、晋方言、吴方言、徽方言、闽方言、粤方言、客家方言、赣方言、湘方言、平话土话。各方言区内又分布着若干次方言和许多种“土语”。其中使用人数

---

① 中华人民共和国教育部. 教育部等十二部门关于贯彻实施《通用规范汉字表》的通知：教语信〔2013〕2号[A/OL].(2013-10-15)[2021-08-11].http://www.moe.gov.cn/srcsite/A19/s229/201310/t20131015_159487.html.

② 中华人民共和国教育部. 中国语言文字概况[Z/OL].(2019-03-11)[2020-01-30].http://www.moe.gov.cn/jyb_sjzl/wenzi/201903/t20190311_372965.html.

最多的官话方言可分为东北官话、北京官话、冀鲁官话、胶辽官话、中原官话、兰银官话、江淮官话、西南官话八种次方言。

从语言的系属来看，我国56个民族使用的语言分别属于五大语系：汉藏语系、阿尔泰语系、南岛语系、南亚语系和印欧语系。汉藏语系分为汉语和藏缅、苗瑶、壮侗三个语族。属于藏缅语族的有藏、嘉戎、门巴、仓拉、珞巴、羌、普米、独龙、景颇、彝、傈僳、哈尼、拉祜、白、纳西、基诺、怒苏、阿侬、柔若、土家、载瓦、阿昌等语言；属于苗瑶语族的有苗、布努等语言；属于壮侗语族的有壮、布依、傣、侗、水、仫佬、毛南、拉珈、黎、仡佬等语言。阿尔泰语系分为蒙古、突厥、满-通古斯三个语族。属于蒙古语族的有蒙古、达斡尔、东乡、东部裕固、土、保安等语言；属于突厥语族的有维吾尔、哈萨克、柯尔克孜、乌孜别克、塔塔尔、撒拉、西部裕固、图佤等语言；属于满-通古斯语族的有满、锡伯、赫哲、鄂温克、鄂伦春等语言。属于南岛语系的是高山族诸语言，还有回族的回辉话。属于南亚语系孟高棉语族的有佤、德昂、布朗、克木等语言。属于印欧语系的是属斯拉夫语族的俄语和属伊朗语族的塔吉克语。有些语言的系属尚未取得统一意见，如朝鲜语、京语等。

我国有约30种文字。汉字是记录汉语的文字，是汉民族共同使用的文字，有些民族也已经完全使用汉字。汉字在公元前3000年以前新石器时代就已经产生，现在使用的汉字是由古汉字逐渐演变而成的。《中华人民共和国国家通用语言文字法》确定规范汉字为国家通用文字。

自20世纪50年代以来，国家对现行汉字进行整理和简化，制定公布了《第一批异体字整理表》《简化字总表》《印刷通用汉字字形表》《现代汉语常用字表》《现代汉语通用字表》《GB13000. 1字符集汉字字序（笔画序）规范》等标准。2013年6月5日，《国务院关于公布〈通用规范汉字表〉的通知》（国发〔2013〕23号）发布。《通用规范汉字表》是贯彻《中华人民共和国国家通用语言文字法》，适应新形势下社会各领域汉字应用需要的重要的汉字规范标准。《通用规范汉字表》公布后，社会一般应用领域的汉字使用以《通用规范汉字表》为准，原有相关字表停止使用。

中华人民共和国成立前，有21个少数民族有自己的文字。中华人民共和国成立后，政府为壮、布依、彝、苗、哈尼、傈僳、纳西、侗、佤、黎等民族制订了文字方案。我国的文字从文字类型上看有表意文字、意音文字、音节文字，从字母文字体系上看有古印度字母、回鹘文字母、阿拉伯字母、方块形字母、拉丁字母、斯拉夫字母形式等。1958年2月11日，第一届全国人民代表大会第五次会议通过决议公布《汉语拼音方案》。《中华人民共和国国家通用语言文字法》规定："国家通用语言文字以《汉语拼音方案》作为拼写和注音工具。《汉语拼音方案》是中国人名、地名和中文文献罗马字母拼写法的统一规范，并用于汉字不便或不能使用的领域。初等教育应当进行汉语拼音教学。"经国际标准化组织批准，由我国主导修订的国际标准 ISO 7098：2015《信息与文献工作——中文罗马字母拼写法》于 2015 年 12 月 15 日正式出版发布。这是汉语拼音在国际上推广使用的重要依据，是用以规范国际上使用汉语拼音的统一标准。

《中华人民共和国宪法》规定："各民族都有使用和发展自己的语言文字的自由。"《中华人民共和国民族区域自治法》规定："民族自治地方的自治机关保障本地方各民族都有使用和发展自己的语言文字的自由"，"民族自治地方的自治机关教育和鼓励各民族的干部互相学习语言文字"，"教育各民族的干部和群众互相信任，互相学习，互相帮助，互相尊重语言文字"。《中华人民共和国国家通用语言文字法》规定："国家坚持推广普通话，推行规范汉字"，"少数民族语言文字的使用依据宪法、民族区域自治法及其他法律的有关规定"。国家的语言文字方针政策和法律法规，对维护国家统一、民族团结，构建和谐语言生活，促进经济、社会、文化发展具有重要作用。

❖ 阅读材料：《通用规范汉字表》主要包括哪些内容？①

《通用规范汉字表》包括主表和附表两部分。主表共收 8105 字，分为三级：一级字表为常用字集，收字 3500 个，主要满足基础教育和文化普及的基本用字需要，也可以作为义务教育阶段的识字标准。二级字表收字 3000 个，常用度仅次于一级字。一、二级字表合计 6500 字，主要满足出版印刷、信息处理等方面和社会生活的一般用字需要。三级字表收字 1605 个，是姓氏人名、地名、科学技术术语和中小学语文教材文言文用字中未进入一、二级字表的较通用的字，主要满足与大众生活密切相关的专门领域的用字需要。附表有两个：附表 1 是《规范字与繁体字、异体字对照表》，呈现了规范字和繁体字、异体字之间的对应关系，以指导人们正确使用《通

① 中华人民共和国教育部.《通用规范汉字表》主要包括哪些内容？[Z/OL].(2013-08-29)[2020-01-30]. http://www.moe.gov.cn/s78/A19/s7570/s7571/s7573/201308/t20130829_156498.html.

用规范汉字表》，方便古籍阅读和海峡两岸及港澳地区信息交流。附表2是《〈通用规范汉字表〉笔画检字表》，供查检使用。

3.《标点符号用法》《出版物上数字用法》及“量和单位”系列标准

标点符号是辅助文字记录语言的符号，是书面语的有机组成部分。[①] 标点符号虽然不起眼，却是教材表达系统的重要组成部分。中华人民共和国国家标准《标点符号用法》规定了现代汉语标点符号的用法，设计教材的时候可以参照该标准。

数字也是教材中的重要内容，对数字的表达也要遵循相应的法律规范。《出版物上数字用法》规定了出版物上汉字数字和阿拉伯数字的用法。该标准规定：“本标准适用于各类出版物（文艺类出版物和重排古籍除外）。政府和企事业单位公文，以及教育、媒体和公共服务领域的数字用法，也可参照本标准执行。”[②]

此外，自然科学的量和单位的表达方法也可以参照一定的标准，如我国1993年颁布的有关“量和单位”的系列标准。

4.《中小学生教科书卫生要求》和《中小学教科书幅面尺寸及版面通用要求》

2014年我国发布新的《中小学教科书卫生要求（GB/T 17227—2014代替GB/T 17227—1998）》，对原有《中小学教科书卫生标准》进行了修订。该要求对中小学教科书纸张、教科书幅面尺寸、文字排版（排版、字号、字体、行空、版心规格、拼音和阿拉伯数字，以及字母的高度、教科书印刷质量、单本教科书重量等内容进行了规定。[③] 2009年我国发布《中小学教科书幅面尺寸及版面通用要求（GB/T 18358—2009）代替GB/T 18358—2001》，该要求规定了中小学教科书应采用的幅面尺寸及版面规格（字体、字号、行数、字数等）参数，普通中小学使用的各种教科书和中小学使用

---

① 标点符号用法：GB/T 15834—2011[S/OL].(2011-12-30)[2020-12-06].http://openstd.samr.gov.cn/bzgk/gb/newGbInfo? hcno=22EA6D162E4110E752259661E1A0D0A8.

② 出版物上数字用法：GB/T 15835—2011[S/OL].(2018-10-09)[2020-12-06].http://yywzw.jsafc.edu.cn/info/1007/1071.htm.

③ 中华人民共和国国家卫生健康委员会. 中小学生教科书卫生要求（代替GB/T 17227—1998）：GB/T 17227—2014[S/OL].(2015-04-07)[2020-02-22].http://www.nhc.gov.cn/wjw/pqt/201504/fa67b1e11d534a7988a093580acd5c33.shtml.

的教学辅助用书可参照采用本标准。①

5.《公共服务领域外文译写规范》

教材设计的表达形式有可能会遇到外文译写的问题，需要时可以参照相关的法律规范。近年来，随着我国国际地位不断提高和奥运会、世博会等大型国际活动的成功举办，规范公共服务领域外文译写成为政府语言文字工作的重要任务。② 教育部、国家语委于 2011 年 5 月启动公共服务领域外文译写规范研制工作，该规范涉及英、俄、日、韩 4 个语种，涵盖交通、旅游、教育、文化娱乐等领域，内容包括公共服务领域外文译写的规则和示例等。《公共服务领域英文译写规范　第 1 部分：通则》于 2013 年 12 月 31 日发布，2014 年 7 月 15 日起实施。③《公共服务领域英文译写规范》于 2017 年 12 月 1 日正式实施。2017 年 12 月 29 日，国家质量监督检验检疫总局、国家标准化管理委员会批准并正式发布《公共服务领域俄文译写规范》（GB/T 35302—2017）和《公共服务领域日文译写规范》（GB/T 35303—2017）两项国家标准，并于 2018 年 7 月 1 日正式实施。《公共服务领域俄文译写规范》《公共服务领域日文译写规范》与《公共服务领域英文译写规范》共同构成了公共服务领域外文译写规范的系列国家标准。国标的发布对规范我国公共服务领域的外文译写有着积极意义，也是提升我国外语服务质量、构建和谐语言生活的重要举措。④

6.《中国各民族名称的罗马字母拼写法和代码》

我国是一个多民族国家，对各个民族名称罗马字母拼写法的规范有利于各民族和各文化之间的交流，也便于提高管理的效果。我国 1991 年 8 月发布并于 1992 年 4 月实施了《中国各民族名称的罗马字母拼写法和代码》。⑤ 该标

---

① 中华人民共和国国家质量监督检验检疫总局，中国国家标准化管理委员会. 中小学教科书幅面尺寸及版面通用要求：GB/T 18358—2009［S/OL］. 北京：中国标准出版社，2010：2［2020-02-29］. http://openstd.samr.gov.cn/bzgk/gb/newGbInfo? hcno=0B875BF08539B8BAB72CD456032A7309.

② 中华人民共和国教育部. 我国为公共服务领域外文译写制定规范［Z/OL］.（2014-01-10）［2019-01-31］. http://www.gov.cn/jrzg/2014-01/10/content_2563390.htm.

③ 中华人民共和国教育部. 国家标准《公共服务领域英文译写规范》（第 2-10 部分）通过专家鉴定［Z/OL］.（2015-04-23）［2019-01-31］. http://www.moe.gov.cn/s78/A19/yxs_left/moe_810/s228/201504/t20150423_187459.html.

④ 中华人民共和国教育部.《公共服务领域俄文译写规范》《公共服务领域日文译写规范》正式发布［Z/OL］.（2018-01-26）［2019-01-31］. http://www.moe.gov.cn/s78/A19/moe_814/201801/t20180126_325587.html.

⑤ 中华人民共和国教育部. 中国各民族名称的罗马字母拼写法和代码［Z/OL］.（2006-09-18）［2020-01-31］. http://www.moe.gov.cn/s78/A19/yxs_left/moe_810/s230/201001/t20100115_75600.html.

准规定了我国各民族名称的罗马字母拼写法及其字母代码和数字代码，适用于文献工作、拼音电报、国际通信、出版、新闻报道、信息处理和交换等方面。2016 年 11 月 9 日，全国信息与文献标准化技术委员会二分会在北京召开《中国各民族名称的罗马字母拼写法和代码》（修订）鉴定会。① 在教材中如果涉及相关的内容可以参照该规范。

7.《中国通用盲文方案》和《国家通用手语常用词表》②

尊重和保障残疾人的人权和人格尊严，使他们能以平等的地位和均等的机会充分参与社会生活、共享物质文明和精神文明成果是国家义不容辞的责任，也是中国特色社会主义制度的必然要求。中国有 8500 万残疾人。新中国成立 70 多年来，党和政府做了很多努力，推动残疾人真正成为权利主体，成为经济社会发展的参与者、贡献者和享有者。③ 其中，通过推动教育事业帮助残疾人更好地参与社会建设、实现人生价值是这些努力中的一个非常重要的方面。在特殊教育与融合教育方面，国家颁布并修订了《残疾人教育条例》以保障残疾人享有平等的受教育权，将残疾人教育纳入《国家中长期教育改革和发展规划纲要（2010—2020 年）》《中国教育现代化 2035》及《“十三五”推进基本公共服务均等化规划》，制定实施了两期《特殊教育提升计划》，提高残疾人受教育水平。我国残疾人教育体系日趋完备。中国残疾人教育以教育部门为办学主体，民政、残联和社会力量辅助，涵盖学前教育、初等教育、中等教育和高等教育。以普通学校随班就读为主体，以特殊教育学校为骨干，以送教上门和远程教育为补充，统筹推进，普特结合。建立起从幼儿园到高等院校的残疾儿童和残疾学生资助体系，自 2016 年秋季学期起，免除普通高中家庭经济困难残疾学生学杂费，从而实现家庭经济困难残疾学生从小学到高中阶段的 12 年免费教育。④ 残疾儿童少年义务教育普及水平显著提高。各地按照“全覆盖、零拒绝”的

---

① 中华人民共和国教育部.《中国各民族名称的罗马字母拼写法和代码》（修订）通过鉴定[Z/OL].(2016-11-14)[2020-01-31].http://www.moe.gov.cn/s78/A19/moe_814/201611/t20161114_288753.html.

② 中华人民共和国教育部.《国家通用手语常用词表》和《国家通用盲文方案》新闻发布会在京召开[Z/OL].(2018-06-25)[2020-01-31].http://www.moe.gov.cn/s78/A19/moe_814/201806/t20180625_340966.html.

③ 中华人民共和国中央人民政府. 平等、参与、共享：新中国残疾人权益保障 70 年[Z/OL].(2019-07-25)[2020-02-03].http://www.gov.cn/zhengce/2019-07/25/content_5414945.htm.

④ 中华人民共和国中央人民政府. 平等、参与、共享：新中国残疾人权益保障 70 年[Z/OL].(2019-07-25)[2020-02-03].http://www.gov.cn/zhengce/2019-07/25/content_5414945.htm.

要求，通过提高特殊教育学校招生能力、扩大普通学校残疾学生随班就读规模及送教上门等多种方式，最大限度地保障适龄残疾儿童少年接受义务教育的权利。特殊教育在校生数量逐年大幅度上升，视力、听力、智力等各种类别的残疾儿童少年受教育机会明显增加。2018 年，在校生 66.6 万人，比 2013 年增加 29.8 万人，增长 81%。[①] 残疾人非义务教育稳步发展。2016 年，3 万多名在园残疾幼儿获得专门资助。举办残疾人高中部（班），扩大残疾人接受高中教育的机会。同时，制定《关于加快发展残疾人职业教育的若干意见》，加快发展残疾人职业教育。2018 年，全国共有残疾人中等职业学校（班）133 个，在校生 19475 人。稳步发展残疾人高等教育，2012 年至 2018 年，全国共有 6.22 万残疾考生进入普通高等院校学习。为增加残障考生上大学机会，教育部批准同意 22 所高校面向残障考生采取单独考试、单列计划、单独录取，鼓励高校开设特殊教育专业。截至 2018 年 6 月，全国已有 61 所普通本科高校开设特殊教育专业，在校生 1 万余人。2018 年，全国高职院校开设特殊教育专业点 37 个。[②] 除此之外，努力发展融合教育。2017 年，融合教育首次写进《残疾人教育条例》。《中国教育现代化 2035》和《第二期特殊教育提升计划（2017—2020 年）》等文件均提出全面推进融合教育，各地不断完善随班就读支持保障体系，在普通学校就读的残疾学生数由 2013 年的 19.1 万人增加到 2018 年的 33.2 万人，增长 73.8%。近 10 年来，残疾学生在普通学校就读的比例均超过 50%。[③] 尽管国家和社会做了很多努力，中国残疾人事业发展仍然不平衡、不充分，滞后于全国经济社会发展总体水平。残疾人生活状况与残疾人对美好生活的期待相比依然存在较大差距，反对基于残疾的歧视还需要长期努力。充分保障残疾人平等权益，全面促进残疾人融合发展依然任重道远。[④]

特殊教育是我国教育的重要组成部分，为特殊教育服务的教材设计应注意相关的法律规范。2018 年，中国残联、教育部、国家语委发布《国家

---

① 中华人民共和国中央人民政府. 平等、参与、共享：新中国残疾人权益保障 70 年[Z/OL].(2019-07-25)[2020-02-03].http://www.gov.cn/zhengce/2019-07/25/content_5414945.htm.

② 中华人民共和国中央人民政府. 平等、参与、共享：新中国残疾人权益保障 70 年[Z/OL].(2019-07-25)[2020-02-03].http://www.gov.cn/zhengce/2019-07/25/content_5414945.htm.

③ 中华人民共和国中央人民政府. 平等、参与、共享：新中国残疾人权益保障 70 年[Z/OL].(2019-07-25)[2020-02-03].http://www.gov.cn/zhengce/2019-07/25/content_5414945.htm.

④ 中华人民共和国中央人民政府. 平等、参与、共享：新中国残疾人权益保障 70 年[Z/OL].(2019-07-25)[2020-02-03].http://www.gov.cn/zhengce/2019-07/25/content_5414945.htm.

通用手语常用词表》和《国家通用盲文方案》并于2018年7月1日起实施。我国有3000多万听力残疾人和视力残疾人，手语和盲文是他们使用的特殊语言文字，是国家语言文字的重要组成部分。规范使用国家通用手语和通用盲文，是促进残疾人教育、文化、信息化等各项事业发展的必要条件。《国家通用手语常用词表》和《国家通用盲文方案》的发布为听力残疾人和视力残疾人平等充分参与社会生活提供了便利，对促进残疾人文化、教育事业的繁荣与发展有重要意义。①

以上举出教材设计可能涉及的若干法律规范，旨在说明依法设计教材的重要性，法律规范是不断变化的，设计者可以根据彼时的具体情况参照相应的法律条文。

二、教材表达系统的设计应有利于信息的传播

从信息传播的角度看，信息本身的特点不同，传播的形式也应有所不同，设计者要科学、灵活地为各类信息设计最有效的信息传播形式。教材设计者是信息的传播者，教材使用者则是信息的接收者即受众。教材的内容系统需要高效地传播给受众才能使教材的教育价值得到最大限度的利用，因此教材设计者应高度重视教材表达系统的设计，根据信息本身的特点选择合适的表达形式。当信息需要传达高度形象性的内容时可以选择各种图像（如手绘或拍摄的作品）；当信息包含一组相互关联的数据时可以采用各种数据图（折线图、饼图、柱状图等）表达；当信息本身具有较强的逻辑性时，除了语言符号的使用外，还可以选择各种示意图来表达；含有明确环节和顺序的信息可以通过流程图帮助学习者更好地理解和记忆；相近概念可以通过表格进行比较使概念的异同一目了然；想要传播一个具有明显的连续变化的动态过程信息（实验操作、运动技能、演奏指法等）时，选择动画等视频更有助于信息的传播效果；当信息本身含有需要展开丰富想象的内容时（如文学作品），更适合使用抽象的语言文字来表达。随着现代信息技术的发展，全媒体（富媒体）、虚拟仿真等传播形式纷纷出现，为教材的表达形式提供了更多选择的空间，从而大大丰富了教材的表达形式。

---

① 中华人民共和国教育部.《国家通用手语常用词表》和《国家通用盲文方案》新闻发布会在京召开[Z/OL].(2018-06-25)[2020-02-03].http://www.moe.gov.cn/s78/A19/moe_814/201806/t20180625_340966.html.

三、教材表达系统的设计应符合学习者认知发展的阶段性特点

这里强调表达系统的设计要“符合学习者认知发展的阶段性特点”主要包括两个方面，其一，设计的表达形式能够顺应学生当前所处的认知发展阶段的特点，其二，设计的表达形式能够促进学生向着更成熟的认知发展阶段前进。

什么是认知？“认知”一词含义较多，理解上也有广义和狭义之分，广义的认知与认识是同一概念，指的是人脑反映客观事物的特性和联系，并揭露事物对于人的意义与作用的心理活动。现代认知心理学对认知的理解要狭窄一些，但意见不一。有的认为认知是信息加工过程；有的认为认知是心理上的符号处理；有的认为认知是问题解决或思维；也有的认为认知是一组相关的活动，包括感觉、知觉、记忆、判断、思维、推理、问题解决、学习、想象、概念形成，以及语言等。从西方阐述认知心理学的著作来看，认知主要指高级的认识过程，包括知觉、记忆、思维、言语、注意等。最狭义的理解是把认知等同于记忆过程的环节之一——再认，即过去感知过的事物重新出现时再次将其认出来。① 也有人认为，认知指的是那些使头脑产生认识的内部处理过程及结果，它包括所有的心理活动：记忆、表征、分类、问题解决、创造、想象甚至做梦。由于心理过程几乎涉及人们所做的每一件事，因此我们可以很容易地对这一列表进行扩展。② 从广义上说，认知指向的对象很多，以至于有人认为，说到认知（cognition）这个词，“这是一个广义的（几乎没有什么特指的）术语，传统的用法指诸如思维、设想、推理等活动。大多数心理学家用来指任何种类的心智‘行为’（这种用法很不严密），这里根本的特征是抽象性，包括象征、顿悟、期待、复杂规律的运用、表现、信念、意图、问题解决等等”。③ 事实上，人们对认知概念的理解不一样，但是对于认知发展的研究从未停止过。

很多研究者认为，认知发展具有阶段性，不同的阶段会呈现不同的特征。如，皮亚杰认为：“儿童的发展要经历四个阶段——感觉运动阶段、前运算阶段、具体运算阶段和形式运算阶段，通过这四个阶段，婴儿的试探性行为就转化为青少年和成年人的具体的、符合逻辑的智力行为。每一个阶段伴随着许多方案中的相似的质变，而这些方案是发生在发展的同一时

---

① 《心理学百科全书》编辑委员会. 心理学百科全书：第 3 卷［M］. 杭州：浙江教育出版社，1995：827.

② ［美］劳拉·E. 贝克. 儿童发展［M］. 5 版. 吴颖，等译. 南京：江苏教育出版社，2002：310.

③ ［美］阿瑟·S. 雷伯. 心理学词典［M］. 李伯黍，等译. 上海：上海译文出版社，1996：147.

期（Tanner & Inhelder，1956）。因此，它的阶段序列有两个重要的特征：一是不变性，即这些阶段都是以固定的顺序出现的，其间不能跳跃；二是通用性，即它们描述了任何地方儿童的认知发展（Piaget，Inhelder & Szeminska，1948/1960）。”“虽然皮亚杰认为发展的顺序是遗传决定的，他强调许多因素——遗传和环境——影响个别儿童通过这些阶段的速度（Piaget，1926/1928）。”[①] 皮亚杰的认知发展阶段理论受到了很多批评和纠正，但是对世界很多地区的教育产生了重要的影响。“皮亚杰理论的拥护者们指出，传统的学校课程里，常常要求儿童以一定的顺序掌握质量、重量、体积、空间、时间、因果性、几何以及速度的概念，而这种顺序和儿童理解这些概念的自然顺序相悖。因而，许多人以皮亚杰理论为指导，尽力去探索发展和学校学习活动之间的关系，纠正其中的不协调性。皮亚杰以及拥护者的研究，不但提出了有利于儿童学习的各学习课题的安排顺序，而且，他们还大体上指出了儿童掌握不同思维模式的大致年龄或年级水平。这样，课程的制定者们从皮亚杰关于学习课题的最佳年级安置的研究中得到了启发。”[②]

认知发展阶段理论强调，在不同的认知发展阶段要提供和那个阶段相适应的知识的表现形式。比如，研究发现，记忆、思维的发展会呈现出阶段性的特点。

根据儿童在各个年龄阶段中表现出的一般的、典型的、本质的心理特征，我国研究者将儿童心理发展年龄阶段划分为六个时期：[③] （1）乳儿期——从出生到1周岁；（2）婴儿期——1~3岁；（3）幼儿期——3~6岁；（4）儿童期——6、7~11、12岁；（5）少年期——11、12~14、15岁；（6）青年初期——14、15~17、18岁。不同年龄阶段的儿童认知显示出不同的特点。

比如，在记忆内容方面，幼儿阶段和小学阶段有所不同。幼儿阶段在记忆内容方面有以下特点：“对物体、图像等具体事物的记忆是具体形象记忆，对语词、文字、符号等抽象材料的记忆是词的抽象记忆，也称逻辑性记忆。由于幼儿言语系统的作用还不占优势，因此，幼儿的记忆具有明显的直观形象性，形象记忆的效果优于词的抽象记忆效果。两种记忆能力都

---

① ［美］劳拉·E. 贝克. 儿童发展［M］. 5版. 吴颖，等译. 南京：江苏教育出版社，2002：312.

② 《心理学百科全书》编辑委员会. 心理学百科全书：第2卷［M］. 杭州：浙江教育出版社，1995：844.

③ 《心理学百科全书》编辑委员会. 心理学百科全书：第1卷［M］. 杭州：浙江教育出版社，1995：712.

随年龄增长而提高，但语词记忆能力提高更快。两种记忆效果的差别随年龄增长而逐渐缩小。”① 小学阶段，“从记忆的内容来看，对词的抽象记忆也在发展着。小学儿童长于具体形象记忆，对抽象的词的联系则较难建立。据研究，他们能牢固记忆以直观形象为依据的具体材料，对没有直观形象为基础的具体材料则不易记住，如上地理课，如果不结合地图叙述地名是较难记住的。识记抽象的材料更是如此，如掌握概念的定义，必须从具体材料中引申出来，才能更好地为他们所理解和牢固地记住。小学阶段的儿童具体形象记忆占优势，但随着年龄的增长，在教学的影响下，他们对词的材料识记比直观材料的识记发展得更快一些，儿童年龄越大，直观形象记忆能力和抽象逻辑记忆能力之间的差别就越小”。②

再比如，在思维方面，幼儿阶段和小学阶段也有所不同。幼儿思维发展的一般特点表现为③：（1）直觉行动思维发生变化。3 岁前儿童思维的基本特点是自觉行动性，思维是在对物体直接感知和在自身活动的过程中进行的。随着年龄的增长，言语对思维的调节作用逐渐增加。在自觉行动思维的基础上，具体形象思维形成和发展起来。（2）具体形象思维占主导地位。（3）抽象逻辑思维开始萌芽。有关幼儿期三种思维方式的关系和发展过程的实验研究表明，幼儿运用三种思维方式解决问题的效果都随年龄增长而提高。依靠实际动作解决问题效果最好，依靠形象次之，依靠语词效果最差。幼儿晚期才出现靠语词进行的思维方式。小学儿童思维的基本趋势表现为如下特点④：初入学儿童的思维基本上仍属于具体形象思维。但是，学校的各项学习日益要求儿童有相应的抽象逻辑思维，这种要求跟儿童已有的思维水平形成矛盾，这个矛盾促使小学儿童从以具体思维为主要形式逐步过渡到以抽象逻辑思维为主要形式。可以说，整个小学时期，儿童的思维正处于这种过渡阶段。小学儿童的抽象逻辑思维已开始发展，其思维具有以下几个特点：（1）具有很大的具体性。也就是说，他们的抽象逻辑思维还是直接与感性经验相联系的，他们能够掌握的概念还是具体的感性的。（2）具有很大的不自觉性。他们能够进行抽象逻辑思维，但是还不能自觉地调节、检查或论证自己的思维过程；他们能够通过思维解决一

---

① 《心理学百科全书》编辑委员会. 心理学百科全书：第 1 卷［M］. 杭州：浙江教育出版社，1995：717.
② 《心理学百科全书》编辑委员会. 心理学百科全书：第 1 卷［M］. 杭州：浙江教育出版社，1995：730.
③ 《心理学百科全书》编辑委员会. 心理学百科全书：第 1 卷［M］. 杭州：浙江教育出版社，1995：717.
④ 《心理学百科全书》编辑委员会. 心理学百科全书：第 1 卷［M］. 杭州：浙江教育出版社，1995：731.

些问题，但又说不出自己是如何思考、如何解决的。（3）具有很大的不平衡性。从整个发展趋势来看，儿童思维中的具体形象成分和抽象逻辑成分的关系在不断地发生变化，但是具体到不同学科、不同教材、不同儿童身上，这个发展的总趋势又常常表现出很大的不平衡性。例如，对数学教材，儿童的思维可能表现出较高的抽象水平；而对历史教材中的历史发展规律的理解，则会感到很大的困难。

可见，教材设计要根据不同学习阶段的特点，选择合适的表达形式，帮助学习者提高学习的效率。在学习者处于认知高度依赖形象的时期，可以多选择形象一些的表达形式；而在认知已经发展到能够熟练运用抽象形式进行学习时，则可以多选择抽象一些的表达形式。

但是，这里要特别强调的是，根据不同认知发展阶段的特点设计表达形式并不是说要完全“顺从”当前的认知发展水平，而是要在让学习者提高学习效率的同时，帮助其向着更高的认知水平前进。因此，在对形象材料依赖性较强的年龄阶段，也要考虑通过适量的抽象性较强的符号工具帮助学生发展抽象的认知能力。前述所说的“教育要走在发展的前面”的道理，在这里也是适用的。

四、教材表达系统的设计要符合审美的需要

教材的基本功能在于认知，但是教材应同时具备认知和审美的双重功能。教材认知和审美的双重功能一方面可以在满足人们求真求善需要的同时满足其求美的需要，另一方面，有助于激发人们积极的情感状态，促进认知的活动。因此，为教材赋予美的形式也是教材设计者要关注的问题。

教材表达系统的审美设计主要考虑三个方面：

一是要考虑基本的审美规律，即符合人们共同的审美需要。就一般意义上的审美活动看，美感的产生有着某些共同的条件。如，刺激强度对于感官来说要适中，色彩的明度、形状的大小、声音的响度等形式要素在强度上不能造成审美感官的不适。教材表达系统的形式设计要遵循这些共同的、基本的审美要求。

二是要考虑使用者个性化的审美需要，即符合审美主体不同的审美趣味和审美习惯。由于文化背景、年龄、职业、受教育水平等的影响，不同的人在审美趣味、品味上有所不同，如，少年时朝气蓬勃，喜爱明亮、多样的色彩，而中年时历经世事逐渐稳重，喜爱偏暗哑、简约的色彩。

三是要从教材的特殊功能——促进人的发展出发，为教材的使用者提

供高品质的审美体验。培育高雅的审美趣味是学校美育的任务，教材设计是教育活动的重要一环，通过设计高雅的形式系统，教材的美育功能将得以充分发挥。

五、教材表达系统的设计要注意语言艺术

《职业院校教材管理办法》指出，教材编写人员应该“有较高的文字水平，熟悉教材语言风格，能够熟练运用中国特色的话语体系”。[①] 语言是教材抽象表达形式中最重要的部分，其表达质量会影响教材内容能否实现应有的教育价值。如果能从表达艺术的高度重视教材的语言，就能将内容更高效地传播给教材的使用者。

（一）教材语言的表达形式要注意“科学语言”和“教材语言”的差异

在一种信息从学习的对象转化为学习者内部信息的过程中，信息的表达形式要经过几重加工和变化。首先，这种信息要通过教材设计者将“科学语言”转变为“教材语言”；其次，要经过教师的加工把“教材语言”转变为“教学语言”；最后，要通过学习者自己的内部信息加工把“教学语言”转变为学习者的“内部语言”。在这个环环相扣的链条中，教材设计者责任重大，因为“教材语言”是连接“科学语言”和“教学语言”的桥梁，这种转换的质量将对“科学语言”最后顺利地转换为高质量的“内部语言”产生很大的影响，因而教材设计者不能不重视这种转换，要将科学语言转换成适合“教学”的“教材语言”。

每一门课程都涉及不同的学科知识，这些学科知识多以科学知识的方式存在，作为科学知识，其语言表达有自己的要求，这些表达要求体现了“科学语言”（“学术语言”）的特点，如抽象、简洁、理性、严谨。科学语言的特点是和科学研究过程及其功用的特质相对应的。科学追求的是一般性知识（规律性知识），因而学术语言不免是抽象的；科学知识的效用表现在用极少的知识思考和解决极多的问题，因而学术语言应是简洁的；科学要发现世界的真相，故而客观理性是科学研究应有的气质，学术语言自然需要理性；科学知识的获得离不开缜密的推理和思辨，自然需要同样严谨的语言来表达。总体上看，科学语言服务于科学研究的目的和规范，以

---

① 中华人民共和国教育部. 关于印发《中小学教材管理办法》《职业院校教材管理办法》和《普通高等学校教材管理办法》的通知：教材〔2019〕3号[A/OL].(2019-12-19)[2019-12-30].http://www.moe.gov.cn/srcsite/A26/moe_714/202001/t20200107_414578.html.

规范和方便知识的生产与传播为标准。

当科学知识被引入教材的时候，它们便成为实现教育价值的载体，因此，教材设计者应从教育活动的角度把科学的语言表达方式转变为便于教材使用者特别是学习者使用的语言，即“教材语言”。

（二）教材语言的表达要符合“教材语言”的要求

教材语言的服务对象是教材的使用者，尤其是学习者，因此当教材设计者从教育的角度把科学的语言转变为教材的语言时，需要注意以下几点：

1. 教材语言要注意逻辑性和组织性

教材语言虽然不是服务于科学研究及其功用的，但是仍然要讲究严谨性。学校教材的首要教育目标是让学习者获得科学知识，科学知识和日常知识相比较有一个显著的特点就是逻辑性、组织性较强，这一逻辑性、组织性只有通过同样具有良好逻辑性和组织性的语言才能如实地传递给学习者，使学习者能够借此获得良好的知识结构。此外，思维训练是学校教育的重要任务。具有良好逻辑性、组织性的教材有利于学习者通过阅读和使用教材无形中得到高品质的思维能力的训练。

2. 教材语言要符合学习者的心理特点

教材语言设计要考虑学习者的心理特点，主要考虑两个方面：一方面，教材语言要以明白易懂的方式传递信息。教材的最终受益者是学生，教材信息要体现学校教育的高效性，为此，要通过明白易懂的表达方式帮助学习者节省学习的时间和精力。另一方面，教材语言要能够引起学习者的兴趣。教材形式的乏味或不当容易降低学习者的动机水平，因此要研究不同的学习者喜爱的语言风格。如，针对年龄较小的学习者，语言表达的风格可以活泼一些，情感色彩可以浓厚一些；对于年龄较大的学习者，语言表达的风格可以冷静一些，情感色彩可以减弱一些。

3. 教材语言要符合思想内容的特点

教材语言的表达形式还要根据其表达的具体思想内容灵活调整。比如，科学性较强的内容可以精确一些，而艺术性较强的内容则可以模糊一些。

总之，教材的语言表达是一种艺术，其最终目的是在表达清楚其思想内容的同时能够更好地帮助使用者利用教材，更好地发挥教材的教育价值。为此，教材设计者要精心设计“教材语言”，让使用者能够感受到教材设计者的“贴心服务”，如此，教材便不只是毫无表情的各种信息的罗列，而是让人愿意亲近的对象。

六、教材表达系统要注意文字设计

（一）教材文字设计的内涵和功能

教材的文字设计主要包括单个文字的设计和整体文字的设计。单个文字的设计主要包括字体、字号等文字属性的设计，整体文字的设计主要包括文字的字体、字号、字距、行距、段距、排列方向的组合及疏密节奏的变化等内容。

教材的文字设计兼具实用和审美的功能。“设计师应把文字作为图书设计的重要构成元素，要具有鲜明的特色与风格。通过不同字体的选择来引导读者阅读是理想的设计方式。文字本身也是一种艺术形式，无论汉字还是英文，都有俊秀、浑厚、奔放、柔和等各种风格。通过采用适应书籍的内容和风格的字体可控制读者阅读的舒适度、方向感和紧密度。”① 文字的功能自然首先是表达其意义，因而具有实用的功能，但是也不能忽视其审美的价值。人们常说“字如其人”，通过一个人的书写形式可以窥测书写者的个性特征。这是因为文字具有一定的表情功能，它好比人的脸，通过自身各种属性的变化给人不同的心理体验，从而帮助读者准确地解读书写者自身的个性。以下我们以 Windows 系统中的 Word 办公软件自带的字体库为例说明这个问题。

（二）不同的文字设计给人的不同体验

1. 字体

宋体	仿宋	楷体	华文行楷	黑体

图 8-1　不同字体的效果

字体是文字的一种属性，不同的字体会给观者带来不同的直觉感受（参见“图 8-1　不同字体的效果”）。这里以 Windows 系统中的 Word 办公软件自带的字体库为例。宋体具有端正清晰的特点（参见“阅读材料：宋体字的故事”）；“仿宋”在端正之外多了一分清秀；“楷体”则在端正之外多了一分俊朗；“华文行楷”优雅而温婉；“黑体”则在端正之外多了一分严肃。

❖ 阅读材料：宋体字的故事②

印刷字体，特别是正文字体，深刻影响着人们对字体样貌的认知。印

① ［波］别内尔特，关木子. 书籍设计［M］. 贺丽，译. 沈阳：辽宁科学技术出版社，2012：12.

② 朱伟斌. 印刷工艺［M］. 杭州：浙江大学出版社，2014：6-7. 标题系本书作者所加。

刷术发明之前，人们接触到的手写字体风格多样。印刷术不仅推动了典籍的广泛传播，而且使字体的样貌得到了很大程度的统一。在欧洲，古登堡发明金属活字后，当时的印刷技师用少数几种字模印制了大量的书册在欧洲各地传播，在实际上也起到了统一字体样式的作用。字体铸造技术更新后，产生了很多新字体。这些新字体继承了原来字体的典雅特征：被刻作字模一直沿用至今。Claude Garamond、Nicolas Jenson、Aldus Manutis、Anton Janson、William Caslon、John Baskerville、Giambattista Bodoni 等人在印刷字体上做出了不懈努力，以他们名字命名的字体现已成为西方印刷字体的典范。就汉字而言，宋体字无疑是一种因刻版而产生的印刷新字体。雕版出现初始，字体多学手书字体样貌，如宋代刻书多学欧阳询、柳公权、颜真卿等，随后刻工为追求雕刻效率而创造出一种瘦硬字体，这种字体观感上直接体现刀锋效果，给人以刚健有力的视觉感受，这种程式化的工艺字体就是宋体字的起源。这种印刷专用字体在明代初期有了较大改进，发展到明正德年间（1506—1521）基本定型。宋体字流行于明万历年间，官方和民间印书广泛使用，字体结构更为成熟，此时宋体字已成为印刷刻版的主流字体。宋体字因印刷而产生，其字体特征既有中国传统书法的转折顿挫，又有明显的工艺雕刻痕迹。可以说，宋体字是中国真正意义的“设计”字体。国内首先出现的铅活字汉字就是宋体字。19 世纪后半叶，西方凸版机开始传入中国。据史料记载，当时美华书馆的传教士姜别利用电镀法制作出 7 套中文字模，依大小不同依次按 1—7 号排序，时称“美华字”。“美华字”是依据明代中叶后的宋体字形而制，因此“美华字”也俗称宋字。美华书馆大量制造并出售这种铅字，“美华字”成为此后几十年间中国出版机构最通用的宋体字。新中国成立后，国家也对宋体字做了标准化设计。1964 年，北京新华字模厂按照中文报纸印刷特点设计出铅字“报宋”字体，制作成铜模推广全国，成为我国报纸印刷的当家字体。20 世纪 90 年代，上海印刷技术研究所推出“新报宋”并最终由北大方正制作成电脑字库，在中文报纸上广泛使用。从模仿手书的版刻字到数字化的电脑字体，宋体字经过了漫长的演变，现已成为中文排版的标准正文字体。

2. 字号

字号给人的直观体验是明显的。以 Windows 系统中的 Word 办公软件自带的字号库为例（参见“阅读材料：字体大小的表示方法”），初号字体给人以霸气和膨胀的感觉；四号字体比较常用，因其对多数人的视觉来说比较温和；11 号字体则给人以小巧玲珑和低调谦虚的感觉（参见“图 8-2　不同字号的效果”）。

初号　四号　11号

图 8-2　不同字号的效果

❖ 阅读材料：字体大小的表示方法①

印刷工艺中表示字体大小的方式主要有号数制、点数制。号数制是中文传统铅字排版字体的标示方法，按大小依次为初号、一号、二号、三号、四号、五号、六号、七号，共七级。号数越大，字体越小，最大字体为初号。号数制字体分三个系列：（1）初号、二号、五号、七号为同一组字体；（2）一号、四号为同一组字体；（3）三号、六号为同一组字体。同系列字体间大小规律为四倍数关系。点数制是西方传统标示字体大小的方法，现已成为国际统一的文字标示制度。点数制用“pt”来作为计量单位，pt 是 point 的缩写，中文译成“点”。它的来源是过去印刷工人为决定字体的大小，就用自己脚（feet）的多少分之一来量。美国以前还有多种不同的 pt 大小，到 1886 年才统一下来，即 1pt（点）= 1/72inch（英寸），等于 0.3528 毫米。“点”计算字体大小单位转化关系如下：1inch（英寸）= 6pica（派卡）；1pica = 12point（点）。现在 pt（点）除了用来计量字体大小外，还用来表示线的粗细。

3. 字距

字距的大小给人不同的心理感受。字距偏紧密给人紧张、缜密、谨慎的感觉；字距偏大则给人以放松、开阔、张扬的感觉，让人联想到宽松和随性（参见“图 8-3　不同字距的效果”）。

字体之间的距离
字　体　之　间　的　距　离

图 8-3　不同字距的效果

4. 行距

行距的不同会产生不同的效果。如，单倍行距给人的感觉是紧张紧凑；1.5 倍行距则给人轻松舒缓的感觉（参见“图 8-4　不

单倍行距
单倍行距
单倍行距
单倍行距

1.5 倍行距

1.5 倍行距

1.5 倍行距

图 8-4　不同行距的效果

① 朱伟斌. 印刷工艺［M］. 杭州：浙江大学出版社，2014：85-86. 标题系本书作者所加。

同行距的效果”）。

5. 排列方向

横排、竖排是最常见的字体排列方式。一般来说，横排的字体看起来比较省力，这和平时人们习惯左右移动眼球有关。此外，字体的排列方式也会带来不同的感受。横排的字体给人以舒缓平稳的感觉；竖排的字体则给人以挺拔、庄重的感觉（参见“图 8-5　横排、竖排字体的不同效果”）。由于读者的文化背景和阅读习惯不同，横排和竖排还会令人产生超越视觉感官的联想。如，由于中国人传统上有文字竖排的习惯，因此中国人看到竖排的文字时，还会产生“怀旧的”“古旧的”“传统的”“典雅的”联想。

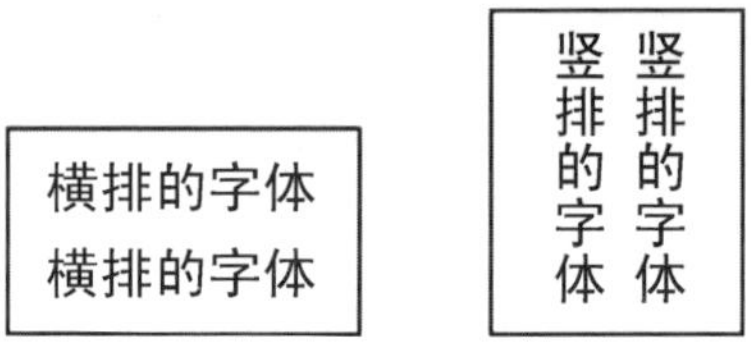

图 8-5　横排、竖排字体的不同效果

6. 字的组合和疏密节奏

字体、字号、字距、行距、排列方向的组合及其疏密变化会给人带来不同的心理感受（参见“图 8-6　组合和疏密变化的不同效果”）。当这些变化较多时，令观者产生不稳定甚至不安、杂乱的感觉；当变化很少甚至没有变化时，令观者产生安静甚至呆板的感觉；当这些变化遵循某些可见的规律时，则产生既有动感又不乏稳重的感觉。

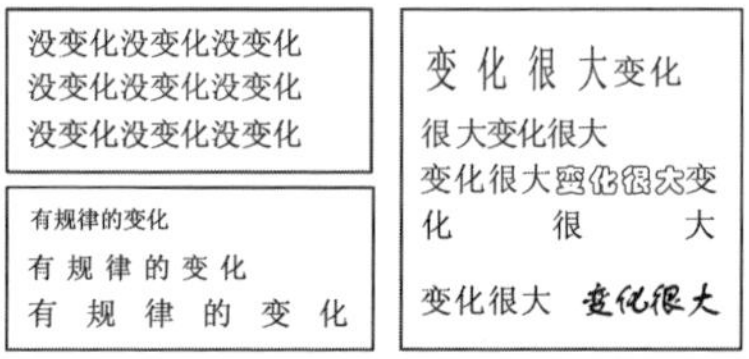

图 8-6　组合和疏密变化的不同效果

以上是就文字的各个属性分别讨论其产生的不同心理感受和审美体验，教材文字设计也要遵循这些基本的规律。

（三）教材文字设计的要求

1. 教材文字设计应便于辨认、阅读

教材首先要满足实用的功能，因此文字的字体、字号、字距、行距等设计都应以方便阅读为宜。如，“标题一般不宜采用过于潦草或过于怪异难认的字体”。[①] 对于幼儿、少儿的教材，为了保护其生长发育中的视力，字体设计不宜太花哨，字号不宜过小，字距、行距的安排也不宜太过紧密。而对于老年人的教材，由于年长者视力减退，也要注意文字设计易于阅读。

在有法律规范制约的时候，教材设计者还要注意遵循有关的规定设计

---

① ［波］别内尔特，关木子. 书籍设计［M］. 贺丽，译. 沈阳：辽宁科学技术出版社，2012：12.

教材的文字。如，我国于2009年颁布实施了新的中小学教科书幅面尺寸和版面设计的要求。《中小学教科书幅面尺寸及版面通用要求》（国GB/T 18358—2009）对中小学不同年段教材的文字、排版等都做出了规定。2014年我国发布《中小学生教科书卫生要求（代替GB/T 17227—1998）》，规定文字、符号应横排。① 小学一、二年级应使用2号（高7. 37mm，宽7. 37mm）~3号字（高5. 62mm，宽5. 62mm），小学三、四年级应使用3号~4号字（高4. 91mm，宽4. 91mm），其他各年级应使用小4号字（高4. 20mm，宽4. 20mm），高中理科教科书也可使用5号字（高3. 68mm，宽3. 68mm）。关于拼音、阿拉伯数字和字母高度，小学一年级不宜低于3. 5mm，二年级不宜低于3mm，三、四年级不宜低于2mm，其他各年级不宜低于1. 5mm。② 目录、注释等用字可以参考正文用字适当减小，但义务教育小学阶段教科书的最小用字不得小于10. 5P③（5号字），义务教育初中阶段和高中教科书的最小用字不得小于9P（小5号字）。④ 在字体的选择上，小学一、二年级以使用正楷体为主，小学三、四年级以使用正楷体和书宋体为主，由正楷体逐渐过渡到书宋体；其他各年级以使用书宋体为主。行空（字行之间的距离）小学一、二年级不宜低于5mm，三、四年级不宜低于4mm，其他各年级不宜低于3mm。⑤

2. 教材文字的设计要与教材内容的精神气质相吻合

黑格尔说："遇到一件艺术作品，我们首先见到的是它直接呈现给我们的东西，然后再追究它的意蕴或内容。前一个因素，即外在的因素，对于我们之所以有价值，并非由于它所直接呈现的，我们假定它里面还有一种内在的东西，即一种意蕴，一种灌注生气于外在形状的意蕴。那外在形状

---

① 中华人民共和国国家卫生健康委员会. 中小学生教科书卫生要求（代替GB/T 17227—1998）: GB/T 17227—2014[S/OL]. (2015-04-07) [2020-02-22]. http://www.nhc.gov.cn/wjw/pqt/201504/fa67b1e11d534a7988a093580acd5c33.shtml.

② 中华人民共和国国家卫生健康委员会. 中小学教科书卫生要求（代替GB/T 17227—1998）: GB/T 17227—2014[S/OL]. (2015-04-07) [2020-02-22]. http://www.nhc.gov.cn/wjw/pqt/201504/fa67b1e11d534a7988a093580acd5c33.shtml.

③ P指Point，1P≈0. 35mm。

④ 中华人民共和国国家质量监督检验检疫总局，中国国家标准化管理委员会. 中小学教科书幅面尺寸及版面通用要求: GB/T 18358—2009 [S/OL]. 北京: 中国标准出版社，2010: 2.

⑤ 中华人民共和国国家卫生健康委员会. 中小学生教科书卫生要求（代替GB/T 17227—1998）: GB/T 17227—2014[S/OL]. (2015-04-07) [2020-02-22]. http://www.nhc.gov.cn/wjw/pqt/201504/fa67b1e11d534a7988a093580acd5c33.shtml.

的用处就在指引到这意蕴。”① 教材的表达形式应指引使用者关注和理解教材的内容，这种指引的方式就是“形式的气质”和“内容的气质”相互吻合。

“气质”有两个基本含义：一是指人的相当稳定的个性特点，如活泼、直爽、沉静、浮躁等，是高级神经活动在人的行动上的表现；二是风格、气度。② 如上所述，不同的文字属性本身可以表达不同的表情，给人带来不同的体验，这些表情和体验就是文字本身散发出来的“气质”。“简单的直线和弧线组成的字体给人以柔和、平静之感；漂亮而优雅的‘花体字’，具有皇家贵族的高贵感觉；圆润、较粗的字体则显得有些卡通化……”③ 文字的设计要和教材内容本身的气质相呼应。如，严肃庄重的内容不宜用漂亮优雅的文字设计，温馨浪漫的内容不宜用粗犷豪放的文字设计。

3. *教材文字设计要符合使用者的审美习惯*

针对不同的使用者，文字设计要体现不同的风格。对于幼儿和青少年，文字设计可以活泼轻快一些，对于成年人则可以稳重一些。如，少年儿童天真烂漫，可以采用圆润的卡通字体等较为活泼可爱的字体。年龄渐长，人们的生活状态日渐成熟理性，因此可以多选择端庄的宋体、楷体等字体。

七、教材表达系统要注意图像设计

（一）教材图像的形式和功能

这里的图像包括教材中的插图、图表、装饰图案、纹饰、点、线、空白等形式。教材中的图像主要有三种功能（参见“阅读材料：图片发挥什么作用”）。

1. *对文字等其他抽象表达形式做可视化的说明*

教材中的有些表达形式是抽象的，如文字、声音。当一种意义无法通过抽象的形式很准确、完整地传达给读者的时候，需要图像做出形象化的说明。教材中某些本身含有形象的事实性知识可以用图像帮助理解，比如，一种植物各个组成部分的外形单纯用文字描述仍然无法让学习者在头脑中构建准确、完整的形象时，需要和文字描述相对应的图片加以说明。某些抽象知识（如抽象的概念）或者复杂的数据等难以理解、记忆的内容，也

---

① 朱光潜. 朱光潜全集：第 7 卷［M］. 合肥：安徽教育出版社，1991：430.

② 中国社会科学院语言研究所词典编辑室. 现代汉语词典［M］. 6 版. 北京：商务印书馆，2012：1207-1208.

③ ［波］别内尔特，关木子. 书籍设计［M］. 贺丽，译. 沈阳：辽宁科学技术出版社，2012：12.

可以用图像表达。这一功能主要体现在将信息“可视化”，其传达的信息内容是和其要说明的内容相一致的。

2. 对其他表达形式的内在意义进行补充

有些信息用其他表达形式难以表达的时候，就可以用图像来揭示。如，某些教材内容中的“言外之意”就只能通过图像来表达。

3. 对文本进行装饰美化

这是就纯粹的审美来说的。比如，一些本身并没有特定意义的装饰线条、图案。它们的主要功能不是传达特定的含义，而只是使读者得到情感上的积极体验。学习的过程是认知和情感并行的过程，情感对认知具有推动作用，积极的情感可以提高认知的效率，相反，消极的情感则可能对认知过程起阻碍作用。图像的审美功能有助于读者在学习的过程中获得积极的情感体验，为艰苦的学习带来愉悦的心情，从而提高学习的效率。

❖ 阅读材料：图片发挥什么作用?

图片的基本作用是表象。作为一种编码方案，这些表象具有一些重要的特性。首先，它是一个特定的事物、人或事件的表现。例如，如果图片显示了一棵树，那么，学习者所产生的表象就不是一棵“一般化的”树，而是描绘出来的这棵树。当然，察觉这棵特殊的树的过程可能是有选择性的；因此，表象就可能在其所有的特征方面与图片不完全一致。有些特征可能被表象所忽略，而其他一些特征可能会从先前贮藏的记忆中得到增加。然而，得之于图片的表象乃是一棵特定的树的表象。同样地，如果画的是一幅图解，那么，所产生的表象也是这个具体图解的表象。① 由观察图片而形成并贮藏的表象能够以其特定的形式被检索出来，而且实际情况也是如此。它不是像人们所说的“想象一棵树”那样“构造”出来的。典型地说，从这些构造中能够形成一个概括化的变化不居的树的表象，与此相对照，得之于观察图片的那棵树的表象，是随着原先察觉到的它的特征和结构而被检索出来的。我们并不否认在检索的过程中可能会出现的一定的较次要的变化或细节的遗漏，然而，被检索出来的乃是图片所显示的同一个具体的物体或景象。于是，概括地说，图片对于口头言语教学的帮助是，它使

---

① ［美］R. M. 加涅. 学习的条件［M］. 傅统先，陆有铨，译. 北京：人民教育出版社，1985：347.

学习者可能对描绘为特定的、可检索的表象的那些事物或事件加以编码。[①] 我们认为，图片在支持编码和检索功能方面所起的作用是决定性的。图片的作用是使学习者产生特定的可检索的表象，而这些表象反过来又构成了一种编码以及贮存的手段，并且还是检索已经学会东西的线索的源泉。对于诸如电视等手段所发挥的这些功能的计划，要求教学设计者考虑那种想要获得的学习成果的范畴，以便使图片在支持学习方面发挥最好的作用。[②]

（二）教材图像设计的要求

1. 教材图像的设计应体现其应有的功能

无论是对其他表达形式做可视化的说明，还是揭示其他表达形式难以表达的内涵，又或者只是作为纯粹的美化，教材图像的设计都应该清楚其存在的价值，并根据这一价值设计图像。比如，当插图承担对抽象的语言文字进行具体化的功能时，插图要能够准确地表达语言文字的内容。每一幅图像都应成为实现教材“教育价值”的一个部分，不应只是为了好看或者丰富教材的表达形式而盲目地设计图像（参见“阅读材料：直观材料的作用和设计”）。

❖ 阅读材料：直观材料的作用和设计[③]

直观材料的作用可以是各不相同的。一种情况是在教学过程中产生一个任务：向学生提供他们所不熟悉的一部分实际的活生生的鲜明形象，扩大他们在这方面的感性经验，丰富他们的想象，总之，尽可能使这些或那些现象变得更具体，感觉更实际、更准确。参观动物园、历史图片、作家或科学家的照片等，都使教学中讲到的东西更具体，更为儿童所感觉到：动物界显得多种多样，历史事件更加鲜明而获得时代的感性色彩，儿童熟悉的活动家的面容变得更亲近，更亲切。另一种情况则完全不同。这时直观性因专门的教学任务而列入教学过程中。我所指的是在算术初期教学、俄语课、物理课堂作业等教育中利用直观教具的情况。这时直观教具的作

---

① ［美］R. M. 加涅. 学习的条件［M］. 傅统先，陆有铨，译. 北京：人民教育出版社，1985：347.

② ［美］R. M. 加涅. 学习的条件［M］. 傅统先，陆有铨，译. 北京：人民教育出版社，1985：352.

③ ［苏联］阿·尼·列昂捷夫. 活动　意识　个性［M］. 李沂，冀刚，等译. 上海：上海译文出版社，1980：195-201. 标题系本书作者所加。

用当然不是在于使图表上铅笔的模象丰富儿童的感性经验，它们的作用不在于此，而是要教会计数。在课堂上演示物体在液体中的浮动现象或热传导现象，不是为向儿童说明这些现象是自然界里发生的；主要的任务是要向儿童揭示这些现象的本质，讲解它们的规律，引导儿童做出应有的科学概括。直观性的各种类型还可以再加区分。第二种直观材料的心理功用何在呢？显然在于它是在教师领导下掌握知识过程中儿童所进行的内部动作的外部支柱。这种直观材料本身也不是儿童学习动作的直接对象。它似乎仅仅代表了这个对象，因为儿童学习的不是数一数有多少练习簿，而是计算；不是浮动的或下沉的物体，而是漂浮定律与阿基米德定律；不是物体的加热，而是热的对流规律等。这时问题并不在于把学生的表象、知识具体化，相反，是对它们进行概括。就是说，直观材料在这些情况下正是这样一种材料，在这种材料中并通过这种材料才会找到要掌握的对象。关于意识的对象问题，不仅是学生实际上意识到什么的问题，而且是根据一定的教育任务，学生应该意识到什么的问题。从心理学的角度看来，这就是直观性问题的中心问题。为了说明这一点，我们来分析几个使用直观教具的简单例子。一次，有人给我看几张教师精心制作的课堂用图表，上面画着相同的几组物体。这些图表是一年级学习数字和计算 10 以内数目时的教具。这些表与其他的表不同之处，不是它的排列原则，而是制作的精细与所画物体的特性。一张图表上画着坦克与高射炮。作者的用心很清楚，他是想绘制一幅有趣的、能吸引一年级小学生注意的教具，它有最大的具体性和生动性（这是伟大卫国战争时期的事）。我们现在设想一下这幅教具的使用情况。第一，毫无疑问这幅教具确实会引起学生们的注意，而且容易保持注意。就是说，最起码的并且是最简单的任务已经解决：学生的注意力已被吸引了，不过……注意力是被引到图表上去的。但是，它是否被吸引到学习对象——数、数的关系——上去了呢？心理学上一个不正确的假定是，如果学生“意识域”中出现某个对象，它就会意识到该对象客观上含有的一切。在所分析的例子中，这个假定的不正确性是显而易见的。我没看到，“注意过程”——意识到的过程——不是一个形式上的过程，而是一个有内容的有明确目的的过程，它是和内部动作联系着的。因此，我们在研究这个教具时应提出的第一个和主要的问题，乃是这个教具应该保证哪一个动作，抱何种目的的动作。譬如说，这个动作是要将数的特征抽象化，把数结合起来。通过一定数量的坦克、大炮等的模象本身，是否就会在儿童身上产生这个动作呢？当然完全不会。画上的坦克之所以突出地吸引着儿童，那是因为这些坦克在儿童看来有它特有的内容：这是什么样的坦克，为什么排成纵队，为什么它们一辆对着一辆驶去，虽然两边的坦克上都有五角星，为什么是小五角星，而不是大五角星，等等，这就构成了内在思维主动性的内容。这种思维主动性本身比较持久地将儿童的注意力保持在图表上，并以自身决定了儿童所意识的东西，即成为他的意识的对象。但教师是指导学生的。他向他们提出教学目的，并要以此来组织他们另一个方面的积极性，不过在这种情况下，这个方面根本不符合在演示材料本身的影响下学生积极性获得发挥的情况。学生应该形成的内部动作要求离开模象的物体内容，内容愈丰富，就愈难做到。对儿童来说，数枯燥无味的铅笔比数吸引人的坦克在心理上容易一些。当儿童被同一物体的其他内容特征所干扰而不注意形式上数的特征时，则较之他被别的什么所干扰时甚至更难掌握他的积极性，例如他只是望着窗口，这时可以要求他看黑板；在第一种情况下，他的全部注意力倒是集中在教具上，但在他意识中的并不是数，也不是数的相互关系，而是军事映象；即使他和教师一样，在表面上望着它，但他内心却不随着教师活动，而去观察图表上所画的物体内容。教学中使用直观材料时，至少应考虑到心理学的以下两点：一是直观材料在掌握学科中应起何种作用，二是该直观材料的物体内容与应被意识到和掌握的科目有何种关系。

我再举一个反面的例子。这回谈的是俄语课教具。这是一张图表，上面是图画，画的是树林。下方，在树林下面，是一段以“树林”起首的文字，后面是这个根词的派生词。这一直观教具的意图还是清楚的：要使学生能具体设想他在课上要学的材料，免得他“形式上”掌握材料。我们不妨根据上述两点要求对这个教具分析一下。要使儿童了解、直观想象“树林”这个词是什么意思，假设儿童确实不能想象这一点，需要专门用图片来说明（虽然仅仅二年级俄语教科书与教学参考书各种插图中的树林竟有七幅之多！）这样看来，图片的作用是完全不同的，它与该教具文字部分所起的作用和整个教具所要起的作用——给学生词根的概念——不相符合。而且，将词归到由画片在学生头脑中引起的并由该词所表示的物体这一过程，与从同根词中分出它们共有的词根那些心理过程似乎是完全对立的。儿童应从教具中意识到什么？显然这里应该意识到的正是缩写的一些词的词根共同性，但无论如何不是它们物体意义的共同性。必须使儿童对所比较的词的物体意义不予注意，使词就是词，而不是作为它所表示的物体呈现在儿童面前。然而在这种情况下，儿童的意识对象应该是相互比较的词和它们的词根共同性这一语言现象；使用这个教具时，对儿童进行教学所依靠的图片却相反，将他的意识集中在根词所表示的物体本身上面。类似这种多余的，将代表词的最大概括性的东西——它的词根——“拴系”在单独具体物体形象上的情况，只会碍事。所以，在这种情况下，最好将图片和文字分开，分别单独使用。

2. 教材图像设计也应符合事实和逻辑

图像虽然具有形象性，但是它和语言文字等抽象表达形式一样，也要注意符合事实和逻辑（参见“阅读材料：物理教科书插图的一个错误”“阅读材料：语文书插图一堆错误？政协委员给小学课本提意见”）。尽管教材的图像设计和其他领域的设计有很多共同的地方，但是作为教育者从事教育活动的一个核心工具，教材应将其“教育”功能始终放在第一位。因此，图像设计在体现“审美性”的同时必须体现其“教育性”，也要讲究符合事实和逻辑，从而使图像成为真正有助于学习的工具。

❖ 阅读材料：物理教科书插图的一个错误①

人教版《物理》教材高中第一册，“曲线运动”第一节“曲线运动和直线运动”，文中配有二幅插图，一为砂轮边缘飞出的火星沿直线前进，直线与砂轮边缘相切。另一幅插图为雨伞旋转时从伞尖上飞出的水滴沿与伞边缘相切的直线飞出。但第二幅插图与实际情况不符，对学生产生了错误导向。现在就此问题加以辨析。

原图见图1，原图中的水滴排列成队，分别指向各个伞尖，显然这图描述的应该是从某一个伞尖上依次飞出的水滴，排列成一条直线，直线与伞边缘相切。其他伞尖上飞出的水滴与此相同。而这恰恰与事实相违背。这很容易证明，从一个伞尖上依次飞出的水滴，虽然它们各自的飞行轨迹是与伞边相切的直线，但它们排成的队伍绝对不是直线，并且向后弯曲。

下面我们以一个伞尖的水滴为例（忽略水滴脱离伞尖时的径向速度，也忽略空气阻力）。

假设水滴飞出时间间隔为 T，伞边缘旋转的线速度为 v，伞尖划圆周运动，水滴飞出走直线运动，假设第一滴水① 从 $t=0$ 时飞出，此时伞尖和雨

① 牛向阳. 教材插图错误辨析［J］. 物理教师，2003（12）：15.

滴①都在 A 点，第一滴水飞出后沿直线飞行（如图 2）。那么当 $t=T$ 时刻，水滴前进的距离 $S=v \cdot T$ 到 B 点，伞尖划出的圆弧长度也是 S 到 C 点，不难看出雨滴①在半径线 OC 之后（按转向说）雨滴②在 C 点飞出后，也将沿直线前进（如图 3）。

显然，当 $t=2T$ 时刻，雨滴①到了 D 点，雨滴②到了 E 点，而第三滴将要从 F 点出发沿直线前进。显然，①、②、③三滴水排成的队列即 DEF 曲线。

实际上，通过实验，可以得到同样的结果。难怪不少学生一开始就对此图表示怀疑，但他们没有办法证明，只是朦朦胧胧地觉得好像与事实不符。通过以上的简单分析，已经证明原图确实存在错误。

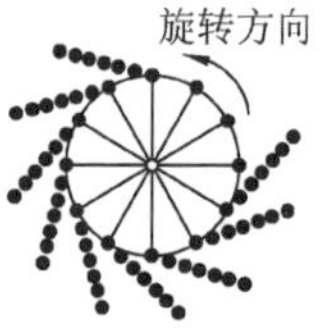

图 1

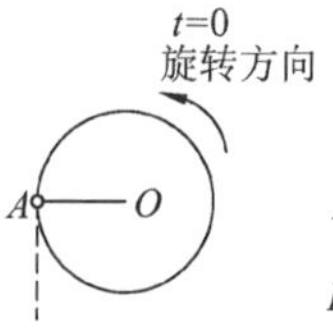

图 2

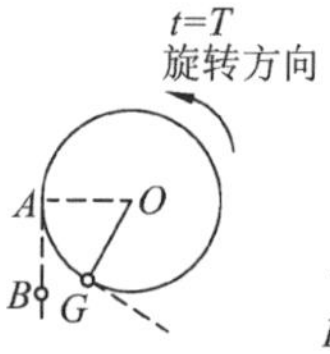

图 3

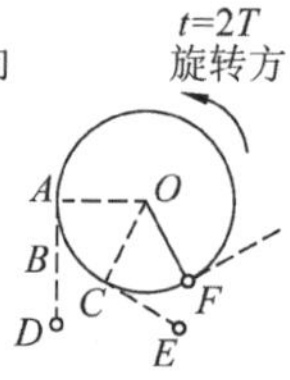

图 4

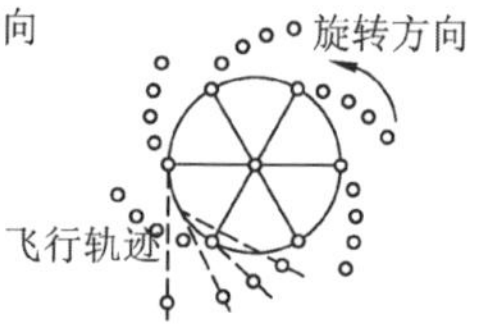

图 5

原图之所以出现错误，显然是受了第一幅插图的影响。砂轮上飞出的火星，之所以排成直线并与砂轮边缘相切，是因为砂轮和摩擦物的接触点，即所有火星的出发点是固定在同一点的，所以所有的火星都沿同一直线飞出，而伞尖上的水滴飞出时，伞尖也在转动，并不停留在空间某点上，所以正确的插图应该如图 5 所示。

❖ 阅读材料：语文书插图一堆错误？政协委员给小学课本提意见[①]

昨天，在市政协十届二次会议举行的教育文化和社会保障专题座谈会上，面对前来听会的市教委负责人，政协委员何小威手里举着一封信发言说："我上会以前，海淀区学院路小学的蔡轻舟同学请我带到政协会上一封信——《语文课本插图里的一堆错误》，希望我向有关部门反映一下。我想问一下我们北京的教材编审部门，对于小学课文中的插图很好地审过没有……" 记者随后从何委员手里拿到了蔡轻舟小同学请何委员带到市政协会上的这封信。信的内容是：我们五年级第二学期语文课本上的插图很好

① 语文书插图一堆错误？政协委员给小学课本提意见［J］. 南昌教育，2004（2）：30-31.

玩，要么十分离奇，要么就是一些简单的错误，我常以在插图里找错为乐。蔡轻舟同学在信里举例说：第十一课《飞夺泸定桥》里的插图上，红军战士大多是站在铁链上跑步前进，有两个战士居然还双手拿枪。我想象很多人站在铁链上一定摇晃得非常厉害，就是走钢丝的阿迪力怕也没有如此功夫，可红军居然不会掉到河里……第十课《成功的秘诀》中有一句话“罗丹套上了一件白外衣”，可是插图里的罗丹却穿着黑外衣，难道这是画插图的人在和我们变戏法吗？第三课《古诗四首》中李贺的《马》的插图属于离奇类，诗中明明写着“大漠沙如雪”，插图上却是一片绿洲……蔡轻舟小同学在信的末尾说，这几个例子足以说明，我们课本的主编们对工作可是太不认真了，小学生都能发现的错误，他们为什么没有看出来呢？出版社给小学生们提供这样的产品，是否应该赔偿我们的书费和精神损失费？何委员告诉记者，蔡轻舟小同学是在五年级第二学期时，无意中把语文课本的插图很好地看了一下，就挑出了插图里的五六个错误，孩子把这册课本和信一起带给我，我仔细看了一下，认为孩子说得非常有道理。中小学教材不仅担负着向学生传递知识的功能，还担负着教育孩子如何认真、严谨地对待工作的责任，我希望北京的教材编审部门要认真地对待这个问题。

3. 图像要符合内容的精神气质

图像的整体气质要注意符合其表达的内容自身的气质。如，活泼轻快的内容适合活泼的图像，严谨理性的内容适合沉稳冷静的图像。

4. 图像要符合使用者的审美需求

图像的表达要符合使用者的审美倾向。如，对于年幼的教材使用者，图像的设计可以可爱一些，想象力可以丰富一些，绘制的作品可以多一些，这样可以满足少儿充满想象的世界；对于年长的使用者，其心智已经成熟，脚踏实地是他们的处事方式，因此图像的设计可以加强现实世界的色彩，摄影等写实的作品可以多一些。

5. 图像要清晰，便于阅读

有时候图像的模糊是为了实现审美的效果，如某些装饰性的图案。但是有时候图像的功能偏向实用性质，如对某个具体概念进行可视化表达，其包含的内容应易于分辨，而不能只是为了追求某种艺术效果而过于模糊。

6. 合理控制图像的数量

图像不宜过多，只在必要的时候使用图像。一方面，要注意只在必要的时候使用图像，因为多余的图像会形成冗余的信息，既浪费教材的空间，也浪费使用者的时间、精力；另一方面，过多的图像不仅容易造成审美疲劳，还会分散使用者的注意力，使他们不能把注意力集中在更为重要的文字等其他内容上去。

八、教材表达系统要注意色彩设计

（一）色彩的含义和功能

1. 色彩的含义

色彩是教材设计的重要因素。“心理学家认为，人的第一感觉就是视觉，而对视觉影响最大的则是色彩。”① 色彩不仅是美术作品的重要因素，也是可视作品的共同构成要素。色“是美术作品的重要表现因素。光刺激眼睛而产生视感觉，一切光源含有色素成分。自然界中的一切色彩都是在日光或白光的映射下形成的。日光或白光在三棱镜折射下，分解为赤橙黄绿青蓝紫 7 色，称为光色。不同物质对光色的吸收成分和反射程度不同，呈现为复杂的色泽变化。物质对光色全部或大部吸收则成黑色，对光色全部或大部反射则为白色。7 色中被吸收的部分则隐，被反射的部分则显。一切可视的物质都具有在光照中显示色彩的因素。红、黄、蓝是物质颜料中不能再分解或不能再由其他颜料调和的色，故称颜料的三原色，或称一次色。三原色中两者相混产生橙、绿、紫，称为三间色，或二次色。间色与相邻色再次混合生成复色，或称三次色。间色与对立的原色关系称色彩的互补关系，又称互补色。如黄和紫为互补色，绿是红的补色，蓝是紫的补色。在绘画中，颜色的固有色叫色相；色彩的深浅浓淡叫色度；色彩的冷暖对比倾向称色性。色相、色度、色性又叫色彩的三属性。按人们视觉对自然的经验感受，色彩又分为冷与暖两大类调子，红、黄、橙、赭等为暖色调，青、蓝、绿、青紫等为冷色调。色彩中的冷暖关系是相对的比较关系，如红暖于紫，青寒于绿，因而两大类的内部也有冷暖对比的因素。由于特定光源色的影响，或者使画面色彩产生趋于某种统一倾向的因素称色调。色调对于揭示自然环境的时间和季节，对于传达人们心理和情绪有极强的表现力，在绘画诸要素中色彩是最具有感情特征的因素。通过人们视觉经验的联想，不同的色彩给人以不同的心理作用。”②

---

① 姜靓. 书籍设计［M］. 北京：中国建筑工业出版社，2013：75.

② 中国大百科全书总编辑委员会《美术》编辑委员会，中国大百科全书出版社编辑部. 中国大百科全书：美术 II［M］. 北京：中国大百科全书出版社，1990：705.

需要注意的是，我们这里所说的色彩包括彩色和黑、白、灰。在设计的过程中，不仅要关注到对彩色的设计，还要关注到黑、白、灰的设计。

2. 色彩设计在教材中的功能

在教材中，色彩是依附于语言文字等抽象符号以及各类形象的图像上的。色彩不仅可以表达客观的对象，还可以用来表达主观的思想、情感。色彩在教材中主要起到以下几个作用：

首先，引起教材使用者的阅读兴趣。设计合理的色彩可以通过提升读者视觉舒适感激发其阅读的兴趣，从而减轻学习带来的疲劳感。

其次，帮助读者提高阅读效率。设计合理的色彩可以提高认知的效率。如，通过不同的色彩对教材中不同的内容进行区分，可以方便读者快速找到需要的信息，教材目标、教材的材料、教材的活动设计及教材评价部分的内容通过不同的色彩表达可以使教材的结构更加清晰可辨。对教材中的学习重点用不同的色彩和其他内容进行区分，可以引起读者的格外注意。

再次，弥补其他表达形式的不足。在教材中，色彩虽然依附于文字、图像，但是其自身也可以表达不同的内容。如，通过适宜的色彩表达温暖或冷静的情绪，揭示或补充文字等其他形式无法表达的思想、感情。

（二）教材色彩设计的要求

1. 教材色彩的设计要遵循色彩设计的原理

教材色彩的设计是色彩设计原理的一种运用，故而要体现一般性色彩设计的理论要求。色彩设计的基本要求如色彩和谐的原理、色彩表现的原理、色彩构图的原理等都应体现在教材色彩的设计中（参见“阅读材料：色相的表现价值”）。

❖ 阅读材料：色相的表现价值①

黄色：黄色是所有色相中最能发光的色彩。当我们用灰色、黑色或紫色把它涂暗时，它就失去了这种特色。黄色可以比作一种较为浓密和厚实的白色。这种带黄色的亮光越是画得浓和暗，它就越发类似于黄橙色、橙色和红橙色。我们看到的红色，就是黄色的停止点，红色中就带有看不见的黄色。在黄色到红色的色带中央，我们看到橙色，它是作为光线和物质

① ［瑞士］约翰内斯·伊顿. 色彩艺术：色彩的主观经验与客观原理［M］. 杜定宇，译. 上海：上海教育出版社，1978：100-105. 标题系本书作者所加。

的最强最集中的互相渗透点而存在的。金黄色以亮光的力量显示出物质的最高纯化，这种光是难以捉摸的辐射光，缺乏透明性，但因它全然在颤动而似乎没有重量。黄金从前在绘画中用得很多。它代表鲜明发光的物质。拜占庭镶嵌细工的金黄色殿宇，早期大师们绘画作品的背景，都是来世的、不可思议的奇异事物的象征，是太阳与光明的王国。圣徒的金黄色辉光是他们换貌成神的象征。这种效果上的成就被认为是亮光创造的氛围。而这种天国的亮光只有用金黄色才能象征出来。通常讲话中所说的“领悟”，指的是认识了以前隐藏着的真理。如果说某人“高明”就是认为他有才智。因此，黄色这种最辉煌、最明亮的色彩，在象征意义上是同领悟和知识相对应的。正如真理只有一条，黄色也只有一种。掺了假的真理就是败坏了的真理，非真理。因此，掺淡了的黄色表现的是嫉妒、背叛、虚伪、怀疑、不信任和缺乏理智。在乔托的《犹大之吻》中，犹大是用暗淡的黄色表现的。

红色：十二种色相色轮中的红色既不带黄也不带蓝。它那不可抗拒的光辉不易丧失，然而又特别易变。在它向淡黄或淡蓝变化时，又是非常敏感的。发黄的红色和发蓝的红色都展现出变调的巨大能力。红橙色是一种浓厚而不透明的色彩，好像充满内在温暖似的闪闪发光。红色的温暖可用红橙色强化到火焰似的力量。它在象征意义上比作富有生气的大地。红橙色光线促进植物生长和机体功能。适当的对比可使红橙色具有兴奋的好战的热情表现。红色同火星有联系，所以又同战火纷飞、恶魔横行的世界结合起来。它在战斗中又作军事占领的符号为战士们所佩戴。它还一直是革命的标记。热情的肉体的爱是以红橙色表示的，蓝红的紫色则暗示精神的爱。所以，夏隆东画的圣父和圣子就穿着深红色长衣。格吕内瓦尔德画的《依萨汉姆祭坛画》中的玛利亚和《施图帕赫村的圣母》中的玛利亚，都是穿的红色衣服。

在紫红色，即深红的色彩中，人间的力量与神界的力量结合在一起了。红色同黄色不同，它有非常丰富的变调可能，因为它可以在冷与暖、模糊与清晰、明与暗之间进行广泛的变化，而不会毁坏它的红色特性。红色能够表现出介于邪恶与崇高之间的各种效果，从在黑底上表现出的恶魔般凶险的红橙色，直到天使般可爱的粉红色。只有那种稀薄的、透明的、空气般的东西对红色是个禁区，因为那是蓝色占据至高地位的区域。

蓝色：纯度蓝色是一种不包含黄色或红色痕迹的色彩。从有形空间的观点来看，正如红色总是积极的一样，蓝色总是消极的。然而从无形的精神观点来看，蓝色似乎是积极的，红色则是消极的。蓝色总是冷色调，红色总是暖色调。蓝色是收缩的、内向的色彩。正如红色同血有联系，蓝色同神经系统有联系。蓝色是一种有如冬天的大自然的力量，因为在冬天，全部萌芽与生长现象都隐藏到黑暗与寂静之中。蓝色总是带有阴影感，在鼎盛阶段倾向于黑暗。它是一种捉摸不到的东西，然而又作为透明的气氛出现。在地球的大气中，蓝色的出现有最明亮的天蓝色晴空，也有最深沉的蓝黑色夜空。蓝色以信仰的颤动把我们的精神召唤到无限遥远的精神境界。蓝色对西方人意味着信仰，以前对中国人则象征着不朽。当蓝色处理得昏暗时，它就象征迷信、恐惧、痛苦与毁灭，可是它总是指向漠然超越的领域。

绿色：绿色是介于黄色与蓝色之间的中间色。绿色中包含的黄色多些或蓝色多些，它的表现特色就发生变化。绿色是间色的一种，产生于两种原色的调和。绿色是植物王国的色彩，神秘的叶绿素包含着光合作用。当阳光照射到地球时，水和空气就放出它们的分子，于是实体化了的知觉能力就长出绿色。绿色的表现意义是丰饶、充实、宁静与希望，以及知识与信仰的融合渗透。当明亮的绿色被灰色所暗化时，就容易产生悲伤衰退之感。如果绿色倾向于黄色，进入黄绿色范围，我们就会感到自然界朝气蓬勃的青春力量。在春天或初夏的早晨，如果没有黄绿色，没有对夏季果实的希望与欢乐，那是不可想象的。可以用橙色把黄绿色的活力增加到最大限度，虽然这时它很容易具有粗劣卑俗的性质。如果绿色倾向于蓝色，它的精神成分就增长了。锰蓝代表蓝绿色的最丰富的色相。这种碧蓝色是冷色的极端，正如红橙色是我们色彩世界的暖色极端。在绿色和蓝色的对偶中，它具有一种冷色的生动有力的扩展性。绿色的转调领域非常广阔，可借各种对比取得许多不同的表现价值。

橙色：黄色和红色的混合色——橙色，处于最大辉煌度的焦点。它在有形的领域内，具有太阳的发光度，发红的橙色能取得最大的温暖活跃的能量。喜庆的橙色容易成为骄傲的表面夸饰。将其淡化时，很快就会失去特点；用黑色掺和时，它会衰退到模糊的、缄默的和干瘪的褐色。将这褐色化淡，我们就可获得灰褐色调子，它在宁静亲切的室内产生温暖慈祥的气氛。

紫色：要确定一种标准紫色，即既不带红也不带蓝，是极端困难的。许多人对紫色的明暗程度缺乏分辨力。作为黄色或称知觉色的相对色，紫色是非知觉色——神秘、给人印象深刻，有时给人以压迫感，并且因对比的不同，时而富有威胁性，时而又富有鼓舞性。当紫色以色域出现时，便可能清楚地产生恐怖感，在倾向于紫红色时更是如此。歌德说：“这类色光投射到一幅景色上，就暗示着世界末日的恐怖。”紫色是象征虔诚的色相，当深化暗化时，又是蒙昧迷信的象征。潜伏的大灾难就常从暗紫色中突然爆发出来。一旦紫色被淡化，当光明与理解照亮了蒙昧的虔诚之色时，优美可爱的晕色就会使我们心醉。用紫色表现混乱、死亡和兴奋，用蓝紫色表现孤独与献身，用红紫色表现神圣的爱和粮神的统辖领域——简而言之，这些就是紫色色带的一些表现价值。许多植物都有黄心的淡紫色嫩芽。

一般地说，所有的淡色都代表生活中比较光明的方面，而暗色则象征黑暗与反面的势力。

2. 色彩的使用不能影响阅读

色彩的实用性是教材设计者首先要考虑的。色彩的设计要能够方便使用者阅读。比如，明黄色的色彩如果用来设计文字就不太容易辨认，也容易引起阅读者的视觉疲劳。再比如，色彩的变化过多，容易引起读者的视觉疲劳，还会干扰其辨别教材内容的效率（参见“阅读材料：色彩和学习”）。

3. 色彩的强度要适度

过于浓烈的色彩和过于刺耳的声音一样容易令阅读者产生烦躁不安的情绪，而过于清淡的色彩又会抑制读者的阅读动机水平。因此，色彩的设计要能够给读者带来舒适的感觉。运用某些配色技巧可以让教材的色彩设计更加赏心悦目，激发积极的情感体验，提高认知的效率。比如，“一位优秀的设计师通常不会滥用色彩，只是让图书的色调更接近于自然，如果设计师选择运用颜色来达到美观悦目的效果，就应当注意组成霓虹的阳光的次序”。①

4. 色彩的设计要能够传达教材内容的精神气质

在教材中，色彩的设计要和其传达的内容相一致，引发和内容相一致的情感体验。“通常色彩是赋予感情的，从某种意义上说，色彩是人性格的折射。同理，色彩有时也可以直接展示出一本书的精神情感的感觉。色彩本无注定的感情内容，但色彩呈现在我们面前，总是能引起生理和心理活动，比如说，黑、白、黄等单调、朴素、庄重的色调可以给图书带来肃穆

① ［波］别内尔特，关木子. 书籍设计［M］. 贺丽，译. 沈阳：辽宁科学技术出版社，2012：9.

之感。色彩的象征意义，是人们长期认识、运用色彩的经验积累与习惯形成的。”[①] 因此，色彩的设计要和内容的情感特征相呼应，不能为了丰富视觉的体验而盲目堆砌。

5. 色彩的设计要考虑使用者的审美特点

不同的年龄、性别、文化背景（民族、地域、宗教等）会对审美的趣味产生影响。如，对于年幼的使用者可以设计丰富、活泼一些的色彩，对于年长一些的使用者则可以多一些黑、白、灰以适应其成熟、稳重的特点。

❖ 阅读材料：色彩与学习[②]

众所周知，与中学生及成人相比，小学生的抽象思维发展水平较低，其认知事物主要依靠具体思维，因而色彩是其认识对象的重要手段。艳丽的色彩可以弥补其感知客观事物较差的情况，有利于帮助他们准确地把握画面的各种事物。彩色插图颜色艳丽，散发出青春、活泼的气息，对比黑白插图，确实更容易吸引小学生的眼球，博得小学生的青睐，能唤起小学生对认识对象的强烈直观感受，也更利于激发其学习与阅读的兴趣。随着年龄的增长与语言文字的积累，相应增加黑白插图，有利于其了解真实的历史状况，也较为符合学生的认知发展状况。但是，教材中亦存在部分插图颜色过于深沉厚重影响阅读的情况，如：黑色字体搭配深沉的插图颜色，不利于阅读效果的实现；此外，课文内部亦出现色彩使用不当的现象，如：插图颜色渐变，最终挡住文字与作者信息；插图中人物头发的颜色不当等。凡此情况，都会影响阅读的视觉效果，不利于观看者的视觉感受。

九、教材表达系统要注意版面的综合设计

（一）版式设计的内涵和功能

版式是版面的格式。[③] “版式设计是指图书正文的全部格式设计。通常来讲，除封面、环衬和扉页之外，前言也包括在其中。”[④] 这里的版式设计

① ［波］别内尔特，关木子. 书籍设计［M］. 贺丽，译. 沈阳：辽宁科学技术出版社，2012：12.

② 张叶. 视觉文化理论下的小学语文教材插图比较研究［D］. 成都：四川师范大学，2018：26. 标题系作者所加。

③ 中国社会科学院语言研究所词典编辑室. 现代汉语词典［M］. 6 版. 北京：商务印书馆，2012：35.

④ ［波］别内尔特，关木子. 书籍设计［M］. 贺丽，译. 沈阳：辽宁科学技术出版社，2012：10.

是指教材的全部格式设计。版式设计是要对教材的文字、图像、色彩进行整体的设计。版面的整体设计涉及两个方面，包括整体设计的呼应和整体的设计风格。

1. 教材整体设计的呼应

版式设计不单单是文字、图像、色彩各自的设计，也不单单是某一页面的设计，而是整体的设计。所谓整体，从大的角度来看，是从教材的开始（如封面）至结束（如封底）的全部；从小的角度来看，包括某一平面（如一个页面或者同属于一个平面的相邻两页或多页之间）内部各个组成部分的联系。

2. 教材整体设计风格的呈现

风格是指“一个时代、一个民族、一个流派或一个人的文艺作品所表现的主要的思想特点和艺术特点”。[①] 风格是“艺术作品在整体上呈现出的具有代表性的独特面貌。……近现代以来，人们广泛地在美学、文学、艺术、文艺评论等领域使用该词”。[②] “风格不同于一般的艺术特色或创作个性，它是通过艺术品表现出来的相对稳定、更为内在和深刻，从而更为本质地反映出时代、民族或艺术家个人的思想观念、审美理想、精神气质等内在特性的外部印记。”[③] 风格具有自身独特的意义。“风格的形成是时代、民族或艺术家在艺术上超越了幼稚阶段，摆脱了各种模式化的束缚，从而趋向或达到了成熟的标志。”[④] “风格的本质意义还在于，它既是艺术家对审美客体的独特而鲜明的表现的结果，因而它在更深刻的意义上揭示了艺术创作与欣赏的本质特征之一——现实世界与审美客体的无限丰富性与多样性。风格是由艺术品的独特内容与形式相统一，作为创作主体的艺术家的个性特征与由作品的题材、体裁以及社会、时代等历史条件决定的客观特征相统一而形成的。风格的形成有其主、客观的原因。在主观上，艺术家由于各自的生活经历、思想观念、艺术素养、情感倾向、个性特征、审美理想的不同，必然会在艺术创作中自觉或不自觉地形成区别于其他艺术家

---

① 中国社会科学院语言研究所词典编辑室. 现代汉语词典［M］. 6 版. 北京：商务印书馆，2012：387.

② 中国大百科全书总编辑委员会《美术》编辑委员会，中国大百科全书出版社编辑部. 中国大百科全书：美术 II［M］. 北京：中国大百科全书出版社，1990：228.

③ 中国大百科全书总编辑委员会《美术》编辑委员会，中国大百科全书出版社编辑部. 中国大百科全书：美术 II［M］. 北京：中国大百科全书出版社，1990：228.

④ 中国大百科全书总编辑委员会《美术》编辑委员会，中国大百科全书出版社编辑部. 中国大百科全书：美术 II［M］. 北京：中国大百科全书出版社，1990：228.

的各种具有相对稳定性和显著特征的创造个性。”[①]“在客观上，艺术家创作个性的形成必然要受到其所隶属的时代、社会、民族、阶级等社会历史条件的影响；而艺术品所具体表现的客观对象，所选择的题材及所从属的体裁、艺术门类，对于风格的形成也具有内在的制约作用。这就是风格的客观条件。”[②]“具体来说，风格体现在艺术作品的诸要素中。它既表现为艺术家对体裁选择的一贯性和独特性，也表现为对创作手法的运用、塑造形象的方式、对艺术语言的驾驭等的独创性。真正具有独创风格的艺术品能够产生巨大的艺术感染力。”[③] 我们这里所说的教材风格是指教材设计呈现出来的整体风貌和特色，如或庄重，或轻巧，或活泼，或严肃，或简约。

教材版式设计的功能在于使教材设计体现“系统设计”的理念，使设计的所有要素都能够相互呼应，实现统一的表达功能，进而更好地服务于教材实用和审美的双重教育价值。

（二）教材版式设计的要求

1. 教材版式设计要注意法定要求

当版式有一定的法律规范的要求时，要注意遵循有关的要求。如，我国《中小学生教科书卫生要求》规定，版心即教科书印刷成品版面中的图文印刷区域（不含出血图像）规格按 GB/T 18358 的规定（参见“讨论与争鸣：关于修改《中小学教科书幅面尺寸及版面通用要求》国家标准的建议”）。[④] 教科书的版心设计要注意相关的规定。各种幅面尺寸的版心规格必须符合相应的要求。采用分栏设计的教科书，应视学科特点合理分配栏宽，在达到便于学生学习的最佳视觉效果的前提下尽量提高版面利用率。分栏设计的教科书，版心范围以各栏的外侧边界为准。[⑤]

---

① 中国大百科全书总编辑委员会《美术》编辑委员会，中国大百科全书出版社编辑部. 中国大百科全书：美术 II ［M］. 北京：中国大百科全书出版社，1990：228.

② 中国大百科全书总编辑委员会《美术》编辑委员会，中国大百科全书出版社编辑部. 中国大百科全书：美术 II ［M］. 北京：中国大百科全书出版社，1990：228.

③ 中国大百科全书总编辑委员会《美术》编辑委员会，中国大百科全书出版社编辑部. 中国大百科全书：美术 II ［M］. 北京：中国大百科全书出版社，1990：228.

④ 中华人民共和国国家卫生健康委员会. 中小学生教科书卫生要求（代替 GB/T 17227—1998）：GB/T 17227—2014［S/OL］.（2015-04-07）［2020-02-22］. http://www.nhc.gov.cn/wjw/pqt/201504/fa67b1e11d534a7988a093580acd5c33.shtml.

⑤ 中华人民共和国国家质量监督检验检疫总局，中国国家标准化管理委员会. 中小学教科书幅面尺寸及版面通用要求：GB/T 18358—2009［S］. 北京：中国标准出版社，2010：1.

2. 各类教材表达形式应密切联系，相得益彰

教材的各类表达形式不应孤立地设计，要注意它们之间的关系。比如，文字和配套图像的距离不宜离得过远，否则影响阅读的效率；和文字相联系的图像应标注清楚图名，方便阅读时检索；文字和图像应各自发挥自己的特长，避免出现不必要的重复；图像和文字之间要保持适当的距离，避免互相干扰，影响图像和文字的辨认和阅读。

3. 教材版式的风格要和教材内容的气质相结合

教材版式风格与教材内容的配合主要体现在两个方面：一方面，教材的版式风格要体现整个教材的精神内涵，为此，文字、图像、色彩都要体现出类似的风格特征，而不能各行其是。另一方面，版式的风格要体现教材的美育功能。教材的版式设计本身就是一种无形的教育资源，高品位的教材版式设计有助于通过教材的使用为学生提供良好的审美体验，使学生养成高雅的审美情趣。

4. 教材版式设计要能够激发使用者的兴趣

"视觉是人的主要审美感官。所以当读者翻开一本书时，版式设计要优先于图书内容给读者留下深刻印象，往往优秀的版式设计会吸引读者进一步阅读图书内容。"① 版式设计好比一个人留给别人的整体印象，或者干净利落，或者妩媚多情，这些风格要能够引起使用者的愉悦感，促使其愿意不断地与教材互动和"对话"。为此，版式设计和文字、图像、色彩一样，也要适合使用者的审美习惯。受到年龄、文化、民族、职业、信仰、教育程度等因素的影响，人们对设计会有不同的偏好。类似年龄的读者有某些类似的生活状态和认知情感状态，因而会显示出某些相似的审美特点。如，低年龄的读者思想单纯、身体健旺，乐于和世界互动，喜欢轻快、活泼的气质；青春期的读者认知和情感日益丰富、复杂，同时自我意识日渐成熟，对未来充满幻想，他们意气风发，喜欢张扬个性，大胆而与众不同的设计会得到他们的关注，同时兼具活泼和稳重的设计更适合他们的胃口；大学生对世界的了解日渐全面，生活压力逐渐增加，举止逐渐变得稳重，在审美上逐渐倾向稳重的格调；中老年人经过了人生的历练，思想和行为变得更加沉着，不爱张扬，因此，在审美上也偏向于低调一些的风格。

但是，人的成长和其所处的文化背景又是紧密相关的。相同年龄的人由于生活的文化背景不同，还会显示出审美倾向的差异。如，我国幅员辽

---

① ［波］别内尔特，关木子. 书籍设计［M］. 贺丽，译. 沈阳：辽宁科学技术出版社，2012：10.

阔，拥有丰富多样的地域文化。同样是中年人，东北地区的人们可能相对来说更愿意接受热烈而张扬的设计，而江南地区的人们则可能更加偏爱温和低调一些的设计。因此，在设计版式的时候，有时还要充分考虑教材使用者的文化背景和其他差异。

5. 教材版式设计要注意整体布局的明度

教材版式设计要注意教材各个组成部分形成的整体明度。如，文字的字体、字号、字距、行距、疏密会影响版面的整体明度。图像也是如此。散落在教材各处的图像或明或暗，要注意它们在教材中分布的节奏，避免整个版式过于明亮或者过于晦暗。此外，还要注意把“空白”也作为图像设计的对象，适当留白。教材中的留白主要起到三个作用：一是使教材版式具有通透、清新的效果。“大胆、合理的留白能够传达出设计师高雅的审美品位并打破死板呆滞的常规惯例，从而使整个版面通透、开朗、跳跃、清新”①，所以要尽量避免把各个版面填充得满满的；二是方便使用者对教材信息的辨认和阅读，避免因为信息过度拥挤引起视觉疲劳；三是方便使用者在需要的时候在教材空白处做笔记或其他记录。

6. 教材版式设计要协调好“对称”和“不对称”两种形式

从审美效果来说，对称的设计给人以平衡、安定的感觉，而不对称的设计容易使人产生不稳定的感觉。对称形式是被广泛应用的一种版式设计形式。这种设计形式给人以稳定、统一、稳重大方的感觉。在实践中，绝对对称的版式设计是少见的，过分强调对称容易使版面呆板木讷。在设计版面时，可以采用平衡但不对称的方式保持版面的统一、稳定，同时又可以增加活泼的感觉。教材版式设计要处理好“对称”和“不对称”的关系，既避免过度死板，也避免因为过于活泼带来的阅读“不安”感和不适感。

7. 教材版式设计要协调好“二维”和“三维”空间的视觉效果

版式的“立体设计”有助于提升教材表达系统的设计水平。所谓版式的“立体设计”，是指版式的立体空间感的营造。“对版面元素进行近、中、远的空间设计，版式上能够产生一定深度且具有三维空间的视觉效果。文字的大小起伏变化，颜色的有层次区分都是使空间具有层次的有效方式，浅颜色给人以较近空间感，反之，深颜色会略远一些。此外，将版面元素的大小比例、位置方向、颜色搭配等细节进行不断的编排完善，逐步形成成熟完美的视觉空间感。这就是建立于二维平面基础上的一种三维假想空

① ［波］别内尔特，关木子. 书籍设计［M］. 贺丽，译. 沈阳：辽宁科学技术出版社，2012：13.

间。其目的是使整个版面产生韵律，显得灵活而深远，又能清晰地传达信息，有利于吸引读者的注意力和增强理解力。”① 如果能对教材版式进行“立体”的审美效果设计，教材毫无疑问将散发出更浓厚的艺术气息和艺术魅力。

◆ 讨论与争鸣：
关于修改《中小学教科书幅面尺寸及版面通用要求》国家标准的建议②

九三学社铁岭市委秘书长陈岩说，目前，我国中小学生近视率持续攀升，小学生的近视率已经达到28%，中学生近视率达到60%，大学生近视率达到90%以上。中小学生患近视眼的原因是多方面的，但是不外乎两种主要因素：一是功课量大，用眼时间过长，用眼过度；二是教材及教材辅助用书所用字体字号偏小，造成眼疲劳。其中教材字号过小为中小学生近视率居高不下的最主要原因。

现行普通中小学使用的教科书及各种教辅用书，书幅面尺寸及字体大小采用的是 GB/T 18358—2009《中小学教科书幅面尺寸及版面通用要求》国家标准，该标准替代 GB/T 18358—2001 标准，2009 标准仅对教材版面尺寸及分栏标准进行了修改，未对印刷字号标准进行任何修改。该标准规定：义务教育 1~3 年级适用正楷 2~3 号字，义务教育 3~4 年级各科教科书及辅导用书使用由正楷体逐渐过渡到书宋体 4 号字；小学 5~6 年级、初中各科教科书使用书宋体小 4 号字为主；高中理科教科书使用宋体 5 号字。目录、注释、练习等可参照正文用字适当减小，中小学教科书的最小用字不得小于 5 号字。但是就目前而言，中小学生的各种教学辅助用书编排的字号大多用的是小 4 号字或 5 号字，即出版印刷商是按国标的最低标准来印刷教材辅助用书的。对于眼睛尚处在发育期的中小学生来说，长时间接触字体太小的书籍，特别容易造成眼疲劳，进而产生视力下降，甚至还会引发和加重各种眼病。为此建议：一、国家标准和信息化委员会尽快修改 2009 年制定的 GB/T 18358—2009《中小学教科书幅面尺寸及版面通用要求》国家标准，对教材及辅助用书版面和字号做出严格规定，制定有利于保护青少年视力

① ［波］别内尔特，关木子. 书籍设计［M］. 贺丽，译. 沈阳：辽宁科学技术出版社，2012：10.

② 九三学社委员会. 关于修改《中小学教科书幅面尺寸及版面通用要求》国家标准的建议［Z/OL］.（2014-12-03）［2020-02-21］.http://93.gov.cn/html/93gov/lxzn/czyz/sqmy/141211149803650223.html.

健康的教材及辅助用书字号标准。义务教育1~2年级使用2号字（2009年标准为2~3号字），义务教育2~4年级各科教科书及辅导用书使用3号字(2009标准为4号字)；义务教育5~9年级和高中各科教科书使用4号字(2009标准为小4号字)。个别特殊的公式可使用4号或5号字。二、教材辅助用书版面和字号必须执行国家标准，对不符合标准的教材辅助用书一律不允许上架销售。

第三节　教材表达系统设计举隅

——以纸质教材为例

鉴于目前教材以纸质教材为主，这里以纸质教材为例对教材表达系统的设计做进一步的讨论。对于以多媒体为物质媒介的现代教材（如数字教材），以下的讨论也可以引发一些有益的思考。

一、纸质教材的构成

通常，一本纸质教材和其他书籍一样，包括以下几个组成部分：①

- 封面和封底：封面也称书衣、封皮、封一。包括封面、书脊、封底和勒口。封面主要表达书名（必要时包括出版版次）、作者（编者、著者、译者）、出版社名称等信息。封底则有出版机构的条形码、书号、定价等。
- 书脊：也称封脊，是书的背面靠近书籍装订的地方。封脊的内容包括简短的书名、著者的姓名、出版社名称。它的功能主要是便于读者在书架中查找。
- 护封：是书籍的保护层。主要用于保护书籍封面不受损坏，所以此处的纸张通常质量较好。护封的组成部分从它的折痕来看，有前封、书脊、后封、前勒口、后勒口。
- 书函：也称函套、书套。它是包装书的壳、套、盒，一般用于精装书。同时也用于多本系列书籍，主要用于保护书脊和收纳套书。
- 腰封：放置在护封的下方，主要用于刊印广告语。
- 勒口：也称飘口、折口。作用是：第一，连接内封的必要部分；第二，编排作者或译者简介，同类书目或和书本有关的图片以及封面说明文字，

① 姜靓.书籍设计［M］.北京：中国建筑工业出版社，2013：65-67.

也有空白勒口；第三，勒口的尺寸一般不小于5cm。

- 环衬：也称环衬页，是封面后、封底前的空白页，连接到封面的叫前环衬，连接到封底的叫后环衬，是封面到扉页和正文到封底的过渡。
- 扉页：也称书名页，是正文部分的首页。扉页是书刊封面之内印有书名、作者、出版者等项内容的一页。[①] 扉页的基本构成元素是书名（包括卷次、版次）、作者、著述方式、出版者及出版者所在地。扉页字不宜过多与繁杂。
- 辑封：也称小封面，是书籍大章节的隔断，每个大章节的封面、章节名称不同，但相关设计需有统一的连续性。
- 序、自序：是扉页之后、目录之前的一页。
- 目录：是“书刊上列出的篇章名目（多放在正文前）”。[②] 在序之后、正文之前。
- 版权页：是书刊上印着书刊名、著作者、出版者、发行者、版次、印次、印刷年月、印数、定价、书号等的一页。[③] 具体来说，“版权页包括书名、作者、编者、评者的姓名；出版者、发行者和印刷者的名称及地点；书刊出版营业许可证的号码；开本、印张和字数；出版年月、版次、印次和印数；统一书号和定价等”。[④]
- 正文：书籍主要信息内容部分。
- 页码：页码的标注方式可以单页标注、双页标注，具体根据整体书籍的设计而定。
- 页眉：在版心以外，天头附近的空白处表述书名、章、节标题的信息文字。

当教材设计的对象是纸质媒介的教材时，要对上述所有书籍的组成部分进行表达系统的设计。

二、纸质教材设计的要求

这里分别就上述纸质教材若干组成部分的设计进行分析。

---

① 中国社会科学院语言研究所词典编辑室. 现代汉语词典［M］. 6版. 北京：商务印书馆，2012：376.

② 中国社会科学院语言研究所词典编辑室. 现代汉语词典［M］. 6版. 北京：商务印书馆，2012：923.

③ 中国社会科学院语言研究所词典编辑室. 现代汉语词典［M］. 6版. 北京：商务印书馆，2012：35.

④ ［波］别内尔特，关木子. 书籍设计［M］. 贺丽，译. 沈阳：辽宁科学技术出版社，2012：10.

（一）教材封面设计

1. 教材封面的功能

封面主要起到三个作用：一是保护图书，二是给读者以美的享受，三是引导读者了解教材的内容。封面是书籍的外包装，是“脸面”。“封面是图书的表情。当读者看到图书时，封面的‘表情’在第一时间内是否能给读者的心灵带来深深的触动，这就成为一本图书成功销售的关键。”① 教材封面的实用性主要在于保护书的内里不受到损坏，使教材能够经久耐用。此外，教材封面具有明显的装饰美化的作用。教材封面好比人的脸面，在人们的视觉反应中具有重要的地位。书本需要被反复翻阅，每次翻阅的第一步就是看到封面；当书本不被翻阅而是静静地躺在读者面前时，封面也是出现在读者视觉范围里频率最高的一个部分。因此，设计良好的教材封面更像是一个朋友，不断地在读者阅读书本的时候给予精神上的抚慰。当然，教材的封面还有通过文字、图像、色彩、版式引导读者了解教材正文中的信息主题的作用。

2. 教材封面的设计要求

教材封面设计最重要的是要以最为直观的方式揭示教材的内容和精神气质。

（1）封面设计要用最直观的表达形式揭示教材的内容

封面除了通过抽象的文字传达作者、书名、出版社等信息之外，还需要用图像、色彩、版式直观地呈现必要的信息。如，供化学课程使用的教材，封面适合采用化学实验器材等能够引发和化学现象、化学活动有关的联想的图像，这样比单纯使用文字更能直接地揭示其内容。

（2）教材封面的设计要呈现和书的内容相一致的精神气质

人的脸面具有直接反映人的精神风貌和气质的作用，而封面是一本书的“脸面”，也同样可以直接反映一本书的精神风貌与气质。如，如果教材内容偏向学术性，封面就要给人以严谨的感受；如果教材内容主要是偏向普及性的知识，教材封面就需要呈现一种兼具严谨和活泼的气质。再如，科学类的教材可以设计得稳重些，人文社会科学类的教材可以设计得温和、亲切些。

（3）教材封面的书名应突出显示

书名是一本书的“旗帜”，通过这个旗帜读者可以快捷地洞见整本书的

---

① ［波］别内尔特，关木子. 书籍设计［M］. 贺丽，译. 沈阳：辽宁科学技术出版社，2012：8.

主要话题。因此，要通过文字、图像、色彩的设计将它和其他封面上的信息明显地区分开来。当然，尽管书名的突出很重要，但也不宜采用难以辨认的字体影响阅读，也不宜采用过于怪异的字体使之和整体的版式格格不入。

（二）教材书脊设计

书脊在整本书的构成中占据的范围很小，但又是书的重要组成部分。

1. 书脊的功能和内容

书脊的功能主要是两个：一是便于读者查找和取阅，二是对整本书起到美化作用。书脊的内容通常主要包括书名（必要时包括版次）、作者（著者、编者、译者）、出版社（包括出版社标志图案，丛书标志图案）。

2. 教材书脊的设计要求

（1）教材书脊的设计应便于查阅

教材书脊的设计最重要的要求是便于读者查找和取阅。我们可以想象一下自己在图书馆的经历。当我们在没有明确的借阅目的而在图书馆书架之间随意行走时，目光扫过那些并排的图书，通常我们看到的不是它们的封面，而是那些立着的狭长的书脊。又或者，当很多书被堆放在书桌上默默地等待主人的取阅时，我们首先看到的也是书脊。如果书脊的设计不能使读者快速地发现它，就会影响读者的取阅效率。如果教材被放在书店里等待消费者的光顾，那么，它是否能够在消费者目光的短暂停留时间里博得青睐，很大一部分将取决于书脊是否具有吸引力。因此，书脊设计的重要性仅次于封面。

（2）教材书脊的设计要有足够的视觉冲击力

书脊在整本书中占据的空间十分狭小，因此，需要在极其有限的空间里形成强烈的视觉冲击力，才能够在众多的图书中脱颖而出，吸引读者快速取阅。教材需要被反复取用，因而教材书脊的设计需要丰富的想象力，用富有创意的文字、图像、色彩和版式吸引注意力。

（三）教材扉页设计

1. 扉页的功能和内容

扉页是封面与图书内里之间的一座桥梁，起到引导视觉在封面和内部之间自然过渡的作用。通常，“扉页包括扩页、空白页、像页、卷首插页或丛书名、正扉页（书额）、版权页、赠献题词或感谢”等内容。[①]

---

① ［波］别内尔特，关木子．书籍设计［M］．贺丽，译．沈阳：辽宁科学技术出版社，2012：9.

2. 教材扉页的设计要求

（1）注意自然的过渡

所谓自然的过渡，是指其表达的内容和表达的形式一方面能够显示封面的主要内容及其表达形式的“背影”，另一方面其设计又能够和即将出现的序、目录、正文等内容相协调、呼应。

（2）不能喧宾夺主

扉页是图书整体设计的一个组成部分，所以扉页设计要与封面及其他设计相协调、统一。① 教材扉页不能设计得比封面还要显眼，而应“低调地”显示其存在，这样才能使其履行应有的过渡功能。有时候教材设计者可能对封面的设计“意犹未尽”，以至于想通过扉页的设计满足这种遗憾，结果就可能使教材的扉页过于高调，失去了其“过渡”的功能。

（四）教材目录设计

1. 目录的功能和内容

目录的主要功能是方便使用者从整本书中检索必要的信息。目录主要包括信息的名称（如标题信息）和信息所在的位置（如页码）。

2. 教材目录的设计要求

教材目录设计最重要的要求是“眉目”清晰。目录的首要功能是方便使用者找到相应的信息，因此目录的整体设计应该显示出清晰的面目便于阅读和检索。为此，要特别注意以下几个方面：

（1）不要过分依赖色彩和图案

目录的色彩运用要有节制，以不影响查找信息为宜，过分花哨的色彩会干扰读者的注意力。同样，图案的使用也应有所节制，过于繁杂的图案一样会让章节等重要信息淹没。

（2）文字的设计要清晰易于辨认

文字的字体、字号等设计要清楚，不宜繁杂，以便读者快速地捕捉需要检索的信息。

（3）适当留白

在目录设计中，最容易出现的误区就是把目录所在的页面填得满满的。比如，即使没有图案，设计者也要用虚线把章节名和章节所在页码之间的空白处填满，唯恐页面显得空空荡荡。目录中的留白主要有两个功能：一是使目录的信息面目清晰，便于读者查找相关的章节等信息；二是给读者

---

① ［波］别内尔特，关木子. 书籍设计［M］. 贺丽，译. 沈阳：辽宁科学技术出版社，2012：9.

的视觉适当的休息，从而让读者产生愉悦的心情。“我们看到的优秀作品，更多类似于国画中的留白，空白可以使读者在阅读时产生轻松、愉悦之感，标题越重要，就越要多留空白。如果能在密密麻麻的目录中使读者能够突然看到某块空白，相信这感觉仿佛在长期的黑暗中突然见到了光明般愉悦。”①

以上是以封面、书脊、扉页、目录为例说明教材表达系统的设计要注意的若干方面。在实际的教材设计中，要始终牢记教材表达形式应当为教材内容服务的宗旨，兼顾实用和审美，精心设计教材的每一个角落，如此才能使教材的表达系统同样体现“系统设计”的理念。

第四节　教材表达系统设计的常见问题与解决策略

一、不重视教材的表达形式

教材要发挥其教育的价值，如果没有高品质的表达设计，就难以将其蕴含着的内容——人类的文化以高品质的方式传递给受教育者，甚至会给学习者造成误解，无形中传播错误的内容，如教材中出现雷同的人物形象设计、错误的配图等。因此，要在观念上将教材的表达设计看作和教材的内容设计一样重要的任务，从“使用者接受效果”的角度研究教材内容的表达形式。

二、不注意法律规范

依法治教是保证教育活动有序开展的重要保障，教材作为教育活动的重要工具，其设计也必然要受到法律规范的约束。不仅教材内容的设计要受到法律规范的约束，教材的形式设计亦如此（参见“阅读材料：动物学教材插图问题”）。缺乏法律规范意识会给教材设计者带来不必要的纠纷和麻烦，如教材著作权的纠纷屡见不鲜，语法标点不符合规范的现象也不在少数。因此，教材设计者在设计时应熟悉有关的法律规范，并将其贯彻到教材表达系统的设计中去。

---

① ［波］别内尔特，关木子. 书籍设计［M］. 贺丽，译. 沈阳：辽宁科学技术出版社，2012：9.

❖ 阅读材料：动物学教材插图问题[①]

动物学（包括动物生物学、普通动物学、简明动物学、基础动物学、无脊椎动物学、脊椎动物学等）是揭示动物生存和发展规律的生物学分支学科。它研究动物的形态结构、生活习性、功能与适应、生存与繁殖、遗传与系统发育、分布与区系，以及其他有关的生命活动的特征和规律，是生命科学中一门重要的传统基础课程。动物学基础知识的理解尤其是形态结构与生理功能，很大程度上依赖于其反映动物基本结构实质内容的插图。动物学教材插图的优劣，直接影响了教材的质量。而长期以来，动物学教材中的插图及引用存在着诸多问题。在此就比较明显的几个问题浅议如下。

一、不标明原图绘制者。无论是国内的还是国外的，早期的还是现代的，有一部分动物学教材的引图要么均未标明绘图者，要么部分插图未标明绘图者。精美的插图一旦被转引，插图似乎就被迫成了先引用图者或老著作主编的劳动成果。如此是对原绘图者辛勤劳动的忽视，无意中实际已经造成了侵权，在知识产权意识大幅提升的现代社会，应不会再允许此类现象的长期存在。每一张精美的插图背后都有绘图者辛勤的劳动，任何情况下的引用都应进行相应的标注，这是对绘图者劳动的肯定与尊重。每一幅插图的使用都应征得绘图者的同意，如果是已用于出版物的插图，还应同时征得出版单位的同意，标明图的出处及绘图者（照片则应标明拍照者）。

二、仿图。动物学教材中相当一部分“仿图”是在原图基础上仿绘而成，有的会有一定的改进，这些“仿图”对动物学教材的质量提高起到了积极的作用，但有些教材选用他人的插图是经直接扫描或复印后去除原外文标注换上中文标注后就定为“仿”图，而有的则只不过是调整了图的位置，或将图重组，或在原图上加点线、去点线，局部处理后就定为“仿”图，还有的就直接用他人的所谓“仿图”，类似这些处理实际上都可以看成是盗用。照片的拍摄一样需要拍摄者财力、物力与精力的投入，为了拍好一幅照片，可能需要出差、找到拍摄对象，需要对拍摄对象的各种姿态进行追踪拍摄，最后从多张照片中选出最精彩的用于出版。为此，使用他人拍摄的照片，同样需要征得拍摄者的同意，对于已用于出版物的照片，同时应得到出版社的使用许可，否则只能放弃使用。

---

① 李海云，时磊. 动物学教材插图问题浅议［J］. 教育教学论坛，2013（28）：159-160.

三、图源不断变更。由于最初引用图的人未标明绘图者，后来者再引用图时就会难以查明出处，结果要么对图源做不标注的处理，要么就将图源标注为来自最初引用图的人或标为来自引用图的著作主编。长此以往，同一张图被反复转引后，就有了不同的来源，且这些不同的来源可能与绘图者无关，这样一来，绘图者的劳动成果就被转移了。

四、插图结构不明确及图注错误。教材中有些插图结构不明确，甚至会出现标注错误的现象，如在鱼脑结构图中将鱼脑神经的数目标错，鱼脑结构组成部分的位置标注错误。外文版动物学相关教材多采用彩色图版，且制作、印刷都非常精美，阅读时让人赏心悦目，易于读者理解掌握且印象深刻。而中文版教材图版多为黑白色，出于图的尺寸大小、制作、纸张和印刷等原因，往往不够清晰，尤其是一些结构示意图，被反复转引，本身的制作质量又不高，黑白的颜色体现不出明显的层次感，这在一定程度上影响了对动物学基础知识的理解。因而动物学教材的插图问题是制约教材建设的瓶颈。有版权的插图的绘制与改进、引用的规范与合法化，已成为精品教材建设的关键，亦是目前动物学教学改革急需解决的问题。

三、教材表达形式和教材内容不匹配

教材表达形式要兼具实用和审美的功能。所谓“实用”，主要是指为教材内容服务，进而更好地为教材目标的实现服务（参见“阅读材料：插图不可千人一面”）。因此，对教材表达形式的设计要和前述教材内容系统相互呼应。比如，“作者在写作的时候应该提前考虑必需的插图。这些插图的制作需要作者和插图画家密切合作。虽说插图画家应该展现他的创造性，但重要的是，他的才华首先要服务于教科书所追求的教育目标。从这一点来绘制插图。……教科书的大部分插图除了美学作用之外，更应该具有真正的教学作用，为学习服务”。[①] 为了防止表达形式和内容的脱节，设计者要和负责表达形式设计的合作者沟通好，明确表达形式和内容之间的相互呼应，确保每一种表达形式都能成为实现教材目标的有益帮手。

① ［比］弗朗索瓦-玛丽・热拉尔，易克萨维耶・罗日叶．为了学习的教科书［M］．汪凌，周振平，译．上海：华东师范大学出版社，2009：27.

❖阅读材料：插图不可千人一面[①]

我国文化博大精深，不同朝代的服饰也有其独特性，但在5套教材插图中，不仅所描绘的古代人物相貌类似，让人难以区分，其古代人物的穿着、造型、动作、身材比例、背影几乎一致，若不看课文标题，几乎不能有效地区分插图所描绘的古代人物，也不可能从穿着打扮中分辨出李白、杜甫、白居易、王维等伟大诗人，插图人物“千人一面”。

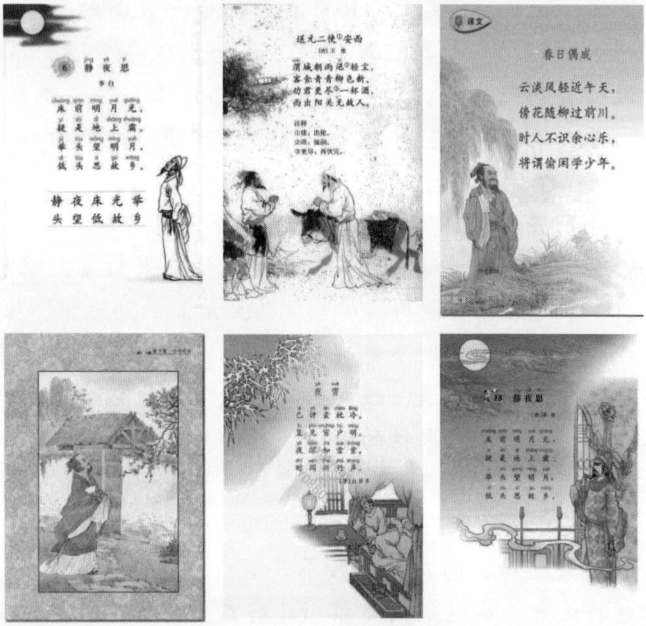

四、不重视教材使用者的审美体验

教材表达形式的设计既要研究其实用性，又要讲究必要的审美体验。缺乏审美趣味的教材表达形式既无助于内容的学习，也会让学习者面对教材索然无趣。如，表达形式过于单一，表达形式和学习者的审美趣味大相径庭，表达的形式和表达的内容相脱节，等等。因此，教材的设计者应加强自身的审美修养，一方面使教材散发出更多的艺术魅力，培育高雅的审美情趣，另一方面通过高品质的审美趣味吸引学习者的兴趣，激发其使用

① 张叶. 视觉文化理论下的小学语文教材插图比较研究［D］. 成都：四川师范大学，2018：69-70. 标题系本书作者所加。

的热情，更好地推动学习者的学习（参见“阅读材料：小学课本‘丑得让人哭’，是缺乏工匠精神”和“阅读材料：各国小学教科书大比拼，我们的课本也太太太丑了！”）。

❖ 阅读材料：小学课本“丑得让人哭”，是缺乏工匠精神①

关于小学教材，舆论普遍关注的是内容。其实，小学教材的排版、插画，也值得关注。近日，有文章称，当我们把今年最新的小学一年级教材和三十年前的小学教材一起摆在眼前时，最令出版界难堪的事情发生了：现在的小学教材丑得让人想哭！作为新时代的课本，除了纸张和开本外，从整体设计、排版到插画，艺术水平几乎全面倒退。这样的讨论无疑是有价值的。对于一个个开蒙的学子，小学教材里的插画、排版，以及文图搭配、色彩运用等，并不是可有可无的点缀。什么叫“图文并茂”？什么叫“审美教育基础”？朝夕相伴的教材应该是主渠道，是童蒙之眼感知未知世界的第一步。如果这第一步就马马虎虎，甚至是简陋到造作、扭曲到虚假，又怎么能够在幼小的心灵中埋下美的种子？比如，要不要遵循基本的比例关系、透视原理？色彩的浓淡、线条的舒畅是不是也该考虑？再如，整体的排版是不是也要多一些艺术性的考量，并尽可能多一些想象的空间？还有，图画的世界能够在多大程度上与现实契合？即便是我们想营造一个书本的世界，是不是也该始于艺术、终于艺术？

美育不会从天而降，而是要有传承、有普遍认知。有什么样的教材，就会有什么样的民众，反过来说亦然。目前需要做的，正是要唤醒沉睡的美感，一点一滴地做起，让我们的孩子们逐步生出一双双审美的眼睛。好的美感一点也不高深，审美从来也不遥远，任何艺术均来源于生活。孩子们的课本一定要贴近真实的生活，反映日常百态。清清的，像透亮的山溪；浅浅的，像拂面的微风。一个充盈的童稚世界，就是成人所能给予他们的全部。这样，熏陶、濡染的时间久了，美感自在其中。说到底，有些小学教材的粗糙、简陋，丑得让人哭，也照见了当下教育领域的急功近利。殊不知，小时候没有建立对美的认识，很可能，孩子们要用一生的时间来弥补。多年以来，我们对教材内容高度重视，在“经国之大业、不朽之盛事”

---

① 胡印斌. 小学课本“丑得让人哭”，是缺乏工匠精神[Z/OL].(2017-09-19)[2020-12-13].https://www.sohu.com/a/192892464_114988.

之外，往往无暇顾及其他。国人在审美上的断层，并不是可以轻易补上的，需要一代一代人的不懈努力。

❖ 阅读材料：各国小学教科书大比拼，我们的课本也太太太丑了！①

你印象中的小学课本是什么样的？从象君读小学到现在步入社会十多年过去了，关于小学课本的美学依旧只有一个字：丑。各种亮眼的色彩全都凑在一块，恨不得把饱和度拉到最高，还每个科目一种颜色，生怕你分辨不出来。说完封面，再来看看课本里面，排版非常简易，设计感约等于零。说好的审美要从娃娃抓起呢？这样我们怎么培养审美嘛！再看看其他地方的课本。分分钟完败啊……日本东京书籍出版社的小学国语课本无论是封面、排版和图文都经过了设计师的精心设计。在目录页中还配上了有趣的任务场景，让小朋友进行闯关游戏在玩中学习，在学习中寻找快乐。丰富的插画配图、精美的文字排版，还有超细腻好看的配色，犹如手绘本般吸引人。中国台湾美感细胞团队也为台湾的课本进行了重新设计，彻底革新了台湾教科书的美感，让孩子从小就沉浸在美学的氛围中（参见台湾美感细胞团队设计的小学课本）。目前这套小学课本覆盖了台湾一、三、五年级的各个科目，超过 200 多所学校在使用。虽然教科书主要是用来学习知识的，但培养审美也一样重要。希望未来的教科书都能变成美与知识兼具的高颜值版！

台湾美感细胞团队设计的小学课本

本章小结

“教材设计”既要讲究教材的科学性、价值性，也要讲究教材的艺术

① 普象工业设计小站. 各国小学教科书大比拼，我们的课本也太太太丑了！[Z/OL].(2018-09-16)[2020-12-13].http://k.sina.com.cn/article_5183145981_134f087fd01900b3wr.html.

性，这不仅是“系统设计”理念的要求，也是时代的要求。一方面，教材作为一种文化作品是内容和形式的复合体，表达形式的质量会影响内容的接受效果。另一方面，随着物质需求的日益满足，人们的审美需求水平也越来越高，教材设计的表达形式——包括审美的设计——将受到越来越多的关注。2014 年《教育部关于全面深化课程改革落实立德树人根本任务的意见》指出，教材“要创新呈现形式，根据学生年龄特点，密切联系学生生活经验，设计教材内容的呈现和编排方式，使之更加生动、新颖、活泼，增强对学生的吸引力”。[①] 可见，对教材表达系统设计的关注已经提上日程。

由于现有教材以视觉性教材为主要表达形式，因此本章主要以视觉性教材为例讨论教材表达系统的设计。总的来看，教材表达系统的设计要注意符合相关政策和法定的要求，要注意从有利于“学习者的学习”的角度出发兼顾内容信息的客观特点和学习者在认知、情感、审美方面的主观特点。

教材表达系统的设计要求教材设计者不仅要懂教育的内容，还要懂一些艺术知识，为此，新时代的教材设计对教材设计者的艺术修养提出了更高的要求。

■ 练习和检查

根据你的教材名称和使用对象为你的教材设计一个封面，可以参照“教材封面设计检查表”检查，在“检查结果”一栏的相应处打“√”。

教材封面设计检查表

教材封面设计的要求	教材封面设计的检查	检查结果
在封面的整体设计中突出书名	书名很突出	
	书名不太突出	
	书名不突出	

① 中华人民共和国教育部．教育部关于全面深化课程改革落实立德树人根本任务的意见[Z/OL].(2014-04-08)[2020-11-25].http://www.moe.gov.cn/srcsite/A26/jcj_kcjcgh/201404/t20140408_167226.html.

续表

教材封面设计的要求	教材封面设计的检查		检查结果
教材封面的文字设计符合内容和使用者的特点	文字便于辨认与阅读	文字都很容易辨认和阅读	
		文字不太容易辨认和阅读	
		文字难以辨认和阅读	
	文字设计体现教材主要内容（正文）的气质	文字整体气质和正文的气质相符合	
		文字整体气质和正文的气质不太符合	
		文字的整体气质和正文的气质完全不符合	
	文字风格符合教材使用者（学生）的审美特点	文字风格完全符合使用者的审美特点	
		文字风格不太符合使用者的审美特点	
		文字风格完全不符合使用者的审美特点	
教材封面的图像设计符合内容和使用者的特点	图像符合事实和逻辑的要求	图像没有出现有违事实或逻辑的内容	
		图像出现有违事实或逻辑的内容	
		没有意识到图像设计也要符合事实和逻辑	
	图像能够揭示教材主要内容（正文）的主题	图像和正文的主题完全相符	
		图像和正文的主题不太相符	
		图像和正文的主题完全不相符	
	图像设计关注使用者（学生）的兴趣	图像能引起学生的兴趣	
		图像不太能引起学生的兴趣	
		图像完全不能引起学生的兴趣	
	图像和文字互不干扰	图像完全没有干扰文字的辨认和阅读	
		图像干扰了文字的辨认和阅读	
教材封面的色彩设计符合内容和使用者的特点	色彩要让使用者（学生）感觉舒适	色彩看起来很舒服	
		色彩看起来不太舒服	
		色彩看起来很不舒服	

续表

教材封面设计的要求	教材封面设计的检查		检查结果
教材封面的色彩设计符合内容和使用者的特点	色彩和教材主要内容（正文）的气质相符	色彩和教材正文的气质完全相符	
		色彩和教材正文的气质基本相符	
		色彩和教材正文的气质完全不相符	
	色彩能引起教材使用者（学生）的兴趣	色彩能引起学生的兴趣	
		色彩不太能引起学生的兴趣	
		色彩完全不能引起学生的兴趣	
教材封面的版式设计体现一定的风格，符合内容和使用者的特点	封面的各个组成部分风格统一	文字、图像、色彩的风格统一	
		文字、图像、色彩的风格不太统一	
		文字、图像、色彩的风格完全不统一	
	封面的整体风格和教材的主要内容（正文）相符合	封面的风格和正文相符合	
		封面的风格和正文不太符合	
		封面的风格和正文完全不符合	
	封面的整体风格可以引起使用者（学生）的兴趣	封面的整体风格能引起使用者（学生）的兴趣	
		封面的整体风格不太能引起使用者（学生）的兴趣	
		封面的整体风格完全不能引起使用者（学生）的兴趣	

第九章　教材物质媒介系统及其设计

物质媒介系统的设计是教材本体设计的最后一个环节，本章就教材的物质媒介系统及其设计进行讨论。教材的物质媒介可以是传统的纸张，也可以是现代的电子屏幕，如智能手机、电子阅读器、平板电脑、手提电脑等。由于纸张在现行学校教材中仍然占据主流地位，因此这里着重讨论以纸张为物质媒介的教材设计。当教材的物质媒介是电子屏幕等其他媒介时，关于纸张媒介设计的某些思考仍然可以提供有益的借鉴。

第一节　“媒介”概述

一、媒介的内涵和特点

媒介是使双方（人或事物）发生关系的人或事物，如苍蝇是传染疾病的媒介。[①] 媒介是人类传播过程中运载和传递信息的物体，是连接传授双方的中介物。它可以是自然物，也可以是人造物；可以是单一的物体，也可以是一系列物体的组合。[②]

如果把教材使用的过程看作信息传播的过程，那么纸张、电脑等就可以被看作教育活动中的传播媒介。传播媒介是人们用来传递信息的中介物，是一种物质实体，我们可以使用、控制媒介进行传播，而传播媒介也以其自身的规律及特点反作用于传播过程。概括而言，传播媒介具有以下几个特点。[③]

第一，实体性。在大众传播中，书刊、报纸、收音机、电视机等都是用于传播的实体，是具体的、真实的、有形的物质存在。

第二，中介性。传播媒介居于传播者与受传者之间，使传、受双方通

① 中国社会科学院语言研究所词典编辑室. 现代汉语词典［M］. 6 版. 北京：商务印书馆，2012：882.

② 段鹏. 传播学基础［M］. 2 版. 北京：中国传媒大学出版社，2013：172.

③ 段鹏. 传播学基础［M］. 2 版. 北京：中国传媒大学出版社，2013：173.

过它交流信息、建立联系。在信息传播过程中，传播媒介起着沟通信息的桥梁和纽带的作用。

第三，负载性。负载符号既是传播媒介的特点，也是传播媒介存在的前提和必须完成的使命。纸张是负载文字符号和图像符号的合适媒介，磁带、唱片是负载声音符号的最佳媒介，拷贝、胶片、影碟则是负载图像符号与声音符号的较好媒介。

第四，还原性。作为中介的传播媒介，在传播过程中要保持所负载符号的原声、原形、原样，而不应对符号做扭曲、变形、嫁接处理。

第五，扩张性。媒介可以将负载的信息不断复制和分享。

二、传播媒介的发展

传播媒介的发展经历了从单一到综合、从简单到复杂的过程。①

1. 早期符号媒介阶段

自人类诞生伊始，就开始了交往和沟通。早在人类从灵长类到早期猿人的进化时期，人类就通过类似于动物的尖叫、呼喊和肢体动作等非语言符号和信号来交流信息。他们根据一些彼此理解的意义规则来使用发声、手势信号、面部表情、身体动作，进行简单的传播。语言的产生和运用，拓展了人类信息传播的内容和范围，口语不需要辅助手段，运用简便，易于控制。但口语媒介覆盖范围狭窄，传受双方必须处在同一时间、较近距离之内，传播才有可能实现，且口头语言难以保存。

2. 手抄媒介阶段

文字的产生使人类的传播有了新的媒介。大约在五千年前手抄媒介产生。早期的手抄媒介往往是通过对自然物的简单加工形成的。古人使用各种可以用来刻写的事物记录文字和图画，如石头、甲骨、羊皮、铜鼎、简帛等。手抄媒介打破了口头语言媒介传受双方必须共时的局限，其“历时”性质使信息得以记载而保存久远。但是这些媒介大多粗拙笨重，不方便携带，且生产成本较高，单位面积的符号负载量和信息量都很少。公元 105 年，蔡伦发明了以树皮、渔网、麻混合为原料的纸张生产技术。纸张光滑轻便、成本低廉。

3. 印刷媒介阶段

印刷媒介指将文字和图画等做成版、涂上油墨、印在薄页上形成的报

---

① 段鹏. 传播学基础［M］. 2 版. 北京：中国传媒大学出版社，2013：173-177.

纸、杂志、书籍等物质实体。我国的印刷媒介起源于公元前16至前11世纪的印章媒介和公元3世纪的拓印媒介。但是当时的印章和拓印获得的是黑纸白字的复本，而印刷得到的则是白纸黑字的复本。

公元450年，我国出现雕版印刷，当时主要用于佛教经卷的印制。北宋庆历年间，毕昇发明了胶泥活字印刷，之后出现了木活字印刷。1465年，德国人约翰·古登堡发明金属活字印刷法。印刷媒介较之语言媒介和书写媒介有了巨大的进步，它可以长期保存、方便取阅，而且种类繁多，适合各种读者的需求。印刷品借助机器设备能够迅速大量地印制生产，降低了报纸书籍的成本，促进其廉价化，使特权阶层对文化产品的垄断被打破，从而加速了人类传播向更深、更广的领域发展。印刷媒介的缺点是传播通道单一。尽管文字符号对视觉器官刺激强烈，但缺乏动感和声音。同时，文字符号的限制也使得部分文化程度低的人难以充分使用和享受这一媒介。

4. 电子媒介阶段

电子技术的发展为人类提供了新的传播媒介。19世纪末萌发的一场媒介革命，导致了记录影像的照相技术和电影的产生。20世纪初，电影、广播、电视等电子媒介的发明和普及标志了大众传播时代的到来。与此同时，其他电子媒介如录音机、录像机、视盘机等大量出现。电子媒介依靠声像传播信息，感染力极强，使受众的接受能力大大增强，与以往的印刷媒介大为不同，因此电子媒介更容易被不同文化程度的大众所接受和理解。

5. 新媒介阶段

“新媒介”这个术语从20世纪60年代以来一直沿用至今。20世纪后期，随着现代电子技术的飞速发展，传播媒介的科技含量日益加大，出现了众多高科技武装起来的信息传播手段，如互联网、数字音频广播、有线电视、直播卫星电视、高清晰电视等新媒介。此外，我们还应该注意新兴的“准媒介”，包括电脑游戏和虚拟真实装置，这些准媒介在文化和使用的满足上，和现存媒介功能有所重叠。目前，新技术正在为媒介环境带来惊人的变化。互联网作为一种新兴的传播媒介，依托多媒体技术、数字通信技术等高科技，集声音、图画、文字、影像等符号于一体，具有高度的综合性、互动性，传播速度更快，传播范围更广。

人类对信息传播速度和质量的渴望永无止境，而科技的进步使这些渴望变得越来越成为可能。教材信息的传播也将在新的媒介发展的背景中获得无限的想象空间。

第二节　教材纸张及其设计

纸张作为教材的传统物质媒介，在教育史上发挥了巨大的作用，而在各种新的传播媒介不断产生的今天，纸张仍然散发着独特的魅力，了解纸张的特性有助于发挥这一传统媒介在教育传播中的价值。这里就纸张的特性及教材纸张的设计进行分析。

一、纸张概述

（一）纸张的概念和种类

纸的概念包含纸张和纸板两个概念，有时候也把纸张简称为纸。按照国际标准化组织（ISO）的规定，原则上把定量小于 225g/m^{2}的纸页叫作纸张;定量大于 225g/m^{2}的纸页叫作纸板。所谓定量是指每 1m^{2}面积纸的相应质量（克数），其中包括纤维、水分、添加物（填料、胶料）等，单位是 g/m^2（克/平方米）。纸的规格有两种，一种是平板纸（又叫单张纸），另一种是卷筒纸（卷成圆筒形）。平板纸的尺寸目前常用的有 4 种（单位为 mm）：787×1092，850×1168，880×1230，889×1194。所有印刷用纸的尺寸要求必须与印刷机的系列相匹配，否则印刷时将会引起不必要的麻烦，造成纸的浪费。① 平板纸或单张纸是指由造纸机抄出的成品，裁切成一定尺寸，进行人工挑选、无纸病的单页纸的统称。平板纸按照令或件出售。② 卷筒纸的成品是由复卷机通过纵向切纸刀切开一定幅宽，并具有一定直径和适当紧度的纸卷。卷筒纸是由筒芯、纸卷、外包装纸等三部分组成的。③

根据造纸的原料不同纸张可以分为不同的种类。造纸原料有植物纤维和非植物纤维（无机纤维、化学纤维、金属纤维）等几大类。目前国际上的造纸原料主要是植物纤维，一些经济发达国家采用针叶树或阔叶树木材，占造纸用材总量的 95%以上。④ 在我国，造纸用的植物纤维原料的品种很多，分为六大类：针叶树木材（落叶松、红松、沙松、马尾松、云南松、樟子松等）；阔叶树木材（杨木、桦木、桉木等）；草类植物（芦苇、竹子、

① 刘仁庆，等. 纸张解说［M］. 北京：中国铁道出版社，2004：14.

② 刘仁庆，等. 纸张解说［M］. 北京：中国铁道出版社，2004：292.

③ 刘仁庆，等. 纸张解说［M］. 北京：中国铁道出版社，2004：293.

④ 刘仁庆，等. 纸张解说［M］. 北京：中国铁道出版社，2004：13.

芒杆、麦草、稻草、龙须草、高粱秆、甘蔗渣等)；韧皮纤维类（亚麻、黄麻、洋麻、檀树皮、桑皮、棉秆皮等)；种毛纤维类（棉花、棉短绒、棉破布等)；废纸纤维类（废旧书刊、报纸、旧纸板、破纸箱等)。①

此外，根据加工的过程可以把纸张分为手工制作的纸张和机器制作的纸张。传统手工造纸是采用天然的方式将植物纤维通过一系列工序加工制成的，其制作原料种类繁多。西汉时期出现了草本麻类制作的麻纸，较为粗糙。传统造纸原料可以分为木本和草本植物两类，其中包括各类树皮制成的桑皮、楮皮、檀皮和瑞香皮纸等，还有用竹子、麦秆和稻秆制作的竹纸、稻麦秆纸等。历史上出现过很多著名的手工纸，如唐代“硬黄”“浣花笺”(薛涛笺)，五代“澄心堂纸”等。工业革命后，机器造纸因为效率高、制作成本低廉而取代手工纸占据了主流地位。但是这些手工纸技艺并未消失，如宣纸、皮纸、藏族狼毒纸、傣族的傣纸、纳西族的东巴纸、维吾尔族的桑皮纸等制作工艺仍然散发着独特的魅力。② 传统手工造纸与现代机器制纸不同，需要依靠经验进行人工抄纸或浇纸而成，纸张的纤维分布不均匀，一张纸上会有厚薄不同的地方。特别是浇纸法所制的纸表面更具有粗糙感，可以产生特别的肌理效果，能够保留手工制作的痕迹，让纸张显得格外质朴和亲切。由于可以在造纸过程中加入完整的花草、叶子和非植物纤维等各种介质，手工造纸本身就有丰富的肌理效果。③

不同种类的纸张为教材的纸张设计提供了丰富的选择和创造空间。

（二）纸张的物理特性

纸张具有自己的内在品质，了解这些品质有助于科学规范地设计和评价教材的质量。纸张的物理特性可以从以下方面考察：

1. 纸度

纸度是纸张的规格。纸张的规格标准是为了配合机器印刷工艺的要求。

（1）大度

“大度”是商业俗称。20 世纪 90 年代以来，我国市场上平板纸的规格主要有四种（单位是 mm)，包括 787×1092，850×1168，880×1230，889×1194（俗称大度)。大度是从香港引进的。④

---

① 刘仁庆，等. 纸张解说［M］. 北京：中国铁道出版社，2004：13-14.

② 杨开敏. RISOGRAPH 印刷与传统手工纸的印刷设计探索［J］. 出版广角，2019（12）：86.

③ 杨开敏. RISOGRAPH 印刷与传统手工纸的印刷设计探索［J］. 出版广角，2019（12）：86.

④ 刘仁庆，等. 纸张解说［M］. 北京：中国铁道出版社，2004：323.

（2）正度

正度也是商业俗称。我国纸业市场称呼 787×1092 的纸为正度。[①] 国产纸的尺寸由我国国家标准（GB 147—1989）规定，新闻纸、印刷纸、书皮纸等的尺寸，平板纸（宽度长度，单位是 mm）为：787×1092，850×1168，787×960，690×960，880×1092 等。此外，近年来又有 880×1230，889×1194 的尺寸。这是国际上通用的平板纸尺寸。[②] 在实际使用中常见的有 4 种：787×1092，俗称小规格，商业上又叫正度；850×1168，俗称大规格；880×1230，俗称特规格；889×1194，俗称超规格，商业上又叫大度。[③] 卷筒纸（幅宽尺寸，以下单位为 mm）的规格有 1575，1562，1400，1280，1230，1092，880，787 等。卷筒纸的直径是 750～850，中间纸芯的直径是 75～85。卷筒纸有时可裁切成平板纸。[④] 此外，欧美日本等国家也有自己的规格标准。[⑤]

2. 纸重

纸重是指纸张的重量。纸张是用“克重”作为定量单位的。“克重”是指单位面积（m^2）的质量（g）为纸张的重量。相同的纸张，克重越大，纸张厚度越大。但相同的克重，不同的纸张因为原料和工艺不同，纸张厚度不尽相同。密度低的纸张厚，密度高的纸张薄。[⑥] 为了便于大批量生产计算，业内还把 500 张称为 1 令，500 张纸的重量称为“令重”。印刷业中，特种纸按张来计价，普通纸以“吨价”来表示。[⑦]

纸重有一些独有的计量单位。“刀”是纸的专用计量单位之一，有两种含义。一是对手工纸来说，一刀是各种尺寸大小的手工纸 100 张（以前也有 200 张的）；二是按照国际标准化组织（ISO）的规定，一刀是一令纸的 1/20，即 25 张单页纸。[⑧] “令”是平板纸的专用计量单位之一，有“一摞”的意思。按照我国的规定，1 令等于定量相同、幅面一样的平板纸 500 张（也叫大令）。国外进口的印刷平板纸有四种情况，分别以 400 张、480 张

---

① 刘仁庆，等. 纸张解说［M］. 北京：中国铁道出版社，2004：323.

② 刘仁庆，等. 纸张解说［M］. 北京：中国铁道出版社，2004：323.

③ 刘仁庆，等. 纸张解说［M］. 北京：中国铁道出版社，2004：323-324.

④ 刘仁庆，等. 纸张解说［M］. 北京：中国铁道出版社，2004：324.

⑤ 刘仁庆，等. 纸张解说［M］. 北京：中国铁道出版社，2004：324-325.

⑥ 朱伟斌. 印刷工艺［M］. 杭州：浙江大学出版社，2014：73.

⑦ 朱伟斌. 印刷工艺［M］. 杭州：浙江大学出版社，2014：74.

⑧ 刘仁庆，等. 纸张解说［M］. 北京：中国铁道出版社，2004：318.

（即小令）、500 张、1000 张为 1 令的。“方”是我国独有的纸的计量单位之一，是以令计量纸张时不足 1 令的零头的小单位。在出版业、印刷业中称为方，即全纸张的二分之一，一张纸等于 2 方，1 令纸为 1000 方。① 印张是计算印刷物用纸的计量单位。印刷品是经过两面印刷（正面和反面），印一面称为一个印张，1 印张等于半张纸，所以一张纸等于 2 印张。一般图书的版权页上会标明印张数。如印张 16，意思就是该书用了 8 张纸印后折叠装订而成。②

3. 正反面

纸张有正反面的区别，正面比较平整、光滑、吸收性较好，在抄纸时此面背离造纸机的铜网（称为正面）。反面比较粗糙，手摸感到网痕，在抄纸时此面贴近造纸机的铜网，所以称为反面（或网面）。③

4. 纵横向

机制纸沿着造纸机的方向称为纵向，与此方向垂直的称为横向，这就是纸的方向性，在香港被称为“纸纹”方向。④ 纸张的纵向裁切和横向裁切会造成纸张吸湿变形的情形不一样。由于纵横向之间的性能有差别，印刷时纸张的伸缩率不一致，从而影响套印的准确性。⑤

5. 厚度

厚度是指纸张的两面（正反面）之间的垂直距离，一般以 mm 或 μm 表示。在专业厚度计上可以直接测得其数字。如果纸张的厚度不匀，就会影响印刷压力的调节，同时也会使印刷质量不稳定。市场上要求一批纸的厚度必须均匀一致，否则成品或书籍会时厚时薄，影响质量。⑥

6. 紧度

紧度是指纸张单位体积的质量，从前称为密度，单位是 g/m^3。紧度和抗张强度成正比，与撕裂度、透气度成反比。紧度越大，吸收油墨的速度越慢。⑦ 纸张的紧度表示纸张松紧的程度，纸张紧度不能直接测量，可以用

① 刘仁庆，等. 纸张解说［M］. 北京：中国铁道出版社，2004：318.

② 刘仁庆，等. 纸张解说［M］. 北京：中国铁道出版社，2004：320.

③ 刘仁庆，等. 纸张解说［M］. 北京：中国铁道出版社，2004：296.

④ 刘仁庆，等. 纸张解说［M］. 北京：中国铁道出版社，2004：296.

⑤ 刘仁庆，等. 纸张解说［M］. 北京：中国铁道出版社，2004：297.

⑥ 刘仁庆，等. 纸张解说［M］. 北京：中国铁道出版社，2004：297.

⑦ 刘仁庆，等. 纸张解说［M］. 北京：中国铁道出版社，2004：298.

纸张定量除以纸张厚度计算，即紧度=定量/厚度。①

7. 尘埃度

尘埃度是指在纸面上用肉眼可见与纸页颜色有明显区别的“小点”（或脏块），取名为尘埃。尘埃度高的纸张，尤其是其中的黑色尘埃，会造成不良后果，印刷文字会引发标点错误，印刷图像容易引出污点。②

8. 伸缩性

伸缩性或伸缩率是以增减了的尺寸和原纸样尺寸的百分率（%）来表示，故又称为收缩率，或称尺寸稳定性。③

9. 水分

水分是指纸在烘干条件下失去的重量和原来重量之比，以%表示。纸的水分之大小，会影响其许多性能。从印刷的角度来说，水分对纸张尺寸、伸缩率、抗张强度、表面强度等几乎都有影响。④

10. 灰分

灰分是指纸经高温灼烧后剩下残留矿物质的重量和原来重量之比，以%表示。这些残渣来源于纸中的填料、涂料、化学助剂、纤维原料的无机物、造纸过程中进入的微小杂质等。⑤

11. 施胶度

施胶度是衡量纸对水的渗透能力的大小，印刷纸、包装纸都要求不同程度的施胶度，施胶度通常可由向纸浆内加入松香等施胶剂或者表面施胶的方式获得。⑥

12. 酸碱性

酸碱性是以 pH 值的高低来表示的，其数字从 1～14，分别表示酸性、中性、碱性。纸张本身的纤维没有酸碱性的区别，酸碱性来自制浆、漂白过程中带来的残留物以及在调料中添加的物料等。⑦ 纸的酸碱性对纸的耐久

---

① 中华人民共和国国家卫生健康委员会. 中小学生教科书卫生要求（代替 GB/T 17227—1998）：GB/T 17227—2014［S/OL］.（2015-04-07）［2020-02-22］. http：//www. nhc. gov. cn/wjw/pqt/201504/fa67b1e11 d534a7988a093580acd5c33. shtml.

② 刘仁庆，等. 纸张解说［M］. 北京：中国铁道出版社，2004：298-299.

③ 刘仁庆，等. 纸张解说［M］. 北京：中国铁道出版社，2004：300.

④ 刘仁庆，等. 纸张解说［M］. 北京：中国铁道出版社，2004：301-302.

⑤ 刘仁庆，等. 纸张解说［M］. 北京：中国铁道出版社，2004：302.

⑥ 刘仁庆，等. 纸张解说［M］. 北京：中国铁道出版社，2004：302-303.

⑦ 刘仁庆，等. 纸张解说［M］. 北京：中国铁道出版社，2004：303.

性影响最大。纸的 pH 值越小，即酸性越强，纸的褪色和强度下降趋势（自毁现象）越显著，寿命就越短，相反，pH 值过大，碱性过强，纸中的化学成分会诱发碱性降解，会大大缩短纸的寿命。①

13. 抗张力

抗张力即抗张强度或拉伸强度，俗称拉力，是纸张在断裂时能够承受的最大张力，以 kN/m（千牛/米）表示。抗张强度表示纸张本身抵抗张力的能力。② 抗张强度会影响印刷工作的效率和效益，抗张强度强则不容易在印刷时出现纸张断裂的现象。③

14. 断裂长

断裂长是指纸由于本身的自重而导致断裂时所需要的长度，即纸张本身自然下垂而断开时的长度，以 m 或 km 表示。断裂长的大小间接表示纸的强度高低，即纸在印刷过程中所能承受的牵引力。④

15. 耐破度

耐破度是纸在单位面积上所能承受的、均匀增大的最大压力，以 Pa（帕）或 kPa（千帕）表示。耐破度的检测主要针对包装纸而不用于印刷纸。⑤

16. 耐折度

耐折度是指纸张通过来回往复折叠的次数，以双折次表示。⑥ 印刷用纸中的钞票纸、地图纸、书皮纸等对耐折度都有一定的要求。⑦

17. 撕裂度

撕裂度是拉开预先切开一小切口的纸达到一定长度时所需要的力，以 mN（毫牛）表示。⑧ 纸张的撕裂度与纤维的结合力有关，主要取决于纤维的长度，纤维越长，结合力越大，撕裂度越高，相反纤维越短，撕裂度越低。⑨

---

① 刘仁庆，等. 纸张解说［M］. 北京：中国铁道出版社，2004：305.

② 刘仁庆，等. 纸张解说［M］. 北京：中国铁道出版社，2004：305.

③ 刘仁庆，等. 纸张解说［M］. 北京：中国铁道出版社，2004：307.

④ 刘仁庆，等. 纸张解说［M］. 北京：中国铁道出版社，2004：307.

⑤ 刘仁庆，等. 纸张解说［M］. 北京：中国铁道出版社，2004：308.

⑥ 刘仁庆，等. 纸张解说［M］. 北京：中国铁道出版社，2004：308.

⑦ 刘仁庆，等. 纸张解说［M］. 北京：中国铁道出版社，2004：309.

⑧ 刘仁庆，等. 纸张解说［M］. 北京：中国铁道出版社，2004：309.

⑨ 刘仁庆，等. 纸张解说［M］. 北京：中国铁道出版社，2004：309-310.

18. 白度

白度是指纸张正面反射不同波长的光作用于人眼后所产生的综合印象，即当日光作用于纸上被反射后人眼得到的感觉，以%（音读度）表示。通常在457nm（纳米）蓝光照射纸面测得结果，又称亮度。① 纸张的白度和印刷关系密切，同一批纸张的白度要接近，不能相差太大，否则会造成同一批印刷品墨色有别。高白度的纸，与黑色（彩色）墨迹形成鲜明对比，可以使文图更加清晰。但是一般书刊的纸张白度不必很高，否则容易造成视觉疲劳。②

19. 不透明度

不透明度又称为印刷不透明度，是指纸面对光的投射的抵抗能力，或者说纸张经过印刷后不出现透印印痕的程度，以%表示。③ 纸张的不透明度低于80%，印刷时可能产生“透印”现象。④

20. 光泽度

光泽度是纸面对光所表现出选择性的反射率，以%表示。⑤ 铜版纸的光泽度可高达60%。光泽度好的纸，其抗墨能力也好。如果吸墨性太强，印刷品表面会墨色暗淡，没有光彩。⑥

21. 平滑度

平滑度是指评价纸面凹凸不平特征的多少，以一定溶剂的空气在一定压力下通过纸面与玻璃面之间间隙所需的时间，以 s 表示。⑦ 不同平滑度的纸张，适用不用的印刷方式和印刷品。一般地说，低平滑度的纸，多用于印刷文字、线条图表的印刷品，中等平滑度的纸，用于印刷粗网线的图文印刷品，高平滑度的纸，适用于细网线的图像印刷品。⑧

22. 粗糙度

粗糙度指纸面凹凸不平的大小，在单位时间内纸面与玻璃板之间通过

---

① 刘仁庆，等. 纸张解说［M］. 北京：中国铁道出版社，2004：310.
② 刘仁庆，等. 纸张解说［M］. 北京：中国铁道出版社，2004：311.
③ 刘仁庆，等. 纸张解说［M］. 北京：中国铁道出版社，2004：311.
④ 刘仁庆，等. 纸张解说［M］. 北京：中国铁道出版社，2004：312.
⑤ 刘仁庆，等. 纸张解说［M］. 北京：中国铁道出版社，2004：312.
⑥ 刘仁庆，等. 纸张解说［M］. 北京：中国铁道出版社，2004：312.
⑦ 刘仁庆，等. 纸张解说［M］. 北京：中国铁道出版社，2004：312.
⑧ 刘仁庆，等. 纸张解说［M］. 北京：中国铁道出版社，2004：313.

的空气流量，以 ml/min 表示，测量值越高，表示纸面越粗糙，反之亦然。①

23. 表面强度

表面强度指在恒压的作用下当油墨对纸面的拉力大过纤维聚力时的表现，以 m/s 或 cm/s 表示。在印刷过程中，当油墨作用于纸面的外向拉力大过内聚力时，会引起纸面剥裂，非涂布纸表现为起毛（掉毛）或撕裂，涂布纸则表现为掉粉或撕破。②

24. 匀度

匀度是指纤维和填料等在纸中交织、分布均一的程度，以曲线图定性地表示。纸的匀度是指纸张中纤维分布的均一性。判断纸张匀度的最简单的方法之一是迎光举纸过头，或者面对光源观察纸面的均匀程度。如果纸面好像“毛玻璃”，没有过多的“云彩花”（又称云斑），则匀度较好，反之则匀度不佳。③

25. 耐久性

耐久性是指检查一段时间前后纸的物理机械性能（如白度、耐折度、撕裂度等）变化情况的大小，以年表示，变化越小说明耐久性越好，反之则越差。老化会导致纸的结构和弹性发生变化。④

26. 抗生物性

抗生物性是纸对自然环境中的各种霉菌、细菌、病菌、小虫等生物损害的抵抗能力。⑤

除了上述基本属性之外，有的纸张还带有一定的颜色，这些颜色会给印刷的效果带来影响。

二、教材纸张的设计

教材纸张的设计要综合考虑纸张的物理特性、审美性、价格等因素。

（一）教材纸张设计需参照有关法律规范

教材纸张是特定教育情境中的物质媒介，在有相关法律规范的限定时，应注意参照有关规定。如，《中小学生教科书卫生要求》规定：彩色印刷的

① 刘仁庆，等. 纸张解说［M］. 北京：中国铁道出版社，2004：313.

② 刘仁庆，等. 纸张解说［M］. 北京：中国铁道出版社，2004：314.

③ 刘仁庆，等. 纸张解说［M］. 北京：中国铁道出版社，2004：315.

④ 刘仁庆，等. 纸张解说［M］. 北京：中国铁道出版社，2004：316.

⑤ 刘仁庆，等. 纸张解说［M］. 北京：中国铁道出版社，2004：317.

教科书内可以使用胶版印刷纸，纸张定量（即纸张单位面积的重量，单位是 g/m^2）不应低于（55±2.0）g/m^2。单色印刷的教科书内文可使用胶印书刊纸，纸张定量不应低于（52±2.0）g/m^2。教科书封面、彩色插页及美术教科书彩色内文用纸符合 GB/T 18359 的相关要求。教科书内文纸张亮（白）度宜在 76.0%~79.0%，最低不应低于 70.0%，最高不应高于 85.0%。纸张紧度不宜低于 0.85g/cm^3。教科书幅面（纸张的大小）尺寸遵守 GB/T 18358 的相关规定。① 《中小学教科书幅面尺寸及版面通用要求》（GB/T 18358）规定，义务教育（1~9 年级）教科书的幅面尺寸应采用 GB/T 788—1999 表 1 中的 A5 和 B5。高中教科书的幅面尺寸应采用 GB/T 788—1999 表 1 中的 A5、B5、A4。② 单本教科书重量小学不宜超过 300g，中学不宜超过 400g。③ 《中小学教科书用纸、印制质量要求和检验方法（GB/T 18359—2009 代替 GB/T 18359—2001）》“规定了中小学教科书用纸、制版、印刷、装订等质量要求和检验方法，包括成品批质量抽检方法及包装、运输、贮存的要求。本标准适用于普通中小学使用的各种教科书，中小学教学辅助用书及其他类别的教科书可参照采用本标准”④。该标准对中小学教科书的纸张提出了要求：“中小学教科书正文应使用 QB/T 2693 规定的彩色胶版印刷纸、QB/T 1012 规定的胶版印刷纸或 QB/T 1211 规定的胶印书刊纸，封面应使用 120g/m^2 及以上的彩色胶版印刷纸或 GB/T 10335.1 规定的涂布美术印刷纸，彩色插页应使用 90g/m^2 及以上的彩色胶版印刷纸、胶版印刷纸或涂布美术印刷纸。”该标准对纸张的定量、厚度、亮（白）度、不透明度、平滑度、抗张指数、吸水性、伸缩性、耐折度、尘埃度、印刷表面强度、交货水分等各项技术指标都做了相应的规定。教材设计者可以参照这些要求对纸张进行灵活设计。

---

① 中华人民共和国国家卫生健康委员会. 中小学生教科书卫生要求（代替 GB/T 17227—1998）：GB/T 17227—2014[S/OL].(2015-04-07)[2020-02-22].http://www.nhc.gov.cn/wjw/pqt/201504/fa67b1e11d534a7988a093580acd5c33.shtml.

② 中华人民共和国国家质量监督检验检疫总局，中国国家标准化管理委员会. 中小学教科书幅面尺寸及版面通用要求：GB/T 18358—2009［S］. 北京：中国标准出版社，2010：1.

③ 中华人民共和国国家卫生健康委员会. 中小学生教科书卫生要求（代替 GB/T 17227—1998）：GB/T 17227—2014[S/OL].(2015-04-07)[2020-02-22].http://www.nhc.gov.cn/wjw/pqt/201504/fa67b1e11d534a7988a093580acd5c33.shtml.

④ 中小学教科书用纸、印制质量要求和检验方法(GB/T 18359—2009 代替 GB/T 18359—2001)[S/OL].(2015-03-29)[2020-12-27].http://www.doc88.com/p-1068558958966.html.

（二）教材纸张应方便使用者使用

1. 教材纸张应牢固耐用

纸质教材需要被师生反复翻阅，因此教材的纸张要充分考虑耐折度、撕裂度等技术指标，使之经得起反复使用，尽量防止因反复使用而导致破损。

2. 教材纸张应方便携带和翻阅

纸质的教材往往需要使用者经常随身携带和翻阅，因此，对于要经常随身携带翻阅的教材，纸重要适宜。

3. 教材纸张应不影响阅读和书写

要注意纸张对阅读的影响，如尘埃度过高和不透明度过低不仅会影响印刷的质量，还会给内容的阅读带来不便。此外，也要注意纸张的选用应方便书写。有时候，学习者需要在教材上完成做笔记、练习等书写任务，纸张的选用要照顾到这些书写任务的顺利完成，如，纸张过于光滑、过于透明都不利于书写。

（三）教材纸张不应影响使用者的健康

教材纸张的设计也要注意保护使用者的健康。如，白度过高容易造成页面反光，影响阅读，尤其是在有大量文字的纸质教材中如果采用光泽太亮的纸张容易引起阅读者的视觉疲劳，影响视力。又如，如果选择抗生物性较差的纸张容易滋生病菌等有害身体健康的物质。

（四）教材纸张应符合教材内容的精神气质

纸张不仅具有自己的物理属性，还具有自己的生命气息，充分利用纸张的物理属性可以将纸张变成有生命的物体。这里就若干纸张的物理属性举例分析。

1. 教材纸重的设计

不同重量的纸张给人带来不同的心理体验。较重的纸张给人以沉重、稳重的心理感受，分量适中的纸张给人以亲民、低调的感觉，分量较轻的纸张给人以亲切、轻松的感受。纸重的设计也要综合考虑教材的内容、读者的心理需求。如果要表达稳重甚至沉重的内容，可以考虑稍重的纸张；如果要表达亲切轻松的内容，则可以考虑稍轻的纸张。

2. 教材纸张厚度的设计

不同的纸张规格给人的审美体验是不同的。比较厚的纸张给人的感觉是大气、厚重，中等厚度纸张给人的感觉平心静气、中规中矩，而厚度较小的纸张则给人轻巧、轻松、轻薄的感觉。教材纸张厚度的选择需要考虑教材内容特性。教材内容较为严肃、端正，则选择的纸张不宜太薄，相反，如果教材内容比较轻松有趣，则可以选择厚度稍小的纸张。

3. 教材纸张匀度的设计

不同的纸张匀度会给人以不同的感受。尽管从技术的角度来看，要尽量追求较高的纸张匀度，但是有时候低匀度的纸张也会带来一些意想不到的审美趣味。当纸张的纤维分布均匀，呈现明显的规律时，纸张会给人以规矩、安静的感觉；当纸张的纤维分布不均匀显得无规律时，给人以自在、运动或者活泼的感觉。当纸张内含有的纤维等物质不明显时，会给人低调、平和的感觉；当纸张内含有的纤维等物质十分明显时，容易使人产生个性张扬或者田园、怀旧的感受。故此，设计者可以根据想要表达的审美体验灵活选择纸张。如，想要表达怀旧、温暖的感觉时，可以选择具有明显纤维感的纸张，营造手工制作的亲切感。

4. 教材纸张不透明度的设计

纸张的不透明度可以引起不同的感觉。当纸张的不透明度很高时，纸张给人以平静、稳重的感觉；当纸张的不透明度较低时，纸张给人以轻盈、亲切、轻松、活泼的感觉。在不影响阅读的前提下，纸张的不透明度可以灵活设计。

5. 教材纸张白度的设计

不同的纸张白度由于亮度不同会让人产生不同的心理感受。当纸张十分明亮时，给人自信、张扬、华丽的感觉；当纸张十分暗哑时，则给人低调、沉重、怀旧的感觉。所以，可以在不影响阅读和视力健康的前提下根据需要灵活设计纸张的白度。比如，如果教材的内容比较现代，可以选择白度稍高一些的纸张，如果教材的内容比较怀旧，有历史感，则可以选择白度稍低的纸张。

6. 教材纸张粗糙度的设计

不同的纸张粗糙度给人带来不同的感受。当纸张摸起来比较粗糙的时候，会产生自然或朴素的感觉；当纸张摸起来比较光滑的时候，会产生精致、时尚、高贵的感觉。所以，当教材的内容想要传达轻松自然的感觉时，可以选择比较粗糙的纸张，而当教材想要传达严肃庄重的内容时，可以选择比较光滑的纸张。

第三节　教材开本及其设计

一、“开本”概述

（一）开本的概念

开本是指所印书刊的幅面，其大小是由所用纸张的尺寸来决定的。当装帧设计完成之后，选用纸张的规格就确定了开本的幅面面积，再也不可改变。一张纸对折成多少页（小张纸），就成为多少开本。例如，把787mm×1092mm的平板纸裁成32张，便叫作“32开（本）”。再如，将850mm×1168mm的平板纸裁成32张，便叫作“大32开（本）”。国际标准化组织（ISO）规定了两个原则作为裁切纸张尺寸的标准，形成不同的开本规格系列：① 第一个标准是按照对分原则称呼开本尺寸。用0代表原纸，以后从长边中将它分为两半，称为1，再次把长边分为两半，称为2，依次类推。于是就有了如下开本规格或尺寸：全张纸经过裁切后为A_0：841mm×189mm（$=0.9999m^2$）；A_1（对开）594mm×841mm；A_2（4开）420mm×594mm；A_3（8开）297mm×420mm；A_4（16开）210mm×297mm；A_5（32开）148mm×210mm；A_6（64开）105mm×148mm。此外，还有另一系列的标准，如裁切后形成以下规格：B_0：1000mm×1414mm；B_1：707mm×1000mm；B_2：500mm×707mm；B_3：353mm×500mm；B_4：250mm×353mm；B_5：176mm×250mm；B_6：125mm×176mm；B_7：88mm×125mm。第二个标准是相似原则，即所有的开本尺寸都是相似的长方形，规格按照以下公式计算：$Y/X=\sqrt{2}/1$。常用的为A系列，$X \times Y=1m^2$，即$841 \times 1189=0.9999m^2$，按照这个纸张裁切后得到以下系列尺寸的开本：$A_1$（对开）594mm×841mm；$A_2$（4开）420mm×594mm；$A_3$（8开）297mm×420mm；$A_4$（16开）210mm×297mm；$A_5$（32开）148mm×210mm；$A_6$（64开）105mm×148mm。

我国国家标准部门从2000年5月起实施新的标准GB/T 788—1999。该标准基本上和国际标准接近（参见“表9-1　我国国家标准的开本尺寸”）。此外有常见的开本规格（参见“表9-2　常用开本规格表”）。

---

① 刘仁庆，等. 纸张解说［M］. 北京：中国铁道出版社，2004：321-322.

表 9-1　我国国家标准的开本尺寸①

系列	未裁切单张纸（单位：mm）	代号	已裁切成开本（允差：±1mm）
A	890×1240M	A_4	210×297
	890M×1240	A_5	148×210
	890×1240M	A_6	105×144
	900×1280	A_4	210×297
	900M×1280	A_5	148×210
	900×1280M	A_6	105×144
B	1000M×1400	B_5	169×239
	1000×1400M	B_6	119×165
	1000M×1400	B_7	82×115

注：标准中的 A、B 表示开本尺寸系列的符号；表中未裁切平板纸尺寸后面的 M，表示纸张的纵向（即纸浆在抄纸机上沿着顺流前行的方向，旧说称“丝绺”）与该尺寸平行；A 和 B 后面的下脚标数字，表示将全张纸对折长边裁切的次数。比如，A_4表示将全张纸对折长边 4 次，相当于（不等于）裁切为 16 开，A_5 表示将全张纸对折长边 5 次，相当于 32 开，依此类推；各种开本尺寸的允许误差为±1mm。

表 9-2　常用开本规格表②

（单位：mm）

开本	成品尺寸（宽×长）	版心尺寸（宽×长）	版面安排（行×字）	每版字数（个）
8 开	270×390	217×313	—	—
超 16 开	212×286	168×240	44×48	2112
大 16 开	206×283	168×242	44×46	2024
16 开	184×260	148×220	40×40	1600
* 16 开	195×238	150×198		
** 25 开	156×217	116×172		
超 32 开	148×220	104×180	32×29	928
大 32 开	140×202	104×165	30×28	840
32 开	130×184	96×152	28×26	728

① 刘仁庆，等. 纸张解说［M］. 北京：中国铁道出版社，2004：322-323.

② 刘仁庆，等. 纸张解说［M］. 北京：中国铁道出版社，2004：368.

续表

开本	成品尺寸（宽×长）	版心尺寸（宽×长）	版面安排（行×字）	每版字数（个）
大 64 开	102×138	72×109	20×19	380
64 开	92×130	67×98	18×18	324
128 开	67×98	51×84	14×14	196

注：开数前的“超”代表 889mm×1194mm（俗称国际规格）；“大”代表 850mm×1168mm 规格；未注明者为 787mm×1092mm（平板纸）；* 表示 787mm×960mm 规格；** 表示异形裁切，表内尺寸因光边为 3mm，又印刷机尺寸各不相同，所列数字供参考；表内排版字号以 5 号为例，如排其他字号，则会相应增减行数和字数。

（二）开本的形式

开本的形式丰富多样，通常可以分为以下几类：

1. *左开本和右开本*

按照阅读时翻阅的方向可以分为左开本、右开本。左开本为阅读时向左面翻开的方式，阅读时从左往右看。右开本为阅读时向右面翻开的方式，阅读时从上至下、从右往左阅读。①

2. *纵开本和横开本*

纵开本为书籍上下（天头至地脚）规格长于左右（订口至切口）规格的开本形式。通常标注开本尺寸时，大数字写在前面，如 297mm×210mm（长×宽），说明此书籍为纵开本形式。横开本则与纵开本相反，是书籍上下规格短于左右规格的开本形式。通常标注开本尺寸时，小数字写在前面，如 210mm×297mm（长×宽），说明该书籍为横开本形式。②

3. *大、中、小开本*

按照开本的大小，大致可以分为大、中、小三类开本。大开本一般是指 12 开以上的开本，中开本以 16 开至 32 开较为常见，小开本是小 32 开至 64 开或更小的开本。③

4. *普通开本和异形开本*

按照开本外形的形状可以分为普通开本和异形开本。异形开本是不同

---

① 姜靓．书籍设计［M］．北京：中国建筑工业出版社，2013：48.

② 姜靓．书籍设计［M］．北京：中国建筑工业出版社，2013：49.

③ 姜靓．书籍设计［M］．北京：中国建筑工业出版社，2013：50.

于常见的矩形的开本形式。如，圆形、三角形等开本形式。①

二、教材开本的设计

（一）教材开本的设计要注意法律规范的要求

当教材开本的设计有相关的法律规范要求时可以参照相关的要求设计开本尺寸。如，中小学教材可以参照《中小学教科书幅面尺寸及版面通用要求（GB/T 18358—2009）代替 GB/T 18358—2001》中的“中小学教科书幅面尺寸及版面基本参数”（参见“表 9-3　中小学教科书幅面尺寸及版面基本参数”）及其他相关规定进行设计。

表 9-3　中小学教科书幅面尺寸及版面基本参数②

幅面尺寸代号	成品规格 mm	类别	版心规格 mm	字号	每面行数	每行字数
A5	148×210	a 类	106×168	21P（2 号）	—	—
				16P（3 号）	20	19
		b 类	108×167	14P（4 号）	22	22
		c 类	106×164	12P（小 4 号）	25	25
		d 类	107×166	10. 5P（5 号）	28	29
B5	169×239	a 类	128×194	21P（2 号）	—	—
				16P（3 号）	23	23
		b 类	128×191	14P（4 号）	25	26
		c 类	128×190	12P（小 4 号）	29	30
		d 类	129×196	10. 5P（5 号）	33	35
A4	210×297	c 类	166×244	12P（小 4 号）	37	39

（二）教材开本的设计应符合教材内容的内涵和气质

开本形式本身具有自己的性格，能够传达不同的气质。左开本比较有现代感，右开本则令人产生久远感、怀旧感。纵向开本会给人自信、挺拔的感觉，横开本则给人以神秘、庄重、稳重的感觉。大开本给人大气磅礴的厚重感，小开本则给人以小巧、轻盈的感觉。异形开本给人以新奇感，

① 姜靓．书籍设计［M］．北京：中国建筑工业出版社，2013：51.

② 中华人民共和国国家质量监督检验检疫总局，中国国家标准化管理委员会．中小学教科书幅面尺寸及版面通用要求：GB/T 18358—2009［S］．北京：中国标准出版社，2010：2.

而不同的异形开本可以给人带来不同的心理感受。教材设计者要根据其教材内容选择合适的开本。如，当教材的内容具有强烈的现代感的时候，可以选择用左开本；当教材的内容具有浓厚的怀旧感时，则可以选择用右开本。当教材需要学生正襟危坐地阅读时，可以设计稍大的开本；当教材只需要学生随身携带在业余时间随时随地心情放松时阅读，则可以考虑采用较小的开本。

（三）教材开本的设计需考虑使用者的兴趣

开本和封面一样，会对阅读者的阅读兴趣产生影响。如，新奇的开本形式会让读者产生浓厚的兴趣，并在阅读的过程中收获额外的喜悦。因此，可以设计灵活多变的开本形式吸引读者，如设计各种异形开本吸引读者的兴趣（参见“阅读材料：新奇的开本与儿童阅读”）。

❖ 阅读材料：新奇的开本与儿童阅读①

《树懒的丛林》是两本立体精装儿童书籍。开本设计瘦长，成书净尺寸为155mm×305mm，此开本设计与大多数儿童类图书不同，却符合内容定位，设计异常精美。翻开精装封面，一幅幅生动灵活的立体场景呈现眼前，立意深刻、层次丰富、场景分明。更有一些镂空、折叠、重叠的设计手法使书籍达到了三维的深度效果，随着阅读的展开、深入，书籍自然产生了动态感。

（四）教材开本的设计应符合使用者的阅读需求

1. 教材开本设计要方便阅读

教材开本的设计不能仅仅考虑新奇和审美的趣味，还要考虑阅读者的需求。比如，对于现代人来说，左开本比较适合多数人的阅读习惯，当然不同的历史文化背景下可能有不同的选择。如，我国台湾地区会有右开阅读的习惯。再比如，开本的大小要方便翻阅，在教室中常用的教材开本如果尺寸过小不利于印刷和阅读（参见“阅读材料：我国教材开本的历史变化”）。

---

① 孙敏. 基于互动理念的书籍开本设计研究［J］. 美与时代：上，2019（8）：78. 标题系本书作者所加。

❖ 阅读材料：我国教材开本的历史变化①

我国教材印刷的标准是 GB788 标准。GB788 首次发布于 1965 年，当时教材采用的是 787×1092 开本。这种开本源于日本，传入我国后被广泛采用，由于它不符合国际标准，日本早在 60 年代就淘汰了，主要原因是这种开本小，翻阅不便，不够美观大方，不便于国际交流。特别是科技图书中排印数学、物理、化学公式时，由于行短造成转行较多，排版繁杂，又不节省纸张。我国也准备同国际接轨，采用 880×1230 开本，所以后来又出了一个 850 开本，这是向国际标准过渡的一个产物，是中国的独创。1987 年，我国对 GB788 标准进行了第一次修订，在标准的附录中强调要在 2000 年前逐步淘汰 787×1092 和 850 开本。而教材真正的开本变动是从 1993 年开始的，用的是 880×1230 开本，只是比现在的 890×1240 稍微小一点。从 1993 年到 1998 年小学课本一个五年制，一个六年制全部过渡完，全部有彩色课本，也全部采用大开本。但由于当时的国力，还是以黑白为主。小学语文是彩色的，初中是双色的，其他都是黑白的。1999 年国家技术监督局和新闻出版署又对 GB788 标准进行了第二次修订，颁布了新的标准，要求 2000 年 5 月 1 日前执行。2000 年新版的教材主要是在技术标准上做了修订，由 880×1230 改为标准的 890×1240。因为小学教材已基本过渡完毕，这次改版的主要是初中和高中教材。

2. 教材开本设计要方便使用者携带

教材开本的设计还要考虑到使用者的携带需求。当教材需要反复随身携带时，过大的开本或某些异形开本有可能不方便放入学生的书包和教师携带的工作包，而那些可以留在教室或办公室的教材则可以考虑大一些的开本或者其他富有创意的异形开本。

① 张伟. 我国教材印刷改革历程［N/OL］. 新闻出版报，(2000-10-20)［2020-01-12］.http://www.ttdsread.com/readPaper.do?id=59A2853F8B9A30C084851AF347E98026A213395A4AA005F3B3F3E35504D4874AD6ED5185BC6571D768004C7C5C703E7F.标题系本书作者所加。

第四节　教材印刷工艺及其设计

一、印刷工艺概述

（一）印刷工艺的发展历史

在印刷术出现以前，文本复制全靠人工抄写。印刷术改变了人类手抄的文本复制方式，加速了知识流通的速度。印刷术加大了书本的生产量，使书籍留存的机会增加。印版的批量复制还使得书本形式固定，版本统一，促进教育的普及和知识的推广。印刷术最早由中国人发明。早在公元前300年春秋战国时期中国人就开始使用印章，印章按捺印泥于纸或帛上，是一种印刷的雏形。后来，受到印章和拓印的启发，人们发明了在面板上雕刻图文再印制的雕版印刷术。公元593年隋文帝时期，中国出现木刻板书籍。印刷术发展至宋代成为完美而精湛的艺术，从此中国进入木雕版印刷的全盛时期。木板雕刻的缺点是雕版缓慢、改版不易。公元1041年宋仁宗庆历年间，杭州冶金锻工毕昇发明"胶泥活字版印刷术"，可惜这种印刷术没有流行开来。在毕昇发明活字印刷术之后400年的1445年，德国金匠约翰·古登堡于1445年用铅锑锡合金在铜模上铸出世界上第一套铅铸活字，并制造出第一部木质手动印刷机，被誉为"现代印刷之父"。铅字印刷引发了欧洲图书生产的大革命，对当时欧洲的经济、文化、教育的发展起到了积极的推动作用。从15世纪到19世纪末，古登堡的手工铸造活字技术一直主导着西方印刷制版技术。1845年后的100年间，欧美先后生产出转轮机、滚筒转轮机、多色转轮机等先进的印刷设备，实现了印刷工业的机械化。手工印刷技术逐渐被放弃，开始转向印刷自动化技术。20世纪的最后20年，电子设备、电子信息化处理系统成为新技术的核心，印刷业开启全新的数码革命。印刷数码化革命从编辑、排版、图形处理、插图创作到制版印刷都发生了翻天覆地的变化。从此，印刷技术从木雕版全手工印制发展到金属印版机械化，从电子化成像全自动操作发展到数字化智能程控管理，印刷技术进一步成为人类文明进步的有力工具。①

（二）现代印刷的类型

现代印刷可以从不同角度分为多种类型。"真正意义上的现代印刷是指具有图稿、印版、印刷机、承印物和墨料五种要素的图文复制技术。根据

---

① 朱伟斌. 印刷工艺［M］. 杭州：浙江大学出版社，2014：1-5.

不同的分类依据，印刷可分为不同的种类。根据印刷品用途不同可分为包装印刷、书刊印刷、报纸印刷等；根据承印物不同可分为纸张印刷、塑料印刷、金属印刷、不干胶印刷、纸箱印刷等；根据印版版材不同可分为树脂版印刷、木版印刷、丝网版印刷、铅印、胶印等；根据印制技术不同可分为手工印刷、机器印刷和数码印刷等。”① “通常在印刷工艺中应用最多的分类方式是根据印版表面的结构来区分的，印版表面可以分为图文部分和非图文部分，所谓表面结构不同，是指印版图文部分和非图文部分的相对位置不同，可分为四种：凸版印刷、凹版印刷、平版印刷和网版印刷。”②“凸版印刷就是使用凸版进行印刷的技术，简称凸印。因图文部分高出版面，故称凸版。雕版印刷就是历史最久远的凸版印刷之一。印版上的图文为反像凸起，印刷时凸起部分覆上油墨加压直接印在承印物的表面。”③ “木版是使用最早的凸版材料，之后金属替代木版成为主流材料，最新的凸版材料为感光树脂塑料，称为柔版，是一种改良型凸版。我们熟悉的铅字是使用最广泛的一种凸版，应用范围有教科书、事务表格、名片、信纸、信笺、信封等。”④ “凹版印刷与凸版印刷相反，是用凹版进行印刷的技术，简称凹印。凹版通常采用铜或锌板作为版材，通过腐蚀、雕刻等手段进行图文刻画。印刷时，整个凹版表面均匀地覆上油墨，然后用布或报纸从表面擦去油墨，因图文部分凹陷故仍留有油墨，最后将纸覆在印版上面，加压，油墨便印在纸张上面。凹版刻划的凹槽有一定深度，容易造成油墨堆积，印出的油墨也有一定厚度和立体感。”⑤ “由于凹版印刷成本较高，仿制难度大，因此经常用于需要防伪的有价证券或有收藏价值的贵重印刷品。例如纸钞就是我们最常见的凹版印刷品，还多见于股票、礼券、邮票以及商业性信誉凭证等。”⑥ 平版印刷的特点是印版上图文（着墨部分）和空白（非着墨）部分几乎处在同一平面，利用“油水分离”的原理来进行印刷。印版先用水湿润，非印刷部分吸收适当的水分，而印版上印刷图文部分实际上是一层富有油脂的油膜，排斥水分保持干燥。随后在印版上再均匀地涂抹油墨，湿润的非图文部分不着油墨，而干燥的图文印刷部分则附着上了

① 张洪海. 印刷工艺［M］. 北京：中国轻工业出版社，2018：22.

② 张洪海. 印刷工艺［M］. 北京：中国轻工业出版社，2018：22.

③ 张洪海. 印刷工艺［M］. 北京：中国轻工业出版社，2018：22-23.

④ 张洪海. 印刷工艺［M］. 北京：中国轻工业出版社，2018：23.

⑤ 张洪海. 印刷工艺［M］. 北京：中国轻工业出版社，2018：23.

⑥ 张洪海. 印刷工艺［M］. 北京：中国轻工业出版社，2018：24.

油墨。印刷图文部分和非印刷部分由此得以区分。现代平版印刷往往不是纸张直接接触印版来印刷，而是采用一种叫“间接印刷”的方法，通过一个橡胶滚筒转移印刷到纸张上面，故平版印刷也习惯地称为“胶印”。早期的平版印刷是由石版印刷发展而来，版材使用石块，之后改良为金属锌版或铝版。平版胶印广泛应用在海报、样本、说明书、书籍、画册、月历等印刷中。[①] 孔版印刷源自我国古代手工艺人的一种印制花布的印染技术，称滤过版或网版印刷。其中丝网印刷也称为丝印、网印。丝网主要采用蚕丝或者尼龙、涤纶、不锈钢等材料制成。丝印的制作成本低，印制程序灵活变化，能适应特殊环境要求，适合小批量生产。现代丝印技巧已经相当先进，主要应用于纺织品、塑料、玻璃、金属等特殊承印物的印刷。孔版同样是平版，不过孔版的图文印刷部分是透空的，油墨可以在刮板作用下漏印至印版下面的承印物上。丝网布是使用最多的孔版材料，因此丝网印刷也成为孔版印刷的代名词。丝网印刷油墨浓厚，色调鲜丽，工艺简单，操作方便，适用范围极为广泛。特别是丝网版具有可以弯曲的特性，几乎能够印在所有非平面的承印物上，我们日常所见出现在杯子、各种笔类、家用电器等物品上的图文信息，都是通过丝网印刷实现的。每一种印刷技术都有其特点，图文表现时各有长处和短处，有些印刷品同时使用多种方法印刷，以达到完美的表现效果。[②] 20 世纪 80 年代出现了 Risograph 印刷，Risograph 是日本理想公司 Riso Kagaku Corporation 发明的一种小型数码印刷机器。采用 Risograph 印刷的原理不同于传统的四色 CMYK 印刷，是一种介于胶版和丝网版之间的印刷技术。它不像传统机器印刷那样需要菲林输出或 CTP 制版，印刷者在电脑中设置好图形后可以直接印刷，就像打印机一样打印出图。Risograph 印刷是孔版印刷，其特点是操作方便，小量印刷节约成本，制版操作时间缩短，还可以随时换油墨滚筒。因为 Risograph 可以使用水性油墨进行印刷，所以，它使用的油墨很环保。Risograph 印刷机的油墨以前为大豆油，现在用米浆制作而成，是种绿色环保的墨，可以制作各种荧光色，如荧光橙、荧光绿、荧光黄和荧光玫瑰色，色彩艳丽。与传统四色印刷的油墨相比，Risograph 印刷可以提炼纯度更高的色彩，带给人更丰富的色彩体验；还可以在电脑上预设网点的大小，自定义孔点的大小和密度。同一幅画面的印刷会因为孔点的不同而呈现细腻与粗糙的效果。

---

① 张洪海. 印刷工艺［M］. 北京：中国轻工业出版社，2018：25.

② 张洪海. 印刷工艺［M］. 北京：中国轻工业出版社，2018：27.

印刷中，由于每换一个色，印刷者都要人工将承载物重新对准，套色不一定准。因此，每一张印刷品都是唯一的。①

随着社会的发展，新技术、新材料不断涌现。在新技术方面，可根据设计需要选择特殊的油墨，印制专色。例如，荧光油墨、感光油墨、感温油墨等。通过烫金工艺，加热、施压，将金、银、白金、青铜、黄铜、红铜等金属箔料的背面粘到纸上，可以产生闪亮的金属光泽。通过拱凸工艺在纸张表面做出突起的图纹，可在硬板上以照相腐蚀或模印方式形成反向的凹陷图纹。运用模切工艺可以把纸张切割成各种形状或在纸上打出空洞。运用镭射鐫刻能够制作出十分精细的切割效果。利用加膜技术可以在纸张上施加透明的塑料胶薄膜保护层。此外，木材、金属、塑料、织物、皮革、高分子材料、高科技复合材料等新材料的印刷工艺也纷纷涌现。② 这些新技术为教材设计者提供了越来越丰富的选择。

从总体上看，70 多年来，我国印刷业经历“铅与火”“光与电”，正加快向绿色化、数字化、智能化、融合化方向发展。③ 2010 年，环境保护部、新闻出版总署举行了“实施绿色印刷战略合作协议签约仪式”以加快实施绿色印刷战略，促进我国印刷产业发展方式转变，进而推动生态文明建设，建设资源节约型、环境友好型的社会。绿色印刷主要是指对生态环境影响小、污染少、节约资源能源的印刷方式。目前，印刷行业实施绿色印刷主要是指用环境友好型印刷技术代替传统的污染重的印刷技术，如用水性油墨替代苯类油墨，用水性上光替代油性上光，用蜂窝纸板、纸浆模塑材料替代聚苯乙烯发泡材料，并采用更环保的印刷材料等。绿色印刷已经成为全球印刷业未来发展的主流，发展绿色印刷也已成为我国印刷业发展的主攻方向。根据此次签署的合作协议，将在印刷企业中推广执行绿色印刷标准，优先开展中小学教材的绿色印刷工作，并逐步向政府采购产品印刷、食品药品包装印刷等领域推广。④ 自 2010 年我国实施绿色印刷战略以来，印刷产业绿色化发展不断推进，2018 年，中科院化学研究所开发的纳米材料绿色制版技术，有力克服了传统制版技术的污染问题。传统印刷制版技

---

① 杨开敏. RISOGRAPH 印刷与传统手工纸的印刷设计探索［J］. 出版广角，2019（12）：85.

② 姜靓．书籍设计［M］. 北京：中国建筑工业出版社，2013：98-101.

③ 中华人民共和国中央人民政府. 2019 中国印刷业创新大会聚焦“绿色化”发展［Z/OL］.（2019-07-25）［2020-02-12］.http://www.gov.cn/xinwen/2019-07/25/content_5415224.htm.

④ 中华人民共和国中央人民政府. 环境保护部与新闻出版总署签署绿色印刷合作协议［Z/OL］.（2010-09-15）［2020-02-12］.http://www.gov.cn/gzdt/2010-09/15/content_1703021.htm.

术基于曝光成像原理，采用曝光、显影、冲洗的技术路线，纳米材料绿色制版技术采用全新的工艺路线，具有工艺简捷、操作方便、成本低廉等多方面优势。在纳米绿色制版技术的研究基础上，进一步形成了包括绿色版基、绿色制版和绿色油墨的完整绿色产业链技术，有望引领印刷业绿色革命。① 这些新技术、新工艺的出现，将推动我国印刷业和社会的可持续性发展。至 2018 年，全国中小学教科书已连续 4 年实现绿色印刷全覆盖，环保质量抽检合格率 100%。② 随着我国对生态环保理念的重视，绿色印刷将成为我国印刷产业的发展理念，教材印刷也是如此。

二、教材印刷工艺的设计

（一）教材印刷质量要注意相关的法律规范

当教材设计的印刷工艺涉及相关的法律规范时，要参考相关的要求。如，我国《中小学生教科书卫生要求》规定，教科书的印刷质量要符合一定的标准：单色印刷教科书墨色均匀，彩色印刷教科书套印误差≤0. 2mm；文字清晰，无透印，无重影，无缺笔断划、糊字和坏字；插图图像清晰、层次分明、无污点，图内说明文字清楚，位置准确；表格线条清楚、均匀，无明显模糊不清；页面干净，无明显折痕、脏迹。③ 《中小学教科书用纸、印制质量要求和检验方法（GB/T 18359—2009 代替 GB/T 18359—2001）》规定了中小学教科书印刷质量的各项具体指标。《中小学教材管理办法（2019）》规定："教材出版和印制应执行国家标准，实施'绿色印刷'，确保印制质量。"④

（二）教材印刷设计要符合教材内容的气质和使用者的兴趣

印刷工艺不仅是一种技术，还蕴含着内在的精神气质。通过读者的视

---

① 中华人民共和国中央人民政府. 中科院：纳米绿色印刷技术有望引领印刷业绿色革命[Z/OL].（2018-06-13）[2020-02-12].http://www.gov.cn/xinwen/2018-06/13/content_5298497.htm.

② 中华人民共和国中央人民政府. 全国中小学教科书连续 4 年实现绿色印刷全覆盖[Z/OL].（2018-11-28）[2020-02-12].http://www.gov.cn/xinwen/2018-11/28/content_5344210.htm.

③ 中华人民共和国国家卫生健康委员会. 中小学生教科书卫生要求（代替 GB/T 17227—1998）：GB/T 17227—2014[S/OL].（2015-04-07）[2020-02-22].http://www.nhc.gov.cn/wjw/pqt/201504/fa67b1e11d534a7988a093580acd5c33.shtml.

④ 中华人民共和国教育部. 关于印发《中小学教材管理办法》《职业院校教材管理办法》和《普通高等学校教材管理办法》的通知：教材〔2019〕3 号[A/OL].（2019-12-19）[2019-12-30].http://www.moe.gov.cn/srcsite/A26/moe_714/202001/t20200107_414578.html.

觉、触觉、嗅觉等感官的接触，不同的印刷工艺会给人带来不同的体验。教材印刷工艺需要根据教材内容和使用者的兴趣设计。如：使用感温和感光材料可以给人以动态变化的时间感，使物质媒介散发生命的气息，还可以使读物和读者之间产生互动关系；使用烫金工艺可以使读物激发高贵、贵重的感受，有时还能产生时尚的感觉；拱凸工艺使教材具有可触感，容易引起读者抚摸的欲望，带来独特的触感体验，此外还可以增加更多的阅读趣味；木材印刷工艺的使用，令人油然而生来自田园和大自然的亲切温情；布料印刷工艺的使用使人产生温馨、体贴的感觉；金属印刷工艺的使用令人联想起果断、冷静、理性和沉着。此外，绿色印刷的运用可以使教材的设计更好地贴近生态环保的理念和时尚现代的趣味。

教材设计者要捕捉教材内容的内在精神，选择合适的印刷工艺，使印刷工艺更好地为教材内容服务，同时，使读者在利用教材学习的过程中体验到更多的乐趣。

（三）教材印刷设计要兼顾经济性

教材是特殊的作品，当它公开出版发行时则成为特殊的商品。丰富多彩的印刷工艺为教材设计者提供了无限的想象空间，但是教材的印刷设计也要兼顾经济性的要求。2001 年，教育部、新闻出版总署制定了《关于推广使用中小学经济适用型教材的意见》。所谓“经济适用型教材”是指各种内容与彩色版相同的黑白版教材。该意见要求在全国经济不发达的农村地区广泛推广使用经济适用型教材。要求提出：“从 2002 年春季开始，国家扶贫开发工作重点县以及尚未普及九年义务教育县，一律选用经济适用型教材（美术、地理教材除外）。其他经济欠发达的城镇和农村地区经济适用型教材的选用，由省级教育行政部门根据本地区的实际情况确定。”“从 2002 年春季开始，教育部和省级教育行政部门颁发的《中小学教学用书目录》应包括经济适用型教材的品种。”① 为此，怎样才能既体现教材的艺术魅力又能够兼顾教材的经济性，这是对教材设计者提出的一个挑战。

总之，不同的印刷工艺经过教材设计者的精心挑选和组合就能焕发生机，更好地激发使用者关注和使用教材。

---

① 中华人民共和国教育部. 教育部、新闻出版总署印发关于推广使用中小学经济适用型教材意见的通知：教基〔2001〕16 号[A/OL].(2006-01-07)[2020-12-29].http://www.moe.gov.cn/jyb_xxgk/gk_gbgg/moe_0/moe_7/moe_16/tnull_109.html.

第五节 教材装订及其设计

一、装订概述

在完成纸张、印刷和开本的设计之后，就要进行教材装订的设计。“装订”包括“装”和“订”两个工艺类别。“订”是指将印页按设计的开本规格折成书帖，并用各种不同的方法将书帖按顺序订联起来的加工作业。订的目的是完成书芯的加工作业。“装”是指将加工完成的书芯配上封面或其他装潢的加工作业。“装”的目的是最终完成书籍的制作。①

（一）“订”的方式②

订联方式主要包括骑马订、缝纫订、锁线订、无线胶订、铁丝平订、三眼订等。铁丝平订和三眼订现在很少使用。

1. 骑马订

骑马订是一种在书帖的折叠线上用铁丝订跨骑式地将书订联成册的铁丝订技术。其锔订的位置在书帖折缝上，距离上下两端一般为折缝长度的四分之一处。骑马订工序简单，制作方便，大多用于要求不太高的杂志、画报等书刊。③ 骑马订的整本书以中间钉子为中心，全书的第一页和最后一页对称链接，最中间两页也以其为中心对称且相连。缺点是书页仅仅靠两个铁丝订联结，铁丝容易生锈，牢固度差，适合6个印张以下的书刊。④

2. 缝纫订

缝纫订是一种采用工业缝纫机，用纤维丝沿订口或折缝将书帖订联成册的方法。它与铁丝平订、骑马订的形式相似，但材料和加工设备不同。缝纫订的特点是订联牢固，不怕潮湿，适合页数较少（4页至150页）的书册。⑤

3. 锁线订

锁线订是一种用纱线沿书帖的订缝穿联，使各书帖之间相互锁紧成册的线订技术，主要有平锁和交叉锁两种形式。前者因每个书帖的线路位置

---

① 葛鸿雁，张兰. 书籍设计与制作［M］. 上海：上海交通大学出版社，2013：100.

② 葛鸿雁，张兰. 书籍设计与制作［M］. 上海：上海交通大学出版社，2013：100-104.

③ 葛鸿雁，张兰. 书籍设计与制作［M］. 上海：上海交通大学出版社，2013：101.

④ 姜靓 . 书籍设计［M］. 北京：中国建筑工业出版社，2013：60.

⑤ 葛鸿雁，张兰. 书籍设计与制作［M］. 上海：上海交通大学出版社，2013：101.

相同而称作实锁或平订锁；后者因每页帖走一根线，形成每隔一书帖的线路位置相同而称作跳锁或绞花锁。锁线订的特点是连接质量好、牢固性强、方便翻阅，是书本订联中的常用技术之一。可以订联特厚的书册，并使书册各页自由翻开、摊平。锁线订工艺常用于制作质量要求高且耐用的书籍装订。①

4. 无线胶订

无线胶订也称“非订缝链接”，是指不用铁丝和线，而是用黏性较强的胶黏剂，在书背部分将配好的书帖黏在一起的书芯订联方法。无线胶订的优点是：减少了工艺环节，可以缩短制作时间；只用于书背，不占订口，可以摊平翻阅；有利于单数页书刊的订联。无线胶订的缺点是：容易因为黏结不良而出现书页脱落。无线胶订不适合需要长期使用或具有保存价值的精装本制作。②

5. 平订

平订，即铁丝平订。将印好的书页经折页、配帖成册后，在钉口一边用铁丝订牢，再包上封面的装订方式。用于一般书籍的装订。铁丝平订的铁丝容易生锈，要占用一定宽度的订口，导致书页无法完全打开，如果书页太厚则不易翻阅，因此，一般适用于400页以下的书刊。铁丝平订的方式现在已经很少使用。③

（二）“装”的形式

包本是将订联后的书芯与封面结合并固定成型的工序，是书籍装订加工的最后一个阶段。从现代工艺来说，书籍的“装”可以分为平装包本、精装包本和其他包本三大类，此外还有传统装订方式。④

1. 平装包本⑤

平装包本是将书芯包上纸质软封面，经烫背（或压实）、裁切后，使毛本变成光本而成为可阅读的完整书籍。平装包本分为折封面（压槽）、刷胶、包封面3个阶段。

---

① 葛鸿雁，张兰. 书籍设计与制作［M］. 上海：上海交通大学出版社，2013：100-104.

② 葛鸿雁，张兰. 书籍设计与制作［M］. 上海：上海交通大学出版社，2013：104.

③ 姜靓. 书籍设计［M］. 北京：中国建筑工业出版社，2013：60.

④ 葛鸿雁，张兰. 书籍设计与制作［M］. 上海：上海交通大学出版社，2013：104.

⑤ 葛鸿雁，张兰. 书籍设计与制作［M］. 上海：上海交通大学出版社，2013：104-105.

（1）折封面

折封面是将“开料”时裁切好的封面按书册厚度齐书脊边线向里折的过程。其目的是形成折缝线，作为书脊的边沿线和包本粘面后背的规矩线。

压槽是机械包本的“折封面”，通过压槽形成两条和书脊宽度相同的书槽线。

（2）刷胶

刷胶是把折好的封面齐黏扣部分及书芯的黏口部分分别刷上胶黏剂。

（3）包封面

包封面是将上胶的封面与上胶的书芯粘口对合的过程。

具体来说，上述3个阶段可分为折封面、刷封面胶黏剂、黏封面、刷书背胶黏剂、包封面5个环节。经过包封面之后，进行烫背和切书。烫背是用烫背机热压包好封面的书册背部，使封面平整牢固地粘贴在书芯上。切书是用切书机切去三面毛纸边，使书册最终成为能够翻阅的书籍。

2. 精装包本①

精装包本是将书芯造型并包上硬质书皮的包本工序。精装书本的特点是翻阅方便、耐用、豪华。精装包本工序主要包括书芯书背加工、硬质书封壳制作、书芯和书封壳套合3个过程。精装包本工艺更为复杂，用料更加讲究，制作更为精致。

（1）精装书书芯书背的形式

精装书书芯书背的形式分为圆背有脊、圆背无脊和方背（或称平背）三种。圆背有脊书芯又称“圆背真脊”书芯，是经过造型后，书背呈圆弧形，圆弧形的两端（书芯正反表面靠近书背转折处）被加工成突起有脊垄的书脊形态，坚硬挺实。圆背无脊书芯又称“圆背假脊”书芯，是指经过造型后，书背呈圆弧状，书背与书芯的厚度相同，但没有书脊的书芯。方背书芯又称“平背”书芯，是指书芯经造型后，书背形态平直方正，书背和书芯上下环衬互成直角。

（2）书壳的形式

书壳一般由表层的软质封皮、硬质纸板、中径纸三个部分组成，是精装包本的外层形态。书壳有不同的形式，按照书壳表层的包封材料使用状态可分为整面书壳、接面书壳；按照书角的形态可分为圆角书壳、方角书壳、包角书壳；按照书壳和书芯的连接方式可分为活套书壳、死套书壳。

---

① 葛鸿雁，张兰. 书籍设计与制作［M］. 上海：上海交通大学出版社，2013：104-106.

（3）书壳套合形式

书壳套合形式按照内在结构分为软背装、硬背装和腔背装，按照外在形态分为方背和圆背。

3. 其他包本形式①

其他包本形式主要有活页装订和折页装订。活页装订是指用夹条或圈环将书页订联在一起的装订方式。活页装订的优点是装订简单，易于拆装更换。活页装订的缺点是缺乏正式感，折页装订是指在一整张纸上安排多个页面并经过特殊的折叠处理使页面有序呈现的装订方式。

传统装订方式主要有简策、帛书、卷装、折装、旋风装、梵夹装、粘叶装、缝缋装、蝴蝶装、黄装、包背装、线装等。②

- 简策。又称简册，是一种写有文字内容的长条形竹、木片按序用细绳进行编连，形成可舒卷的装订方式。③
- 帛书。又称缯书，是一种以白色丝帛为书写材料，写绘有文字、图像及其他特定符号的装订方式。传统帛书以黑色或红色画出行格，称为乌丝栏、朱丝栏。帛书的装订方式主要有折叠、盒装、卷装三种。
- 卷装。是一种以柔软材料为主，使用拓、裱等工艺装裱图文，经弯曲而裹成圆筒状外形的装订方式。卷装分为有轴和无轴两种形式，前者称为“卷轴装”，后者称为“卷子装”。
- 折装。是一种将卷子长幅改作折叠，前后黏以书面，呈书本状的装订方式。
- 旋风装。是以一张卷起的长纸对其内单边订联的书页进行封护的装订方式，又称“龙鳞装”。
- 梵夹装。是一种在上下叠放、按序排放的分散书页上面和下面各夹配一块与书页大小相同的竹片或木板作为封面和封底，并以绳索结扣的装订方式。梵夹装可以说是古代的活页装。
- 粘叶装。是一种将对折后的书页用胶黏连成册的装订方式。
- 缝缋装。是一种用绳线锁合的方式连接书页的装订方式。
- 蝴蝶装。是一种将印有文字的纸面朝里对折，再以中缝为准，把所有页码对齐，用糨糊粘贴在另一包背纸上，然后裁齐成书的装订方式。
- 黄装。是对蝴蝶装的改进，由清代著名藏书家黄丕烈创制。对蝴蝶装的

① 葛鸿雁，张兰. 书籍设计与制作［M］. 上海：上海交通大学出版社，2013：106.

② 葛鸿雁，张兰. 书籍设计与制作［M］. 上海：上海交通大学出版社，2013：106-109.

③ 葛鸿雁，张兰. 书籍设计与制作［M］. 上海：上海交通大学出版社，2013：107.

改进表现在：书页的粘连在两张书页的纸背书口部位进行，可防止翻阅时出现空白页；直接用书皮包裹书芯，不涂糨糊，可以避免虫蛀。

➢ 包背装。是一种书页背对背对折，书口相连且向外的装订方式。
➢ 线装。是一种在书册上打眼、订线，书页正折，版心向外的装订方式。线装书一般只打四孔，也称“四眼装”。另有“六眼装”，是在较大的书的上下两角各多打一眼。

二、教材装订形式的设计

（一）教材装订形式要注意相关的法律规定

在有相关法律规范要求的时候，需要参照这些要求设计教材的装订形式。如，《中小学教科书用纸、印制质量要求和检验方法（GB/T 18359—2009 代替 GB/T 18359—2001）》就折页与配页、封面覆膜和上光、胶黏装订等装订要求做了规定。[①]

（二）教材装订应牢固耐用

通常，教材需要反复翻阅，因此要选择那些牢固的装订方式，防止在使用的过程中出现散落现象。此外，有些装订方式还存在潜在的危险。如，容易生锈、脱落的钉子可能会对翻阅者造成伤害。

（三）教材装订形式要根据教材的内容选择

装订形式要能够反映教材内容的精神特质。传统装订方式可以使人产生怀旧、久远的感觉，现代装订方式则给人现代感，某些装订方式还可以传统和现代两种装订方式结合，从而散发出古典和时尚的双重气息。故而当教材涉及传统、古代、怀旧的内容时，可以让教材呈现传统装订形式的魅力；教材以现代内容为主时，则可以呈现现代装订形式的魅力。

（四）教材装订形式要适应教学的不同要求

在教材设计中，要从使用者的使用方式出发灵活设计装订形式。如，活页装可以不断增减页数，还有利于使用者和教材之间的互动。当教材的内容需要经常灵活加减的时候，就可以考虑这种装订方式。《职业院校教材管理办法（2019）》指出，职业院校的教材应当“编排科学合理、梯度明晰，图、文、表并茂，生动活泼，形式新颖。名称、名词、术语等符合国家有关技术质量标准和规范。倡导开发活页式、工作手册式新形态教材”。[②]

---

① 中小学教科书用纸、印制质量要求和检验方法(GB/T 18359—2009 代替 GB/T 18359—2001)[S/OL].(2015-03-29)[2020-12-27].http://www.doc88.com/p-1068558958966.html.

② 中华人民共和国教育部. 关于印发《中小学教材管理办法》《职业院校教材管理办法》和《普通高等学校教材管理办法》的通知：教材〔2019〕3号[A/OL].(2019-12-19)[2019-12-30].http://www.moe.gov.cn/srcsite/A26/moe_714/202001/t20200107_414578.html.

（五）教材装订形式要考虑使用者的兴趣

教材装订形式虽然是教材的“外衣”，但是设计良好的“衣服”也可以吸引学习者的兴趣。在设计教材的时候发挥创造性的想象，设计出独特的装订方式，将有助于激发学习者学习教材的兴趣，使他们更好地享受读书的乐趣，提高学习的效率。

（六）教材装订形式要考虑经济性

教材作为特殊的文化产品和商品，其可供选择的装订形式是丰富多样的，但是作为教材要考虑学校教材价格的特殊要求，尽可能设计兼具实用性、审美性和经济性的装订形式。

第六节　教材物质媒介系统设计的常见问题与解决策略

一、不重视教材物质媒介系统的设计

相比于教材的表达系统，教材物质媒介的设计似乎更容易被忽视，究其原因和“系统设计”理念的缺乏有关。因而，加强“教材设计是系统设计”的理念，自始至终不忽视任何一个教材子系统和环节的设计是克服这一问题的基本办法。

二、没有协调好教材设计的艺术性和实用性之间的关系

教材既要有足够的实用性，同时又要兼顾审美性，偏于任何一端都不合适。设计者选用纸张、开本、印刷工艺、装订形式片面追求视觉效果，忽视教材实际使用的便利性、经济性，会给教材的选用和使用都带来麻烦。为此，教材设计者要协调好实用和审美的关系，避免偏于一端（参见“阅读材料：一年级孩子书包有多重？轻的 6 斤，重的十来斤”）。

❖ 阅读材料：一年级孩子书包有多重？轻的 6 斤，重的十来斤①

背着小书包，蹦蹦跳跳上学校，这样可爱的情景现在已不多见。取而代之的是家长背着书包把孩子送到学校的场景，放学后，家长的第一个动作也是接过孩子的书包，而有些家长直接选择了拉杆式书包。这些帮助孩

① 一年级孩子书包有多重？轻的 6 斤，重的十来斤［Z/OL］.（2013-11-20）［2020-02-12］.http://www.ttdsread.com/readPaper.do? id =C36F2ECBF6B91AEB39EE220F059F542266C9076424B9DE9C34F0064C026C1F59F0D02F96CF89E52168004C7C5C703E7F.

子减轻负担的方式，不禁让人产生疑问：一年级孩子的书包到底有多重？记者通过调查南京市长江路小学一年级马同学一周的书包重量，发现一个体重66斤的孩子，背的书包接近6斤重。

看一看：书包里都装了些啥？周一：2.6公斤。物品：语文书，数学书，硬笔练字本，4本小练字本，水杯，跳绳，铅笔盒，水彩笔盒。周二：2.7公斤。物品：语文书，数学书，英语书，硬笔练字本，4本小练习本，水杯，跳绳，铅笔盒。周三：2.3公斤。物品：语文书，数学书，硬笔练字本，4本小练习本，水杯，跳绳，铅笔盒。周四：2.6公斤。物品：语文书，数学书，硬笔练字本，4本小练字本，水杯，跳绳，铅笔盒，水彩笔盒。周五：3.1公斤。物品：语文书，数学书，硬笔练字本，4本小练习本，课外阅读三字经，水杯，跳绳，铅笔盒。

记者调查发现，马同学的书包在同龄孩子中算是很轻的，其他孩子的书包重量普遍在10斤以上。沈女士的孩子也上一年级，一个小女孩要背10斤左右的书包，“比较重的是水杯和词典，词典虽然不是老师要求带的，但是她爱看，所以每天都背着”。那为何不用拉杆式的书包呢？沈女士告诉记者，老师说拉杆式的书包容易绊倒人，孩子使用易受伤，所以建议不要使用。“孩子太不容易，我很心疼她，瘦瘦小小的要背12斤左右的书包，一出学校我是绝对不让她背书包的。”郭奶奶向记者吐着苦水。

真吓人，一年级背10斤重书包不少见。家长问：东西装得不多，现在的书包咋这么重？

三、教材物质媒介系统的设计不能引发使用者的兴趣

教材的美感不仅表现在表达系统中，还表现在物质媒介的设计中。学习原本就很辛苦，教材的纸张、印刷、开本、装订单调缺乏美感和趣味更容易使学习者对教材望而生畏。为此教材设计者要发挥创造性，同时了解使用者的审美习惯，设计出能够吸引使用者的教材。

四、教材物质媒介后期制作不佳影响学习

在实际的教材使用过程中，教材物质媒介的质量不佳对学习者造成了一些不良影响。如，印刷错误、脱胶散页、装订漏页等问题（参见“阅读材料：印制质量管理合力拓‘征途’”“阅读材料：一小学部分教材脱胶严重”“阅读材料：买了一本初一教材装订误差少了23页”“阅读材

料：上海市质监局抽查中小学教科书及教学辅导读物3批次不合格”）。教材设计包含了前期调查、组织设计、后期制作、试用等环节。教材设计者除了关注教材本体的设计之外，在可能的情况下，要关心后期的制作质量，确保其从设想转变为完美的存在物，为使用者交上一份满意的答卷。随着我国逐渐重视和推广教材的循环利用，教材总体使用的成本将得到降低，这将有助于为教材质量的提升创造条件（参见“阅读材料：教科书的循环使用”）。

❖ 阅读材料：印制质量管理合力拓“征途”①

2007年3月15日，全国中小学教材印装质量检查活动领导小组在全国范围内发布了《“3.15”全国中小学教材印装质量检查情况报告》（以下简称《报告》）。99.41%的春季教材抽检合格率，意味着于2007年1月启动，历时50余天，范围涉及全国各地的“全国中小学教材印装质量检查活动”画上了圆满的句号。出版物质量即通常所说的图书质量，主要包括内容、编校、设计、印制4个部分，从出版流程来看，印制处于最末的一个环节。“家家都有孩子”，总署印刷复制管理司王岩镔司长在1月24日召开的“全国中小学教材印装质量检查活动座谈会”上一针见血地指出，中小学教材作为出版物的特殊品种，关系到下一代的成长，在印刷质量检测中应该具有更加特殊的重要意义。“孩子的问题都是大问题，我们要从更高层面来呼吁全社会关心孩子的教材问题”，她接着强调，“在文化产品中，由于出版物的印刷质量不好，已经招致了社会的强烈不满和批评，我们能不能从自身入手，从提高内部管理的角度，使质量管理有一个改变?”王岩镔强调的“社会的强烈不满和批评”并不是空穴来风，在某个著名的教育网站上，记者无意间发现有家长将拍到的已经出现严重散页的教材图片贴到了网上，跟帖者也纷纷回应说这种情况并不少见。有关中小学教材印装质量的各种故事也不绝于耳。有学校图书馆馆长向抽检人员反映，学生的历史教材曾经出现过8个白页，更有老师指责印刷企业“误人子弟”，原因是套印不准，将3个气球印成了6个，致使学生认不准数。

---

① 印装质量管理合力拓“征途”[J]. 印刷经理人，2007（4）：30.

❖ 阅读材料：一小学部分教材脱胶严重[①]

“刚刚发的新书，还没用上几天，就一片片落下来了，孩子为这事还哭过一回，后来到班级里问问，很多同学的语文书都有脱页现象。”昨天上午，武进区前黄中心小学六年级学生家长陈先生向本报新闻热线反映：学校发到孩子手里的语文书、英语书都不同程度出现脱页，其中语文书已经脱页近一半，严重影响到孩子的正常学习。陈先生拿出一本六年级语文（上册），打开书，才翻了两页，3、4、5、6、7 页就飘落下来，拿起掉下的一张，记者看到脱落处很光滑，没有撕扯用力的痕迹。陈先生说，开学后孩子拿了很多新书回来，妻子帮她包上了封面，没想到才用了几天，语文书和英语书就出现了脱页，孩子为此还哭过一次，以为是自己没保管好新书。后来她回来跟我说，好多同学的书都这样。记者随后从前黄中心小学总务处了解到，经过校方统计，教材脱页现象仅出现在六年级的部分学生中。总务处朱老师称，目前统计到六年级有 42 本语文书、55 本英语书出现脱胶等质量问题。

❖ 阅读材料：买了一本初一教材装订误差少了 23 页[②]

范同学今年初三，为了迎接中考总复习，前一阵子他在书店购买了 7 年级语文课本。12 月 8 日，范同学复习至第四单元的时候，这时问题来了，第四单元不见了，第五单元重复两遍。昨天下午，记者见到了范同学的爸爸范先生。范先生说：“现在儿子复习进入最紧张阶段。上周六，我们发现书内出现缺页的时候，就立即拨打书本封二上的售后电话，和售后进行了联系，但是至今没有得到答复。”记者在现场看到，范同学买到的是 2008 年 7 月第三版，2012 年 11 月西安第五次印刷。而在这本书中 121 页之后紧接着就是 154 页，其中缺页 23 页。154 页至 184 页内容重复出现，书本的整体厚度没有区别。随后，记者根据书封二上标注的售后电话，致电售后中

---

① 童华岗. 一小学部分教材脱胶严重［N/OL］. 常州日报，2010-09-10［2020-02-12］.http://epaper.cz001.com.cn/site1/czrb/html/2010-09/10/content_344333.htm.

② 李佳，李宗华. 买了一本初一教材装订误差少了 23 页［Z/OL］.（2014-12-10）［2020-02-12］.http://www.bzdrs.com/readPaper.do? id =FDB2EC7999001652A6B522CE0E9020588CB4E93BC4CB63EA7CB541A558B8B39EEDC7DAC22ABF593B68004C7C5C703E7F.

心，反映了范同学遭遇的情况，售后经理回应：这个版本是去年下学期的教材，现在已经卖光了，厂家没有存货，所以没有办法给孩子调换。而且孩子买的是下册的书，根据国内教科书发行习惯，现在这个版本新书还没有印制出来，最快也要到 1 月份。

❖ 阅读材料：上海市质监局抽查中小学教科书及教学辅导读物 3 批次不合格[①]

8 月 30 日，上海市质监局官网发布 2018 年中小学教科书及教学辅导读物产品质量监督抽查结果。近期，上海市质量技术监督局对本市生产和销售的中小学教科书及教学辅导读物产品质量进行了专项监督抽查。本次抽查产品共计 100 个批次，经检验，不合格 3 批次。本次监督抽查依据 SHC-CJSGF207. 3—2013《中小学教科书及教学辅导出版物产品质量监督抽查技术规范》、GB/T 18359—2009《中小学教科书用纸、印制质量要求和检验方法》、GB/T 7705—2008《平版装潢印刷品》、CY/T 12—1995《书刊印刷品检验抽样规则》、CY/T 15—1995《平装书刊质量分级与检验方法》、HJ 2503—2011《环境标志产品技术要求　印刷第一部分：平版印刷》等国家标准及相关产品标准要求，对产品的下列项目进行了检验：纸张亮（白）度；纸张定量；印刷墨色；正反套印；文字；版面；彩色套印；网点；同批同色色差；相连页码误差；全书页码误差；画面接版误差；书帖；书页；封面侧胶宽度；书背；订位误差；钉锯；钉脚；书背字平移、歪斜误差；封面覆膜粘接强度；书刊粘接强度；上光表面；成品幅面裁切误差；切口；整体外观；锑；砷；钡；铅；镉；铬；汞；硒；苯；乙醇；异丙醇；丙酮；丁酮；乙酸乙酯；乙酸异丙酯；正丁醇；丙二醇甲醚；乙酸正丙酯；4-甲基-2-戊酮；甲苯；乙酸正丁酯；乙苯；二甲苯；环己酮。本次抽查发现涉及安全性指标的有毒有害有机物和重金属元素项目全部符合标准要求，有 3 批次产品不符合标准的规定，涉及全书页码误差、相连页码误差、正反套印、文字、版面、书帖、书页和封面侧胶宽度指标。封面侧胶宽度是书本装订牢固度的一项重要指标，如该项目不达标会导致封面与书芯脱胶，有散页的风险，严重影响书本的使用。文字项目不合格多为文字不清晰、重影、短笔缺划等等，这些问题直接影响读者对书本内容的吸取。

---

① 上海市质监局抽查中小学教科书及教学辅导读物 3 批次不合格[Z/OL].(2018-08-30)[2020-12-30]. https://mini.eastday.com/a/180830171649974.html.

❖ 阅读材料：教科书的循环使用[①]

为贯彻《中华人民共和国义务教育法》有关规定，落实《国务院关于进一步完善城乡义务教育经费保障机制的通知》（国发〔2015〕67号）有关要求，现就城乡义务教育教科书免费提供和部分教科书循环使用工作提出以下意见。一、从2017年春季学期开始，按照教育部印发的《义务教育教学用书目录》，中央财政对全国城市和农村地区义务教育阶段学生免费提供国家课程的教科书。二、从2017年春季学期起，各地组织编写、选用的地方课程教材一律免费提供给义务教育阶段学生使用，所需资金由地方财政承担。各地要对此类教材数量进行严格控制。为全国义务教育阶段学生免费提供教科书后，严禁向学生预收教科书费用。教辅材料的征订严格按照《国家新闻出版广电总局、教育部、国家发展改革委关于印发〈中小学教辅材料管理办法〉的通知》（新广出发〔2015〕45号）执行。三、免费教科书的采购工作要按照政府采购有关法律制度执行。国家课程免费教科书由省级教育、财政部门结合当地实际，按政府采购有关规定统一组织采购。政府采购应在各地教科书选用的基础上进行，同时要加强省级教育行政部门对教材选用工作的统筹指导。政府采购要尽最大限度提高财政资金使用效益，综合考虑供货质量、适用性、价格等因素。在保证教科书采购质量和采购经费允许的前提下，各地可将与国家课程教科书相关的学生辅助学习资源（如作业本、配套外语音像制品等）和教师用书（含配套语文、音乐音像制品等）一并纳入采购范畴。四、免费教科书政府采购要保证教科书循环使用的顺利实施，要保证通过政府采购的教科书符合循环使用的质量要求。政府采购的免费教科书图书质量除必须符合《中华人民共和国质量法》和《图书质量管理规定》的有关规定外，还应满足循环使用对教科书印制、装帧质量的特殊要求。五、义务教育部分国家课程教科书循环使用制度实施范围包括全国所有农村和城市地区，纳入循环使用的教科书包括：小学《科学》、《音乐》、《美术》（或《艺术》）、《信息技术》；初中《音乐》、《美术》（或《艺术》）、《体育与健康》、《信息技术》。循环

---

① 中华人民共和国教育部. 教育部 财政部关于全面实施城乡义务教育教科书免费提供和做好部分免费教科书循环使用工作的意见：教材〔2017〕1号[A/OL].(2017-05-31)[2019-12-22].http://www.moe.gov.cn/srcsite/A26/moe_714/201706/t20170615_307015.html. 标题系本书作者所加。

使用的科目可根据实际需要进行调整。鼓励各地对地方课程免费教材也实行循环使用，具体办法由各省级教育、财政部门确定。六、省级教育行政部门负责组织实施本地区免费教科书的循环使用工作，并根据国家对教科书循环使用工作的有关要求和本地区实际情况，修订完善教科书循环使用的管理办法和实施细则，对循环使用教科书的登记、发放、回收、统计、消毒、保管、更新等项工作作出具体规定，统筹解决实施过程中可能出现的各种问题。七、为保证循环使用教科书的质量和相关工作正常运行，从2018年起，中央财政每年按照上述循环使用的国家课程教科书书款的一定比例安排资金，用于循环使用教科书的补充、更新。循环使用的教科书版本要保持相对稳定。确需更换教科书版本的，应经省级教育行政部门同意后，从起始年级开始更换。八、循环使用的教科书作为中小学校的教育装备，由学校集中管理，学生免费使用，不属学生个人所有。各级教育行政部门和学校要保证教科书按学生人数足额配备，同时还要按学生人数一定比例增配调剂用书，确保课前有书，人手一册。九、各地要为学校开展教科书循环使用提供相应的工作条件，添置、配备必要的图书存储、消毒设施和设备，学校要提供适宜的保管、贮存场所和空间，以保证循环使用工作的顺利、正常开展。十、地方各级教育行政部门和学校在实施教科书循环使用工作中，要积极引导教师更新教育理念，改变教学方式。要教育学生爱护课本，节约资源，养成良好的学习习惯，增强学生的责任意识和环境保护意识。十一、各地要通过多种渠道和形式，向学生、家长、教师和社会广泛宣传国家对义务教育阶段学生免费提供教科书政策和教科书循环使用的重大意义。十二、各地在执行免费教科书和教科书循环使用已有规定的基础上，要认真总结农村地区工作经验，在向城乡全面推广实施的过程中进一步完善相关政策。地方各级教育行政部门和财政部门要定期组织对各地免费教科书政府采购和循环使用工作的检查。各级教育监察、督导部门和学校要建立有效的监督、检查工作机制，对教科书免费提供和循环使用工作中出现的违规、违纪单位和个人严肃查处。

本章小结

内容和形式是教材的一体两面，尽管教材的结构可以区分为内容和形式两个部分，但是在实际使用的过程中，教材的两个方面是同时作用于使用者的，换句话说，教材的教育力量是以“完整”的方式实现的。因而，教材设计者既要关心内容的教育价值，也要关注形式的教育价值。

"图书内容的传达是靠形式设计来实现的，形式设计不单纯是为形式而形式、为表现而表现、为设计而设计，而是要注重内容，内容决定着形式并且从微观到宏观把握着图书整体，设计师能够善于灵活运用形式设计来充分表现图书内容，便能够达到内容与形式的高度统一。"①"说到底，所谓装帧，并不是要你把自己当成一名作家去进行自我表现，而是要尽可能地展示书籍的个性。而且，对一本书来说，最为适合的呈现手法只有在读过了原稿之后才能知晓。设计师需要以一种平常人的视角，去阅读和体会每本书所传达的信息，而后寻找出最为触动自己的地方。再将它们尽可能细腻地予以表现。因为我总觉得，读者们也会在相同的地方被打动。"②［参见"阅读材料：2019年'世界最美的书'获奖作品揭晓（完整版）"］本章主要讨论了以纸张为主要物质媒介的教材设计，实际上，无论是纸质教材还是其他媒介的教材，都要兼顾内容和形式，使教材由内而外散发出真、善、美的魅力，使原本枯燥乏味的教材拥有一颗有趣的灵魂，从而成为学习者的真正伴侣。

要设计好内容和形式兼顾的教材对设计者来说是一项极具挑战性的工作。由于教材是一种特殊物品，很多时候不能不考虑其经济性。如，我国现行《中华人民共和国义务教育法》规定："教科书价格由省、自治区、直辖市人民政府价格行政部门会同同级出版主管部门按照微利原则确定。""国家鼓励教科书循环使用。"③ 因此，作为设计者，如何在兼顾经济性的前提下做到内容和形式兼顾是需要认真面对和思考的问题。

希望我们的教材也如宋版书一样，于方正之间，在新的时代散发出新的光彩（参见"阅读材料：宋版书：方正之间　人间至美"）。

❖ 阅读材料：2019年"世界最美的书"获奖作品揭晓（完整版）④

"世界最美的书"组委会德国图书艺术基金会今年共收到来自全球32个国家和地区的参评作品600余件。国际评委团经过3天的精挑细选，最终

---

① ［波］别内尔特，关木子. 书籍设计［M］. 贺丽，译. 沈阳：辽宁科学技术出版社，2012：7.

② ［日］铃木成一. 装帧之美［M］. 匡匡，译. 北京：中信出版社，2013：230-231.

③ 中华人民共和国教育部. 《中华人民共和国义务教育法》［Z/OL］.［(2018-12-29)［2020-12-31］.http://www.moe.gov.cn/jyb_sjzl/sjzl_zcfg/zcfg_jyfl/202110/t20211029_575949.html.

④ 陆俊毅. 2019年"世界最美的书"获奖作品揭晓（完整版）［Z/OL］.(2019-03-12)［2020-02-16］. https://www.sohu.com/a/300578319_556783.

推选出14部作品荣膺2019“世界最美的书”称号。这些获奖作品分别来自10个国家或地区。由上海市新闻出版局、“最美的书”评委会选送的《江苏老行当百业写真》荣获“世界最美的书”荣誉奖。老行当，是对社会上正在消失的各行各业的总称，虽渐行渐远，却承载着民间的独特智慧和一代人共同的回忆。本书依据行当特点及旧时传统，将江苏的老行当分为八类，通过严谨的设计语言，塑造民间气质，是一部致敬匠心之作。评委会给予该书如下评语：用老店铺包点心的粗陋纸张并打毛边，表现逐渐消失的民间老行当百业，有朦胧之美。采取古老而民间的装订方式，页码设置奇特。黑白图片印在粗陋纸张上，产生古老斑驳的意向，仿佛显示了新百业皆源自老行当。而今年来自荷兰的出版物《Amsterdan Staff》能够获得最高奖项“金字符奖（Golden Letter）”！评审团对获奖者做出这样的评价：“几年前，阿姆斯特丹从考古学角度借机开启了重大基建项目，开辟了其全新的地铁线路。科学家从Amstel河床中发现了无数物品，记录在册的就有70多万个发现。其中，1.3万件文物出现在这个从史前时代到20世纪存在的宝库中；它们都是沉没在Amstel河床底部的东西。例如，食品加工和消费这一章包括一个1800年左右的干草叉，并在同一双页上呈现20世纪末期的芯片叉。尽管它的尺寸很大，但600页印度纸张的使用使其很容易翻阅。这种不透明的纸张有其独特的魅力：它让人想起考古学家在挖掘过程中确定的分层原则。根据类别在每页5×7方格的图像区域中呈现精心选取的插图。必要时，单个形状又可以提供额外的空间。这种近乎完美的排序方式，呈现出一个迷人的大杂烩意味的项目。干净利落的封面揭示出精心记录的内容，让你感到好奇。纸质封面带有简洁的标题：东西（Stuff）。在标题上方，阿姆斯特丹纹章的三个银色十字架在闪闪发光的双色织物上熠熠生辉——这些不应该与三个“X”混淆，因为任何希望在书中找到明确材料的期望都会是错误的。”由德国图书艺术基金会主办的“世界最美的书”评选已有近百年历史，代表了当今世界书籍艺术设计的最高荣誉。每年一届评选出的“世界最美的书”都会在当年的莱比锡书展和法兰克福书展与读者见面，并在世界各地巡展。

❖ 阅读材料：宋版书：方正之间　人间至美①

谈到宋，这个中国美学和文化的巅峰时代，无论如何也绕不过宋版书的那几页泛黄的身影。提到宋版书，很多研究宋代文化的学者第一印象便是明人高濂评论的宋刻之善，说："宋人之书，纸坚刻软，字画如写。格用单边，间多讳字。用墨稀薄，虽着水湿，燥无湮迹。开卷一种书香，自生异味。"寥寥数笔，已将宋版之美精妙勾画。"纸坚刻软""字画如写"这两个赞语，是说宋书的纸张质量很好，印刷质量也属上乘。

宋人尊崇文化，对书籍品质、印刷质量的要求很高，因此促进了宋纸工艺与印刷工艺的发展。蒋勋说："宋的版书，是全世界最珍贵的文化，我觉得它的排版印刷方式，是世界上最美的。在拍卖市场，宋版书是一页页拍卖的。11 世纪宋朝的活字排版印刷术，让当时的知识、教育普及，造就了庶民文化，还影响到 15 世纪德国古登堡《圣经》（第一部用活字印刷术印刷的《圣经》）的印刷。"作为世界上昂贵的、高品位的收藏书籍之一，宋版书同时也是中国造纸术、印刷术以及宋代文化的历史见证，在方正之间，尽现人间至美。

谈书先论纸。在收藏界，素来有"一页宋版，一两黄金"的说法。作为书画作品的物理载体，优质的纸墨可以给书画作品增色不少。历史上著名的文人墨客，更是着力研究优质纸张，甚至为此不惜代价。宋版书用纸，纸质洁白光滑、质地柔软细腻，用墨质料精良、墨色如漆。宋代造纸技术较为发达，印刷用纸品类繁多，大致有竹纸、皮纸和麻纸。竹纸，纹理坚致有韧性。宋人周密在《癸辛杂识》中写道："淳熙宋，始用竹纸，高数寸，阔尺余者。"《天工开物》中记载："凡造竹纸，事出南方，而闽省独专其盛。"皮纸，是以桑树皮和楮树皮为原料制成的纸张，色白而厚，两面光洁。印出来的书版式疏朗雅洁，版心下方往往有刻字工人姓名和每版的字数。孙从添《藏书纪要》云："南北宋刻本，纸质螺纹不同，字画刻手古劲而雅。墨色香淡，纸色苍润，展卷便有惊人之处。所谓墨香纸润，秀雅古劲，宋刻本之妙尽之矣。"由此可见宋代古籍善本用纸、用墨相当考究。

宋代是雕版印刷的黄金时代。美国学者卡特（T. F. Carter）曾说过："以雕版精善而言，中国历朝印刷，殆无能超过宋代。"宋代开国的时候，

---

① 郑增敏. 宋版书：方正之间　人间至美［J］. 艺术与设计，2019（6）：64.

宋太祖采取重文轻武的政策，人才选拔主要是依靠科举取士，极大地刺激了文人读书买书的需求，从中央到地方都开始大力提倡雕版印刷。两宋300余年间，刻书单位之多、雕印地区之广、印刷内容之丰富、印刷作品之精美均前世所未有，雕版印刷事业迎来了黄金时代。处于承前启后位置上的宋版书因其刻印精工和流传稀少，呈现出独具的文献学价值。与此相联系，世人多以宋版书为贵。或为治学，或为显富，或珍视有加，或顶礼膜拜。宋代雕版印刷技术已臻成熟，无论书写还是刻印都相当精美，形成鲜明的时代特征，并为后代所推崇仿效。

宋人追求字体的完美。宋代是重文轻武的时代，也是书法鼎盛的时期，一代皇帝宋徽宗更是精通书法艺术，独创了属于自己的瘦金体。而宋代各地印书人推荐不同的书法大家，因而书体风格亦不同，比如浙江刻本多为欧体（欧阳询），字整体偏瘦，笔力险劲，意态俊逸；福建刻本多为柳体（柳公权），字体方正，骨力遒劲，结体严紧；四川刻书多崇颜体（颜真卿）用笔肥厚粗拙，劲健洒脱；江西地区则兼而有之。这些“颜筋柳骨”的楷书，到了宋代后期又慢慢衍变为横平竖直、横轻竖重的早期印刷体，即古老的宋体字“老宋体”，字形方正，疏朗简洁，文字分布、字体大小，行列间距，用墨色泽精细考究。

在装帧艺术上，宋初沿袭过唐代及以前的书籍形制卷轴制、经折制、旋风装制。旋风装制是由卷轴装制到蝴蝶装制的一种典型的过渡形制或中间形制。蝴蝶装和包背装是宋版书最主要的两种装帧形制，亦是对上述之前三种书籍形制继承并创新的一种新的书籍形制。宋朝人认为，古籍装帧最好用粘叶的方法。日久糨糊失效以后即使散开，只要书叶完好，还能找到书叶的次序予以恢复。这是线装不能满足的优点。线装书时间一长，缝的线一断，就很难找到书叶原来的次序了。除此之外，线装书书籍制作前需要排版，技术复杂，用纸也要比一版一印书籍要大，印刷时有一定的难度。因而用缝缋装帧做书，生产速度较慢，生产成本很高。大约从宋代中晚期起，又在蝴蝶装制的基础上加以改进，产生了包背装制，这种书籍形制后来成为元代基本的书籍形制。

■ 练习和检查

尝试为你的教材设计一种装订形式，可以参照“教材装订设计检查表”检查，在“检查结果”一栏的相应处打“√”。

教材装订设计检查表

教材装订设计的要求	教材装订设计的检查	检查结果
装订牢固耐用	教材装订形式牢固耐用，适合反复使用	
	教材装订形式不太牢固耐用，不太适合反复使用	
	教材装订形式不牢固耐用，不适合反复使用	
符合教材内容的精神气质	教材的装订形式完全符合教材内容的精神气质	
	教材的装订形式基本符合教材内容的精神气质	
	教材的装订形式完全不符合教材内容的精神气质	
符合教学的不同要求	教材的装订形式完全符合教学的要求	
	教材的装订形式基本符合教学的要求	
	教材的装订形式完全不符合教学的要求	
考虑使用者（学生）的兴趣	教材的装订形式完全不符合学生的兴趣	
	教材的装订形式基本符合学生的兴趣	
	教材的装订形式完全不符合学生的兴趣	
考虑经济性	教材的装订形式考虑了经济性	
	教材的装订形式没有考虑经济性	

一 结论与展望

一、结论

（一）什么是“好教材”

本书就教材的基本结构及其各个组成部分的设计进行了梳理，行文至此，我们可以对“什么是好教材”这个问题进行总结。总的来说，“好的教材”至少应该具备下述几个特点：

1. 完整

好的教材既有好的内容，也有好的形式。教材的基本结构既包括内容，也包括形式。内容部分涉及直接为教学过程服务的目标系统、材料系统、活动系统、评价系统，还包括和出版发行有关的出版发行信息系统。形式部分涉及表达系统和物质媒介系统，以及依附于表达系统和物质媒介系统的审美系统。好的教材将教材内容的设计放在重要的地位，但同时也不忽视教材形式的设计，是兼具高质量的内涵和外在的文化作品。

2. 可见

好的教材是透明的。好的教材将构建“师生教学共同体”作为设计的重要理念。教学的质量需要师生双方共同的努力，好的教材可以通过将教材的目标、材料、活动、评价过程清晰明了地呈现出来，使教师和学生,尤其是学生能够理解教材设计者对教材各个组成部分的设计意图。如此，师生就能够遵循共同的目标和路线图各司其职、互相配合，朝着共同的方向努力，真正做到“教学相长”。

3. 可用

好的教材是服务于教学的。好的教材能够尽可能贴近和呈现真实的教学过程发生的样子，一方面能够呈现一般性教学过程的基本结构，如呈现动机的激发、教学过程的展开和反馈环节，另一方面能够呈现特殊教学过程的基本结构，如呈现讨论、研究性学习等特定方法展开的特殊教学过程，再如呈现范例教学等特定的教学模式的教学过程。总之，好的教材一定不仅是用来“看”的，还是可以用来“教”、用来“学”的。

4. 有用

好的教材是有利于发展的。所谓有用，首先是对学生有用，对学生有用主要是对学生的全面发展和终身发展有用。全面发展是当今教育的主题，教材的教育价值应指向学习者的全面发展，好的教材能够贯彻全面发展的各个维度，为真正意义上的全面发展服务，如认知和情感的共同发展、知识和能力的共同发展、理性和感性的共同发展、自然性和社会性的共同发展、认识自我和认识世界的共同发展。终身发展是当今教育的又一个发展主题。人的发展是一个连续不断的过程，对某一阶段发展的认识要从人的连续发展的时间轴上展开。好的教材能够注意不同学习阶段之间的衔接和特点，服务于终身发展，如针对小学语言学习的教材能够从学前和中小学的语言发展及学习的整体发展来思考，而不是仅仅站在小学的时间节点上思考。

（二）教材设计的基本原则

为了设计出一种“好的教材”，教材设计者应关注以下三个基本原则：

1. 目标导向，系统设计

“目标导向”是指教材设计始终围绕教材目标，无论是内容系统还是形式系统都不能离开教材目标。“系统设计”是指将教材的各个组成部分紧密地连接在一起。“系统设计”和“目标导向”不可分割，目标是各个子系统衔接的纽带，而目标的实现又必须依赖系统的衔接才能充分实现。

2. 服务教学，立足现场

“服务教学”是指教材设计要把为师生的使用服务作为基本的态度，将促进学习作为中心任务。“立足现场”是指把“思考者的立场”转变为“行动者的立场”，从教材使用的现实情境出发“预测”教材各个组成部分应有的样子，从而将教材从“静态的文本”转换为“动态的指南”。

3. 视角多元，深植时代

“视角多元”是指从不同的学科角度对教材设计进行“立体透视”，将教材置于学校教育的内外环境中进行全方位地“扫描”。“深植时代”是指将教材设计和新时代的育人要求及其育人条件结合，在具体的语境中讨论教材问题。

二、展望

本书对教材设计的核心环节——教材的本体设计进行了较为系统而深入的思考，初步整理出教材本体设计的主要对象及其基本要求，这一理论知识体系可以为后续教材设计研究提供一个较为清晰完整的基础框架。虽则如此，以下问题未能顾及，这些问题将是笔者日后努力的动力所在。

1. 探寻不同类别教材设计的基本原理

本书集中解决的主要问题是不同类别的教材进行设计时需要考虑的共同问题，并未涉及不同类别的教材进行设计时要考虑的特殊问题。如，活动类教材的设计、校本教材的设计、电子化教材的设计。

2. 探寻教材设计发展的历史钩沉

本书将教材设计置于当下中国社会发展的情境中进行思考，具有较为浓厚的“本土意识”。与此同时，本书的理论建构置于大量的国内研究与实践的基础上。虽如此，未能充分呈现教育研究应有的“历史轨迹”，对于我国在不同历史时期的教材设计相关领域所留下的经验和教训没有给予应有的关注，这也是笔者深感遗憾和愧疚之处。作为一个中国的研究者，如果对自己国家和民族的历史没有深沉的情感和深刻的认识，那么他对当今中国教育问题的理解和看法一定是肤浅的。

3. 探索基于“教育现场”的教材设计理论

从实践到理论，再从理论到实践，是确保理论和实践焕发双重生命力的途径。中国的理论要从中国的实践中来，中国的理论首先要为中国的实践服务。尽管本书对本土的实践颇多关注，但是对课堂中的教材实际使用情况尚缺乏深入的“链接”，因而使得本书欠缺了一点儿“地气”。在未来，到课堂中去研究教材，到教育实践的田野中去研究教材，将是笔者努力的方向之一。

在本书即将画上句号的时刻，我想起了朱光潜先生说过的话：我们对于一棵古松的态度可以有三种：实用的、科学的、审美的（参见“阅读材料：我们对于一棵古松的三种态度——实用的、科学的、美感的”）。对于一种教材，我们的态度也可以有三种：求真、求善、求美。谨以本书献给祖国蓬勃发展中的教育事业，祝愿我们的教材散发出越来越耀眼的真、善、美的光芒！

❖ 阅读材料：我们对于一棵古松的三种态度——实用的、科学的、美感的[①]

我刚才说，一切事物都有几种看法。你说一件事物是美的或是丑的，这也只是一种看法。换一个看法，你说它是真的或是假的；再换一种看法，你说它是善的或是恶的。同是一件事物，看法有多种，所看出来的现象也

① 郝铭鉴. 朱光潜美学文集：第 1 卷［M］. 上海：上海文艺出版社，1982：448-453.

就有多种。

比如园里那一棵古松，无论是你是我或是任何人一看到它，都说它是古松。但是你从正面看，我从侧面看，你以幼年人的心境去看，我以中年人的心境去看，这些情境和性格的差异都能影响到所看到的古松的面目。古松虽只是一件事物，你所看到的和我所看到的古松却是两件事。假如你和我各把所得的古松的印象画成一幅画或是写成一首诗，我们俩艺术手腕尽管不分上下，你的诗和画与我的诗和画相比较，却有许多重要的异点。这是什么缘故呢？这就由于知觉不完全是客观的，各人所见到的物的形象都带有几分主观的色彩。

假如你是一位木商，我是一位植物学家，另外一位朋友是画家，三人同时来看这棵古松。我们三人可以说同时都“知觉”到这一棵树，可是三人所“知觉”到的却是三种不同的东西。你脱离不了木商的心习，你所知觉到的只是一棵做某事用值几多钱的木料。我也脱离不了我的植物学家的心习，我所知觉到的只是一棵叶为针状、果为球状、四季常青的显花植物。我们的朋友——画家——什么事都不管，只管审美，他所知觉到的只是一棵苍翠劲拔的古树。我们三人的反应态度也不一致。你心里盘算它是宜于架屋或是制器，思量怎样去买它，砍它，运它。我把它归到某类某科里去，注意它和其他松树的异点，思量它何以活得这样老。我们的朋友却不这样东想西想，他只在聚精会神地观赏它的苍翠的颜色，它的盘屈如龙蛇的线纹以及它的昂然高举、不受屈挠的气概。

可知这棵古松并不是一件固定的东西，它的形象随观者的性格和情趣而变化。各人所见到的古松的形象都是各人自己性格和情趣的返照。古松的形象一半是天生的，一半也是人为的。极平常的知觉都带有几分创造性；极客观的东西之中都有几分主观的成分。

美也是如此。有审美的眼睛才能见到美。这棵古松对于我们的画画的朋友是美的，因为他去看它时抱了美感的态度。你和我如果也想见到它的美，你须得把你那种木商的实用的态度丢开，我须得把植物学家的科学的态度丢开，专持美感的态度去看它。

这三种态度有什么分别呢？

先说实用的态度。做人的第一件大事就是维持生活。既要生活，就要讲究如何利用环境。“环境”包含我自己以外的一切人和物在内，这些人和物有些对于我的生活有益，有些对于我的生活有害，有些对于我不关痛痒。我对于他们于是有爱恶的情感，有趋就或逃避的意志和活动。这就是实用的态度。

实用的态度起于实用的知觉，实用的知觉起于经验。小孩子初出世，第一次遇见火就伸手去抓，被它烧痛了，以后他再遇见火，便认识它是什么东西，便明了它是烧痛手指的，火对于他于是有意义。事物本来都是很混乱的，人为便利实用起见，才像被火烧过的小孩子根据经验把四围事物分类立名，说天天吃的东西叫作“饭”，天天穿的东西叫作“衣”，某种人是朋友，某种人是仇敌，于是事物才有所谓“意义”。意义大半都起于实用。在好多人看，衣除了是穿的，饭除了是吃的，女人除了是生小孩的一类意义之外，便寻不出其他意义。所谓“知觉”，就是感官接触某种人或物时心里明了他的意义。明了他的意义起初都只是明了他的实用。明了实用之后，才可以对他起反应动作，或是爱他，或是恶他，或是求他，或是拒他。木商看古松的态度便是如此。

科学的态度则不然。它纯粹是客观的、理论的。所谓客观的态度就是把自己的成见和情感完全丢开，专以“无所为而为”的精神去探求真理。理论是和实用相对的。理论本来可以见诸实用，但是科学家的直接目的却不在于实用。科学家见到一个美人，不说我要去向她求婚，她可以替我生儿子，只说我看她这人很有趣味，我要来研究她的生理构造，分析她的心理组织。科学家见到一堆粪，不说它的气味太坏，我要掩鼻走开，只说这堆粪是一个病人排泄的，我要分析它的化学成分，看看有没有病菌在里面。科学家自然也有见到美人就求婚、见到粪就掩鼻走开的时候，但是那时候他已经由科学家还到实际人的地位了。科学的态度之中很少有情感和意志，它的最重要的心理活动是抽象的思考。科学家要在这个混乱的世界中寻出事物的关系和条理，纳个物于概念，从原理演个例，分出某者为因，某者为果，某者为特征，某者为偶然性。植物学家看古松的态度便是如此。

木商由古松而想到架屋、制器、赚钱等等，植物学家由古松而想到根茎花叶、日光水分等等，他们的意识都不能停止在古松本身上面。不过把古松当作一块踏脚石，由它跳到和它有关系的种种事物上面去。所以在实用的态度中和科学的态度中，所得到的事物的意象都不是独立的、绝缘的，观者的注意力都不是专注在所现事物本身上面的。注意力的集中，意象的孤立绝缘，便是美感的态度的最大特点。比如我们的画画的朋友看古松，他把全副精神都注在松的本身上面，古松对于他便成了一个独立自足的世界。他忘记他的妻子在家里等柴烧饭，他忘记松树在植物教科书里叫作显花植物，总而言之，古松完全占领住他的意识，古松以外的世界他都视而不见、听而不问了。他只把古松摆在心眼面前当作一幅画去玩味。他不计较实用，所以心中没有意志和欲念；他不推求关系、条理、因果等等，所以不用抽象的思考。这种脱净了意志和抽象思考的心理活动叫作“直觉”，直觉所见到的孤立绝缘的意象叫作“形象”。美感经验就是形象的直觉，美就是事物呈现形象于直觉时的特质。

实用的态度以善为最高目的，科学的态度以真为最高目的。在实用态度中，我们的注意力偏在事物对于人的利害，心理活动偏重意志；在科学的态度中，我们的注意力偏在事物间的互相关系，心理活动偏重抽象的思考；在美感的态度中，我们的注意力专在事物本身的形象，心理活动偏重直觉。真善美都是人所定的价值，不是事物所本有的特质。离开人的观点而言，事物都浑然无别，善恶、真伪、美丑就漫无意义。真善美都含有若干主观的成分。

就“用”字的狭义说，美是最没有用处的。科学家的目的虽只在辨别真伪，他所得的结果却可效用于人类社会。美的事物如诗文、图画、雕刻、音乐等等都是寒不可以为衣，饥不可以为食的。从实用的观点来看，许多艺术家都是太不切实用的人物。然则我们又何必来讲美呢？人性本来是多方的，需要也是多方的。真善美三者俱备才可以算是完全的人。人性中本有饮食欲，渴而无所饮，饥而无所食，固然是一种缺乏；人性中本有求知欲而没有科学的活动，本有美的嗜好而没有美感的活动，也未始不是一种缺乏。真和美的需要也是人生中的一种饥渴——精神上的饥渴。疾病衰老的身体才没有口腹的饥渴。同理，你遇到一个没有精神上的饥渴的人或民族，你可以断定他的心灵已到了疾病衰老的状态。

人所以异于其他动物的就是于饮食男女之外还有更高尚的企求，美就是其中之一。是壶就可以贮茶，何必又求它形式、花样、颜色都要好呢？吃饱了饭就可以睡觉，何必又呕心血去作诗、画画、奏乐呢？“生命”是与“活动”同义的，活动愈自由生命也就愈有意义。人的实用的活动全是有所为而为，是受环境需要限制的；人的美感的活动全是无所为而为，是环境不需要他活动而他自己愿意去活动的。在有所为而为的活动中，人是环境需要的奴隶；在无所为而为的活动中，人是自己心灵的主宰。这是单就人说，就物说呢，在实用的和科学的世界中，事物都借着和其他事物发生关系而得到意义，到了孤立绝缘时就都没有意义；但是在美感世界中它却能孤立绝缘，却能在本身现出价值。照这样看，我们可以说美是事物的最有价值的一面，美感的经验是人生中最有价值的一面。

许多轰轰烈烈的英雄和美人都过去了，许多轰轰烈烈的成功和失败也都过去了，只有艺术作品真正是不朽的。

参考文献

［1］ 中华人民共和国教育部. 汉语拼音方案［Z/OL］.（1958-02-01）［2020-01-31］.http://www.moe.gov.cn/jyb_sjzl/ziliao/A19/195802/t19580201_186000.html.

［2］ 关于深化教育改革全面推进素质教育的决定［Z/OL］.（1999-06-17）［2017-06-26］.https://www.gmw.cn/01gmrb/1999-06/17/GB/18090%EGM1-1706.HTM.

［3］ 张伟. 我国教材印刷改革历程 ［N/OL］. 新闻出版报，2000-10-20［2020-01-12］.http://www.ttdsread.com/readPaper.do? id=59A2853F8B9A30C084851AF347E98026A213395A4AA005F3B3F3E35504D4874AD6ED5185BC6571D768004C7C5C703E7F.

［4］ 中华人民共和国教育部. 中华人民共和国国家通用语言文字法.（2000-10-31）［2019-03-26］.http://www.moe.gov.cn/s78/A02/zfs__left/s5911/moe_619/tnull_3131.html.

［5］ 中华人民共和国教育部. 中小学教材编写审定管理暂行办法［Z/OL］.（2001-06-07）［2020-12-29］.http://www.moe.gov.cn/srcsite/A02/s5911/moe_621/200106/t20010607_180472.html.

［6］ 中华人民共和国教育部. 教育部关于印发《基础教育课程改革纲要（试行）》的通知：教基〔2001〕17 号［A/OL］.（2001-06-08）［2017-08-01］.http://www.moe.gov.cn/srcsite/A26/jcj_kcjcgh/200106/t20010608_167343.html.

［7］ 中华人民共和国教育部. 教育部关于印发《义务教育课程设置实验方案》的通知：教基〔2001〕28 号［A/OL］.（2001-11-19）［2013-03-19］.http://www.moe.gov.cn/srcsite/A26/s7054/200111/t20011119_88602.html.

［8］ 中华人民共和国教育部. 教育部、新闻出版总署印发关于推广使用中小学经济适用型教材意见的通知：教基〔2001〕16 号［A/OL］.（2006-01-07）［2020-12-29］.http://www.moe.gov.cn/jyb_xxgk/gk_gbgg/moe_0/moe_7/moe_16/tnull_109.html.

[9] 中华人民共和国教育部. 中国各民族名称的罗马字母拼写法和代码[Z/OL].(2006-09-18)[2020-01-31].http://www.moe.gov.cn/s78/A19/yxs_left/moe_810/s230/201001/t20100115_75600.html.

[10] 张宏. 美国通史教材自揭“家丑”[Z/OL].(2008-01-26)[2020-11-15].http://www.ahrac.com/pc/enview.php? aid=1210.

[11] 中华人民共和国教育部. 教育部 国家语委关于开展《中华人民共和国国家通用语言文字法》发布 10 周年纪念活动的通知：教语用函〔2010〕3 号[A/OL].(2010-04-30)[2021-08-12].http://www.moe.gov.cn/srcsite/A18/s7066/201004/t20100430_179036.html.

[12] 童华岗. 一小学部分教材脱胶严重[N/OL]. 常州日报，2010-09-10[2020-02-12].http://epaper.cz001.com.cn/site1/czrb/html/2010-09/10/content_344333.htm.

[13] 中华人民共和国中央人民政府. 环境保护部与新闻出版总署签署绿色印刷合作协议[Z/OL].(2010-09-15)[2020-02-12].http://www.gov.cn/gzdt/2010-09/15/content_1703021.htm.

[14] 中华人民共和国中央人民政府. 国务院关于修改《出版管理条例》的决定：国令第 594 号[A/OL].(2011-03-20)[2020-02-05].http://www.gov.cn/zhengce/content/2011-03/20/content_4117.htm.

[15] 中华人民共和国教育部. 教育部关于印发义务教育语文等学科课程标准（2011 年版）的通知：教基二〔2011〕9 号[A/OL].(2011-12-28)[2020-09-21].http://www.moe.gov.cn/srcsite/A26/s8001/201112/t20111228_167340.html.

[16] 中华人民共和国教育部. 义务教育数学课程标准（2011 年版）[M]. 北京：北京师范大学出版社，2012.

[17] 中华人民共和国教育部. 义务教育物理课程标准（2011 年版）[M]. 北京：北京师范大学出版社，2012.

[18] 中华人民共和国教育部. 义务教育体育与健康课程标准（2011 年版）[M]. 北京：北京师范大学出版社，2012.

[19] 中华人民共和国教育部. 教育部关于印发《3-6 岁儿童学习与发展指南》的通知：教基二〔2012〕4 号[A/OL].(2012-10-09)[2020-06-05].http://www.moe.gov.cn/srcsite/A06/s3327/201210/t20121009_143254.html.

[20] 中人民共和国国家标准标点符号用法：GB/T 15834－1995[S/OL].(2019－12－10)[2020－12－06].http://www.jwc.ecnu.edu.cn/2e/40/c26327a273984/page.htm.

[21] 中华人民共和国中央人民政府. 国务院关于修改《中华人民共和国著作权法实施条例》的决定：国务院令第633号[A/OL].(2013-02-08)[2020-02-05].http://www.gov.cn/zwgk/2013-02/08/content_2330132.htm.

[22] 中华人民共和国中央人民政府. 国务院关于公布《通用规范汉字表》的通知[A/OL].(2013-08-27)[2019-07-25].http://www.moe.gov.cn/s78/A19/s7570/s7571/s7572/201308/t20130827_156376.html.

[23] 中华人民共和国教育部语言文字信息管理司.《通用规范汉字表》主要包括哪些内容？[Z/OL].(2013-08-29)[2020-01-30].http://www.moe.gov.cn/s78/A19/s7570/s7571/s7573/201308/t20130829_156498.html.

[24] 习近平主席在联合国“教育第一”全球倡议行动一周年纪念活动上发表的视频贺词[N/OL]. 人民日报，2013-09-27[2019-03-23].http://cpc.people.com.cn/n/2013/0927/c64094-23052930.html.

[25] 中华人民共和国教育部. 教育部等十二部门关于贯彻实施《通用规范汉字表》的通知：教语信〔2013〕2号[A/OL].(2013-10-15)[2021-08-11].http://www.moe.gov.cn/srcsite/A19/S229/201310/t20131015_159487.html.

[26] 一年级孩子书包有多重？轻的6斤，重的十来斤[Z/OL].(2013-11-20)[2020－02－12].http://www.ttdsread.com/readPaper.do? id = C36F2ECBF6B91AEB39EE220F059F542266C9076424B9DE9C34F0064C026C1F59F0D02F96CF89E52168004C7C5C703E7F.

[27] 中华人民共和国教育部. 我国为公共服务领域外文译写制定规范[Z/OL].(2014-01-10)[2019-01-31].http://www.gov.cn/jrzg/2014-01/10/content_2563390.htm.

[28] 中华人民共和国教育部. 关于全面深化课程改革落实立德树人根本任务的意见[Z/OL].(2014-04-08)[2020-11-25].http://www.moe.gov.cn/srcsite/A26/jcj_kcjcgh/201404/t20140408_167226.html.

[29] 中华人民共和国中央人民政府. 关于《中华人民共和国著作权法》（修订草案送审稿）的说明[Z/OL].(2014-06-06)[2020-02-05].http://www.gov.cn/foot/2014-06/06/content_2695616.htm.

[30] 做党和人民满意的好老师[Z/OL].(2014-09-10)[2019-03-23].http://cpc.people.com.cn/n/2014/0910/c64094-25629946.html.

［31］习近平谈教育："去中国化"很悲哀［Z/OL］.（2014-09-10）［2019-10-10］.http://news.qq.com/a/20140910/000581.htm.

［32］九三学社委员会. 关于修改《中小学教科书幅面尺寸及版面通用要求》国家标准的建议［Z/OL］.（2014-12-03）［2020-02-21］.http://93.gov.cn/html/93gov/lxzn/czyz/sqmy/141211149803650223.html.

［33］李佳，李宗华. 买了一本初一教材装订误差少了23页［Z/OL］.（2014-12-10）［2020-02-12］. http://www.bzdrs.com/readPaper.do? id=FDB2EC7999001652A6B522CE0E9020588CB4E93BC4CB63EA7CB541A558B8B39EEDC7DAC22ABF593B68004C7C5C703E7F.

［34］中小学教科书用纸、印制质量要求和检验方法（GB/T 18359-2009代替GB/T18359-2001）［S/OL］.（2015-03-29）［2020-12-27］.http://www.doc88.com/p-1068558958966.html.

［35］中华人民共和国国家卫生健康委员会. 中小学生教科书卫生要求（代替GB/T17227-1998）:GB/T17227-2014［S/OL］.（2015-04-07）［2020-02-22］.www.nhc.gov.cn/wjw/pqt/201504/fa67b1e11d534a79 88a093580acd5c33.shtml.

［36］中华人民共和国教育部. 国家标准《公共服务领域英文译写规范》（第2-10部分）通过专家鉴定［Z/OL］.（2015-04-23）［2019-01-31］.http://www.moe.gov.cn/s78/A19/yxs_left/moe_810/s228/201504/t20150423_187459.html.

［37］中华人民共和国教育部.《中华人民共和国义务教育法》［Z/OL］.［（2018-12-29）［2020-12-31］.http://www.moe.gov.cn/jyb_sjzl/sjzl_zcfg/zcfg_jyfl/202110/t20211029_575949.html.

［38］中华人民共和国教育部. 中华人民共和国高等教育法［Z/OL］.（2015-12-28）［2018-01-01］.http://www.moe.gov.cn/s78/A02/zfs__left/s5911/moe_619/201512/t20151228_226196.html.

［39］中华人民共和国中央人民政府. 地图管理条例：国务院令第664号［A/OL］.（2015-12-14）［2020-02-04］.http://www.gov.cn/zhengce/2015-12/14/content_5023591.htm.

［40］中华人民共和国教育部. 关于印发《依法治教实施纲要（2016—2020年）》的通知：教政法〔2016〕1号［A/OL］.（2016-01-11）［2020-11-18］.http://www.moe.gov.cn/srcsite/A02/s5913/s5933/201605/t20160510_242813.html.

[41] 中华人民共和国中央人民政府. 中华人民共和国国民经济和社会发展第十三个五年规划纲要[Z/OL].(2016-03-17)[2019-03-13].http://www.gov.cn/xinwen/2016-03/17/content_5054992.htm.

[42] 德媒盘点教科书里的性别歧视[Z/OL].(2016-05-15)[2019-08-15].https://de.hujiang.com/new/p777001/.

[43] 中华人民共和国教育部. 关于印发《教育信息化“十三五”规划》的通知：教技〔2016〕2 号[A/OL].(2016-06-07)[2019-04-20].http://www.moe.gov.cn/srcsite/A16/s3342/201606/t20160622_269367.html.

[44] 中华人民共和国教育部. 教育部 国家语委关于印发《国家语言文字事业“十三五”发展规划》的通知：教语用〔2016〕3 号[A/OL].(2016-08-25)[2020-01-31].http://www.moe.gov.cn/srcsite/A18/s3127/s7072/201609/t20160913_281022.html.

[45]《中国学生发展核心素养》发布[Z/OL].(2016-09-14)[2020-11-25].http://edu.people.com.cn/n1/2016/0914/c1053-28714231.html.

[46] 中华人民共和国教育部.《中国各民族名称的罗马字母拼写法和代码》（修订）通过鉴定[Z/OL].(2016-11-14)[2020-01-31].http://www.moe.gov.cn/s78/A19/moe_814/201611/t20161114_288753.html.

[47] 习近平在全国高校思想政治工作会议上强调：把思想政治工作贯穿教育教学全过程 开创我国高等教育事业发展新局面[Z/OL].(2016-12-09)[2020-03-23].http://dangjian.people.com.cn/n1/2016/1209/c117092-28936962.html.

[48] 中华人民共和国教育部教材局. 教材局介绍[Z/OL].[2019-08-20].http://www.moe.gov.cn/s78/A26/moe_2581/201703/t20170329_301469.html.

[49] 中华人民共和国中央人民政府. 知识产权司法保护纲要发布[Z/OL].(2017-04-25)[2020-11-15].http://www.gov.cn/xinwen/2017-04/25/content_5188654.htm.

[50] 中华人民共和国教育部. 教育部 财政部关于全面实施城乡义务教育教科书免费提供和做好部分免费教科书循环使用工作的意见：教材〔2017〕1 号[A/OL].(2017-05-31)[2019-12-22].http://www.moe.gov.cn/srcsite/A26/moe_714/201706/t20170615_307015.html.

[51] 国家广播电视总局. 研发国际汉语教材助力汉学国际传播[Z/OL].(2017-06-28)[2020-01-13].http://www.nrta.gov.cn/art/2017/6/28/art_114_34239.html.

［52］中华人民共和国中央人民政府. 国务院办公厅关于成立国家教材委员会的通知：国办发〔2017〕61 号[A/OL].(2017-07-03)[2019-08-20].http://www.gov.cn/zhengce/content/2017-07/06/content_5208390.htm.

［53］江苏省教育厅. 关于印发江苏省义务教育课程设置实验方案（2017 年修订）的通知：苏教基〔2017〕9 号[A/OL].(2017-05-27)[2020-10-12].http://xhstdc.com/item/249.aspx.

［54］胡印斌. 小学课本“丑得让人哭”，是缺乏工匠精神[Z/OL].(2017-09-19)[2020-12-13].https://www.sohu.com/a/192892464_114988.

［55］苏州大学. 王健法学院 2017 级本科人才培养方案[Z/OL].(2017-10-10)[2020-11-19].http://law.suda.edu.cn/d4/e3/c4954a54499/page.htm.

［56］中华人民共和国中央人民政府. 中国共产党章程[Z/OL].(2017-10-28)[2019-03-23].http://www.gov.cn/zhuanti/2017-10/28/content_5235102.htm.

［57］中华人民共和国教育部. 关于设立课程教材研究所的通知：教人函〔2017〕12 号[A/OL].(2017-12-27)[2019-08-21].http://www.moe.gov.cn/srcsite/A04/s7051/201801/t20180123_325313.html.

［58］中华人民共和国教育部. 关于印发《普通高中课程方案和语文等学科课程标准（2017 年版）》的通知：教材〔2017〕7 号[A/OL].(2018-01-05)[2019-03-26].http://www.moe.gov.cn/srcsite/A26/s8001/201801/t20180115_324647.html.

［59］中华人民共和国中央人民政府. 中华人民共和国宪法[Z/OL].(2018-03-22)[2019-03-23].http://www.gov.cn/xinwen/2018-03/22/content_5276319.htm.

［60］中华人民共和国教育部. 深入学习贯彻党的十九大精神推动新时代语言文字事业创新发展——教育部副部长、国家语委主任杜占元在 2018 年全国语言文字工作会议上的讲话.[Z/OL].(2018-04-10)[2020-01-31].http://www.moe.gov.cn/jyb_xwfb/moe_176/201804/t20180410_332753.html.

［61］中华人民共和国教育部. 关于印发《教育信息化 2.0 行动计划》的通知：教技〔2018〕6 号[A/OL].(2018-04-18)[2019-11-21].http://www.moe.gov.cn/srcsite/A16/s3342/201804/t20180425_334188.html.

［62］中华人民共和国中央人民政府. 中科院：纳米绿色印刷技术有望引领印刷业绿色革命[Z/OL].(2018-06-13)[2020-02-12].http://www.gov.cn/xinwen/2018-06/13/content_5298497.htm.

［63］中华人民共和国教育部.《国家通用手语常用词表》和《国家通用盲文方案》新闻发布会在京召开[Z/OL].(2018-06-25)[2020-01-31].http://www.moe.gov.cn/s78/A19/moe_814/201806/t20180625_340966.html.

［64］上海市质监局抽查中小学教科书及教学辅导读物 3 批次不合格[Z/OL].(2018-08-30)[2020-12-30]. https://mini. eastday. com/a/180830171649974.html.

［65］中华人民共和国教育部. 教育部教材局关于开展义务教育国家课程教材检查工作的通知：教材局函〔2018〕51 号[A/OL].(2018-09-14)[2020-01-02].http://www.moe.gov.cn/s78/A26/A26_gggs/A26_sjhj/201809/t20180918_349171.html.

［66］出版物上数字用法：GB/T15835-2011[S/OL].(2018-10-09)[2020-12-06].http://yywzw.jsafc.edu.cn/info/1007/1071.htm.

［67］普象工业设计小站. 各国小学教科书大比拼，我们的课本也太太太丑了！[Z/OL].(2018-09-16)[2020-12-13].http://k.sina.com.cn/article_5183145981_134f087fd01900b3wr.html.

［68］中华人民共和国中央人民政府. 全国中小学教科书连续 4 年实现绿色印刷全覆盖[Z/OL].(2018-11-28)[2020-02-12].http://www.gov.cn/xinwen/2018-11/28/content_5344210.htm.

［69］中华人民共和国中央人民政府. 绘制新时代加快推进教育现代化建设教育强国的宏伟蓝图——教育部负责人就《中国教育现代化 2035》和《加快推进教育现代化实施方案（2018—2022 年）》答记者问[Z/OL].(2019-02-23)[2019-11-04].http://www.gov.cn/zhengce/2019-02/23/content_5367993.htm.

［70］加快推进教育现代化实施方案（2018—2022 年）[Z/OL].(2019-02-27)[2019-06-02].http://djw.swsm.edu.cn/info/1041/1341.htm.

［71］李克强. 政府工作报告（文字实录）[EB/OL].(2019-03-05)[2020-03-23].http://www.gov.cn/premier/2019-03/05/content_5370734.htm.

［72］中共中央、国务院印发《中国教育现代化 2035》[Z/OL].(2019-02-23)[2019-06-12].http://www.moe.gov.cn/jyb_xwfb/s6052/moe_838/201902/t20190223_370857.html.

［73］中华人民共和国教育部. 中国语言文字概况[Z/OL].(2019-03-11)[2020-01-30].http://www.moe.gov.cn/jyb_sjzl/wenzi/201903/t20190311_372965.html.

［74］陆俊毅. 2019 年“世界最美的书”获奖作品揭晓（完整版）［Z/OL］.（2019－03－12）［2020－02－16］. https://www. sohu. com/a/300578319_556783.

［75］教科书没有著作权?！这些教辅图书抄袭教材，栽了！［Z/OL］.（2019－04－24）［2020－02－05］. https://baijiahao. baidu. com/s? id = 1631661067104686356&wfr=spider&for=pc.

［76］《羿射九日》要改了，因为小学生一个提问［Z/OL］.（2019-06-14）［2020-12-19］.https://www.sohu.com/a/320593317_617374.

［77］中华人民共和国中央人民政府. 平等、参与、共享：新中国残疾人权益保障 70 年［Z/OL］.（2019-07-25）［2020-02-03］.http://www.gov.cn/zhengce/2019-07/25/content_5414945.htm.

［78］中华人民共和国中央人民政府. 2019 中国印刷业创新大会聚焦“绿色化”发展［Z/OL］.（2019-07-25）［2020-02-12］.http://www.gov.cn/xinwen/2019-07/25/content_5415224.htm.

［79］香港问题的教材“病根”［Z/OL］.（2019-08-26）［2020-12-19］. https://shareapp.cyol.com/cmsfile/cms_json/zqzx/Newspaper/2/2019-08-26/Content/nw.D110000zgqnb_20190826_6-01.html? isshow=1&from=timeline.

［80］标点符号用法：GB/T 15834-2011［S/OL］.（2012-12-01）［2020-12-06］. http://openstd. samr. gov. vn/bzgk/gb/newGblnfo? hcno = 22EA6D162E4110E752259661E1A0D0A8.

［81］中华人民共和国教育部. 关于印发《中小学教材管理办法》《职业院校教材管理办法》和《普通高等学校教材管理办法》的通知：教材〔2019〕3 号［A/OL］.（2019-12-19）［2019-12-30］.http://www.moe.gov.cn/srcsite/A26/moe_714/202001/t20200107_414578.html.

［82］中华人民共和国教育部. 全面落实教材建设国家事权 系统描绘大中小学教材建设蓝图——国家教材委员会办公室负责人就《全国大中小学教材建设规划（2019—2022 年）》答记者问［Z/OL］.（2020-01-07）［2020-01-28］. http://www. moe. gov. cn/jyb_xwfb/s271/202001/t20200107_414566.html.

［83］中华人民共和国教育部. 国家教材委员会、教育部印发全国教材建设规划和四个教材管理办法 部署推进大中小学教材建设［Z/OL］.（2020-01-07）［2020-01-21］. http://www. moe. gov. cn/jyb_xwfb/gzdt_gzdt/s5987/202001/t20200107_414564.html.

［84］关于发布《中等职业学校数学课程标准》等5门课程标准的公告［EB/0L］.（2020-01-20）［2020-06-06］.http://www.moe.gov.cn/jyb_xxgk/s5743/s5744/A07/202001/t20200120_416131.html.

［85］中华人民共和国教育部. 教育部颁布中等职业学校思想政治、语文、历史课程标准 全面落实立德树人根本任务［Z/OL］.（2020-02-27）［2020-11-18］.http://www.moe.gov.cn/jyb_xwfb/gzdt_gzdt/s5987/202002/t20200226_424378.html.

［86］中华人民共和国教育部. 关于发布中等职业学校艺术、英语等2门课程标准的公告［EB/OL］.（2020-03-09）［2020-11-18］.http://www.moe.gov.cn/jyb_xxgk/s5743/s5744/A07/202003/t20200309_429184.html.

［87］上海一初中生指出历史教科书钱币错误，编辑坦承有不妥将删改［Z/OL］.（2020-10-28）［2020-11-01］.http://sh.sina.com.cn/news/k/2020-10-28/detail-iiznctkc8186500.shtml.

［88］中华人民共和国教育部. 对十三届全国人大三次会议第8916号建议的答复［Z/OL］.（2020-10-28）［2020-11-18］.http://www.moe.gov.cn/jyb_xxgk/xxgk_jyta/jyta_zfs/202010/t20201028_496978.html.

［89］中华人民共和国教育部. 党的十八届三中全会以来教育领域综合改革综述［Z/OL］.（2020-11-10）［2020-11-18］.http://www.moe.gov.cn/jyb_xwfb/moe_2082/zl_2020n/2020_zl60/202011/t20201116_500244.html.

［90］中华人民共和国中央人民政府. 著作权法修改 明年6月1日起施行［Z/OL］.（2020-11-11）［2020-11-15］.http://www.gov.cn/xinwen/2020-11/11/content_5560596.htm.

［91］中华人民共和国中央人民政府. 中华人民共和国教育法［Z/OL］.（2021-04-29）［2021-07-27］.http://www.moe.gov.vn/jyb-xxgk/xxgk-jyfl/flfg-jyfl/202107/t20210730-547843.html.

［92］李克正：数学教育的发展方向必须掌握在数学界［J］. 云南教育视界，2020（12）：41-42.

［93］郑荣双.“多元文化：作用及误解”［J］. 河南师范大学学报（哲学社会科学版），1999，26（5）.

［94］王四达. 简论地域文化的定位问题——以“闵文化”和泉州学为例［J］. 福建论坛（文史哲版），2000（2）.

［95］牛向阳. 教材插图错误辨析［J］. 物理教师. 2003（12）.

［96］王海燕. 试论教育研究的文化意识［J］. 江苏大学学报（高教研究版），2003，25（2）.

［97］语文书插图一堆错误？政协委员给小学课本提意见［J］南昌教育. 2004（2）.

［98］熊微. 创意文化性——设计的概念和本质再探［J］. 中国陶瓷，2006（11）.

［99］印装质量管理合力拓“征途”［J］. 印刷经理人，2007（4）.

［100］中华人民共和国教育部. 加强中小学教材管理 全面清理违规教材［J］. 新课程研究，2009（12）.

［101］李海云，时磊. 动物学教材插图问题浅议［J］. 教育教学论坛，2013（28）.

［102］刘社欣，王仕民. 文化认同视域下的国家认同［J］. 学术研究，2015（2）.

［103］曲如晓，曾燕萍. 国外文化资本研究综述［J］. 国外社会科学，2016（2）.

［104］刘靖华. 中小学品德课教材中欺侮问题的缺失与改进［J］. 教学与管理，2016（11）.

［105］梅国帅，许长青. 我国教育与社会流动关系研究述评［J］. 课程教学研究. 2017（12）.

［106］张福生. 上海课改 30 年数学教材改革点滴拾遗（下）［J］. 上海课程教学研究，2018（12）.

［107］张谦亨，谭林松. 人教版与苏教版高中语文教材文言文语词注释比较研究［J］. 课程教育研究，2019（3）.

［108］赵长林. 新中国教材理论探索时期的研究成果与理论贡献（1949—1989 年）［J］. 宁波大学学报（教育科学版），2019（4）.

［109］郑增敏. 宋版书：方正之间 人间至美［J］. 艺术与设计，2019（6）.

［110］孙敏. 基于互动理念的书籍开本设计研究［J］. 美与时代：上，2019（8）.

［111］饶菲菲，杨彦军. 数字时代我国中小学教材管理制度现状与挑战［J］. 2019（16）.

［112］杨开敏. RISOGRAPH 印刷与传统手工纸的印刷设计探索［J］. 出版广角，2019（12）.

[113] 王海燕. 教育研究：追求“行动力”还是“发表力”？[J]. 江苏教育研究，2019（12B）.

[114] 姜爱. 人教版高中文言教材误注解析 [D]. 呼和浩特：内蒙古师范大学，2007.

[115] 濮丽丽. 苏州市小学校本教材开发的调查研究 [D]. 苏州：苏州大学，2014.

[116] 郑璇. 回族舞蹈教材建设研究——王玉梅《回族舞蹈教材》分析 [D]. 北京：中央民族大学，2015.

[117] 张叶. 视觉文化理论下的小学语文教材插图比较研究 [D]. 成都：四川师范大学，2018.

[118] 张峰. 普通高中国际课程校本化研究——以苏州某外国语学校“BC 高中课程”为例 [D]. 苏州：苏州大学，2019.

[119] 中国大百科全书总编辑委员会《教育》编辑委员会，中国大百科全书出版社编辑部. 中国大百科全书：教育 [M]. 北京：中国大百科全书出版社，1985.

[120] 中国大百科全书总编辑委员会《哲学》编辑委员会，中国大百科全书出版社编辑部. 中国大百科全书：哲学Ⅱ [M]. 北京：中国大百科全书出版社，1987.

[121]《哲学大辞典 · 逻辑学卷》编辑委员会. 哲学大辞典 · 逻辑学卷 [M]. 上海：上海辞书出版社，1988.

[122] 张焕庭. 教育辞典 [M]. 南京：江苏教育出版社，1989.

[123] [日] 平冢益德. 世界教育辞典 [M]. 黄德诚，等译. 长沙：湖南教育出版社，1989.

[124] 中国大百科全书总编辑委员会《美术》编辑委员会，中国大百科全书出版社编辑部. 中国大百科全书：美术Ⅰ [M]. 北京：中国大百科全书出版社，1990.

[125] 中国大百科全书总编辑委员会《美术》编辑委员会，中国大百科全书出版社编辑部. 中国大百科全书：美术Ⅱ [M]. 北京：中国大百科全书出版社，1990.

[126] 辞海编辑委员会. 辞海 [M]. 上海：上海辞书出版社，1990.

[127] 中国大百科全书总编辑委员会《社会学》编辑委员会，中国大百科全书出版社编辑部. 中国大百科全书：社会学 [M]. 北京：中国大百科全书出版社，1991.

［128］江山野. 简明国际教育百科全书［M］. 北京：教育科学出版社，1991.

［129］《心理学百科全书》编辑委员会. 心理学百科全书：第 1 卷［M］. 杭州：浙江教育出版社，1995.

［130］《心理学百科全书》编辑委员会. 心理学百科全书：第 2 卷［M］. 杭州：浙江教育出版社，1995.

［131］《心理学百科全书》编辑委员会. 心理学百科全书：第 3 卷［M］. 杭州：浙江教育出版社，1995.

［132］阿瑟·S. 雷伯. 心理学词典［M］. 李伯黍，等译. 上海：上海译文出版社，1996.

［133］张宪荣. 现代设计辞典［M］. 北京：北京理工大学出版社，1998.

［134］中国社会科学院语言研究所词典编辑室. 现代汉语词典［M］. 6 版. 北京：商务印书馆，2012.

［135］［瑞士］约翰内斯·伊顿. 色彩的主观经验与客观原理［M］. 杜定宇，译. 上海：上海教育出版社，1978.

［136］［苏联］阿·尼·列昂捷夫. 活动　意识　个性［M］. 李沂，冀刚，等译. 上海：上海译文出版社，1980.

［137］陶行知. 生活工具主义之教育［M］//江苏省陶行知教育思想研究会，南京晓庄师范陶行知研究室. 陶行知文集. 南京：江苏人民出版社，1981.

［138］［美］布鲁纳. 教育过程［M］. 邵瑞珍，译. 北京：文化教育出版社，1982.

［139］郝铭鉴. 朱光潜美学文集：第 1 卷［M］. 上海：上海文艺出版社，1982.

［140］王策三. 教学论稿［M］. 北京：人民教育出版社，1985.

［141］［美］R. M. 加涅. 学习的条件［M］. 傅统先，陆有铨，译. 北京：人民教育出版社，1985.

［142］［美］B. S. 布卢姆，等. 教育目标分类学 第一分册 认知领域［M］. 罗黎辉，等译. 上海：华东师范大学出版社，1986.

［143］［美］B. S. 布卢姆，等. 教育评价［M］. 邱渊，王钢，等译. 上海：华东师范大学出版社，1987.

［144］［日］梶田叡一. 教育评价［M］. 李守福，译. 长春：吉林教育出版社，1988.

［145］瞿葆奎. 教学：上［M］. 北京：人民教育出版社，1988.

［146］［美］A. J. 哈罗，E. J. 辛普森. 教育目标分类学 第三分册 动作技能领域［M］. 施良方，唐晓杰，译. 上海：华东师范大学出版社，1989.

［147］韩进之. 教育心理学纲要［M］. 北京：人民教育出版社，1989.

［148］［美］D. R. 克拉斯沃尔，B. S. 布卢姆，等. 教育目标分类学 第二分册 情感领域［M］. 施良方，张云高，译. 上海：华东师范大学出版社，1989.

［149］朱光潜. 朱光潜全集：第 7 卷［M］. 合肥：安徽教育出版社，1991.

［150］李其龙. 德国教学论流派［M］. 西安：陕西人民教育出版社，1993.

［151］［美］索尔蒂斯. 教育的定义［M］//瞿葆奎. 教育学文集：教育与教育学，1993.

［152］赵恒烈. 改革中学历史教材刍议［M］//瞿葆奎. 课程与教材：下册. 北京：人民教育出版社，1993.

［153］［美］约翰·杜威. 学校与社会·明日之学校［M］. 赵祥麟，译. 北京：人民教育出版社，1994.

［154］吴钢. 现代教育评价基础［M］. 上海：华东师范大学出版社，1996.

［155］施良方，崔允漷. 教学理论：课堂教学的原理、策略与研究［M］. 上海：华东师范大学出版社，1999.

［156］［美］霍华德·加德纳. 多元智能［M］. 沈致隆，译. 北京：新华出版社，1999.

［157］张奇. 学习理论［M］. 汉口：湖北教育出版社，1999.

［158］司马云杰. 文化社会学［M］. 北京：中国社会科学出版社，2001.

［159］［美］劳拉·E. 贝克. 儿童发展［M］. 5 版. 吴颖，等译. 南京：江苏教育出版社，2002.

［160］朱慕菊. 走进新课程［M］. 北京：北京师范大学出版社，2002.

［161］中华人民共和国教育部. 普通高中课程方案（实验）［M］. 北京：人民教育出版社，2003.

［162］刘仁庆，等. 纸张解说［M］. 北京：中国铁道出版社，2004.

［163］王海燕．“地域文化与课程”研究［M］．天津：天津教育出版社，2006.
［164］［瑞士］费尔迪南·德·索绪尔．普通语言学教程：第1册［M］．刘丽，译．北京：九州出版社，2007：151.
［165］［美］R. M. 加涅，W. W. 韦杰，K. C. 戈勒斯，等．教学设计原理［M］．5版．王小明，等译．上海：华东师范大学出版社，2007.
［166］［美］杰拉尔德·S. 汉纳，佩姬·A. 德特默．课程的情境适应性评价［M］．王艳玲，译．杭州：浙江教育出版社，2008.
［167］［比］弗朗索瓦-玛丽·热拉尔，易克萨维耶·罗日叶．为了学习的教科书［M］．汪凌，周振平，译．上海：华东师范大学出版社，2009.
［168］［美］洛林·W. 安德森，等．布鲁姆教育目标分类学修订版（完整版）［M］．蒋小平，等译．北京：外语教学与研究出版社，2009.
［169］中华人民共和国国家质量监督检验检疫总局，中国国家标准化管理委员会．中小学教科书幅面尺寸及版面通用要求：GB/T18358-2009［S/OL］．北京：中国标准出版社，2010.
［170］夏家发，彭近兰．教学活动设计［M］．武汉：华中师范大学出版社，2010.
［171］［美］R. 基思·索耶．剑桥学习科学手册［M］．徐晓东，等译．北京：教育科学出版社，2010.
［172］［美］罗伯特·J. 马扎诺，约翰·S. 肯德尔．教育目标的新分类学［M］．2版．高凌飚，等译．北京：教育科学出版社，2012.
［173］［波］别内尔特，关木子．书籍设计［M］贺丽，译．沈阳：辽宁科学技术出版社，2012.
［174］段鹏．传播学基础［M］．2版．北京：中国传媒大学出版社，2013.
［175］姜靓．书籍设计［M］．北京：中国建筑工业出版社，2013.
［176］葛鸿雁，张兰．书籍设计与制作［M］．上海：上海交通大学出版社，2013.
［177］［日］铃木成一．装帧之美［M］．匡匡，译．北京：中信出版社，2013.
［178］伟斌．印刷工艺［M］．杭州：浙江大学出版社，2014.
［179］［苏联］列·谢·维果茨基．维果茨基全集：第6卷［M］．合肥：安徽教育出版社，2016.

［180］林崇德. 21 世纪学生发展核心素养研究［M］. 北京：北京师范大学出版社，2016.

［181］吴门，张可. 书籍设计创新研究［M］. 长春：吉林美术出版社，2018.

［182］张洪海. 印刷工艺［M］. 北京：中国轻工业出版社，2018.

［183］中华人民共和国教育部. 普通高中课程方案（2017 年版）［M］. 北京：人民教育出版社，2018.

［184］中华人民共和国教育部. 普通高中化学课程标准（2017 年版）［M］. 北京：人民教育出版社，2018.

［185］中华人民共和国教育部. 普通高中数学课程标准（2017 年版）［M］. 北京：人民教育出版社，2018.

后记

终于提笔写后记了。这个时刻该有的样子，我已经在脑海里演练了不知多少回——这一刻来临时，我悠闲地品着茶，晒着太阳，得意忘形，自我崇拜。然而当此刻真的来临时，我精疲力尽，头昏脑涨，最想做的是永远离开这块电脑屏幕，看天、听雨、发呆，睡上三天三夜。历时三年的写作几乎耗尽了我的热情和耐心，这本早就应该完成的小书一拖再拖，现在终于勉力完成，实在是不应该得意的。在写完初稿后，我不想再多看书稿一眼，只好扔在那里，过了很长一段时间，才又有了兴趣重新捡起来梳理和修改，而在梳理和修改的过程中，我又重新找到了写作的乐趣：在这喧闹嘈杂的人间，找一处僻静地，让思想自由地行走和流淌，这是极有乐趣的。

写这部书稿，是为了完成两个愿望。第一个愿望是给学生提供一本可用的教学参考书，另一个愿望是想说一些自己的话。自西学东渐以来，凡教育问题言必称西方，文化自卑在教育领域、思想领域弥漫以至于深入骨髓。生活在一个有着悠久文明的国度，我们却似乎放弃了历史的遗存和自尊，在西洋发明的新概念、新理论、新实践面前俯首帖耳。这些来自西洋的文明对于教育的进步自然是有益处的，但是，腰弯久了，是会忘记自己其实是可以站直的。用别人的脑袋思考，似乎成了我们的习惯。我们是否可以用自己的头脑思考？我们是否可以讲一些属于自己的话？在思想的星空里是否可以有属于我们自己的那一颗？——哪怕这颗星只有微弱的光，但至少那束光闪耀着我们特有的光芒。书稿完成之际，第一个愿望似乎是实现了，第二个愿望则刚刚起步。在这本书里，我尝试着说些自己的话——尽管这些话有些可能是错误的，有些可能是幼稚的，有些则是极为粗糙的。愿这些不成熟的探索和思考为后来者提供些许光，陪伴他们一起照亮属于我们自己的思想的天空。

在书稿即将画上句号的时候，盛夏刚刚离去，秋来了，人生即将过半。此刻，要紧的也许不是筹划以后的日子如何重新出发，而是回顾来时的路。在来时的路上，遇见了很多人，有的只是暂时离开，有的永远离开了。人生是一场艰苦的修行，当我感到快要倒下、快要放弃的时候，那些永远离开的背影，给了我继续向前的力量。我尤其要感激我的祖辈，他们和那个时代的百姓一样，生活历尽磨难，然而就在磨难中依旧尽力为社会做贡献。我时常想起他们曾经的奋斗，思索自己可以为这个世界留下些什么。很久以前，我的三外公（外公的胞弟）曾经从书柜里拿出一本书，对我说，这是我写的。那本书是关于有机化学的，我看不懂，但是他淡淡的自豪的微笑，我一直记着。现在，我也可以拿着这本书告诉亲友说，我写了一本书，请您过目——虽然不敢有丝毫的得意。

在来时的路上遇见的人，有的陪伴我走了很久，有的只是擦肩而过。比如那位在求医归途中同我偶遇却毫不犹豫地开车将我送到火车站的陌生的上海女孩，比如那位一边开车一边认真地教我养生功夫又不计报酬将我掉落在车上的小包送还给我的热心的北京司机——对这位司机我深感歉意，因为不会用手机发红包，竟然就这样让师傅从很远的地方白跑了一趟。因为这位可爱又可敬的北京人，我认真地学会了发红包，并且养成了给网约车司机发红包的习惯。这些偶遇，教给我一个道理：这个世界本没有光，因为你发光，于是就有了光。

在我的世界里，是有很多这样的光的。

感谢我的父母王文贤先生和戴琦英女士。

父亲是个老兵，因为在部队里整日里和武器打交道，每天不是在看军事频道，就是正在搜索战争影片的路上。看战争片的时候，我时常请教他武器的知识，只要一提起武器，父亲就两眼冒光，声音高亢。因为在部队工作有保密的要求，父亲会写一种有趣的字体——写完后，要把纸张从正面翻到反面，然后再把纸张上下颠倒过来才能辨认。我让父亲表演这种书写方式，即便已经很久未用，父亲还是可以不假思索地完成，这真是让我佩服到尖叫。父亲不怎么说话，却很幽默，小时候吃饭，经常被父亲逗得喷饭。父亲和武器很有缘分，新兵入伍训练军事考核时，他以 6 发子弹 59 环的优异成绩夺得第一名。父亲说起这个故事的时候总是很平静，但是我知道他是装的——他的眼神分明闪烁着嘚瑟。父亲在部队待了近 17 年，以至于至今保留着很多当兵时的习惯。比如，坐着的时候常常不由自主地挺直腰板，把两手平放在膝盖上，仿佛正在部队开大会。再比如，吃饭总是准时准点，中午 12 点，晚上 6 点，差一分钟都不给吃饭。因为是父亲做饭，他又总是掐准了时间炒菜做饭，我经常恳求父亲说，吃饭又不是带兵打仗发射原子弹，为什么就不能早点开饭？父亲的回答永远只有一个：吃饭就是要准点！因为开饭的权力由他握着，我时常饿得到处找吃的，以便可以熬到开饭的时候。父亲喊吃饭的时候惊天动地，极有号召力，以至于我喊小安和小黑吃饭，它们总是爱理不理，但只要父亲一吼，它们立刻激动无比，奋力朝着饭桌奔去。父亲还是个宅男，为母亲分担了很多家务，这是家乡人民的优点，在我的家乡，男生和女生一样，是要做很多家务的。

感谢我的母亲。母亲年轻时学习成绩很好，出于时代的缘故，失去了接受良好教育的机会，但是母亲喜欢学习各种知识，时常发表一些高论让我佩服得五体投地。在我出生的年代，物质和精神的生活都很匮乏，母亲订阅的杂志、播放的古典民族音乐在我的青少年时代成了一种精神的启蒙。母亲心灵手巧，会自己做衣服，用枕席制作蔺草凉鞋，用废纸制作漂亮的钱包和精油盒，用各种旧的购物袋拼成既美观又牢固的购物袋……总之，在她的手里总能变出各种好看又有用的东西，而我就时常为她的各种小发明惊讶。母亲做的中秋麦饼十分受欢迎，做的粽子和馄饨堪称艺术品。家人出差或远行，行李箱总要经过母亲的检阅，经过母亲的整理，那些原本塞不进的东西总能塞进去，原本凌乱的空间瞬间变得出奇的整齐。我时常和母亲开玩笑：你要是上大学，一定是个超级才女、一个超级工程师。母亲深以为然。母亲年轻的时候长得很好看，家境也比乡邻要好些，因此经常有人来提亲。外公外婆放弃了那些家境优越的提亲者，相中了我的父亲——因为父亲是个军人，虽然家境很一般，但在那个年代这样的选择是最安全的。每当我问母亲，是不是怨恨那个时代，母亲总是坚决地说，有什么可以怨恨的，时代就是时代，没有人可以抵抗时代。母亲的确从来不在我们面前抱怨那个时代，这是我极为佩服的。乐天知命，是这个民族的生存智慧。

父母年纪已经很不小了，他们的日常工作就是帮子女操持家务。只要天气允许，他们每天都会坐着公交去很远的超市买菜，将家里需要的生活用品大包小包地拎回来。因为父母的终日操劳，我可以安心地坐在电脑前写作，可以在疲惫的时候舒心地睡上一觉。在写作的最后阶段，父母每天为我准备夜宵。父亲为我做好“瘪子团”（一种无锡人常吃的米粉团子，因为搓圆后要轻轻地捏扁而得名），储存在冰箱里，到了很晚的时候，母亲将瘪子团取出和红枣一起烧好。每天深夜——通常是 12 点以后，当我饥肠辘辘、晕头转向地关上电脑时，一碗热气腾腾的夜宵便会让我鲜活起来。

父母是唠叨的，尽管我已经是个年纪不小的中年人，但在他们的眼里永远都是要被教育的孩子。父母的唠叨仿佛是精神上的盐——多了要你命，没了活不了。家就是这样一个地方：偶尔会厌倦，永远会想念，你可以走得很远，但总有一天你的身体或者心灵是要回来的。和大多数父母一样，父母极普通，他们的人生没有惊天动地的事业，也没有值得炫耀的过去，然而他们在日常生活里平凡而琐碎的付出，足以让这个国度生生不息。

感谢我的爱人陈国安先生，一位教育的理想主义者。他的头发亩产量不高，未及半百，超负荷的工作已经将他的头发催白一半：这是颇让我忧心的。有时候，我说，你太累了，该歇歇了。他说，爷爷说，牛拴着也是会老的，说完，又像牛一样工作去了。作为一个从师范生成长起来的大学老师，他无比热爱教育事业。沉浸于烦琐的教学、教育，是他汲取生命力的方式。他的学生囊括了从幼儿园到老年大学的全部学段。有一次，我们从姑苏城里的花鸟市场慢悠悠地踱步出来，一位银发的老者突然在我们面前立定，毕恭毕敬地弯腰向先生问候：陈老师好！这是一位老年大学的学生，那一年，我们二十多岁。他热爱办学，热爱教育，没有休息日，常常工作到凌晨。行走在教育的路上，处处是荆棘，常常会受伤，但他难以舍弃最初的情怀。他是个好人，对待朋友总是热心相助，对待家人总是默默付出。我不善交际，和外界打交道的事情多半交由他去处理，这让我因此可以享受很多的清静。谢谢我的爱人，因为他的包容，我一事无成。感谢他为本书题写书名。

感谢我的小安，一只小小的泰迪。它的毛发是杏仁色的。有一次路遇铲屎官，见了小安，对我毫不客气地批评：怎么不给小狗洗澡！我尴尬地解释道：它的颜色本来就是这样的。铲屎官这才释然：哦，我还以为它是白色的！小安的眼睛很圆，极明亮。它的鼻梁很挺拔，鼻头乌黑、圆润、性感，惹得我总想咬它一口。它的腿很长，散步的时候经常有人惊呼：哇，长腿欧巴！它走路的时候总是趾高气扬，路人见了夸它有气质。它很好客，客人来了会兴奋不已。不过客人来了若不和它打招呼或者露出很紧张的样子，它就会不开心地“汪汪”表示十二分的不满意。如果你表示很友好，它会立刻扑到你怀里求抱抱，求摸摸。它热爱摔跤运动，在泰迪界至今只遇到过一个对手——那是一个比他魁梧的小家伙。它最喜欢的事情是按摩。有一次，一位客人给它按摩，一个小时过去了，它依旧神态自若，双眼迷离。这让我深感愧疚，赶紧把客人解救出来——我对于那些爱上美容院的人们的理解和同情是从小安身上得来的。小安喜欢好吃的食物。当它做坏事的时候——比如叼了一张餐巾纸，阻止它的最好方式不是夺走那张纸，而是用食物转移它的注意力。这便揭示了一个重要的教育原理：如果你要纠正一个熊孩子的行为，最好的方式不是阻止行为本身，而是选择更有价值的事转移他的兴趣。小安的听力十分惊人，在万千汽车关门的声音里，它能准确地分辨出舅舅的电子钥匙声，只要“嘀”的一声响起，它就会跳起来冲到门口等待舅舅的拥抱。小安不会说话，却教会了我很多东西。它的深情与忠诚，足以消弭人间的寒冷；它的调皮与可爱，时常唤醒我凋零的童心。在家里，小安总是和我形影不离。工作的时候，它执拗地睡在电脑旁陪我熬夜，直到我起身结束一天的工作才不情愿地爬进小窝睡觉去。为此我买了一张椅子，很宽大，足够它躺在上面自由地变换姿势，这样，我工作的时候它就可以舒服地睡在我身边打呼噜。当我思路堵塞或者精疲力尽的时候就伸手握住它的小脚——一种绵软富有弹性的温暖的肉垫，这个时候，你会感觉到人生是有温度的，工作是有乐趣的。小安很萌，最喜欢看小安睡觉的样子，那么安详，那么宁静，那么圣洁！看着小安睡觉的样子，我的焦虑常常瞬间被消解。我的书写完了而颈椎腰椎尚未崩溃，这要归功于经常和小安出门散步——确切地说是奔跑，因为小安走路的速度极快，如果不是一路小跑无论如何是跟不上的。每当到了该散步的时候，小安就跑来看着我——当我想偷懒不动的时候，这双充满期待的乌溜溜的大眼睛就会盯着我不放，直到我心生愧意站起来为止。和小安一起散步，不仅让我保持了一定的健康，也给我的写作带来灵感——我的写作思路时常会在奔跑中忽然明朗起来。谢谢我的小安，因为小安，我开始重新认识生命，并且吃惊地发现，人类并不比其他生物高明。一棵弱小的三叶草，懂得日落时合上花朵叶子休养生息，还会随着阳光的强弱调整它盛开的程度，而可怜的人类千百年来至今仍不明了生活的智慧；一棵树一动不动就能活上一千年，而人类绞尽脑汁也不过存活一百年；一只蜘蛛无需借助工具就能在任何位置快速织就精美绝伦的网，而一个人经过漫长的学习和历练才能学会设计精美的零件；万千植物随着四季变换着美轮美奂的色彩，而人，即便是一个极有天赋的画家，也不得不时常去写生，为的是向大自然顶礼膜拜虚心学习。至于那顶尖的科学家，也时常追随自然以“仿生”作为开启创新之门的钥匙。谢谢小安，因为小安，我真正理解了不是“人定胜天”而是“万物平等”才是真正的自然法则，理解了人必须放弃傲慢和无尽的贪欲，还尊严、敬佩、感恩予那些我们漠视和践踏的生命。

在小安即将 10 周岁的时候，家里来了一个小伙伴，一只不知道年龄和品种的流浪小狗。那一天，我和小安在独墅湖边散步，在草丛里发现了一只小狗。它静静地躺在道路旁的草丛里，看起来很疲惫。我给它喂水，它一口气喝了很多。向路边的摊贩打听这只狗狗是否有主人，回答说不知道，只知道这只小狗已经在这里躺了一天了。我向他买了饼干喂小狗，小狗并不肯吃。它的眼神空空的，任凭我怎么和它说话都不多看我一眼。这时正是晚饭后散步的时间，湖边人声鼎沸，空气里充满着嬉戏的热闹，然而这些都和它无关，它的眼神是那么空洞，表情是那么冷漠。过了一会儿，仿佛厌烦了我的唠叨，它费力地爬起来，勉力地向前走去。它的一条后腿完全不能着地，另一条后腿很勉强地支撑着，走了几步便瘫软在地上。我意识到这只小狗应该受了不小的伤，一时不知所措。在手机上搜索动物救助站的电话，不是空号就是没人接。5月的夜晚，湖边的风极大，极冷。天气预报说，今晚将有暴雨。如果不能得到及时的救助，躺在这样冰冷的泥地里风吹雨淋，肯定是看不到明天的太阳了。我很是担心，然而小狗却面无表情，它似乎已经知道了自己的命运，就这样平静地等待着最后一刻的来临。情急之下，我打了电话请哥哥嫂嫂开车来帮忙。因为怕被咬伤，特意叮嘱他们带上厚厚的手套和毯子。小狗很黑，临时起了名字叫小黑。我戴上手套，用毯子裹住小黑的身体，轻声告诉它要抱抱它，出人意料的是，小黑没有丝毫的挣扎和反抗，任由我把它抱起来放入纸箱。在前往医院的路上，小黑一直抬头望着我，眼角有泪：它似乎意识到了我们的善意，眼睛里游移不定地闪烁着一丝期待，仿佛要我给它一个确定的答案。我不断地抚摸它的头，和它说话，安抚它。医生给小黑做了全身检查，小黑很配合：膀胱破裂，尿血，双腿从骨盆断裂并骨折，心脏二尖瓣回流，一只眼睛眼睑外翻，因为长期未进食胃部严重胀气。很显然，这是一只遭遇了严重车祸的流浪小狗。医生说因为受伤严重，小黑很可能挺不过麻醉关死在手术台上，不仅如此，费用会很昂贵，暗示我放弃。我不愿意。和医生商量后，决定先挂水，天亮后再和其他医生商定手术方案。第二日清晨，小黑接受了膀胱破裂修补术。强烈的痛苦使它彻夜哀嚎和尖叫，但是终究挺了过来。稍作休养后，小黑接受了双腿断裂连接手术，又一次，小黑经历了极大的痛苦，坚强地活了过来。又稍作休息后，小黑接受了中医针灸治疗，治愈了漏尿的问题。为了做手术，医生为它剔除了又长又厚又脏的毛发，我这才吃惊地发现看起来很肥硕的小黑其实只是一个极其瘦小的孩子。小黑在医院住了一个多月，因为我不会开车，住得又很远，只能委托爱人每天下班后去探望小黑。医生专门为小黑建了“小黑护理群”，方便我随时了解和沟通小黑的治疗和康复。到了该出院的日子，爱人把小黑接回了家。小黑很快适应了新的生活，只是依旧保持着流浪时的习惯：喜欢躲在桌椅和床下黑暗的地方休息，还时常娴熟地捕捉盘旋在身边的苍蝇蚊子，也许，在独自流浪的日子里小黑以此填补空空的肚子，又或许，因为孤独，用这样的方式寻找些乐趣陪伴自己。日子一天天过去，小黑的眼神从锐利逐渐变得温和，从警惕胆小容易焦躁变得调皮可爱乖巧。它开始撒娇黏人，还跟着小安使坏：吃饭的时候向爷爷要好吃的，客人来了求摸摸，门铃一响上蹿下跳地叫唤，偷吃小安的饭，和小安争宠，我到哪儿它到哪儿……从此，我开始了每天被四只乌溜溜的大眼睛跟踪监视的生活，家里多了一份热闹，爱人多了一份责任——他更加努力地工作，为了挣回双份的狗粮。对它们，我时常感到歉意，因为公共交通不接纳小动物，我不能带它们去很远的地方。在它们短暂的生命旅途里，它们只是我的一部分，而我却是它们的全部，我是多么希望它们可以和我一样多看看这个世界的美丽风景啊！

感谢我的哥哥。哥哥不善交际，做起事来总是出奇的认真负责，因为他过于认真，而且极有耐心，当我认为事情做得差不多可以结束而他仍然不着急不着慌地继续完成任务时，我便时常会失去耐心，对着他跳起脚来。他的脾气出奇的好，而我却时常大呼小叫。当我对他不满的时候，不管怎么对他吼，他总是不吭气不说话，直到被我惹得忍无可忍大吼一声，我立马就熄火了。起初，我一直纳闷为什么我们兄妹脾气这样天差地别，后来发现，我遗传了父亲，而他则遗传了母亲。哥哥喜欢电子，年轻的时候就喜欢自己制作有趣的小电器。他承包了家里的家具、电器及日常用品的安装与维护任务，但凡灯泡坏了，门锁坏了，电脑坏了，水泵坏了，下水道堵了……总之，家里一有什么东西该换了、该修理了、该安装了，家人的第一个反应都是一样的：快叫小胜来！而他总能想出办法完美地完成任务。后来，哥哥的眼睛出了毛病，我们仍然习惯叫他帮忙，他也总是眯着眼睛尽力地完成交给他的任务。

感谢我的嫂子燕红。嫂子是个急脾气，吃苦耐劳，脑子聪明，做事利索。她会做很好吃的菜，很好吃的馒头、面包和蛋糕，还会帮我把厨房、门窗、地板、楼梯擦得干净锃亮。有时候，父母回老家而我又没有时间做饭时，她会跑来帮我做饭，一眨眼的工夫，一桌丰盛的饭菜就冒出来了。嫂子和我住在一起的时候，几乎每天早上我都能吃上一碗香喷喷的豆浆，这是让我极满足的。

感谢我的表弟玥在撰写毕业论文的时候百忙之中为我画出好看的图；感谢我的侄女恺珺在千里之外艰苦的学习中抽出时间为我核对文献信息。

感谢群，一位典型的重庆美女。美女很多，但善良、热情、有智慧的美女不多，而群是不多中的一个。这是一位让我感动的女性：对慈善事业的投入，对弱者和流浪动物的深切怜悯、倾情帮助，对家庭的无言付出，对人生的深刻领悟，对学习和成长的激情，还有对我的时常问候与帮助，这些都足以让我感到人情的温暖以及面对风雨时的坚韧不拔。尤其要感谢群带我走入芳香疗法的世界。熏香成了我写作时的标配，让我减少了很多焦虑，提高了工作的效率。更重要的是，她让我有更多的能力照顾自己和家人，帮助需要帮助的人。

感谢我的学生。在没有合适的参考资料的前提下开设一门全新的课程是一种冒险行为。由于没有合适的参考资料，知识不免零碎而浅陋，以至于学生常常听得昏昏然，为此我对课程开设早期的学生心存愧疚。我要感谢这个讲台——这也是吸引我的所在，它允许我发挥想象，展开思想的翅膀，探索未知的世界。在上课的过程中，学生们的思考和疑问给了我很多启发，而尽快给学生们提供一本合适的参考书则成为本书写作的直接动力。此刻，终于可以长舒一口气——我给学生们的承诺快要兑现了。

感谢本书参考文献的作者，大量的思考来自他们的启发和努力。本书附录的参考文献仅仅列出了被引用的文献资料，还有很多并未引用然而给我启发的文献，在此一并感谢。

感谢快递小哥为我节省了很多购物的时间和精力。这些奔波在风雨之中让人心疼的年轻人，已经成为中国人日常生活命脉的重要部分。青年强则中国强。看着这些为着生活努力奔波的孩子，我相信，这个民族是有希望的。

深深地感谢江苏大学出版社的芮月英女士。我至今获得的最多的一笔稿费来自她的慷慨。18 年前，因为一篇文章被她录用后又被人大报刊复印资料全文转载，她奖励了我 400 元的特稿费，发文章比写文章难，这让我受宠若惊。感谢她为本书的出版付出的辛苦，还有默默等待不催稿的耐心。感谢出版社张平女士和张冠先生的敬业与帮助，他们为本书的完善提供了很多宝贵的意见。

特别的感谢献给尊敬的裴娣娜老师和成尚荣老师。裴老师是北京师范大学的著名学者、浙江师范大学杰出教授。裴老师性格豪爽，视科研为生命。只要一谈起科研，裴老师的声音就会变得格外响亮。由她主持的“主体教育理论与实验研究”已历时 30 年，其高瞻远瞩、影响深远，受到教育界的广泛赞誉。成老师做过小学老师，当过小学校长、省教育厅处长、省教科所所长，又任国家督学。他熟悉教育实践，博学多才，奖掖后学不遗余力。他的《教育文丛》既散发着浪漫的温情，又流淌着深邃的思考，他对课程、教学、教师、德育等众多教育问题的洞察充满着智慧和生命的激情。两位前辈躬耕教育田野，满怀理想、责任与使命，在各自的领域成就斐然，为教育事业做出了杰出的贡献，是后学的榜样。我深知自己才疏学浅，两位老师对拙著的谬赞与鼓励令我汗颜，学无止境，当以此自勉。

感谢这个时代，让我可以放下一张安静的书桌。知识分子的命运和时代的风云系在一起，和那些在战乱中、在饥饿中、在恐惧中求生存、求真理的先辈们相比，我是何等的幸运！

最后，请允许我用如此冗长的文字再次感谢一路上问候我、陪伴我、帮助我的所有人，感谢给我阳光、空气、食物、水和美丽风景的这片土地，还有这个浩渺的、一望无际赐予我生存空间的宇宙。

回望走过的路，我想那句话是对的：没有岁月静好，只有负重前行；如果岁月静好，因为有人负重前行。感恩，珍惜，努力。

王海燕

2021 年 9 月 2 日

于姑苏苍烟落照楼

补记

在书稿交付出版社后，具体负责本书编辑出版的张冠先生对书稿的语言表达和思想内容提出了很多专业的修改意见，尤其令我感动的是他对本书的参考文献资料也严格把关，使本书尽可能减少不应有的错误。经过反复的校对与修改后，最后终于定稿，此时离交稿又过去了 6 个多月。一本书从撰写到出版，需要凝聚很多人的心血，因此，一本好书一定是很多人合作的产物，在这个过程中，他们彼此理解、相互砥砺，目的只有一个——为读者奉上尽可能有价值的精神食粮。此刻，新一轮的新冠疫情又在祖国大地爆发，而战火依旧在人间燃烧，祈愿和平，祈愿平安！

2022 年 3 月 20 日于秋庐